国家出版基金项目

"十二五"国家重点图书出版规划项目

中国共产党先驱领袖文库

陈独秀文集

第四卷

人民出版社

目　录

寸 铁

（一九二七年一月二十七日）

张宗昌的三不知

山东直隶人都说张宗昌有三不知：一不知他自己的兵有多少；二不知他自己的钱有多少；三不知他自己的小老婆有多少。我以为张宗昌未必这样糊涂，张宗昌的三不知应该是：一不知他的兵只能威逼老百姓而不能打战；二不知他的钱多用在嫖赌而不用在军饷之危险；三不知道他的小老婆哪几十个是买来的，哪几十个是抢来的。

放屁狗的《甲寅》

章士钊拿黄兴的钱办的《甲寅》，也只能算是放狗屁；后来拿段祺瑞的钱办的《甲寅》，便是狗放屁了；现在拿张宗昌的钱办的《甲寅》，更是放屁狗了。放狗屁的毕竟还是一个人；狗放屁固然讨厌，或者还有别的用处；放屁狗只会放屁，真是无用的厌物。张宗昌在天津赌赢了二十万元，本拟照例赏给侑酒的妓女，薛大可伸手接去，说是拿去和章士钊办《甲寅》杂志。《甲寅》有这样多的经费，所以能够送人看不卖钱。拿张宗昌赏妓女的钱办《甲寅》，这《甲寅》要比放屁狗还下流！可是，薛、章二人拿这笔赏钱全部用在《甲寅》上面还算好，倘若拿若干给他们的夫人用了，那便如何对得起他们的夫人！？然而张宗昌或者很高兴这样！

优伶也赤化了吗？

上海《新闻报》二十日天津电："沪伶刘汉臣、高三奎自京拘押来津，昨晨枪决，罪状系宣传赤化。"优伶也赤化了吗？赤化势力真是无处不到了！恐怕未必罢？或者是因为优伶们着了红衣，涂了红脸罢！

妙哉圣道会！

以前看见报上载有什么圣道会为奉军报捷通电，我以为是一向反对冯军的天主教所做的；最近才知道这个圣道会乃是奉军所设的宣传机关，并且还知道张作霖有函聘章太炎张天师到天津主持圣道会这件事。妙哉圣道会，若再加上白喇嘛，便是三教同归，毛椎盂钵掌心雷一齐活动起来，真个是不可言妙而妙不可言哩！

国民党的敌人是谁？

奉鲁军耀武扬威的要向国民政府进攻，这是国民党人所应该痛心的事；英国在国民政府迁移庆祝声中屠杀国民党的宣传员，还要大派舰队到汉口向国民政府示威，这更是国民党人所应该痛心的事；国民政府治下往往有劣绅捣毁国民党党部及农民协会的事，国民党人更应该大痛心而特痛心；然而他们不大注意这些事，偏偏大声疾呼还未充分执行整理党务案是他们所痛心的（见《现代青年》第九期）。他们大概以为他们的敌人不是帝国主义与军阀劣绅，而是中国共产党。这也许是稳健办法！

帝国主义的走狗傅筱庵

买办阶级是帝国主义的走狗，这是一桩最明白不过的事实；然而有许多人竟不大相信，说这是赤党的宣传。现在傅筱庵亲自对上海先施公司罢工工人说："你们也要反对帝国主义吗？我就是帝国主义！"

署名：实

《向导》周报第一八五期

1927 年 1 月 27 日

革命与民众

（一九二七年一月三十一日）

邓演达君说："此时只是军事的胜利，尚未达到政治的胜利。"孙科君说："从前的军队不能够与民众结合，不能够为民众的武力，所以会失败。……革命的势力就是民众，尤其是在中国的情形看来，须要使农工及其他各界的民众完全了解革命的意义，然后国民革命才有成功之望。"这些真是革命领袖的说话！

怎样才是政治的胜利？必须民众了解革命是于他们有利的，革命的胜利就是他们的胜利，起而拥护此胜利，帮助革命党革命军推翻一切反革命的势力，拥护此革命政权，这才是革命党之政治的胜利；并不是单靠军事的胜利，赶走敌人，占住政治机关，革命党做了官，便算政治的胜利。

怎样才能够使民众了解革命是于他们有利的呢？这不是一件容易的事。这决不是什么空口宣传主义可以收效的。民众所认识的是事实，所感觉的是切身问题，离开他们的切身问题，离开事实的主义，不会真能使他们相信；反之不兑现支票式的宣传，会使他们发生反感。只有由革命而给他们以切身的利益，他们才真能了解革命于他们有利，他们才真能自动的为拥护他们自己的利益而拥护革命，不是为革命而拥护革命，更不是为革命党而拥护革命。

革命党是革命的民众之最急进的先锋，有时自不得不指导民众，革命的民众也自然有受革命党指导的必要，也自然有为革命而牺牲自身利益的必要；可是如若我们革命党侈然自大的向民众说：尔等民众须受本党的指挥，由本党管理，尔等民众须为我们的革命牺牲你们的利益，则民众将不明白我们想干什么。拿这样的态度对待民众，如何能够得到民众！

至于有一班人，终日坐在书斋里，永远不肯屈尊到民众中去而与民众为伍，不懂得民众的疾苦是些什么，反而大喊"工会是流氓"、"农会里有土匪"、"我们党人是坐轿的农民是抬轿的"这类怪话。这样的大人先生们如果想得到民众，更是等于想坐火车到日本去。

就是能够屈尊接近民众的人们，若是用得着时便极力拉拢民众，用不着时便说一声再会；或者是以为对民众的态度在朝时应和在野时不同；这种人虽然能欺骗民众于一时，到了他们的真面目显露于民众之前，自然要失去民众，并且永远失去民众，因为民众只能够被欺骗一次。

真正的革命主义者，对于实际所许可的固然不肯轻让一步，同时对于实际所不许可的也不愿意乱进一步，民众若有时超过实际可能的幻想，领导民众的革命党便应该努力向民众解释，领导他们从幻想的迷途与危险阵地到能够实际争斗的战场，民众所需要的是这样知己知彼、知进知退、能征善战的先锋，而不是跟着民众后面乱跑的尾巴主义者。因此，凡是一个真正的革命党，不分在野在朝，对民众应该取这样真诚的态度，并不是在野时便可以故意向左一点，任意发出些不负责任的支票以取悦民众；一旦在朝便向右转，另摆出一副面孔，以前发出的支票一概不兑现或者大打其折扣。所以革命党应该始终以民众的真实利益为前提，万分不应该以自己在朝在野为前提，致前后易其态度，或者是一个党分在朝在野两样态度，一个党前后两样态度或同时两样态度，无非都是欺骗民众，欺骗民众者终于不能得到民众。

古代帝王欲得民心尚须行点什么仁政，况在现今民主主义时代，想得到民众，实不是一件容易的事；第一须屈尊到民众中去（不可坐在书斋里骂工会是流氓、骂农民是土匪）；第二须与民众为伍利害与共（不可疑惧民众运动的高潮会危害他的政权）；第三须始终一致为民众利益奋斗（不可取在朝在野不同的态度）。

殖民地半殖民地的革命，自然不得不需要现成的武力；可是现成的武力若不与民众结合，不得到民众的拥护，也不能够成功一种革命的武力，并且这种离开民众的武力，很容易走到反革命，不会成就革命，即或勉强一时获得军事的胜利，也终于不能保此胜利。所以，"武力与民众结合"真是中山先生留给我们不可磨灭的革命铁律！

许多事实告诉我们：国民军的军队实力强过北伐军，然而前者因为是单独的军事行动在北方失败了，后者因有南方广大的民众运动为声援，帝国主义者至今不敢轻于直接压迫。一九一一年（辛亥年）中国的十月革命和一九一七年俄国的十月革命，在军事上都算是革命成功，然而俄国的革命给了工人农民的政权，给了工人农民的土地与自由，因此得了工农广大的民众之拥护与援助，克服了一切反革命的势力，不但得了军事的胜利，而且达到了政治的胜利，因此才能够保住了革命的胜利以至于今。反之中国的辛亥革命，固然未曾想到工人农民这群下等人在革命中会有什么作用，即当时全国上等绅商所奔走呼号的权利收回（铁路、矿山等），革命党人亦以苟安在"不侵犯外人权利以免多自树敌"的理论之下忽视了，中山先生提了一提"平均地权"，右派党人便群起堵住他的嘴，说他发疯了；因此，以袁世凯为中心的一切反革命势力，看清了孤军独战的革命党没有一点民众的后援，他们才敢于乘虚进攻，一面拿金钱官位软化了一批又一批革命党中所谓稳健分子所谓温和派，一面以"和平"、"统一"等口号束缚了革命党一切活动，以"革命军兴革命党消"的口号根本取消革命党的组织，其结果革命军队和国民党一概被袁世凯解散了，辛亥革命的军事胜利成了南柯一梦！

现在革命军和民众的关系是怎样？北伐军确是遵守中山先生"武力与民众结合"的教训而获得胜利了。可是革命胜利以后，尤其是九江、南昌的军事胜利以后，革命军和民众的关系渐渐有了一点危险倾向。

我们还未曾听到革命政府有正式压迫民众的举动，除了广东；我们并且知道革命政府现在还做了些帮助民众运动的事，尤其是在湖南、湖北。可是同时，反工农运动之声，到处都可以听到，尤其是在一些军事当局中和财政当局中。在右派分子中更不用说，因为反工农运动本是他们的三大政纲之一。工农本是最受压迫的民众，现在虽然稍稍动了一动，并未曾翻过身来，更说不上抬起头来，便有人大喊"工农运动太过火了"。并且有人以为现在的工人、农民是强者，资本家、地主是弱者；又说什么工农是压迫阶级，资本家、地主是被压迫阶级。这好像外国人可以任意屠杀中国人，中国人动了外国人一根毫毛，便有人大喊野蛮；

又好像满洲皇帝屠杀过无数汉人和革命党，革命党人杀几个满洲人或者是取消几条优待清室条件，便有人大喊暴民专制；都同样是世上不平的事！

有人说：工人这样罢工，我们的兵士也要学步了，我们也要代兵士说话了；有人说：工农运动开罪于资本家、地主，我们的财政因此陷于困难；更有人说：工人这样罢工，民众这样做反对帝国主义的运动，使我们外交陷于困难。这都是反革命的倾向！

在广东，民团、劣绅和县长、驻防军勾结起来摧残农会屠杀农民的事，近来更加厉害（参看一八三期本报广州通信）；在解决工商纠纷条例中，居然有了"仲裁委员会之判决绝对有效由政府强制执行"的规定，实质上即是绝对禁止罢工；甚至于农工商学联合会也阴受阻碍，连汉案对英示威大会也被明令制止了！

在湖北，"革命军可敬，革命党可杀"、"工人运动太放任了，非管理不可"这类怪话都放出来了！

同时，在帝国主义和奉天军阀方面，"可与国民党中的稳健分子温和派合作"的空气，也放出来了！

情形颇和辛亥革命胜利后相似，这是何等的危险倾向！

欲援救此断送革命之右倾的危险，欲保持革命的胜利，欲革命运动向前发展，只有继续遵守中山先生所留下的革命铁律："武力与民众结合。"

署名：独秀

《向导》周报第一八六期

1927 年 1 月 31 日

寸　铁

（一九二七年一月三十一日）

无耻的九省联合会

反对孙传芳的三省联合会，被孙传芳压迫而无形停顿，孙传芳所雇用的什么九省联合会伸出头来了！三省联合会虽然还未曾集中三省民众的势力，而他们的目的是三省自治，反对孙传芳，反对奉鲁军南下，这的确能够代表三省民众，并且主持三省联合会的人，大半是三省的正经绅商学者。现在九省联合会的目的是"促讨赤首领迅速出兵，收复被寇各省……速电张宗昌、张学良二将军，速予出兵救国，一面仍由孙总司令由长江进兵反攻……并向孙总司令请愿，克复衢州后，即乘胜向赣前进，一面责令叶开鑫部直进九江……又致书张作霖，毋取杨宇霆主张，以大义为前提。"他们所谓九省代表大半是一向不见经传的人物，惟有两个是我们所知道的：一个是江苏代表韩国钧，一个是两粤代表梁绍文。韩是一个腐败老官僚，梁是孙文主义学会一青年（我们希望不是这个梁绍文）。其余各省代表虽然不甚知名，大家也须牢牢的记下他们的姓名，好防备北伐军一到上海，他们也会钻进国民党，煞有介事的以纯粹国民党员资格，号召反共。现在右派中这种分子很多！

稳健之孙文主义！

电通社廿七日东京电："中国南北妥协之机运，渐呈浓厚之状，双方常有代表往来，结局或将以稳健之孙文主义，实现大同团结。"帝国主义及奉天军阀，又要抄袭段祺瑞软化国民党稳健派的老调了！孙文主义是不是稳健的呢？大叫"真正孙文主义信徒团结起来！"的人们，现在必须在行动上答复这个问题！

署名：实

《向导》周报第一八六期

1927 年 1 月 31 日

"二七"纪念日敬告铁路工友

（一九二七年二月七日）

"二七"运动，是中国工人阶级开始和军阀血战之第一幕。四年前的今日，中国铁路工人的赤血洒遍了沿京汉路二千余里；血战四年后的今日，在我们的战士我们的领袖施洋、林祥谦等流血地——汉口，才有了公开的盛大的纪念会。这些艰难困苦在我们工人阶级血战史上，都有重大意义，我们不可忽视了！

京汉工友同志们！我们今年的"二七"纪念会，固然是快慰的纪念，更应该是苦痛的纪念。不但纪念过去的苦痛，并且要纪念现在的苦痛。四年前的今日，沿京汉路的工友，都在流血、被捕、失业、恐怖的惨败中，并且这种惨败的空气笼罩了全国各路的工友们，这种惨败苦痛的历史，使我们永远不能忘记。三年前的今日，正是惨杀工人的罪魁曹锟、吴佩孚得意之时，铁路工人更为他们所疾视，更受着严重的压迫。二年前的今日，虽当国民军胜利之后，在郑州召集了全国铁路总工会代表大会，而施林等先烈流血地——汉口，当时尚在吴、萧统治之下，京汉全路工会尚不能有统一的组织。去年今日，正当奉、直联合向国民军进攻之时，亦是吴佩孚势力复兴之时，同时也是各路工人起来再和奉、直军阀决斗之时，奉、直军战胜国民军，各路工人又回复到严重的压迫之下，京汉工人被吴佩孚第二次屠杀。今年今日，又是怎样呢？京汉南段、粤汉北段的工友固然得着一点自由，尤其是施、林等先烈流血地——汉口，已赶走吴佩孚，工会已得着组织及集会的自由，已能够开大会纪念四年前我们的死者，固然是我们很快慰的事。可是除此以外，吴佩孚仍旧在郑州屠杀工友，其余各路都全部归到奉张、鲁张、苏孙这些军阀严重压迫之下，工友们处在以前所未有的普遍的严重压迫中，又加以交通系种种阴谋破坏，连秘密的工会都不易存在了。可以说铁路工友们现在的苦痛，比过去的苦痛更加沉重了！

铁路工友们！你们占住了全国最重要的交通机关，各派军阀军事运输的生命操在你们的手中，你们在反军阀的革命运动中有无上威力；可是，军阀们也正因此对于你们的压迫，一刻也不能放松。你们对于军阀的战斗，是最有价值的战斗，而也是最艰苦的战斗。

你们的战斗机关——工会，是不能希望在军阀统治之下可以公开存在的。各种形式的秘密组织，目前非常必要；因为若无任何组织，便无法集中你们的战斗力，便只有任军阀践踏，你们能忍受吗？

最能够破坏你们秘密组织的，还不是军阀，而是交通系的局长员司。没有局长员司的告密与划策，军阀还不能够知道工人的内容；没有局长员司的勾引与护庇，工贼也不敢公然横行；因此，交通系的局长员司始终是你们最切近的死敌！

反革命的交通系局长员司，他们不但在反动势力之下帮助军阀压迫你们；并且在革命势力之下，即如在国民军、国民政府之下他们也可以利用各种机会，想出各种阴谋，挑拨工人与政府间的感情冲突，无论是工人打击了政府，或是政府打击了工人，都是他们得意的事。

铁路工友们！你们对于最切近的死敌。——交通系的局长员司，必须和对军阀同样的战斗，因为他们是军阀们最有力而且是最阴险狠毒的帮手。在国民政府、国民军统治之下，你们更须要求参加铁路管理权，不但要肃清交通系，并且要肃清败坏路政的一切贪官污吏，这是我们铁路工人应有的权利与义务。

全国各路的工友同志们！此时你们最切要的口号是：（一）发起秘密组织；（二）破坏军阀的战斗力；（三）肃清交通系。

署名：独秀

《向导》周报第一八七期

1927 年 2 月 7 日

赤的运动与中国外交

（一九二七年二月七日）

"民众革命潮高涨起来，便用口惠而实不至的政策来和缓一下；民众运动一低落，口惠马上变成假支票。"这本是一切帝国主义者对付殖民地半殖民地惯用的政策。

欧战后，中国人对于帝国主义者发了一些不平之声，华盛顿会议遂在关税、法权上给了中国一点小小的口惠；然而华盛顿会议刚闭幕，他们便一概忘了。到了五卅运动，帝国主义者才把华盛顿会议所允许的小小口惠想起来了，才重新把这小小的口惠来和缓中国的民气；迨民气被奉、直军阀镇压下去，所谓关税会议，所谓法权调查，都丝毫没有结果。现在又来了！汉口"一三"事变以来，在全中国反英运动高潮中，英国帝国主义者又提出准备交还租界、准备交还海关、准备撤废治外法权等口惠，以和缓中国的民气了。我们敢说现在的民气，若仍旧为北方讨赤的军阀和南方取缔过激运动（东方社五日汉口电已有此消息，二月七日上海《时事新报》亦大书特书："党政府严禁反英。"）的稳健派共同镇压下去，英国准备给我们的这些口惠，又必然终于是些口惠。英国人现在大叫中国国民党中稳健派和急进派不一致；又大叫和平的合法要求我们可以商量，若用暴力则我们不能屈服，这正是暗示稳健派出来为他们镇压反英的民气。只要反英的民气有人为他们镇压下去，和平的合法要求他们便易于对付了。

英外长张伯伦于一月二十九日在伯敏汉演说："英国对华方针，自去岁关会开幕以前，即以改变当时英国唯一之愿望……并已准备抛弃其特权……吾人早经感觉有修约之必要，并希望中国统一政府早日成立，俾能开始修约交涉。……中国对于修约要求之原因有三端：（一）因外人领事裁判权；（二）关税束缚；（三）租界制度。英国对于上举三端，均愿予以变更。……但上述提议，不能使其立生效力，因中国尚在内乱之中。……吾人准备援助陈友仁及任何派之政治家，以政治家妥协之态度，解决一切悬案。"

我们现在可以回答张伯伦了：我们早已知道你们英国帝国主义者，自鸦片战争以来，即时刻准备抛弃特权，时刻准备修约，只可惜八十年来中国始终不曾有统一政府，年长日久，使你们的唯一愿望不觉忘了，只增加了好几次任意屠杀中国人的特权，更增加了辛丑条约，直到今日中国国民运动高涨起来，才将你们心中多年准备而又忘了的唯一愿望提醒了。可是此时中国尚在内乱之中，还没有统一政府，你们多年准备的好东西，仍然是不便拿出来；你们也知道仍然不便拿出来，所以要派海陆大军护送到中国。你们并且知道你们准备的这些好东西会号召出来许多妥协的政治家和妥协的在野名流，一有了这些妥协的政治家与在野名流，你们准备送来的好东西，又不得不从半路上在印度洋乘原船送回伦敦，只好候梁启超所谓"片面的革命行动"高涨时再准备送来。那时候，在野名流梁启超所预备的"我们愿意用国际惯例上正当手续和双方最友谊最谅解的精神作平和的修改”这一桌欢迎酒席，只落得贵客不赏脸而大为扫兴！

梁启超所谓"聪明的英国人"，当然懂得这个；可是愚蠢的梁启超，至死也不会懂得这个，他实在不愿意懂得这个。

事实先生告诉我们：英国每次口中说：准备要送中国的一些好东西，都是因为中国有了"片面的革命行动"，都不是因为有了正当的手续和友谊的精神；采用正当手续和友谊精神的和平谈判而停止革命行动，反而只有使帝国主义者收回去他们口中所说准备要送我们的东西，去年北京的关税会议就是一例。

我们并不拒绝谈判，可是停止革命行动或减少革命行动，而希望友谊的和平谈判得点什么，便是上了帝国主义者的圈套，其结果必一无所得！国民政府必须懂得这个！必须懂得抑制民众革命行动而以和平面孔取悦于外人，本是北京军阀官僚政府的外交秘诀，我们十分不忍看见真有"党政府严禁反英"！

上海《时事新报》公弼先生历数香港罢工封锁、党军控制长江流域、排英口号几遍域内、南方联俄、共产主义博得若干国人之同情、打倒帝国主义最鲜明之旗帜，都是英国变更外交政策之由来；这是他懂得梁启超所不曾懂得的。

在赤的运动起来给帝国主义以重大的打击以前，中国的外交是怎样？北京政府以前敢涉想废约吗？可是现在居然能够宣告废止此约了。关税会议得着了什么？可是现在居然独断的征收二五附税了。以前他们不是视收回租界运动为过激吗？可是现在也居然提议收回租界了。他们以前不是把安格联当太上老祖看待吗？可是现在也居然下令免他的职了。这不是受了赤的运动之赐是什么？不有赤，他们焉有今日，然而他们不思报德，仍然要勾结帝国主义来讨赤，他们真是"食毛践土没有天良"！

　　什么是赤的运动之目标，我们敢公告全中国人全世界人：以革命行动扫荡一切帝国主义在中国之政治的经济的统治权力，没收一切帝国主义在中国之经济的侵略机关，归诸国有；具体的说，即是：撤退各国驻华海陆军，取消治外法权，收回租界及租借地，取消一切不平等条约，收回海关自主权，取消庚子赔款及不正当的外债，取消外人之铁路、盐务、邮政管理权，没收外资的银行、矿山、铁路、航业、工厂及外人所购土地，归中国国有。必须这样，才算完成了民族革命。必须这样，我们才能够脱离外国之政治的经济的统治与侵略。必须这样，我们才能够建设独立的经济势力与文化。必须这样，我们才能够开始和一切平等相待的国家建立互利的经济合作。

　　谁不否认他是中国民族一分子，谁就应该拿出十分"赤忱"，加入这个赤的运动！

署名：独秀

《向导》周报第一八七期

1927 年 2 月 7 日

寸　铁

（一九二七年二月七日）

讲容忍的国家主义者

有人主张民众结合军事势力来革命，国家主义者则反对和一切军事势力结合；有人主张民众起来直接行动，国家主义者则又斥为"群众之盲动"、"与中国以莫大之危险而已"；既不要军事势力，又反对群众运动，那么，国家主义者外抗强权的办法是怎样呢？好！现在他们说出办法来了！他们在《对英问题国人应有之态度》一文里说："暂时容忍英人对我之横暴，再一面督促政府整顿国防……三年，五年，与英作一破斧〔釜〕沉舟之战。"我们对外容忍已经八十多年，今后三年、五年、十年，政府还未整顿国防，我们只好再继续容忍下去，只要我们能够容忍，什么天大的事都没有了。好极了！这就是国家主义者外抗强权的办法！

究竟是谁无祖国？

马克思的"工人无祖国"这句话有三个意义：一是说还没有一个国家是保护工人的祖国；二是说全世界工人阶级应该不分国界的联合起来；三是说各国工人不应该在"爱祖国"的名义之下为本国政府侵略别国，为本国资本家格外多做点牛马；并不是对强权的帝国主义者讲什么无祖国，讲什么打破国界的大同主义。我们也曾说："以为抵抗压迫自谋生存而爱国，无论甚么思想高远的人也未必反对。"这也就是不对强权的帝国主义者讲大同讲无祖国的意思。实际上，五卅运动中，最为祖国牺牲的乃是无祖国的工人，而不是你们有祖国爱祖国的国家主义者，你们以为这是矛盾吗？以为这是自己打自己巴掌吗？如果是矛盾，恰恰和你们的矛盾相反。你们号召工人为本国资本家多做牛马时，你们赞成军阀政府侵略蒙古民族时，都大喊祖国；而在五卅奋斗中，你们便把祖国忘了；这就是你们的矛盾。究竟谁个矛盾是合理的，谁个矛盾是反动的呢？

令人肉麻的国家主义者！

国家主义者大骂我们妄倡无祖国，大骂我们不要国家，骂得雄赳赳的满腔热血几乎要喷将出来，像煞是个爱国的勇敢青年。不料当着英国对华出兵，祖国危急之时，这班满腔热血的勇敢青年，却不敢挺身为祖国奋斗，反而缩进龟头，主张"暂时容忍英人对我之横暴"。龟头既已缩进，一面还自夸是"用头颅和鲜血去抵抗压迫自谋生存而爱我祖国的爱国青年"！还自夸是"愿为祖国捐躯的国家主义者"！这班下作货，不但过去不曾为祖国流一滴血捐一只躯，即将来也不会有这回事。算了罢！龟头缩进去得了，天怪冷的，不用再说令人肉麻的话了！

怎见得我们不要国家？

绝对不要国家，这是无政府主义者对于国家的态度，而不是共产党的态度。共产党对于国家的态度是：国家只是统治阶级用做控制被统治阶级之工具，前代封建贵族用他控制奴隶及农民，现代资产阶级用他控制无产阶级，将来无产阶级也要用他控制资产阶级，必须一切阶级消灭，国家这个制度才能够消灭。现在，我们正要建设民主的国家，更进而建设无产阶级的国家，国家主义骂我们不要国家，骂我们打破国界未免是无的放矢罢！我们奉劝国家主义者，于争夺教员位置及向官厅告密之余暇，略略读书，免得做文章时，笑话百出，令人齿冷；免得当教员时误人子弟……！

梁启超也佩服英人之忍耐！

分明是英国水兵在汉口杀伤了十五个中国人，而英国报纸反称赞英国水兵能够忍耐，麦克唐纳尔也钦佩英国水兵能自制，最奇怪，有个中国人（？）梁启超，他也说："我们不能不佩服英人之忍耐镇静。"大概他们都感觉得被杀伤的中国人太少，英人若不自制、忍耐、镇静，还应该多杀些。横暴的中国人，竟逼得忠厚可怜的英人这样忍耐！仅仅只杀伤了十五个中国人，这样忍耐镇静的英国人，真值得梁启超佩服！

好高明的稳健派！

有些稳健派的国民党员以为："此时外面的对英交涉和对奉战争还不算什么迫切重大的事，内部的民众过激和共派活动，到是我们的切身之患，非压服下去不可。"我想别的急进党员可以回答他们说："诚然！不但你们这样想，就是张作霖同志、孙传芳同志、章炳麟同志、蓝浦生同志、张伯伦同志，也是这样想，并且正要我们这样办！"好高明的稳健派！

北洋军阀"安"的成绩！

袁世凯为要做皇帝而办筹"安"会；段祺瑞为要把持政权而办"安"福俱乐部；现在张作霖为要做大总统除组织"安"国军外，还办了一个什么"安"国协会；说也奇怪，北洋军阀无论什么举动都不离一个"安"字！据安国协会成立通电，还要发刊"安"国日报，"以提倡士、农、工、商四'安'主义……借宣传之力……为安国（军）之前驱。"其实奉军在北方各省所做"安"的成绩很多，似乎不必再借宣传之力了！

国家主义者的国家与中华民国

我们曾说："自孙中山辞总统职一直到现在，只有中华袁国，中华段国，中华直奉国，而没有中华民国。哪里有中华民国?"国家主义者因此说我们不要国家和否认中华民国。有人说这是国家主义者不懂国文之故，其实不然。国家主义者以为五色旗下的袁国、段国、直奉国，就是他们的国家，也就是他们的中华民国，现在忽然听见我们说还没有中华民国，他们自然要既惊且怒，并不是因为不懂国文之故。

署名：实

《向导》周报第一八七期

1927 年 2 月 7 日

无产阶级与民族运动

（一九二七年二月十六日）

国家主义者说："共产党……以为……帝国主义之国家有其无产阶级同情于被压迫之中国人民，可以牵制其本国政府之行动……此种思想又何殊于梦呓。……英工党领袖、前相麦克唐纳尔在工党机关报《前进报》论汉口案一文。……共产党人读此言论，不知能醒其迷梦否？"

毫无世界知识的中国国家主义者，他们一点也不知道现在世界无产阶级运动已经到了什么状况，他们更不知道麦克唐纳尔在世界无产阶级运动中居何地位，一见麦氏反动的言论，他们便大喊其各国无产阶级同情于被压迫之中国人民是共产党的梦呓。果然是梦呓么？请看下列事实。

电通社五日东京电：日本之劳动农民党发表对华声明书，将努力于国民政府之承认。

路透社六日伦敦电：英海军大臣白里志曼演说：工党在事不干己之中国内战中，择仇英之领袖而拥护之。

路透社六日伦敦电：英国全国工党联合行政会发起，在爱尔白特厅开要求对华和平之大会，到者甚众。

世界新闻社加拿大电：加拿大劳动党主席杜慕牟亚氏于一月

二十六日声明：关于中国问题，加拿大劳动者愿与脱离被英国等榨取之中国为友，排斥英国之对华出兵，英国虽有劝诱加拿大出兵之形迹，而加拿大劳动党极力反对出兵云。本社六日北京电：据伦敦报告，柯克（Cook，英国矿工会书记）提议成立"勿侵犯中国会"，并开会讨论援助中国问题。又奥斯露消息，工人大会在该地举行，一致通过挪威工人与中国民族独立斗争休戚相关。又英国共产党机关报《工人生活》提议工人应为反对战争而奋斗，并在各城市成立"勿侵犯中国会"。

世界新闻社墨尔邦电：澳洲海员工会驻维多利亚分会已决定通告各会员，对于凡载兵或运军火至中国之船，一律罢工，不予驾驶。

国闻社七日汉口电：英工党复陈友仁电，极反对英舰来华。电通社七日北京电：据伦敦电告，苏格兰独立工党机关报《前进》唤起群众反对英国在华政策。又德国共产党在柏林发起几次大会，决议对英国之武力干涉中国提出严重抗议。路透社七日汉口电：陈友仁续接英国工党反对英国集兵中国之来电两通，一系伦敦全国工党联合行政会所发者，重行声明其已详于前电之态度，一系纽西伦惠灵吞工党发来者，赞同英国工党之地位。

电通社九日北京电：伦敦消息，上周内英伦工人举行百数十次大会，提出"和平对待中国"之口号，兰斯勃利（工党重要首领之一）在伦敦工人大会上宣称："中国向英国无从让步，乃当然事；反之，中国则应向英国要求补赎其历年在华所作之罪案。"

路透社九日伦敦电：工党修正致英皇之答词，明日将由特莱夫良在下院提出，该修正文惋惜政府应付中国形势之迟缓，并指陈派兵远东之失望，谓不仅增在华各处英人之危险，且妨碍以爽直承认中国国家独立为根据与中国人民谋取平等与永久友好的谅解之进行，请下院促成立即之变计，而召回已在途开赴中国之军队。

这些事实，完全可以证明共产党所认为"帝国主义之国家有其无产阶级同情于被压迫之中国人民，可以牵制其本国政府之行动"，这件事并非梦呓；反而可以证明国家主义者认为各国工人都应爱其祖国，不能希望他们同情于中国民族运动，这才是梦呓。

国家主义者见了上述的这些事实，或者要大骂加拿大工人、澳洲工人、纽西伦工人、苏格兰工人、英伦工人、英国工党，尤其是英国共产党不爱祖国！可是他们如果也要爱祖国，便不能同情于被压迫之中国人民了，中国国家主义者到底希望他们怎样？

英国若是一个被压迫的国家像中国这样，我们知道英国工人必不能躲在"工人无祖国"的名义之下，一任外国帝国主义宰制而不起来反抗，必不能像中国国家主义者那样提倡容忍。正因为英国也是一个侵略别人之帝国主义的国家，全世界的无产阶级，是要不分国界的打破整个的帝国主义，所以英国工人遂不能站在"爱祖国"的名义之下，帮助本国的帝国主义压迫中国人民。全世界的无产阶级，正因要打破整个的帝国主义，所以自然而然的要同情于任何被压迫民族反抗帝国主义的革命运动，因此形成了整个的世界革命。在此世界革命运动中，一边是各帝国主义及其走狗，一边是无产阶级及被压迫民族，因此形成了全世界无产阶级及革命的民族主义者（反革命的民族主义者可以做帝国主义的走狗，他们当然不能和本国的及世界的无产阶级合作）

之间相互的同情与援助；因此形成了每个国家的各种革命都是整个的世界革命运动之一部分。无论何国工人，如果他们不同情于被压迫的民族运动，便是不愿意参加打破帝国主义的世界；无论何国民族主义者，如果他们不同情于工人运动，如果他们反对阶级争斗，便是不愿意成就打破帝国主义的民族革命。

我这些话是对还在参加民族革命运动的人们说的，不是对国家主义者说的。中国的国家主义者，已经分明站在帝国主义和军阀那边，已经公然在上海法庭拿出孙传芳密令他们在小沙渡屠杀工人的公文，他们已经是反革命者，我们用不着对反革命者谈什么革命的理论！

署名：独秀

《向导》周报第一八八期

1927 年 2 月 16 日

张作霖宣言之解剖

（一九二七年二月十六日）

　　张作霖最近也发表了一篇什么宣言，这个宣言中举出了他的政纲，如：

　　　　保持国家主权；

　　　　恢复秩序；

　　　　传播教育；

　　　　劳资合作；

　　　　扩张交通；

　　　　改良司法；

　　　　中央地方分权；

　　　　整理财政；

　　　　裁减冗员限制军额；

　　　　巩固内外债。

这十件事。在这十件事以外，他还举出了两个总的政纲：一是发展民治，一是剿灭过激主义。

　　世界各国反革命者到了濒于破灭之时，或者他的势力不敌革命势力之时，往往发出一些空洞而好听的政治口号，藉以蒙蔽人心，挽救其颓势，和帝国主义者装出让步的态度，欺骗殖民地以和缓其民族革命运动，是同样的政策。现在张作霖的宣言就是这样。

张作霖这个宣言是谁替他做的，我们不必问。这个宣言，张作霖本人曾否躺在鸦片床上略略看过，我们也可以不问。我们只知道，张作霖究竟是个什么人和他的政治罪恶到了什么程度，这是中国人民人人都明白的，就是帝国主义者也未尝不清楚。

张作霖如何保持国家之主权，不但在过去他忠心服侍日本可以证明，现在正当英国出兵威胁国民政府对汉口案谈判之时，张作霖也帮着出兵由河南向正在力争国家主权的国民政府进攻，这更显然可以证明张作霖保持国家主权之热忱。张作霖所谓恢复秩序，不用说是镇压革命运动。他的传播教育，恐怕越传播北京各国立学校越停闭的爽快。他所谓劳资合作，第一要紧是中国境内的外国各工厂各企业的中国工人不要罢工。他所谓扩张交通，想必就是指多扣火车轮船运兵。他所谓改良司法，想必就是指以军令在北京逮捕枪毙邵飘萍、林白水、刘汉臣、高三奎，在上海逮捕谢复生、王汉良这类事。他所谓中央地方分权，不用说是预备在北京失败了再回到奉天做关外王。他所谓整理财政，免不了要推行奉票与军用票。他所谓裁减冗员限制军额，不用说是裁减奉系以外人员，限制奉系以外的军额。他所谓巩固内外债，内债不过是外债的陪衬罢了。

还亏他厚着脸说出"发展民治"这句话！不然！张作霖不但主张发展民治，他并且在此次宣言里说："自民国肇始以后，国家主权已操诸国民之手！"袁世凯不曾大叫"主权在民"，于是代国民行使主权的元首所赏所罚都是民权民意，于是革命党乃成了侵犯国家主权违反民意之叛徒。国民到今天才知道，自民国元年到民国十六年，国家主权原来都操诸国民之手；自袁世凯到张作霖，都是这样继续发展民治！

张作霖此次宣言，人人都知道这是些废话；然而其中也有两句真心话，就是：巩固外债和剿灭过激主义。

张作霖宣言里说："余之起兵，非仇抗任何党派，而专为剿灭过激主义，舍过激党外，皆有商量之余地。"

张作霖这句话，未免过于恭维过激党而令其他党派太难堪了！照他这句话，中国只有过激党是彻底的革命党，只有过激党和张作霖没有妥协商量之余地。事实未必如此，革命的国民党，除少数稳健分子外，那会和张作霖妥协商量！不但国民党，即其他一切党派以至于不大与闻政治的商人，对于张作霖所最热中的最高问题，都有妥协商量之余地吗？舍过激党外，对张作霖的主人——日本帝国主义者所最热中的中国南北统治和中日互惠协定这两个问题，都有妥协商量之余地吗？

在张作霖方面，也并非舍过激党外不仇抗任何党派，就算北冯南蒋都是过激党，吴佩孚总不是过激党罢，为什么也要派重兵夺取河南，吴军已有两旅被奉军缴械，为什么吴佩孚屡次电阻奉军入豫，也竟无商量之余地呢？或者将来张作霖也会说吴佩孚、靳云鹗等有过激嫌疑，伶人刘汉臣、高三奎尚以赤化被杀，何况吴佩孚、靳云鹗！一切异己者，都不妨以过激党头衔加之！

等于废话的张作霖这篇宣言，他的宣言之目的，将丝毫不能达到。他所可恃的还是武力，若只望以政治宣传取胜，算是错打了主意，因为工人早已认识他，不必再要宣言。若只望拿宣言勾结某一部分人，增加他的声势，这也是枉然的事；因为谁和他勾结，谁就变成了反革命而失败。

署名：独秀

《向导》周报第一八八期

1927 年 2 月 16 日

寸 铁

（一九二七年二月十六日）

是谁愿与北方军阀妥协？

北方军阀，是帝国主义统治中国之经纪，是代表封建势力阻止中国进步之恶魔；南方革命政府的职任，是集合革命的势力，扫除军阀的势力，站在革命的民主的意义上统一全中国，而不是和军阀妥协来谋统一。和军阀妥协，便是间接和帝国主义妥协，名为一致对外，实是一致降外，军阀是永远不会和革命党合作一致对外的。佐分利说："南北两政府……双方均不愿于军事上再将积极行动，其间或能发见妥协点，而形成统一亦未可知。"革命的民众们！留心看着！果有谁人敢经过日本帝国主义之拉拢，而与北方军阀妥协，以葬送革命！

中立呢还是共管？

上海是中国之领土，帝国主义的美国提议以上海为中立区，这是什么意思？试问谁对谁中立？各帝国主义者，一方面纷纷派遣海陆大军来上海驻扎，一致主张保持上海租界，决不放弃；一方面由美公使向中国建议："划上海为特别区，超出南北旋涡之外。"这分明是主张"划上海归各国共管"，不是什么中立！上海市民所要的，是撤退各国海陆军及孙传芳军队的市民自治，而不是外国军警和孙传芳统治下的中立！

奉天居然想勾结蒋介石！

英日帝国主义者想勾结国民党中的稳健派和他们妥协以破坏革命运动，已非一日了！现在，更居然公开的想勾结蒋介石！杨宇霆说："奉军决入豫，以牵制南军而图武汉，而驱逐靳云鹗及彰明通赤者；蒋介石若对于共产派加以彻底的压迫，则南北之妥协非不可能之事。"（见东方社十一日北京电）据这个说话，则奉天方面不独不仍旧指蒋介石是赤，且料他可以和北方军阀妥协，加入他们的讨赤运动；这是何等污辱蒋介石！我们且看蒋介石怎样在行动上回答杨宇霆这个提议！

日本的如意算盘

日本电通社曾传"中国南北妥协之机运渐呈浓厚之状，双方尝有代表往来，结局或将以稳健之孙文主义实现大同团结。"佐分利亦宣传南北两政府间或能发见妥协点。日本东方社一面电传杨宇霆谓："蒋介石若对于共产派加以彻底的压迫，则南北之妥协非不可能之事"；一面电传"蒋介石及其他干部之取缔过激运动"。日本帝国主义者，想一手抓住北方，一手抓住南方，把整个的中国统一在他的势力之下的这种如意算盘，恐怕不容易实现罢！

署名：实

《向导》周报第一八八期

1927 年 2 月 16 日

寸　铁

（一九二七年二月二十八日）

稳健分子悔祸投诚的机会到了！

二月十六日上海《新闻报》北京通信说："故杨氏（杨宇霆）此来，只对全盘计划加以决定……一俟豫省问题解决后，然后第二部〔步〕提到对付武汉；不过将来南方如有悔过之意，能对于赤化分子驱除，奉方亦不愿过为已甚。"好了！奉方杨大人开恩了！他老人家既然网开一面，恩准我们稳健分子悔祸投诚，我们赶快驱除赤化分子罢！否则他老人家动起怒来，一旦要"过为已甚"，我们岂不要和那些激烈的赤化分子玉石俱焚！

不受抬举的唐生智！

电通社十四日北京电："张作霖为促进南北妥协机运起见……于适当时，对蒋介石提议妥协，其所欲提出之试验的妥协条件，北方由张作霖、孙传芳、阎锡山、张宗昌（何以没有吴大帅?），南方由蒋介石、唐生智、谭延闿、李济深、冯玉祥等组织—举国的委员制度总揽全国政务。"恰当此时，却有一个不受抬举的唐生智，大叫什么"政权要归还革命民众"！（见上海《新闻报》十四日长沙电）

果然是共产党的梦呓与造谣吗?

国家主义者，不相信帝国主义国家内有些无产阶级同情于被压迫之中国人民，说这是中国共产党的梦呓；偏偏英国工界却有"英国工人拥护中国自由协会"（The British Labour Council for Chinese Freedom）之组织。不独英日帝国主义者不承认他们自己是帝国主义，并且有些中国人也不相信世界上真有什么帝国主义，他们口里说时笔下写时，都只用"列强"这个名词，而不愿意用"帝国主义"，以为"帝国主义"这一名词，好像是中国共产党的造谣；偏偏最近各国名士竟在比京布鲁塞尔大开其"国际反帝国主义大会"（The International Anti-Inperialism Convention）。这都是中国共产党的梦呓与造谣吗?

外看强权内储国贼

主张外抗强权的国家主义者，对于英兵来上海示威不曾起来抗一抗，大概他们是主张外"看"强权罢！他们又曾说要内除国贼，可是大为孙馨帅、张雨帅所赏识，大概他们是内"储"

国贼罢！

三民主义信徒的双包案

戴季陶曾大喊"真正国民党"和"三民主义信徒"，现在《江南晚报》（邹鲁、张继、居正等西山会议派的机关报）也自称是"三民主义信徒"和"真正国民党"，而大骂戴季陶是鲍罗庭的走狗，是卖国卖党贼。他们究竟哪个是"三民主义信徒"，哪个是"真正国民党"呢？这种双包案我们实在断不清！

署名：实

《向导》周报第一八九期

1927 年 2 月 28 日

我们目前的奋斗

（一九二七年三月六日）

我们要懂得目前的奋斗是什么，必须先懂得中国目前的状况是怎样。

一方面中国的革命运动日渐高涨起来，工人经济的政治的罢工普遍了各大城市；农民经济的政治的争斗，由珠江流域一直达到了黄河流域（河南、直隶、山东）；反军阀反帝国主义的国民革命军快要占住扬子江上下游全流域；全国思想界逐渐革命化了，至少也挂起了不反对革命的招牌。另一方面，英国帝国主义者增派一万人以上的兵力来向中国革命运动示威，意大利、美国都是英国的帮手；日本帝国主义者，对付中国革命运动，比他国更是巧妙，他在表面不与英国合作，以和缓中国人对日之历史的恶感，而实际上则企图在经济上得到互惠协定以抵消关税自主，在政治上一手拿住奉天军阀，一手拿住国民党的右派即他们所谓稳健分子（日本帝国主义者拉拢右派的方法有二种：一是派一班浪人在上海和西山会议派的老民党，合办一个《江南晚报》，鼓吹反赤；一是派佐分利等一班官僚奔走广东、江西，勾结右倾的军事领袖，使之离开苏俄，排除急进分子的左派及共派，压迫工农运动），使他们俩见面可结婚，实现南北妥协，以根本消灭中国的革命运动。直系军阀可算是已经完全破灭，其余残余部分不归奉即归国民政府，决不能独立存在了；剩下的奉、鲁军，正在河南、江苏向革命势力作困兽之斗。奉系军阀也感觉得自己危险，于是他们在日本帝国主义指挥之下，一面出兵讨赤，一面由杨宇霆、梁士诒、赵欣伯等放出可以和南方妥协的空气，向国民党右派吊膀子，企图软化右派，使右派帮他们讨赤，以达其对南各个击破之计。

中国目前的状况就是这样，就是中国渐次高涨的革命势力，已经到了和帝国主义军阀决死战的时期。在这决死战的时期中，不独反革命分子急得张牙舞爪地乱跳，如西山会议派及其他老民党帮着帝国主义及军阀大喊反赤；即自称革命而实际上不能始终忠于革命的分子，受了反革命之诱惑，也渐渐暴露他们的真面目，想和反革命妥协。并且将来革命越向前发展，反革命势力越感觉得自身临危，越发要拿出反对急进派的口号勾结国民党右派以及资产阶级知识阶级所有的右倾分子，向革命派进攻，以自救其灭亡。

所以中国革命者目前的奋斗，不但要反抗帝国主义，不但要歼灭军阀，并且要严厉的打击想和帝国主义及军阀妥协的一切右倾势力，必须打击得他们没有力量能够扶起垂危的反革命势力。

"一三"汉口事件，正因为在汉口革命的领袖和革命的民众能够合力坚持，帝国主义勾结妥协分子为己助之阴谋未得着实现的机会，所以得到了相当的胜利。

上海的革命运动将来又是怎样呢？孙传芳的势力，可以说是完了；鲁军自徐州到上海，战线长至一千余里，不但上海不易制胜，并且徐州、南京、苏州、常州，都有受攻的可能，这几处有一处被攻破，鲁军便全体瓦解。最后和中国革命民众作对的，还是帝国主义，尤其是英、日两个帝国主义。帝国主义对付中国革命民众，不但用武力直接压迫，并且还要勾结国民党的右派、资产阶级、知识阶级的妥协分子及一切反动的绅士，向革命民众进攻，逼迫民众向帝国主义屈服，这是很可能的事。

上海的运动要得到胜利，也须和汉口一样，革命的领袖与革命的民众，始终合力坚持，不但不可受右派的离间与恐吓，而且还要合力打击右派，不妥协的和帝国主义决死战！数十万里夫民族尚能力抗法西两帝国主义大军至一年之久，岂有二百余万上海市民反不能力抗英、日两帝国主义之理！只有决死战能得着胜利，妥协就是失败。从今天起，反抗鲁军拉夫，拒绝鲁军军用票，停纳一切捐税，总同盟罢工罢市，夺取武装，响应国民革命的北伐军，一直到建立民选的市政府——工商学兵等市民代表会议的政府，撤退各国海陆军，收回租界。这便是我们目前的奋斗！

奋斗胜利的保障，只有革命的领袖和革命的民众合力坚持，而不为右倾分子的妥协政策所动摇所恐吓！

署名：独秀

《向导》周报第一九〇期

1927 年 3 月 6 日

国民党党内纠纷与中国革命

（一九二七年三月六日）

革命运动中不可没有革命党，这是稍有常识的人所不能否认的。因为革命党人是革命的群众中革命意志最坚决的分子，革命党就是这些坚决分子代表民众利益而奋斗的集合体；革命运动中，若没有革命意志坚决的党（一个或数个）站在领导地位，领导民众，为民众利益而奋斗，则革命运动是不容易获得最后胜利的。

中国国民党在中国革命运动的地位，是人人都能够认识的。自兴中会一直到现在，三十余年来的中国革命历史，都是孙中山先生所领导的革命党为主要动力，虽然在党的发展过程中，发生了不少的党内纠纷，不少变节的领袖，离开了党，违背了革命，而另图结合与活动，而革命分子仍然在新陈代谢的现象之下，团结了整个的革命的国民党，领导革命，发展革命。

此次所谓国民党党内的纠纷，也是不可否认的一件事。党内的纠纷，在各国任何大的革命党中都不能避免。非革命原则上的个人感情利害之纠纷，我们固然应该反对，应该极力避免；而由革命原则上发生的意见纠纷，不但不能避免，且不应避免，有时还是万分需要。我们反对非革命原则上的党内纠纷，同时也反对不顾革命原则的党内和平；不顾革命原则的党内妥协和平之断送革命，和不顾革命原则的党外妥协和平是一样，我们都应该不妥协的加以反对。一个党没有革命行动，党内永远不会有什么纠纷，革命原则上的党内纠纷，几乎和党的发展有同等意义。罗拔斯比为什么反对罗兰夫人，多数派为什么反对少数派，孙中山派为什么反对黄兴派与联治派，俄党中央执行委员会为什么连伟大领袖杜洛斯基和季诺维埃夫也要反对？这都是因为站在革命原则上，不能够避免党内纠纷，不能够顾及党内和平，其结果党及革命都由纠纷争斗而发展了。所以此时国民党党内纠纷，在落后分子的眼光看来，是恐怖的是悲观的；在革命分子的眼光看来，是应有的是乐观的，是进步的现象。

最近我们见到国民党的一种印刷品，题名《党务宣传要点》，颇足表现党内纠纷在革命原则上的意义，兹录原文于下：

"党的意志是大多数党员的意志。要使党尽其作用，第一，须使这意志随时自由的表现出来；第二，更要拥护党的机关，依照党的意志，能去切实的无障碍的执行。尤其在现在革命势力与反革命势力决斗，党内党外危机四伏的时候，更要防止特殊势力阻碍党的意志的表现与执行。所有党员，更须严重监督，遏抑一切黑暗的党外或党内的违反全党利益的企图，须使个人的意志与活动，完全屈服于党的意志与活动之下。如此，党的权威，才能树立起来，一切权力，才能归党掌握。所以

（一）巩固党的权威——一切权力属于党，是目前党的第一个标语。表现党的意志与执行党的意志的最高机关，是中央执行委员会。除去中央执行委员会之外，决不可有第二个最高指导机关。如果中央执行委员会之外，再有第二个与中央执行委员会权

力相等以至于权力冲突的机关，那便是党的莫大的危险，所以

（二）统一党的指导机关——拥护中央执行委员会，是现在最迫切的要求。党的指导机关不能统一，势必造成多头的政治与派别的对峙，而一切反动势力，必将乘间而起，利用党内的矛盾，勾结操纵；同时，一部分党员的活动，必完全受封建思想的支配。封建思想在党员头脑中潜滋暗长，不即加以纠正，必定演成个人独裁，以亲戚故旧同乡同学等等的关系结党营私的弊害。所以党员离开了党的正式指导机关作个人的政治活动，便可以有反革命的倾向。唯统一党的指导机关，使党内每个人都要绝对服从由本党全国代表大会所委托的中央执行委员会，才是

（三）实现民主政治，扫除封建势力的保障。复次，欲使党的工作，进行顺利，更须使为全党所信任的领袖们，一齐出来领导。自从去年春天，直到现在，海内外各级党部，同声一致的要求汪精卫同志销假复职，可是汪同志仍是没有回来。我们不能不追问汪同志之不能销假复职，是否因有使其不能销假复职的障碍。如果有这种障碍存在，我们全体党员便不能不大家起来消除这种障碍，以贯彻几个月以来全体党员

（四）促汪精卫同志销假复职的要求。我们更要知道，几个月以来，军事虽然发展，党务政治，反形退步，旧有的新生的问题，千端百绪，只因党的最高机关，权威不振，所以都没有系统的根本的解决方法。所以我们必须要求

（五）召开中央执行委员会全体会议，解决一切问题，这是目前不容稍缓的。我们同时要求中央的全体委员，根据革命的利益，充分的行使代表大会所赋与的职权，不受任何特殊势力的拘束。我们更要求中央全体委员，对于党内一切昏庸老朽的反动

分子，以及相与勾结的官僚市侩，彻底肃清，防止他们乘机作恶危害本党，我们要用

（六）打倒西山会议派的精神，对待一切党内的昏庸老朽的反动分子，然后才能铲除党外的危害本党的官僚市侩。

这一宣传要点里所说："遏抑一切黑暗的党外或党内的违反全党利益的企图。""实现民主政治，扫除封建势力的保障。""要用打倒西山会议派的精神，对待一切党内的昏庸老朽的反动分子，然后才能铲除党外的危害本党的官僚市侩。"据这些说话，当然已经表现党内的纠纷是有革命原则上意义的，决不是什么个人间的感情利害冲突。可是这些说话还嫌不够，至少也觉得含混了一点，未曾明显的具体的指出目前革命原则上的要点。目前革命原则上的要点：一是党内所谓稳健分子，亦即接受了西山会议理论的分子，有和党外的黑暗势力——奉天军阀及帝国主义尤其是帝国主义的日本妥协的倾向；二是反工农运动的事实日渐增长，而一般投机分子甚至于反革命分子却如潮涌入，在国民党内组织他们的小团体，占据地盘，并且有计划的向革命分子或明或暗的进攻。这两件事，只要有一件继续发展而不加以纠正，都足以断送国民党的政治生命，断送中国的革命运动。国民党是中国革命运动之主要动力，断送了国民党的政治生命，便是中国革命运动之重大的打击。孙中山先生若避免党内的纠纷，若以妥协的态度保全党内的和平，而不坚决的反对黄兴派，反对联治派，反对冯自由派，左派领袖们若不坚决的反对勾结段祺瑞的同志俱乐部派和西山会议派，试问国民党的政治生命今天是怎样，中国的革命运动今天又是怎样？

所以为中国革命运动向前发展计，为国民党的政治生命计，

国民党内革命分子站在革命原则上和右派冲突，这是必要的；我们不应该取非革命的和事老态度，责以避免党内纠纷，在事实上帮助国民党内反革命的势力之继长增高！

署名：独秀

《向导》周报第一九〇期

1927 年 3 月 6 日

寸　铁

（一九二七年三月六日）

西山会议派连资产阶级还不如！

从前有人说国民党是资产阶级政党，谢持气的了不得，以为这是侮辱国民党。可是现在西山会议派的张继，竟在此次上海总罢工中去访问虞和德，商量合作，而以杀工人杀共产党为合作条件，虞和德大不赞成，张继算是白撞了一头包，可见这班右派，连资产阶级还不如！

党　皇　帝

从前因为共产分子加入了国民党，国民党右派大呼"亡党"。现在国民党北伐胜利了，右派又大呼"党皇帝"，讥诮党皇帝满街走，斥责党政府太专制（见张继做的《江南晚报》发刊词）。试问党既然亡了，如何还有专制的党皇帝呢？

西山会议派打倒了吗?

国民党《党务宣传要点》上说:"我们要用打倒西山会议派的精神,对待一切党内的昏庸老朽的反动分子。"其实西山会议派何尝打倒,他们不但在国民党外伙同日本人在上海办一个《江南晚报》大骂党皇帝;在国民党内,从前号称左派分子,现在居然接受了西山会议的理论反俄、反共、反工农运动的人要有多少?

投机商人——国民党主席——蒋介石的左右

二月二十六日东方社汉口电:"此间国民党要人排斥张静江之声甚高;其理由,因张为蒋介石之左近,诸事多为把持故也。"二十七日电通社汉口电:"汉口民党干部之间,一般反对张静江之声浪,渐高唱入云;其理由,以张在蒋介石左右,多有专制行为也。"张静江以假古董和投机商人,一跃而为国民党中央执行委员会的主席,人们本来莫测高深;不过已经是一位堂堂的全党主席,民党干部为何又说他是蒋介石的左右呢?

蒋介石能和张作霖政见相同吗?

三月一日上海《商报》十六日北京通信称奉系红人赵欣伯（著名的亲日派）关于南北妥协谈话如下："现在南北两方并无感情之冲突，除共产主义而外，政见相同之处甚多，如欲合作，确有可能之性质，只须南方放弃共产主义，北方未尝不可与之合作。即在蒋中正方面，亦尝间接示意北方，极力辨明南方确非赤化；并谓近来对于共产运动，抑制甚力，决不令其蔓延，察其语意，似亦愿与北方合作。"中国何处有了共产运动，真是活见鬼！除共产主义而外，蒋介石能和张作霖政见相同吗？除共产主义而外，张作霖真能赞同孙中山的国民党主义吗？这又都是活见鬼！蒋介石是一个有革命历史的人，他自称是中山先生的唯一信徒，他哪肯忍心忘了中山先生临终之言，为军阀所软化而不继续革命？如果蒋介石肯软化，也只是他自杀，无所谓与北方合作！

西山会议派连安福派还不如!

顷见安福派的机关报天津《大公报》评上海总罢工说："所堪骇愤者，孙传芳官吏，竟在华界大事杀戮，闻竟有数十人或百人之多，致群情惶骇，居民纷徙，使上海成为恐怖状态。夫运动罢工，纵认为妨害治安，拘之可已，工人手无寸铁，不犯刑事，奈何以盗匪视之，倒行逆施，于此为极！"照这样看起来，西山会议派对于此次上海总罢工态度，连安福派还不如！

苏俄何尝有什么"党化教育"！

自从胡适之发表了称赞苏俄教育的几封信以后，便有徐志摩和瞿菊农一班人极力反对苏俄的党化教育，又有张象鼎一班人极力赞成党化教育。其实两方面都是闭着眼睛瞎说。苏俄共产党，只有在党内对所有党员的教育与训练，厉行布尔什维克化；对于党外一般教育，并没有什么"党化教育"这样丑陋的计划和这样丑陋的名词。至于党员在学校中，在一切民众中，为党努力宣传，和苏维埃国家教育设施乃是两件事。

工友为什么只反对联军不反对党军？

有些反革命者，往往说帝国主义与军阀固然应该反对，同时也应该反对苏俄与中国共产党；可是他们的宣传内容上，只是长篇大论的反对苏俄与共产党，却从来没有一字反对帝国主义与军阀，而且和帝国主义与军阀一样的论调反对苏俄与共产党。最近上海总罢工中，上海《新申报》（孙传芳的机关报）所登载的什么全国工人反赤同志会告上海罢工工友一文，便是一例。在这一文里，不但极口谩骂苏俄与共产党而将帝国主义与军阀轻轻放过，并且说："工友只反对联军，不反对党军，岂不又受了共产党的利用！"又说："联军驻兵上海就要攻击，党军进逼上海，也应当攻击呀！”试问这是替谁说话？当真有什么全国工人反赤同志会吗？不过是孙传芳同志所雇用的《新申报》主笔几只同志罢了。哈哈！

署名：实

《向导》周报第一九〇期

1927 年 3 月 6 日

孙中山先生逝世二周年
纪念中之悲愤

（一九二七年三月十二日）

中国伟大的革命领袖孙中山先生逝世已经整整二个周年了，我们横览时局，复回忆中山先生的生平，因此我们现在的悲伤，沉痛的悲伤，比中山先生逝世的尤甚，不但是悲伤，而且是悲愤！

在今年一月二十一日列宁逝世第三周年纪念中，已经令我们联想到中山先生逝世之第二周年，联想到中山先生对于中国革命之遗言与政策和中国革命之前途。

不错，中山先生逝世后，中国革命运动有了很大的发展，最重要的如"五卅"运动和国民革命军之北伐。可是现在去国民革命之完成，前途还甚辽远，革命运动正需急转直下向前发展，以完成中山先生未竟之业；而有些革命意志薄弱的稳健派，自命为不左不右的革命领袖，竟因恐惧中国革命的向前发展，而抛弃中山先生的联俄、联共、扶助农工三大革命政策及遗嘱遗言，而停止革命。这岂不是中山先生逝世周年纪念中最堪悲愤的一件事?!

国民革命军事发展及胜利之最大原因，基于中山先生联俄、联共、扶助农工三大政策，这是无人能够否认的。国民革命之主力——黄埔军，是怎样产生的呢？若没苏俄之援助与共派努力扶助，焉有今日！在东江南路战争中，在北伐战争中，共派军人力战伤亡者几人，孙文主义学会军人力战伤亡者几人，军事当局应该知道；共派号召民众援助国民政府援助国民革命军之宣传与工作，当局也应该知道。国民革命军自从削平陈、林、刘、杨以至湘、鄂、赣、浙诸战争无一处不因有工农民众之援助而获得胜利，几乎每个国民革命军将领都懂得这个，并且有些军事领袖公开的说：此次北伐全靠农民之帮助才得到胜利；即帝国主义者也懂得这个，日本《报知新闻》《论币原外相之对华方针》，谓："以受多数民众之援助而论，武昌实优于北京，此际不应故意非难南方，以伤武昌政府之感情。"帝国主义者尤其是日本及奉、直军阀，他们都懂得这个，都懂得国民革命军之所以这样强盛，这样胜利，乃是中山先生联俄、联共、扶助工农三大政策的结果，因此他们（帝国主义及军阀）要破坏中国南方革命势力以自救其危亡，只有勾结南方的所谓稳健派，劝他们离开苏俄，劝他们驱逐共产党，劝他们抑制工农阶级，以此为南北妥协合作的条件。好聪明的帝国主义与军阀，他们知道南方的稳健派若接受他们的条件，实行抛弃中山先生的联俄、联共、扶助农工三大政策，南方的革命势力便离散了，他们（帝国主义及军阀）统治中国之地位便重新巩固了。南方的稳健派已经在事实上表示接受这样的条件。哪里是什么南北妥协合作，简直是向黑暗势力投降，这样还算什么革命领袖，还算什么中山先生的信徒！

现在不左不右的稳健派，所持反俄理由是：苏俄是强国决不能以平等待我；并且诬蔑中山先生当时联俄不过是暂时利用。他们所持反共理由是：共产党党员排挤压迫国民党党员。他们反工农运动理由是：工农运动太过火了，工人、农民变成压迫资本家、地主的阶级了。他们不但拿这些绝对不合事实的理由来掩饰他们违背中山先生革命政策之罪，他们当中还有人更坦白的说：中山先生的政策本来不能用。中山先生逝世才两年，便有人暗中取消他的政策或更明白的说他的政策不能用，这怎不令人悲愤?!

废除不平等条约与实现国民会议，也是中山先生遗嘱之要点；可是自从中山先生逝世一直到现在，虽然每逢开会必读遗嘱，而遗嘱中之要点却无人记在心中，慢说是实力奉行了，这样的读遗嘱，和牧师诵经祈祷宗教仪式何异？以"绝对保护外人"代替了废除不平等条约的口号，黄郛、龚德柏等再得势，便会进一步宣传"外崇国信"！省民会议、县民会议、市民会议、乡民会议同国民会议是一件事，现在居然有人以为鼓吹国民会议并主张根据中山先生的国民会议组织法成立省民会议、市民会议、县民会议、乡民会议，是共产党造反，是侵犯了省党部、县党部的职权，是违背了中山先生军政时期、训政时期的方略。他们忘记了国民会议的组织法是中山先生的主张；他们又忘记了中山先生并未曾以为国民会议侵犯中央党部的职权；他们更忘记了中山先生军政、训政的主张是方法不是目的。若拘执方法为目的，则三民主义中之民权主义作何解释？

"我死之后，我们政治的敌人，定要设法软化你们。你们如今不受软化还要继续革命，他们一定要杀害你们。"这是中山先生临终最沉痛的最后遗言，应该每个中山先生的忠实信徒都不会忘记！可是现在日本帝国主义者及奉天军阀想勾引稳健派使之软化的呼声非常之高，被勾引的人不但没有一字声明，日本帝国主

义的通信社且称南北两方时有信使往还，并且具体指出李石曾是
被派为与奉方接洽的代表，这是怎么一回事？难道奉天军阀不正
是此时革命北伐的对象吗？倘若这班稳健分子终于被奉天军阀软
化了，中山有知，能毋痛哭！

全中国革命的民众们！全国民党忠于革命的同志们！中国的
革命是终于要循着进化的历史向前发展的，全国民众革命的高
潮，也必不会因少数人妥协软化而中止而低落的，少数人妥协软
化，只是他们自己随着黄兴派、政学会、联治派、西山会议派的
覆辙而落伍，真正革命分子是不会跟着他们停止前进的，历史更
是不会跟着他们停止前进的。凡是革命分子，都应该坚决的继续
遵守中山先生的革命政策遗嘱与遗言，撇开一切妥协软化分子而
勇猛前进。必须是这样，才有脸面来纪念中山先生，才真是纪念
中山先生，否则中山先生也未必愿意人们假意纪念他！

署名：独秀

《向导》周报第一九一期

1927 年 3 月 12 日

寸　铁

（一九二七年三月十二日）

溥泉溥泉，你到底是一个什么人？

我的老友张溥泉，当初本是一个无政府主义的活泼少年，加入革命同盟会后，改名张继。参议院议长时代的张继，也还是一个热忱的革命者。再游欧洲回来的张继，还力倡民族革命，并且同情工人运动，他亲自对我说："我们现在不能为中产阶级革命了。"国民党改组后的张继，才开始开倒车；然而还主张联俄革命，并责备苏俄为什么不派遣红军来助中国革命。西山会议后的张继，便正式反动起来了；一直到最近，竟赞成杀工人，竟伙同邹鲁等办《江南晚报》反俄反共。三月五日上海各报载：国民党右派中坚张溥泉，因时局关系于昨日离沪。他自己也登报自称中国无他立足之地，从此出国远游，不问政治；听说是因为和邹鲁、居正又有了冲突。他半生历史变化若此，到底是一个什么人？当年的革命精神又哪里去了？

个人的军事独裁之榜样！

云南军界讨唐继尧的通电说："生杀任免，惟凭喜怒，用人行政，漫无是非，省务会议，虚有其名，谠论忠言，无由上达，令出独裁，势同专制，主权在民，纯饰虚声，当今之世，首领顺应民众，以谋公共幸福，其道必昌，首领操纵民众，以图少数便利，其道必亡。"其实个人独裁的军人都是如此，岂止唐继尧一人！

我即党与朕即国家

凡是一个民主主义党的领袖或民主主义政府的领袖，对民众发表意见，照例都称我们，决不称我，这是表示非个人专政的意思。若说我主张如何如何，反对如何如何，时常"我"呀"我"的大喊，这在党便是表示"我即党"，在政府便是表示"朕即国家"，这些口气乃是个人独裁性之自然流露！

日本人诬蔑中国革命领袖一至于此！

三月七日《顺天时报》说："蒋介石……现已与国民党旧人及中立各派密商反赤，即以反赤名义与北方携手……蒋之联北计划，现正积极，已倩人提出条件，唯其内容现尚不能宣布。"蒋介石自称是中国革命的领袖，日本帝国主义的机关报诬蔑他情人向北方军阀提出条件携手反赤，如此吴、张、孙、蒋成了一家，还革什么命！

全部党军都能够接受张作霖吴佩孚的提议吗？

三月八日上海各报载：张作霖与人谈时局，谓南征在防赤，南方必有自觉之日，收回主权不应用暴力，党军苟驱逐左派，予将抒诚与图统一。又传吴佩孚与南方合作，以驱逐共产党及恢复陈嘉谟、刘玉春自由为条件。大家不必惊讶张作霖、吴佩孚何以看出党军之非赤，在广东在江西，都确有许多反赤的事实；然而张作霖、吴佩孚也勿轻视全部党军都能够接受他们的提议！

于中国实际政治有经验者是谁？

东方社东京九日电："今日《报知新闻》论蒋介石与共产党之轹轧，谓于蒋氏北伐之动机及思想的倾向观之，蒋氏与共产党不相容，殆无疑义。蒋氏最近优待黄郛、王正廷等，渐渐听从于中国实际政治有经验者之言……"试问黄郛、王正廷与共产党，谁是革命的呢？所谓于中国实际政治有经验者又是谁呢？

署名：实

《向导》周报第一九一期

1927 年 3 月 12 日

评蒋介石三月七日之演讲

（一九二七年三月十八日）

我们对于蒋介石总司令三月七日在南昌总部之演讲，有佩服的地方，也有怀疑的地方。

佩服的地方是：他毅然承认"现在我们国民政府同中央党部已经迁到了武汉。"从此政权统一，民众不至感觉于武汉国民政府之外还另有一国民政府而莫名其妙，军阀亦无法利用革命政权不统一而企图操纵；从此党权统一，所有国民党党员不至于感觉得有武昌、南昌两个中央党部而无所适从了。这两件事，都于国民革命之进行，非常有益。

怀疑的地方是：他此次讲演，虽然对于放弃联俄政策和南北妥协这两个流言有所声辩，可惜他声辩的内容反证明了这些流言至少一半是事实。

"凡是以平等待我的国家，我们都可以和他们联合"，这只是我们一般的外交原则；中山先生的联俄政策，却根本不是这样。中山先生联俄政策之根本精神有二：（一）是要效法俄国式的革命，这句话中山先生不但在公开的演讲中说过，给蒋介石私人的信中也说过；（二）是相信"自欧战以后，俄国人自己推翻帝国主义，把帝国主义的国家，变成新社会主义的国家……把从前用武力的旧政策，改成用和平的新政策；这种新政府，不但是没有侵略各国的野心，并且抑强扶弱，主持公道。……俄国革命以后，斯拉夫民族生出了甚么思想呢？他们主张抑强扶弱，压富济贫，是专为世界上伸张公道打抱不平的。土耳其在欧战之前，最贫最弱……各国更想把他瓜分，土耳其几乎不能自存，后来俄国出来，打抱不平，助他赶走希腊，修正一切不平等的条约，到了现在，土耳其虽然不能成世界上的头等强国，但是已经成了欧洲的二三等国；这是靠甚么力量呢？是全靠俄国人的帮助。由此推论出来，将来的趋势，一定是无论那一个民族或那一个国家，只要被压迫的或委屈的，必联合一致去抵抗强权。"（见中山先生民族主义第一讲）中山先生毫无疑义的肯定了俄国已经不是有侵略各国野心的帝国主义者，并且肯定了俄国能够抑强扶助，弱者自强起来也全靠俄国人的帮助。实际上中国革命军得到俄国人的实力帮助，决非一般国际关系上什么平等待遇所能有之事，这件事蒋介石应该比国民党任何军事领袖都知道清楚。中山先生的联俄政策是建筑在上列两个根本精神上面，是以革命同志的精神而联俄，是以革命民族联合的精神而联俄，决不单是建筑在一般国际关系上什么平等待遇上面。

可是蒋介石现在说："为什么要联合苏俄，就是苏俄能以平等待我中国……不仅日本，无论哪一国，如其放弃帝国主义政策，能以平等待我中国的时候，那么，我们对他们，如同对苏俄一个样子，未始不可以联合的。……我们联合苏俄为求中国之自由平等，完全立在以平等待我之民族这意义上头，所以就要联合苏俄；若苏俄一旦不以平等待我，像别个帝国主义一样压迫我们的时候，我们也是象反对帝国主义一样的反对他们。"这些说话，若出诸普通商民之口，不但不算说错，而且很公道；国民党军事领袖说出这样的话，在革命政策的立场看来，分明是把中山先生的联俄精神根本放弃了！因为他这些说话之根本态度是把苏俄看做其他强大国家一样，不曾肯定的把他看做是革命同志，不曾坚决的把他看做是革命民族。

西山会议派之反对联俄，人所共知；然而他们也不是明言放弃中山先生的联俄政策，也是说："吾人尝以'平等待我'为民族间之量尺矣，凡言行一致，合乎此量尺者皆吾友，否则不唯非友，甚至为仇。"又说："吾人于此绝不贸然将苏俄列诸其他帝国主义之林，一反联俄政策；亦绝非盲目的以苏俄之言动皆善，而违反联俄政策之本义。"（均见西山会议派上海大会宣言）蒋介石的说话，与他们的见解何异？他们同样不认识苏俄是革命同志是革命民族，把他和别的强大国家一样看待，今天说："只要联俄以平等待我，我们对总理联俄政策无论如何不能更动的。"明天便会附会一二不平等待我之口实而更动了！所以东方社十六日九江电称蒋介石最近在南昌演说，曾明言"俄国如以不平等对付吾人，则我等自有对之之道也。"报载蒋之演讲词中虽未明见此语而奔走撮合南北妥协之日本帝国主义者自然能够察知其弦外之音。

蒋说："我们联合苏俄，并不是联合苏俄一个代表，我们是联合苏俄全体的人民。"可是张作霖逼走加拉罕，又何尝不是说只是反对加拉罕个人而不是反对苏俄全体的人民。

所谓"全体人民"只是一个抽象名词，并不是一个具体的表现，所以人们往往欺负他不能够具体的站出来说话，可以任意利用他。国家主义派主张全民革命，便等于不革命。英帝国主义派兵到中国，也是说合乎中国全体人民的愿望。苏俄全体人民不能通同来到中国帮助中国革命，除了政府的代表或党的代表，更有何种形式可以表现实际的联合呢？

如果苏俄代表真有压迫国民党领袖或侮辱国民党的行动，不但国民党全体中央委员会起来反对（何以最近党中央全体会议并未曾提及此事，只有蒋一个人感觉着？）即中国共产党亦应该向代表严正警告，甚至于请求苏俄另换代表。若仅仅是因为苏俄代表主张汪精卫复职，若仅仅是因为苏俄代表在国民党的宴席上劝告勿抑制工农运动，便以为是压迫国民党领袖和侮辱国民党，则压迫国民党领袖侮辱国民党者还有百数十万国民党党员和广大的民众，不只是苏俄代表。

北方的张总司令方宣称因苏俄代表辅助国民党而逮捕其家属，南方的蒋总司令则宣称苏俄代表侮辱国民党而欲加以驱逐，所持理由虽不同，而反对苏俄之事实则同，此或即佐分利所谓"发见南北妥协点"，赵欣伯所谓"南北政策相同"之一！

复次，南北妥协共同反赤之说，自正月到现在已经两个多月，各报一致宣传，尤其是日本帝国主义的通信社——东方社与电通社，几乎每日都有此类消息，东京、北京的日本报纸更是言之凿凿，难道蒋总司令都一向不曾知道，何以对于自身关系之事截至本月十二中山先生纪念日告黄埔学校同志书中，对于日本帝国主义的通信社及报纸之宣传都无一字声辩？一则曰，"在武汉的党员还要造出这种谣言"，再则曰，"他们在武汉的却天天制造谣言"，其于告黄埔同志书中亦说是"造谣煽惑"、"后方捣乱"，并谓："若中正坚持革命不肯放弃一日，则中伤者之作用亦将一日不止。"又谓："彼挑拨是非之徒，意在破坏国民革命军。"其实，如果是谣言，如果是中伤，则造谣煽惑、中伤捣乱以图破坏国民革命者，不是在武汉的党员，而正是蒋介石现方表示亲近的奔走牯岭、南昌、北京鼓吹南北妥协之日本政党及东京、北京的日本通信社及报馆。最近日本人的《上海日报》非常得意的大字登载十七日九江电："南昌派高唱亲日政策，否认全体会议之议决，决定解雇鲍罗庭。"不向日本帝国主义的通信社及报馆声辩，而只痛骂自己的同志，这是绝对无益的事。

奉、鲁军不是整个的，几等于奉直军不是整个的，这是人所尽知，鲁军即尽失其地盘，亦非奉张所深惜。北伐军东下击破鲁军，自是革命势力更进一步之发展，尤为东南人民所欢迎；然而执此以为东报宣传对奉妥协、南北携手对赤之反证，则殊嫌未足。

有人以为李宝章、毕庶澄等时有与南军谈判之事，靳云鹗、陈调元显已归附南方，所谓南北妥协，不过如此。此言亦太滑稽了。北方将领归附国民政府，吾人自可尽量容纳；而国民政府的军事领袖提出政治上的让步条件如东报所传者，向北方军阀首恶谋妥协，这是与北方将领归附国民政府为同样的革命胜利之荣誉吗？

奉天军阀在人心上，在军纪上，在财政上，已到了旦夕溃败的运命，不但北方革命的民众，即一般商民甚至于官僚，都发出"盼望赤军速至"的呼声；而赤军领袖若忽然为日本帝国主义所诱惑，与垂危的奉天军阀谋妥协，以延其残喘，使肃清军阀的大业功败垂成，这岂非革命史上一大错误，并且是一大污点！所以我们的责任，不是盲目的掩饰此时没有南北妥协的运动，而是诚恳的要求国民革命军的领袖蒋介石总司令，立刻在言论上在行动上，证明所谓南北妥协共同反赤，的确是日本帝国主义造谣煽惑、挑拨是非、中伤捣乱以破坏中国革命的阴谋！

署名：独秀

《向导》周报第一九二期

1927 年 3 月 18 日

寸　铁

（一九二七年三月十八日）

曾琦与薛大可

国民革命军快到上海，国家主义的曾琦逃到南京去，革命军若再杀到南京，他只有跟随张宗昌逃到山东。曾琦由上海逃到南京，改名王奇，不但斩了头而且分了尸；若再由南京逃到山东或北京，便要再行分尸一下改名王大可，将来可与薛大可齐名！

毕庶澄和西山会议派就这样纪念中山！

毕庶澄也发表宣言纪念孙中山先生；可是他的宣言中说：“庶澄是奉张孙两帅命令来的，负有保护地方责任的，手枪炸弹是军中常备之物，必消耗几许，以除此害群之马。”照他这样纪念中山先生，会将中山先生气得活转来！然而毕庶澄还只是说说威吓民众，不象西山会议派的老民党，一面在《江南晚报》及做文章纪念中山，而一面却在环龙路四十四号楼上开枪打伤游行纪念中山先生的群众！

西山会议派和英帝国主义同样的纪念中山！

本月十二日中山先生逝世二周年纪念，几乎全世界都有开会纪念的运动，人们对于伟大革命领袖的纪念都表示非常热烈。然而世界上对于纪念此革命领袖的群众表示热烈反对的也有二处：一是西山会议派在上海环龙路枪伤游行的群众三人，一是英国帝国主义者在新加坡对游行纪念的群众开枪两次，死六人，伤十一人。

我们冤枉了西山会议派！

上海的《江南晚报》，名义上是西山会议派的机关报，其实印刷机器是日本人的，经费也是日本人的，经理及编辑都是日本人，报馆里出入的人，日本人多过中国人，他们毫不掩饰，连广告栏中百分之九十九都是日本商店的广告。我们说这报是西山会议派的机关报，实在冤枉了他们！

帝国主义者眼中之蒋介石

路透社十日汉口电云："国民党之左右派已起冲突，蒋介石为保守分子所公认之领袖。"蒋介石究竟是保守分子之领袖还是革命的领袖，这应由他的行动来证明，别人的宣传和他自己的宣传，都是无用的。

与帝国主义军阀妥协想推翻国民党的是谁？

国民政府谭主席在武昌中山先生二周年纪念会演说："目前党里暗中有少数人与某帝国主义某军阀妥协，想根本推翻本党，这种事实是多么不幸！"（见上海《时事新报》）同时日本帝国主义的《上海日报》十七日九江电则大书特书："南昌派高唱亲日政策，否认全体会议之决议。"大家想想看，谭主席所说的少数人是谁？

署名：实

《向导》周报第一九二期

1927 年 3 月 18 日

国共两党领袖联合宣言[*]

——告两党同志书

（一九二七年四月四日）

国民党、共产党同志们！此时我们的国民革命，虽然得到了胜利，我们的敌人，不但仍然大部分存在，并且还正在那里伺察我们的弱点，想乘机进攻，推翻我们的胜利，所以我们的团结，是时更非常必要。中国共产党坚决的承认，中国国民党及国民党的三民主义，在中国革命中毫无疑义的需要，只有不愿意中国革命向前进展的人，才想打倒国民党，才想打倒三民主义。中国共产党无论如何错误，也不至于主张打倒自己的友党，主张打倒我们的敌人（帝国主义与军阀）素所反对之三民主义的国民党，使敌人称快。无产阶级独裁制，本是各国共产党最大限度的政纲之一，在俄国虽然实现了，照殖民地半殖民地政治经济的环境，由资本主义向社会主义的过程，是否要一

---

　　* 本篇各版本的陈独秀文集、著作选略有不同，本书参照上海人民出版社《陈独秀著作选编》2010 年版第四卷。

定死板地经过同样形式的同样阶段还是一个问题，何况依中国国民党〔革命〕发展之趋势，现在固然不发生这样问题，即将来也不至发生。中国所需要的是建立一个各被压迫阶级的民主独裁来对付反革命，不是什么无产阶级独裁。两党合作，本有各种不同的方式；重要之点，是在两党大多数党员群众双方以善意的态度，解决此问题，方不违背合作之根本精神。中国国民党多数同志，凡是了知中国共产党的革命理论，及其对于中国国民党真实态度的人，都不会怀疑孙总理的联共政策。现在国民革命发展到帝国主义的最后根据地——上海，警醒了国内外一切反革命者，造谣中伤离间，无所不用其极！甲则曰：共产党将组织工人政府，将冲入租界，贻害北伐军，将打倒国民党。乙则曰：国民党领袖将驱逐共产党，将压迫工会与工人纠察队。这类谣言，不审自何而起。国民党最高党部最近全体会议之议决，已昭示全世界，决无有驱逐友党摧残工会之事。上海军事当局，表示服从中央，即或有些意见与误会，亦未必终不可释解。在共产党方面，爱护地方安宁秩序，未必敢后于他人；对于国民政府不以武力收回上海租界政策，亦表赞同，总工会亦已发表不单独冲入租界之宣言；对于市政府，亦赞同各阶级合作政策；事实俱在，更无造谣之余地。国共两党同志们，我们强大的敌人，不但想以武力对待我们，并且想以流言离间我们，以达其"以赤制赤"之计。我们应该站在革命观点上，立即抛弃相互间的怀疑，不听信任何谣言，相互尊敬，事事开诚商协进行，政见即不尽同，根本必须一致。两党同志果能开诚合作，如兄弟般亲密，反间之言，自不获乘机而入也。披沥陈词，万希各自省察！勿至〔致〕为亲者所悲，仇者所快，则中国革命幸甚！两党幸甚！

汪精卫、陈独秀

十六年四月四日

《民国日报》

1927 年 4 月 5 日

寸　铁

（一九二七年四月六日）

谁敢再想做中国之爹亚士？

英国史学家魏尔斯（H. G. Wells）的近作《一个新中国震动全世界》一文中说："关于目下中国时局，其最可注目之点，即此时局显然非任何一个人物所造成者，申言之，在最近十二个月内进行甚速之中国之巩固与再造，并非在若干如爹亚士或墨索里尼式之枭雄指导之下而进行者。"又说："欧洲列强……耗废金钱及威望，以助中国之某盗魁或某将军，冀其做中国之爹亚士，使中国安全以供欧洲资本家之投资。"现在某将军某盗魁都倒霉了，帝国主义者还只认识个人吗？他们还想雇用何人做中国之爹亚士呢？在这震动全世界的新中国中，还有何人仍敢以枭雄自居，继续袁世凯、段祺瑞、吴佩孚、张作霖为帝国主义来做中国之爹亚士呢？

英国帝国主义不怕蒋介石了吗?

路透社廿一日伦敦电:"各报皆评论上海之陷落,每日电闻谓今一切多恃蒋介石之态度与彼所能操之势力。"以前英国帝国主义者视广东赤军首领蒋介石若洪水猛兽,现在为什么说要多恃他的态度与势力呢?

稳健派原来如此!

路透社三月二十三日伦敦电:"《孟却斯德导报》论上海之前途谓……目前时机尤为相宜,因蒋介石所统率之稳健派,或准备协定,视汉口办法更优惠于外人权利之条件也。"我们现在明白了,所谓稳健派原来就是更优惠于外人权利之意!

青天白日旗下之上海新闻界!

北伐军一到上海,《新申报》自动的停刊了,《民国日报》和《中南晚报》都自动的复刊了。最肉麻的是《新闻报》,他本是著名一家帮军阀反对革命政府、帮陈炯明反对国民党的报,而于北伐军到上海之次日,在论前大登其中山先生的遗像与遗嘱。最识时势的是《时事新报》,他远在孙传芳从九江败退以来,就渐渐改变了论调，我们希望他将来不至于很快的回到他的旧路！

张作霖已说出南北妥协的条件了！

上海《时事新报》三月二十八日北京电："张作霖昨偕赵欣伯接见日本记者团，证明外传出京说不确………本人始终反对共产，南军苟驱俄人，南北不难妥协。"东方社北京廿七日电亦述张作霖对日本记者说："至南北妥协问题，倘蒋介石能驱逐南军中之俄人，表示诚意，余决不峻拒。"张作霖已说出南北妥协的条件了，且看南军怎样在行动上回答他！

署名：实

《向导》周报第一九三期

1927 年 4 月 6 日

答沈滨祈、朱近赤

（一九二七年四月六日）

沈滨祈
　　　　先生：
朱近赤

　　你两位来信所提出的问题虽然不同，而根本是一个问题，即是中国国民革命之归趋，换句话说，就是中国国民革命之性质及其前途。所以我们对于你两位的来信一并奉答。

　　中国国民革命之性质，是世界资本主义将近崩溃时代，殖民地半殖民地的反资本帝国主义之各被压迫阶级的民族、民权、民生革命，而不是世界资本主义初兴时代之纯资产阶级的民主革命，因为革命的世界环境不同，革命的国内社会势力又不同，所以革命时革命后之政治的构造和经济的建设，便自然和前两世纪纯资产阶级的革命不同。在国际资本帝国主义之政治的经济的统治下之殖民地半殖民地，这些地方的资产阶级百分之九十九不能脱离买办性质，决不能始终忠于国民革命，决没有由他们之手实现自由独立的民族国家之可能，若由他们代替军阀统治国家，仍旧是变相的帝国主义之统治。只有工农及其他被压迫剥削阶级统治的国家，才能够真正脱离帝国主义之统治，才能够力图非资本主义的经济建设，才能够不一定经过再度革命方式而行向社会主义的社会。因此，中国国民革命之前途，只有两条路：（一）是由工农及其他被压迫剥削阶级之手实现国民革命而行向社会主义；（二）是由资产阶级之手联络一切反动势力，在国民革命的假招牌之下，回复到帝国主义的统治。美国式日本式的第三条路，可惜李鸿章没有走，这时代已经过去了。

以上的说话，已经在根本上答复了你两位所提出的问题。以下再就来信所举的具体事件，略略申说几句。

国民革命成功后，中国的经济制度，自然是家庭的手工业与农业、小生产制、私人资本主义的大生产制、国家资本主义等，四种并行。我们所谓采用何种经济制度，并不是说只采用那一种而禁绝其余一切，乃是说采用某一种为全社会中主要的生产制度。我们以为中国国民革命成功后的经济建设，在主观上在客观上，都不必采用私人资本主义为全社会主要的生产制度，而可以采用国家资本主义以过渡到非资本主义的国家工业，即是行向社会主义的社会。不过所谓国家资本主义，其在经济上的性质如何，乃依政治上的构造如何而定，即是依所谓国家资本主义之国家的构造如何而定。譬如在封建军阀的国家而采用国家资本主义，则不仅只是官〈僚〉营业，而且更便于官僚卖国，外资独占，而更易消灭本国的工业；在资产阶级的国家而采用国家资本主义，则不过是私人资本更集中高度发展之一种形式；只有在工农及其他被压迫剥削阶级革命的国家而采用国家资本主义，才能够由此过渡到非资本主义的社会主义的经济建设。以上是答复沈先生的话。

朱先生的说话，有许多我们不能懂得。各被压迫阶级的民主独裁，当然不能解决全民的痛苦，因为全民中之军阀、官僚、买办、劣绅、土豪的痛苦，各被压迫剥削阶级似乎没有为他们来解决之必要。先生主张要解决"全民"的痛苦吗？赶快去求上帝，或者是学佛罢！你断定国民党革命成功后必压迫农工群众，我们以为不一定如此，必须国民党完全变成军阀、官僚、买办、地主、土豪、劣绅、工贼的集团才会如此。无产阶级革命与专政，是方法不是目的，共产党之目的是废除私人资本主义的生产制度，实现社会主义的生产制度；在世界资本主义将崩溃的现代，在资本主义的大生产制犹未垄断全产业界资产阶级势力犹未强固的中国，如果工农及其他被压迫剥削阶级，能够建立一个民主独裁的革命国家，如果能够由国家资本主义过渡到社会主义的社会，那便自然没有一定必须经过无产阶级专政的必要了。如果照先生的主张："直截了当的解散共产党停止共产主义的宣传"，这正是国民党极右派的主张，他们正是恐怕国民革命之前途，由工农及其他被压迫剥削阶级的势力造成非资本主义发展的政治环境；他们因此宁愿意让资产阶级结合买办、官僚、土豪、劣绅、流氓等，以造成帝国主义能够仍旧统治中国的政治环境；他们以为只有这样，才离开了共产党，才没有一点共产主义的色彩，才没有赤化的嫌疑，才是"真正"国民革命。凡是主张"直截了当的解散共产党停止共产主义的宣传而来真正做国民革命"的人，必然和他们（国民党极右派）走一条路，他将来必然背叛国民革命，因为他已经做了帝国主义和军阀所急须要做的事——解散共产党，停止共产主义的宣传！

独秀

《向导》周报第一九三期

1927 年 4 月 6 日

在中国共产党第五次全国代表大会上的报告

（一九二七年四月二十九日）

我把中央的报告分为两部分：政治部分和党的部分。报告涉及的时期是两年零三个月。因为很忙，准备得不够，不能做详细报告，因此，首先请大家原谅。我只谈谈最重要的问题。这个报告共分十一部分。

一、革命的形势及其发展和党的策略

中国革命在这两年当中有很大进展。它经历了四个时期：第一个时期，是从 1925 年 1 月第四次党代表大会到 1925 年 5 月上海事件和郭松龄倒戈；第二个时期，是从郭松龄失败到国民军第一军退出南口；第三个时期，是从北伐开始到革命军占领上海；第四个时期，是从占领上海后到蒋介石叛变。

1925 年 5 月上海事件，使革命得到进一步发展，无产阶级开始成为革命的领导者。从第四次党代表大会起到上海事件爆发，是革命的胚胎时期。第四次党代表大会是在曹锟失败和冯玉祥政变反对直系的时候召开的。当时反动力量在政治上受到打击。第四次党代表大会以后，中国的政治形势如下：一方面，孙中山到达北京，形成了争取召集国民会议的运动，另一方面，上海发生了二月罢工，这就掀起了小资产阶级（为召集国民会议而斗争）和无产阶级（为自己的经济要求而斗争）运动的高潮。因此，这是运动的转折时刻。

1925 年 5 月的上海事件有它的特点。第一，这个运动公开反对帝国主义。在此以前，虽然也发生过反帝斗争，但是并不具有这样的公开性质。第二，无产阶级的作用和力量已被全国人民所公认。以前，工人的反帝斗争只是被看作工人自己的事情。我们知道，上海事件是经过长期准备的，并不是偶然发生的。上海事件是由资本家和工人的斗争引起的。我们知道，上海是国际帝国主义统治的中心。所以，上海的每次罢工都不能不引起工人与帝国主义之间的冲突。上海的运动不可能只是一个地方的运动，必然要扩大到全中国。因为，首先，正如我们所说的，在上海五卅事件以前发生过总罢工和争取召集国民会议的运动，而这一运动受到了北方军阀的镇压。人民群众懂得，在这种情况下，无法召集国民会议，于是更加有力地开展了反对军阀的斗争。因此，上海事件才能这样广泛地扩大到全国。五卅运动席卷了整个中国。很多阶级参加了这个运动，不仅有小资产阶级，不仅有资产阶级，而且还有落后的官吏和高级知识分子。但是这个运动的先锋队是工人阶级，尤其是上海、香港和广州等地的工人。然而，为时不久，各个阶级逐渐脱离联合战线，只剩下了一个无产阶级。

此外，还应当提到一个非常重要的事实，就是革命事件对军队的影响。最早是冯玉祥政变反对曹锟，尽管这也是革命事实，但从主观上看他并不是一个革命者。五卅运动以后，国民军的官兵有了革命认识。郭松龄反对张作霖的行动，也是由于受到了革命的影响。旧军阀之一唐生智转向广州政府，并参加了北伐。然而，很难断定他们会变成忠实的革命者或是投机派。但是革命浪潮已开始影响军队，这是事实。因此，军阀的反动统一阵线已经瓦解。

殖民地和半殖民地的革命，在其前进的道路上困难重重，困难就在于：被压迫民族没有武装，而压迫者却拥有大量的武装力量。但是中国的情况却不同，中国人拥有相当多的武装力量，尽管大部分武器掌握在军阀手里，可是我们能够夺取过来。我们能够使军队具有革命意识，并把军队争取到革命方面来。我们能够直接夺取军阀的武器，并用它来反对军阀。

从上海五卅运动开始到郭松龄倒戈，乃是革命发展时期，即革命高涨时期。在这个时期，帝国主义者既然不能用武力镇压中国革命，就只好做出让步。他们召开了关税会议和治外法权会议。这个时期，各个阶级之间存在着分歧。中国的资产阶级已在威胁无产阶级，并提高了自己的阶级意识。上海的资产阶级已经同帝国主义者和北方军阀实行妥协，其目的是镇压无产阶级。在国民党内产生了我们称之为戴季陶主义的思想和运动。戴季陶主义起初只是企图削弱工人阶级的力量，而此刻却打算把这种力量完全消灭干净。在这个时期，资产阶级已公然向无产阶级进攻。以前，在革命高涨时期，即上海总罢工时期，在广州成立了国民政府。冯玉祥的军队转向革命方面。郭松龄倒戈，反对日本帝国主义在中国的最后一个走狗张作霖。因此日本不能不进行公开干涉，以便压倒郭松龄。郭松龄失败后，革命浪潮低落下来。在革命浪潮低落时期，资产阶级右派、国家主义派和国民党右派组成联合战线向革命进攻。国家主义派大力宣传反对赤色危险。国民党右派召集西山会议，将国民党分裂成两派，他们的活动至今仍在继续进行着。

第二个时期是从郭松龄失败到南口失陷，这是革命运动低落和反革命高涨时期。这个时期持续了七八个月之久。经过这次反赤运动，在帝国主义之间和军阀之间均发生了分裂和冲突，日英两国的冲突和奉直两系军阀的冲突就是例子。这些事实都发生在举行北伐之前。

第三个时期是从北伐开始到占领上海。这个时期的标志是革命运动的高涨。3 月 20 日事件固然是反动时期的因素，但是由于资产阶级企图利用无产阶级来维护自己的利益，而无产阶级也想与资产阶级合作，依靠他们的力量，所以这两个期望进行北伐的对立阶级实行了合作。在 3 月 20 日事件以后，尽管工人阶级的处境困难，无产阶级和农民的革命运动仍旧大大地向前发展了。这一运动发展到占领上海时，无产阶级的力量已得到加强，因此资产阶级不能再继续与无产阶级合作，而转到了反革命方面。无产阶级和资产阶级，这是两个不同的阶级，以前他们之间的矛盾并不明显，是潜伏着的，现在这些矛盾已十分明显。

第四个时期。这个时期的事件具有特殊的性质。这些事件与过去的事件不同，因为资产阶级已退出革命阵线。尽管革命队伍的数量减少了，但革命群众的质量却提高了。工农和小资产阶级的联合战线得到极大的巩固。

从革命运动的发展前景来看，在不久的将来，必然要发生明显的阶级分化。应当使工农和小资产阶级的力量大大地发展起来。与此同时，我们还应当进行加强军队中的左派运动的工作，以便更加提高军队的革命情绪。我们必须完成这两项任务，因为这会促进革命运动的发展。

党在上述各时期的策略

在第一个时期，在五卅事件准备时期，我们举行了经济罢工。那时我们是孤立的，必须利用小资产阶级，让他们与工人一道参加经济斗争，从而形成反对帝国主义的政治斗争。这是五卅事件前的策略。这一时期的策略的第二点是召集国民会议。孙中山北上时，党内对这个问题有各种不同的看法。广州的同志和一部分俄国同志认为孙中山北上是必要的，但是中央反对这一点。广州的同志认为随着孙中山的北上，革命运动可以扩展到广东范围以外。中央的意见是：孙中山留在广东可以巩固广东的革命成果，从而肃清反革命势力。这些观点的差别是，一部分人希望发展革命运动，另一部分人主张巩固革命运动。现在，回想起这些争论，我们觉得，当时中央的策略并不完全是正确的。

孙中山北上，扩大了争取召集国民会议的运动。这个成果很重要，因为如果孙中山留在广州，他什么事情也做不成。当时广州的军队都是反革命的，任何巩固革命力量的工作也不能进行。

争取召集国民会议的运动，有两个有利的因素：（一）争取召集国民会议的运动已在全国展开；（二）废除不平等条约的宣传工作已扩大到全国。当时党在策略上的错误，不是缺乏积极性，而是不了解孙中山北上的意义，没有看到他北上对全国革命发展的影响，只是看到孙中山与唐生智会见的危险性。

党在五卅运动时的策略，起初是吸收各阶级参加这一运动，可是当时党并不相信有进行全民革命的可能。事实上也是如此。资产阶级左派参加这一运动，是想保全自己的利益，资产阶级右派也是为了自己才极力利用这一斗争，但并不积极参加斗争。资产阶级一方面受到帝国主义者的压迫，一方面又受到无产阶级的威胁，必然脱离这一运动。小资产阶级则采取中间态度。结果，只有无产阶级孤军作战，而军阀则有可能镇压无产阶级。但这并不是党的策略错误造成的，而是必然要发生的事情。资产阶级不仅不愿受我们领导，甚至不愿与我们联合。五卅运动中有许多独特现象。全国性的五卅运动影响了军事工作。当时党已注意到对军队的领导，并决定对军队的先进部分进行工作。决不能把军队看作是一个反革命的整体，应把整个军队分为两类，即革命的和反革命的，军队的革命部分应包括在革命队伍之内。我们的敌人说我们想用这种策略来掩盖我们和军阀的勾结，可是我们在当时就已经认识到，这条道路是革命的道路，这种策略是正确的必要的策略。过去，由于实行这种策略，我们已获得很多有益的成果。这方面没有任何错误。我们应当进一步加强我们在军队中的工作。

中等资产阶级在五卅运动中已经自觉地行动了。戴季陶在其小册子里就指出了这些事实。他的小册子不是偶然发表的，也不是代表他个人的看法。他的小册子里写道，资产阶级已成为自觉的阶级。这本小册子必须读一读。

这种理论后来就形成了。我们知道，资产阶级没有在革命战线里呆很久。因为帝国主义力量强大，资产阶级决定同帝国主义者妥协，所以，所有的反革命分子很快就背叛了革命。我们当时已经非常坚决地反对了戴季陶的理论。早在 1925 年 7 月我们就开始了这项工作，1925 年 9 月在北京召开的第二次全会上，我们确认无产阶级已经有了足够的力量。五卅事件证实了这一点。资产阶级感觉到无产阶级的危险性，加入了无产阶级的敌人的队伍。戴季陶反对无产阶级的小册子，反映了资产阶级队伍中的恐慌。在全会的决议里，我们指出，一方面，我们应当反对戴季陶的理论，另一方面，应当联合国民党左派以反对右派。同时，还应当进行独立的工作，一旦国民党离开我们，我们好有所准备。决议就是根据这个精神起草的。现在当我们考察这个决议时，我们可以看到，其中有正确的成分，也有不正确的成分。发展和巩固国民党左派以反对右派，这点是正确的；而准备退出国民党，这种策略则是不正确的。毫无疑义，我们没有理由退出国民党，我们应该留在国民党内做工作。我本人在这个问题上犯了错误，共产国际代表的态度不明确，只有蔡和森同志非常坚决地反对。由于这个决议，使得我们的策略很不明确。关于准备退出国民党的问题，决议里没有谈得十分清楚。问题的这种提法，只是使我们产生思想混乱。这里所说的是为准备而准备的问题。

关于资产阶级走上妥协道路的问题，从上海五卅事件时所发生的一系列事实中可以看出来。不仅大资产阶级，就连小资产阶级也离开了联合战线。

我们在第四次党代表大会上已注意到农民问题。农民中的多数不是地主和一般农民，而是贫农和无地的农民。如果没有无产阶级和小农的联盟，就会发生小地主反对无产阶级的危险。小资产阶级甚至可能与小地主联合起来。我们懂得了农民问题的重要性，并且懂得了进行农民运动的必要性。事实证明，没有农民，无产阶级就要失去活动能力。第四次党代表大会通过关于农民问题的决议以后，不仅在广州，而且在河南、湖北、湖南和江西各省，我们都取得了许多重大的成就，尤其是在湖北省，我们的同志注意了农民工作和农民运动。湖南省的农民运动大大地发展了，有将近1 000万农民在党的领导下组织起来了。这个策略没有错误，我们必须继续实行。现在党内农民占18%。中国人口大部分是农民，据我看来，将来党内农民的数量应与工人的数量相等。在不久的将来，农民在党内应占30%左右。我们不仅应继续实行我们对农民的政策，而且应继续把农民吸收到党内来。

在五卅运动中，还有一个香港罢工的问题。香港罢工（抵制），使香港受到破坏，至今尚未恢复。这次罢工具有重大的意义，在肃清反动势力和反革命分子方面，积极支持了国民党。罢工持续了一年多。这是一个不寻常的功绩。关于这一罢工问题，党内有两种意见：一些人主张尽快结束罢工；另一些人认为这是不可能的，因为帝国主义者本身也不愿意结束罢工。从原则上说本来应当尽早结束罢工，克服这些困难。幸好，我们同志的工作和国民党左派政权的工作做得好，又有国际的经济援助。由于这三个条件才没有发生危险。如果没有这三个条件，罢工再拖延下去，必然会造成非常严重的错误，我们就会失掉工人对我们的信任。现在李济深破坏了省港罢工委员会，这个责任不在我们。

第二个时期，是从郭松龄失败开始到南口失陷，这是反动时期。

在郭松龄倒戈时，革命似乎仍处于高涨时期。但实际上这时帝国主义已开始进行干涉。当时北京的同志想组织"首都革命"。愿望倒是英勇的，然而是错误的。第一，当时对国内政治形势没有做出明确的估计。第二，他们忘记了脱离武装力量的殖民地革命的危险性。他们没有同国民军合作，想独立进行斗争。现在可以看到，这种行动是幼稚的，虽然这也是英勇的，但英勇得太过分了。这个危险的政策，是北方同志没有经过党中央的同意而擅自决定的。

现在我们对整个五卅时期的政策做一个评价

在广州，一方面，战胜了陈炯明，另一方面，平定了刘震寰和杨希闵的叛乱。这次革命是无产阶级为了反击封建地主而同资产阶级共同完成的。这些地主不仅仇视无产阶级，而且也仇视资产阶级的代表蒋介石。因此，当时曾策划暗杀汪精卫、廖仲恺、蒋介石和谭平山等人。然而，暗杀这些人的活动未能得逞，只杀了一个廖仲恺。这次暗杀阴谋是封建反动分子在他们军事失败之后干出来的。他们在社会上还保留了向无产阶级和资产阶级进攻的某些力量。这一点从暗杀名单上可以看得出来。廖仲恺被害的过程，暴露了胡汉民、许崇智、熊克武与陈炯明的关系。许崇智以前曾和我们一起进攻过陈炯明，而现在却同他勾结起来了。当时我们并不反对广州政府惩办这三个人，但我们的中央认为，广州政府当时没有公开阐明这一政治罪行，因此社会上对它认识不清楚。右派分子说，苏联和中国共产党压迫国民党，并把胡汉民遣送到苏联。对此，国民党没有进行政治宣传工作，如果进行了，那至少别人就不会认为这是苏联和中国共产党的阴谋，而会认为这是党内的个人冲突。由于没有进行政治宣传工作，所以这件事便失掉了它的政治意义。

在反动时期，最重要的事件是广州的 3 月 20 日事变。去年的 3 月 20 日事变是在戴季陶主义的思想基础上发生的。蒋介石就是武装起来的戴季陶，他的所做所为并不使人感到意外。戴季陶主义形成以后，在其基础上成立了孙文主义学会。这个学会几乎就是资产阶级政党，是为镇压无产阶级而成立的。3 月 20 日事变发生的原因虽然很多，然而，最主要的原因则是阶级矛盾。戴季陶主义的基本目的，就是镇压无产阶级，甚至镇压无产阶级和国民党左派的联盟。在这个时期，党的策略并不是一致的。首先，我们党在广东工作的同志和鲍罗廷同志的意见是，我们当时应采取进攻的策略。他们说："向国民党右派进攻，可以巩固我们同左派的联盟，我们不仅不应当容忍 3 月 20 日事变，而且应当进行一个自己的 3 月 20 日事变。"

然而，党的意见是，当时不仅有戴季陶主义思想，不仅有蒋介石的武装力量，而且在他们后面还有整个资产阶级。我们的力量不足以镇压蒋介石。因此党中央坚决主张采取退守——让步的策略。这就是说，我们允许资产阶级力量留在联合战线里。我的意见是，共产党和国民党左派的力量，当时的确不能够镇压蒋介石；况且蒋介石也还没有公开地暴露出自己的反革命面目，社会舆论也不会同意对他进行镇压。因此，我认为党中央的策略是正确的。而在广东工作的中国工作人员和鲍罗廷却认为，如果我们不去镇压国民党右派，我们就不能巩固同左派的联盟，这个意见也是正确的。但在 3 月 20 日事变以前，无论是鲍罗廷还是中国同志都没有向中央谈过我们能够镇压蒋介石和援助左派。

鲍罗廷同志坚持认为，共产党员要退出黄埔军校，甚至今后也不要在军队里进行工作。可他事先也没有就此向中央提出过任何建议。

这就是说，他事先并没有想到这个问题，只是在 3 月 20 日事变以后才提出来的。镇压蒋介石，就可巩固同左派的联盟，这在理论上是正确的，但在实际上是不正确的，因为我们的政治力量和军事力量都是不够的。

这是一个非常重要的问题。因为这不仅是 3 月 20 日事变中的策略问题，而且是无产阶级与整个资产阶级联盟的问题。这是无产阶级应当如何退出同资产阶级的民族联合战线，什么时候我们可以不要资产阶级的援助而独立地进行革命，什么时候我们可以公开进攻资产阶级等等的问题。现时，党就面临着所有这些问题。

国民军第一军在南口遭到失败以后，广州军队的北伐开始了，革命浪潮又重新高涨起来。从占领湖南省后直到占领上海期间，农民运动在某些省得到了发展。在收回汉口的英租界后，中国革命不仅席卷全国，而且还威胁到资本主义世界。

关于北伐问题

1926 年 2 月，在北京召开的中央会议决定了关于北伐的问题，但直到 5 月，北伐军才开始北进。在召开北京会议时，吴佩孚已准备进攻广州。

共产国际的一位代表来到上海，给我们作了分析中国政治形势的报告。那时，我还不知道中央北京会议的决定，但我主张支持北伐，因为假如西北军在南口遭到失败，广州政府就不能存在。可是共产国际的代表不同意我的意见，他说这是冒险行为，因为广州政府没有强大的军队和精良的装备。

当时我曾打电报给北京，电报中说：第一，必须解决北伐问题；第二，党中央应当留在北京。

共产国际代表去广州考察那里的形势，适逢 3 月 20 日事变。我拍电报给汪精卫和蒋介石说，必须开始北伐。他们同意我的意见。共产国际代表了解了广州的形势以后，也认为必须支持北伐，如果军队不北进，内部将要发生冲突。可是为了服从莫斯科的决定，他不得不反对北伐。

共产国际代表也害怕蒋介石在北伐期间会更加厉害地剥削和镇压人民。如果蒋介石利用北伐镇压和剥削人民，那么首先遭受灾难的是广东和广西的人民。因此，党对北伐的策略如下：

（一）支持北伐；

（二）北伐应当具有防御性质；

（三）党的策略应当是反对一切企图利用北伐来剥削人民的人。

现在来分析一下我们的策略和我们在这个时期所犯的错误。

（一）尽管我们在原则上赞成北伐，但事实上我们从来没有用实际行动积极地坚决地支持过北伐。

（二）我们把北伐看成是防御性质的，就是说，只看成是保护广东。我们对北伐的态度是消极的，所以取得的成果不大。今后必须做到，如果原则上做出什么决定，就必须付诸实现，否则，决定与实践之间将永远有矛盾。

对报告作以下的补充：

第一点，我谈的反动时期，中心事件是 3 月 20 日事变，即从国民党第二次代表大会到国民党 5 月 15 日决议案这段时间。

第二点，关于党的反帝策略。在反对外国帝国主义者的斗争中，我们主要注意了反对英国的斗争。在中国，最强大的帝国主义国家有英、美、法、日四国，其中最有势力的是英国和日本。但在这两国之间也有很大的矛盾。在中国，日本在经济上几乎被英国所压倒，但另一方面，日本的军队可以迅速地调到中国的领土上来。因此，我们的反日斗争就具有较温和的性质。

二、关于资产阶级的作用

资产阶级的作用和无产阶级的作用，在各个国家都是相同的。资产阶级在斗争过程中随时随地都在叛变革命，我们在广州可以看出这一点，从1925年的五卅运动和辛亥革命中也都可以看出来。

辛亥革命以后，革命运动继续向前发展。江亢虎宣传过社会主义，尽管他本人并不懂得什么是社会主义，可是这个运动在长江流域却把流氓无产阶级和贫农等广大群众都吸收到自己的队伍里来。当然，那时还没有无产阶级运动。

孙中山也宣传过自己的社会主义，因此，很多人反对他。那时中国的资产阶级已叛变革命，该阶级的代表宋遁初等反对孙中山的社会主义。可以说，当时的宋遁初就是现在的戴季陶。

虽然那时资产阶级还没有明显地叛变国民革命，但这种趋势已经表现出来了。

中国的资产阶级最初参加了五卅运动，但后来又退出联合战线。

现在我们来弄清什么是买办，什么是民族资产阶级。我们可以说，买办和民族资产阶级就是资产阶级的右翼和左翼。资产阶级左翼想从帝国主义者手里收回治外法权和海关，他们不满意军阀破坏交通。但如果帝国主义者稍作一些让步，这部分资产阶级就会向他们妥协。资产阶级不仅反对无产阶级革命，甚至也不会把资产阶级民主革命进行到底。只要帝国主义者和军阀作出某些让步，资产阶级左派就会叛变革命。因为资产阶级不能领导这个革命，所以无产阶级应该来领导。资产阶级左派想稍微参加一下革命，稍微表示一下对军阀和帝国主义的不满，但所有这一切都是表面的。他们甚至还想稍微参加一下工农运动。例如，蒋介石也试图组织工会。因此，我们对资产阶级的策略是很复杂的。

虽然资产阶级是反革命的，但我们要吸收他们参加民族运动，不仅要吸收小资产阶级，而且要吸收大资产阶级。在 3 月 20 日以后，我们已知道蒋介石是代表资产阶级的。蒋介石自己就说过，他可以走革命道路，或者走反革命道路。我们在 3 月 20 日以后已看出，资产阶级脱离了革命。革命开始时，资产阶级参加了革命，但过了一些时候，它又转到了反革命方面。蒋介石在上海发动反动政变时，资产阶级很高兴。我们不能确切地肯定说，是否整个资产阶级都脱离了革命，但有一点是清楚的，在 4 月 12 日以后，大部分资产阶级叛变了革命。

三、对小资产阶级的态度

在俄国，城市小资产阶级没有参加纯无产阶级的革命，可是在中国，他们不仅参加了革命，甚至还会参与民主专政。但他们毕竟是动摇分子，不能独立行动。他们或者受资产阶级领导，或者受无产阶级领导。我们总是需要与小资产阶级建立联盟，因此，必须向他们做某些让步，让他们接受我们的领导。小资产阶级在革命中的作用，在城市里可以看到，在乡村里就难以看清楚。暴动时，小资产阶级参加了罢工，对我们很有帮助。在城市里，只有小资产阶级是我们的同盟者。如果大资产阶级把小资产阶级拉到他们那方面去，无产阶级就会陷于孤立。更重要的是，如果小资产阶级转向大资产阶级，革命就会失败。

在去年七月全会上，我们确定了对小资产阶级的策略，但执行得不够好。因为：第一，我们的同志没有很好地研究这个策略；第二，我们与小资产阶级的联系不够密切。在这次全会上，不但确定了我们对小资产阶级的策略，还决定参加马路商界的运动。由于我们在国民党里的工作做的不够好，没有很好地把小资产阶级吸收到国民党里来，因此，小资产阶级参加革命的不多。今后，我们要通过国民党更好地向小资产阶级做工作。

四、土地问题

现在我们专门来谈谈土地问题，即通常所说的农民运动。第四次代表大会以后，农民运动的主要问题是组织问题和减租运动。这就是从第四次代表大会到去年七月全会这个时期的农民运动问题。从去年下半年起，农民运动已由广东发展到湖南，由提出组织问题和减租运动进而到提出土地问题。目前，农民运动已经到了解决土地问题的时刻。现在农民运动中的土地革命已不是理论问题，而是活生生的事实。毫无疑问，这一运动必然随着总的革命高潮的到来而发展起来。

农民运动的策略问题

由于提出土地问题，农村的阶级矛盾加深了。这从根本上粉碎了地主的设想。提出土地问题的农民运动，早在去年就以减租减息这种和平方式出现了。去年的斗争旨在反对大地主，口号是"打倒劣绅"，用这个口号与地主作斗争。当时的斗争只是反对大地主的斗争。

湖南的斗争大大地向前发展了，当时已产生了平分土地的运动。这里的农民运动不只是反对大地主，还反对土地出租者，甚至反对富裕农民。这个运动是自发地发展起来的。过去，我们党限制了农民运动，而现在必须没收大地主和中等地主的土地。不过对于小地主的土地是不能动手没收的。在国民革命中，我们需要小资产阶级。小地主属于小资产阶级，因此，我们必须向他们作某些让步。

根据我们的纲领，我们应没收一切地主的土地，可是目前需要与小资产阶级建立联盟，因而，尽管我觉得过去我们在这个问题上的策略太右了，但是，目前就没收一切地主的土地，毕竟是太激进了。在相当时期内，或许是在很短期间内，我们必须保持中间路线，然而在最近一两个月内，我们必须和小资产阶级保持联盟。农村的阶级斗争正在发展，但这个斗争还没有达到极端的程度，对小地主还不能进行剥夺。我们目前是进攻大地主和中等地主呢，还是扩大农民运动和发展军事行动呢？现在的问题是：我们目前是加深农民革命呢，还是等待北伐继续向前推进，等待农民运动扩大以后，再来加深农民革命呢？我以为后一种做法要更可靠得多，因为旧军阀仍然存在，还有所谓新军阀，如蒋介石。只有扩大以后再来加深，才能巩固基础。

五、无产阶级的领导权

无产阶级在最近几年的革命运动中和政治生活中是有相当影响的。在实际斗争中，也在显示它的影响。因此，对这个问题不能抱悲观态度。广州罢工委员会几乎就是第二个政府。湖南的工农运动取得了很大的成绩。小资产阶级和国民党左派处于无产阶级的领导之下。在上海，无产阶级常常独自行动。在北方，如果工人不行动起来，其他阶级也不会行动起来。在五卅运动中，付出最大牺牲的是无产阶级，各阶级都在其领导之下。可以说，凡是没有无产阶级和共产党的地方，就没有运动。因此，说无产阶级根本没有取得领导权，是不对的。不过无产阶级还没有取得政权。

第一，无产阶级还没有可以用来夺取政权的武装力量；第二，无产阶级是否有足够的力量来领导小资产阶级。如果它没有这种力量，那就只好与资产阶级一起行动。

到目前为止，只有无产阶级、小资产阶级和农民还没有武装。蒋介石的反革命行动，是从资产阶级叛变开始的，这就证明资产阶级脱离了革命。99％的资产阶级脱离了革命，无产阶级本身应当坚决争取小资产阶级和农民来进行革命。

说到这里，我要谈谈上海。上海事件，这是一个与小资产阶级的相互关系问题。上海的无产阶级及其政党进行了大量的工作，但还必须加强把小资产阶级吸引到无产阶级方面来的工作。无产阶级积极地进行了斗争，我们的敌人承认这一点，我们也承认这一点。可是在这一斗争中谁更强大呢，是小资产阶级还是大资产阶级？从数量上看，可以说，二者大体相等，但小资产阶级动摇不定，大资产阶级却十分坚决。为什么上海的无产阶级不是仅仅与小资产阶级一起行动，而是吸收某些大资产阶级分子呢，这个问题与国民党有直接关系。在我看来，上海是无产阶级的最大的中心，但同时又是资产阶级和帝国主义的最大的中心。上海的无产阶级和小资产阶级是否有力量单独行动呢，还是必须吸收某些资产阶级分子？

资产阶级右派和总商会没有参加五卅运动，可是总商会的左派分子和马路商界联合会参加了这个运动。鲍罗廷所持的意见是：上海不能做为革命基地，必须在其他地方建立基地并从那里打击帝国主义者；在上海，如果不与帝国主义者发生冲突，就得向他们妥协。在他看来，上海只能争得改善工人阶级的物质状况和进行争取结社和集会自由的斗争。他认为在上海进行夺取政权的斗争是不正确的，因为统治上海的不是孙传芳或李宝章，而是帝国主义。鲍罗廷的宿命论是机械宿命论。可是毕竟不能轻视这一点。共产国际执委会的意见似乎和鲍罗廷一致。以前，我并不认为这个意见是不对的，所以没有提出来讨论。上海事件，这不仅是过去的问题，而且也是现在和将来的问题。尽管我现在并不认为鲍罗廷的意见完全不对，但对这个问题需要认真地讨论。上海的资产阶级已脱离革命，蒋介石、银行家们和大工业资产阶级都脱离了革命。这里有三点需要讨论：第一，自由资产阶级没有完全脱离革命；第二，上海的失败是否由于资产阶级的参加；第三，鲍罗廷的意见或他的西北理论。

六、军事力量和革命的社会力量

这是一个很复杂的问题。我在报告里无法做详细统计。目前，军事力量不是来自革命群众，而是来自旧军阀的队伍。现时我们没有群众的军事力量。现在我们谈的是旧的军事力量。士兵的来源，首先是诚实的农民（国民军里农民很多），其次是城市的失业者。士兵来自不同的阶级，因此，他们的战斗力也各不相同。大部分军队的将领出身于地主，因此，对他们应进行很好的改造。如果我们想使军队革命化，那就应减少军队里流氓无产阶级的数量和地主分子的数量。假如说我们的军队发生动摇，那并不是由于军队里的政治工作做得不好，而是由于阶级成分庞杂。军队不能为工农的利益作战。他们易于接受爱国主义等资产阶级的理论。目前军队的动摇是他们的社会成分的反映。因此，今后我们需要大大加强用无产阶级分子来补充军队的工作。

七、革命基地和西北理论

这个理论是鲍罗廷的理论。他认为，中国的东南部是帝国主义的堡垒。他以太平天国运动为例论证了他的理论。

他说，太平天国运动所以遭到失败，是因为他们想占领上海。中国革命应向西北方向发展。因为：第一，那里帝国主义的影响比较薄弱；第二，那里可以同苏联建立更加密切的联系。我们现在应当讨论这个问题。昨天，共产国际执委会的一位代表说，我们既不要坚持西北理论，也不要坚持东南理论，哪里存在着国民党政权，我们就可以留在哪里，并在那里加强我们的工作。这是不正确的。结果我们在这个问题上就没有任何方针了。结果我们就似乎成了国民党的尾巴。他认为，革命是国民党的革命，而不是我们的革命。现在的中国革命是我们的革命。至少我们应当与国民党共同进行工作。因此，这个意见是不正确的。

八、国民党问题

关于这个问题，在我的报告里，应当提出几个要点。我们必须回答什么是国民党这个问题。如果我们弄不清什么是国民党，我们就不能解释我们所犯的许多错误。起初，我们加入国民党时，很多同志说，国民党是资产阶级的党，无产阶级如果加入国民党，就会背叛工人阶级；现在这些同志又说，国民党是小资产阶级的党。事实上，国民党是各阶级的党，党内既有工人、农民、小资产阶级，又有地主和军阀。其中最主要的是小资产阶级，特别是知识分子。它的理论大部分是资产阶级的理论。许多国民党员都根据资产阶级的理论来解释孙中山的三项原则。其实他们看到的只是问题的一部分，而不是问题的全部。实际上，他们不懂得中国革命。国民党是各阶级的革命联盟。如果国民党是纯资产阶级的或小资产阶级的党，我们就不应该加入。照戴季陶的意见，我们应当在国民党外与其合作。因为国民党不是资产阶级的党，也不是小资产阶级的党，而是各阶级的革命联盟，所以我们应当作为这个联盟的成员之一加入国民党。正是根据这个理论，我们才加入了国民党。现在我们应当提出什么是国民党，国民党是不是各个阶级的革命联盟的问题。我们肯定地回答说，国民党是无产阶级、农民和小资产阶级的革命联盟，尽管其中还有为数不多的资产阶级。如果这部分资产阶级是反革命的，我们就应该将其开除出党。既然无产阶级、农民和小资产阶级组成三个革命阶级的联盟，那么，如果无产阶级不加入国民党，这个联盟又怎么能够存在呢？以前我们认为，国民党是资产阶级和小资产阶级的党，而现在则认为它是无产阶级、农民和小资产阶级公有的党。如果以蒋介石为首的资产阶级待在国民党的队伍里，这个联盟就不能是很巩固的。这个联盟将来会不会巩固，这要取决于以下几点：（一）国民党是否愿意让资产阶级待在自己的队伍里；（二）国民党能否取得农民和小资产阶级的支持。农民和小资产阶级在无产阶级的领导下能够成为国民党的同盟者，而资产阶级则不可能；（三）如果国民党内没有农民参加，而是由小资产阶级组成，它也不可能巩固。因为在国民政府和国民党中央的招牌下，剩下的只是一小群小商人，而大部分工农实际上都掌握在我们手里——这样的联盟是不可能巩固的。

九、改组军队问题

改组军队，这并不是改编军队，不是把大多数左派和共产党员派到军队里去，让他们在军队中做政治工作，而是改变军队的社会关系，也就是说，让大多数工农加入军队。如果大多数工农加入军队，军队就会实现革命化，军官也不会从地主阶级中选择。如果我们不这样做，而是高喊"世界革命万岁"和"列宁主义万岁"等口号，只限于做政治工作，我们就不会取得任何成果。我们想要使军队革命化，但又不去改变它的社会成分，那就是自己欺骗自己。

十、建立革命民主政权

很多同志会惊奇地说，现在我们有了革命军队和国民政府，还要提出这个问题？其实，没有什么可惊奇的。我们现在距离革命民主政权还很遥远。不仅是我们这样说，如果问一问国民党左派，他们也承认这一点。当然，我们不能说，国民政府就是军阀政府。在国民政府的领域内必须建立革命民主政权。如果帝国主义者的干涉和军阀的包围有所减轻，我们就应该在湖南、湖北和江西等省争取建立这样的政权。在军阀统治的领域内，我们要先进行革命，而后才能谈得上革命民主政权问题。现在我们只是开始走向建立这一政权的道路。假如国民政府的情况更好一些，我们是应该加强这方面的工作的。

这就是我们的策略。这个策略能否在实际上贯彻实行，只有对国民政府的情况作出适当的估计，才能判定。国民政府最初受到总司令人员的变动的巨大影响。去年，政权由胡汉民之手转到蒋介石手里。刚刚不久以前，才改为实行集体管理。去年，蒋介石独揽了国民政府、国民党中央和革命军的大权，甚至还想统治共产党。政府整整一年就处于这样的情况之下，只有汪精卫回国以后，政府才开始成为无产阶级同国民党左派的联盟。这个左派政府里有共产党员，如劳工部长和农政部长。但是我们不应当认为，这个政府就是工农和小资产阶级的民主专政，如果这样认为，那是错误的。这个政府只是走向工农和小资产阶级民主专政的途径。为什么不能把现在的政府叫做工农和小资产阶级的民主专政呢，因为在政权中没有工农群众，只有几个工人领袖而已。我们必须利用这种机构，以便今后建立起工农和小资产阶级的政府，并进而走上工农和小资产阶级民主专政的道路。民主专政将是最有威望的政权。这种政权，只有在我们的力量大到足以镇压反革命的时候才能产生，只有在工农群众中也能实行内部民主的时候才会产生。这并不像几个领袖参加政府那么容易。

十一、财政经济政策

目前，尽管政府是新的，但财政经济政策仍是旧的，尤其是经济政策执行的还是军阀的那一套制度。现在革命时期，我们必须采用新的财政计划和经济政策来代替封建军阀的制度。现在的经济制度仍旧是以前的，要改变这种制度，不仅要看国民政府有无决心，而且这也是我们党的任务。在我们党领导革命的整个时期，我们没有自己的财政计划和经济政策，国民党也是如此。这就是说，我们没有准备夺取政权。如果我们今后还这样下去，政权就会落到反革命手里，像辛亥革命后那样。直到现在，我们还没有注意到这个问题，我们只是帮助了国民党，进行了群众运动工作，并在群众中进行了宣传工作，而没有把政权夺到我们手里来。在第五次代表大会上，我们应该讨论这个问题，这就是说，我们要准备夺取政权。第四次代表大会已决定无产阶级应当领导革命，但那时我们还不懂得军事、财政和经济情况，不知道如何领导。今天我们来讨论这个问题，就意味着我们不再是在野党，而是真正要领导革命了。现在我们不能再袖手旁观，只对国民党的工作进行批评。国民政府正在湖南、湖北和江西三省扩大它的政权。这个政权既是我们的，也是国民党的，如果它工作得不好，这就不仅是国民党的过错，而且也是我们的过错。

帝国主义的干涉，现在比以前有所减轻，可是奉系军阀、蒋介石和四川都在向我们进攻。今后，可能还会遭到各国帝国主义者的进攻。如果不能正确地解决经济政策问题，我们就会失掉一切革命中心。我们当前的任务，不仅是发展和扩大群众运动，而且特别是要巩固革命中心。否则，奉系军阀统一北方，蒋介石统一南方，革命运动将会停滞 5 年至 10 年。因此在目前，这是一个非常严肃而又非常重要的问题，就是说，这是巩固革命中心的问题。

关于党内情况的报告

从第四次代表大会起到现在，我们党随着革命运动的发展而得到了发展，党的工作有了进展，党员人数也有所增加。在第四次代表大会以前，党员只有 994 人，现在已增加到 57 967 人。党员的成分，根据 3 月份的统计，百分比如下：工人占 53.8%；农民占 18.7%；知识分子占 19.1%；军人占 3.1%；中小商人占 0.5%；其他成分占 4.2%。妇女在党内占 10%。各地党组织的党员人数如下：湖南 13 000 人，湖北 13 000 人，江苏（包括上海）13 000 人，广东 9 027 人，北方地区 3 109 人，江西 3 000 人，陕甘 388 人，山东 1 925 人，福建 168 人，满洲（包括沈阳）380 人，北满 137 人，安徽 233 人，四川 200 人，以上共计 57 967 人。在各地，受中央直接领导的区委共有八个：（一）湖南区委，其中包括衡阳；（二）湖北区委，其中包括襄阳；（三）江浙区委，其中包括安徽省铁路沿线部分；（四）广东区委，其中包括广西、云南、福建和南洋；（五）北方区委，这个区委包括以下几省：吉林、山西、察哈尔、热河和绥远；（六）江西区委；（七）河南区委；（八）陕甘区委。有六个地委：（一）山东；（二）福建；（三）南满；（四）北满；（五）安徽；（六）四川。有四位通讯员，他们分别驻在莫斯科、海参崴、巴黎和日本。党领导下的群众团体，计有 280 万工会会员。在第四次代表大会时，只有唐山和上海的少数铁路工人和矿工受我们领导。农民协会会员有 972 万人。第四次代表大会时，只有广东的 20 万有组织的农民受我们的领导。学生联合会将近 420 个。在第四次代表大会开会时，共青团领导的学生联合会有 60 个。现有共青团员 35 000 人，而在第四次代表大会时，只有 2 365 人。

现在谈谈各个地区的政治形势。（一）国民党左派统辖的地区有：湖南、湖北、江西、陕西和甘肃等省。在这些地区，工农运动可以自由发展。（二）国民党右派统辖的地区有江苏、浙江、安徽、福建、广东和四川等省。这些省份的群众运动已被扑灭，法西斯主义占统治地位。（三）奉系统辖的地区有北方、河南和山东等地区，以及南满和北满。这些地方的群众运动受到了镇压。我们的工作仍然在开展着，九个中央委员是不够的。中央工作更感到困难的是，甚至九个中央委员也不能经常在一起工作。在中央一起工作的只有两三个委员，有时只有一个委员。这样一来，中央自然而然就产生了独裁。中央的工作做得最好的是宣传工作，做得最差的是组织工作。出席第四次代表大会的同志批评了组织部的工作。第四次代表大会以后，由我来主管组织部的工作。后来，组织部实际上已不存在了，因为不论是我还是其他人都没有在组织部里工作过。不久以前，中央指派周恩来做组织部的工作，可是上海事件爆发了，周同志又转做军事工作，因而组织工作又停顿下来了。职工委员会委员当中，李立三同志只是被算作职工委员会委员，实际上，他并没有参加工作。农民委员会委员毛泽东和其他委员划分了各自的所在地，起初没有做任何工作，而现在都聚集在武汉，开始了工作。他们已讨论了土地纲领。宣传工作虽然做得比较好，但事实上他们主要是做了出版工作。党的中央机关报按期出版，并且翻译了十多种书籍。军事委员会只是做了技术工作。妇女委员会只是增加了通告的数量，但这已经相当不错了；职工委员会和农民委员会连通告也没有发过。总之，党中央不很健全。我们党目前还不是一个有完善组织的党，而是各个共产主义者的小组。地方组织比中央好些。如果这种情况不改变，我们就只有各省的党。在这次代表大会上，我们必须指派更多的同志到中央工作，否则，我们就会面临危险。在组织工作方面，最重要的是使中央成为强有力的中央。如果情况仍像现在这样，也就是说，党的领导机关不能成为更强有力的机关，那下层组织的情况就会很糟糕。

如果只是由地委和区委领导一切工作，我们党的情况就会像朝鲜的党一样。现在，支部所起的作用不大。在工厂和学校里，支部并不是工作的中心，而只是召集会议和组织报告。因此，支部只是传达领导机关的意见和命令的组织，而不是工作机关。在这次代表大会上，我们必须决定：应当加强中央，并把支部变为真正进行工作的组织。在党的工作中，我们必须提出这两个问题。宣传部这两年来的工作，不能称作宣传工作，实际上它是做了出版工作。而我们党的机关报《向导》不管怎样是按期出版的，其份数也在逐渐增加。第四次代表大会开会时，只有 7 000 份，而从北伐开始，已增加到 5 万份。

《新青年》杂志出版了五期。我们在这方面取得了一些成绩。在这两年当中，我们翻译了以下 16 种书籍：（一）《共产主义 ABC》；（二）《民族问题和共产主义》；（三）布哈林：《农民问题》；（四）波格丹诺夫：《政治经济学简明教程》；（五）布哈林：《马克思主义者列宁》；（六）斯大林：《论列宁和列宁主义》；（七）《共产国际纲领》；（八）布哈林：《唯物史观》；（九）《苏共的团结》（两册，已出版，尚未翻译）；（十）《中国共产党五年来的政治主张》；（十一）布哈林：《资本主义稳定与无产阶级革命》；（十二）《中国革命问题论文集》；（十三）《不平等条约》；（十四）《中国关税问题》；（十五）《戴季陶主义和国民革命》；（十六）《论北伐》。

从上述情况可以看出，宣传部所作的工作主要是出版工作，而不是宣传鼓动工作。宣传部没有工作计划，不给地方发通告，也不向中央报告工作。宣传材料出版得很少，而鼓动材料却很多。例如，在江苏、湖南、广东和浙江等省，我们出版了许多鼓动小册子，其数量由 9 万册增加到了 40 万册，可是这些出版物散发得很不好。例如，我们有 10 万份号召书，人们读到的却不到 5 万份。从数量上看，鼓动材料很多，但利用得很不好。上海有时出现这样的情况：书放在那里没有人读。材料和出版物的散发情况很不好，因此，我们的宣传鼓动工作做得不好。党内教育跟不上党的发展。今后，宣传部应做到以下几点：（一）要使中央宣传部更加坚强有力；（二）要使地方宣传委员会与中央宣传部建立密切的联系；（三）扩大翻译工作；（四）改进书籍的散发工作；（五）关于党校问题。我们党目前需要成立党校。对于这个问题，有两种意见：一、中央想成立一个党校，二、各个地区也想成立党校。如果中央成立党校，讲师会更好一些，而如果各地成立党校，会更方便一些。据我看，前一种意见较好。中央有个计划，打算成立一个设立两个部并拥有 500 人的党校。总之，这项工作现在非常重要。如果我们能在武汉坚守住，我们就在这里成立党校。我们必须出版一种党的日报，代表大会以后，我们就开始出版这种报纸。

现在谈谈中国的职工运动。虽然中央职工委员会并不强大，但某些地方对这项工作却很注意。成绩最好的是香港大罢工，其次，我们在上海、湖北和湖南也取得了很大的成绩。尤其是在湖南。缺点是中央职工委员会没有统一的领导，因此，全国的职工运动就没有统一计划和统一要求。代表大会以后，我们应该纠正我们的错误。无论是在中央职工委员会里或在工会党团里，我们都应该有统一的领导。在第一次全国劳动大会时，我们有 29 万有组织的工人。到第二次大会时，有 54 万人。到去年五一节第三次大会时，有 120 万有组织的工人。现在各地有组织的工人人数如下：江浙有 130 万人，湖北有 40 万人，湖南有 393 791 人，广州有 52 万人，北方地区有 1 万人，山东有 5 000 人，江西有

13 万人，海员有 8 万人。以上共计 2 838 791 人。

今年，有组织的工人的数量比去年增加了一倍，职工运动也在逐渐开展和壮大起来。这是各地党组织加强工作的结果。现在我们应该有一个统一的政策和工会工作计划。这是我们代表大会的首要任务。我们的同志早在党成立以前就做过职工运动的工作。我们的职工运动的历史已有 5 年了。

农民运动

我们的同志从前就向农民进行过工作，如彭湃同志早就在广东农民群众中工作过。我们党向农民进行工作已有两年。根据现有的统计，有组织的农民的数量如下：湖南有 5 204 112 人，湖北有 1 714 000 人，江浙有 23 万人，广东有 120 万人，北方地区有 2 万人，江西有 30 万人，河南有 100 万人，陕甘有 116 000 人，安徽有 8 300 人，四川有 37 000 人。以上共计 9 829 412 人。有组织的农民的总数比工人多。今后，我们应开展农民运动，增加农民协会的会员人数。

青年运动

在召开第四次代表大会时，共青团员比党员多，而现在党员却比共青团员多了。青年一代组织起来的比老一辈少。这是因为：第一，共青团中央不是很强大的；第二，我们抽调了很多共青团的工作人员做党的工作，从而使共青团的干部减少了。现在共青团里并不都是青年人。就是一部分少年先锋队队员也已超龄了。因此，共青团应该在青年中开展工作。共青团必须青年化，少年先锋队也应如此。假如共青团员都是青年人，党就不可能从他们当中抽调工作人员。但是，党过去确实是很少注意共青团。这是党的过错。党和共青团都怕对方从自己这里抽调工作人员。

1927 年 4 月 29 日（李玲译）

未署名

转自《共产国际、联共（布）与中国革命文献资料选辑（1926—1927)》，北京图书馆出版社 1998 年版

中国共产党致中国国民党书

——关于政局的公开的信

（一九二七年六月四日）

国民党中央执行委员会鉴：

亲爱的同志！

中国革命正在经过一个危急的阶段，在这阶段中，革命必定遇到许多难关，并且要克服许多困难问题。目前根本的问题是怎样实施某种限度的土地改革，以满足已醒觉的农民群众之正当要求，而达到革命根基深入之目的。国民党革命的农民政策已经促起农民群众之奋起，实施这政策的时机已经到来。因为国民党是三民主义的革命党，他的历史上的职任，就是实行他的土地政策——平均地权，耕者有其田。中国革命的将来，中国人民的命运，全靠贵党在此时期之坚决的行动。

土地改革刚才开始，就促进了反动分子之反革命行动，代表不劳而获的大地主阶级之封建军阀，已经起来实行用武力反抗农民。他们威吓国民党和国民政府，而欲加以破坏——如果国民党和国民政府依然忠实于他们革命的主义，依然领导农民从事历史上的反封建势力之斗争。

军队中有些分子反对土地改革确是事实。不过整个的国民革命军并非——亦不能——反对农民的解放。兵士们大都是无地或贫苦的农民，他们不会很自觉的反对农民运动。如果兵士们对土地改革表示敌意，就是他们还没有觉悟他们仍在受军队中反动分子的剥削。以兵士论，革命军在客观上应当是一个土地革命的军队。大多数的下级军官也是从中等阶级招募来的，他们也是被剥削者，被压迫者；国民革命并妨害不着他们的财产，他们必不以行动来保护豪绅大地主的政权和利益。现在把持一切政权和特殊权利的是豪绅和大地主。他们消灭之后，经济的关系和政治的权利一定要民权化。所以土地改革，不但不妨害城乡的中等阶级，并且可以解除他们的经济的停滞，给他们以政权。如果将这一点给他们说明白，革命军中之下级军官一定很忠实的赞助国民党和国民政府实行民权的土地改革政策。再者国民革命军的将领都是相信民主自由的革命领袖，对于土地改革定能拥护。

国民革命军的组织如此，整个的革命军决不能敌视土地改革。其绝大部分（兵士、下级军官、上级首领）定能拥护国民党和国民政府。那么，最少数的反动分子处于孤立的地位，如果他们有反革命的行动，不难一鼓荡平之。

在选择道路上国民党已无丝毫犹豫的余地。土地的改革是到革命之道路。反动军阀所取者是反革命的路。革命的国民党不可站在一个分歧的路口。反动的军阀已经公开的反叛革命（夏斗寅的叛变、长沙的政变可十足的表明这一点）。他们已经向工农运动宣战了。他们的屠杀工农群众，和张作霖、孙传芳、张宗昌、蒋介石、李济深一模一样。他们要挟国民党放弃土地改革政策，以赚得大地主和劣绅的爱戴。他们侮蔑了国民党和国民政府的威权。长沙政变发生后，湖南省党部即被解散，并未得国民党中央的批准，擅自成立省党部（及所谓救党委员会），打毁党校，劫夺前方购买军米之款项，国民政府所派遣之特别委员团中途被阻不得到长沙，并且自由派军队到各县屠杀农民、工人、学生，妇女。

这是明白的反革命行动。少数反动军阀，背叛了国民党国民政府以及高级军事长官，而在湖南篡夺了政权。国民党的责任到此情形之下，非常明显，宜立即下令讨灭此少数叛徒，以维系其最高权威，还是和他们妥协？国民党如果采取第二种办法，国民党的历史，国民党的主义，国民党的政纲，都将推翻，将在国民党政治的生命发生非常严重的影响。湖南的反革命必须讨灭，迅速的行动已经十二分必要了。犹豫不决，必遗后患！

中国共产党中央委员会提议采用以下的行动，削平湖南的反革命：

一、国民政府明令宣布长沙叛徒许克祥等所组织之委员会系反革命，并令军队联合革命的民众共同推翻之。

二、解散叛徒的委员会另委合法的省政府。

三、火速派兵讨伐叛乱，与唐总指挥以派兵之权削平之。

四、取消叛徒窃据之省党部，另由国民党中央下令改选新省党部行使职权。

五、国民政府明令宣布工农组织及共产党在湖南得享完全的自由。

六、武装农民以防御反革命叛乱之发生。

以此行动处置反革命，不仅湖南一省工农群众对国民党发生坚强的信仰，全国各地的工农，定要遥瞻国民革命的旗帜，认识国民党的党徽，为他们自由之标志。他们必定自己起来向国民政府之敌作战！

当大资产阶级、封建反动势力和他们的军阀代表向国民革命反抗时，领导国民革命的国民党，一定要和民权主义的群众结成更密切的关系，促醒他们革命的觉悟，并领导着他们大胆的向反革命进攻。当反动分子以公开的反叛行动集合他们的力量时，国民党和国民政府倘不果决的领导劳苦群众向反革命势力作殊死的革命战斗，则一切反革命势力得有更多机会放胆集合发展其势力向革命进攻，革命前途将陷于危险！谨致

革命的敬礼

中国共产党中央委员会

总书记：陈独秀

六月四日

《向导》周报第一九七期

1927 年 6 月 8 日

蒋介石反动与中国革命

（一九二七年六月十一日）

我们现在用不着拿许多很坏的话来攻击蒋介石，因为他自己有许多行为已经足够说明他是革命或是反革命了。并且他的罪状已经国民党、国民政府逐条宣布，更不需我们来重说。

我们也许可以说，蒋介石之反动，在中国革命运动上是一大损失，因为他个人性格之有决断肯负责任，和袁世凯一样是中国有为人物，可惜走到反革命而不走到革命；这也就是我们所以自去年三月二十〔日〕到今年四月十二〔日〕始终牵就他向他让步想拉他向革命路上走之一个原因。我们一年余的忍耐牵就让步，不但只是一场幻想，并且变成了他屠杀民众屠杀共产党的代价！

在去年三月二十〔日〕之前，东征陈林胜利时，蒋介石成了著名的革命人物，帝国主义者甚至于攻击他或者恭维他是中国红军首领；然而那时就有一位同志批评蒋介石是一个危险人物，未必始终忠于革命。我曾问他何以见得，他说：蒋氏此时言论固然很革命，即行动也向着革命路上走；唯隐微中时时表露其个人英雄主义，表露其个人之权与力超于党之上，离开党的个人英雄主义，没有党的制裁，便会走到反革命，中外历史上这种英雄很多，恐怕蒋介石也是一个。现在看起来，这些话可算是对于蒋介石之终身的刻骨批评！

在讨伐陈林和讨伐刘杨战争中，蒋介石很尊信共产党人，因为他们能苦战奋斗；即去年三月二十〔日〕以后一直到今年三月七日他在南昌演讲，还时常说共产党是革命的，他也是革命的，二者必须合作。他时常肯定共产党是革命的，共产党人当然很感谢他；可惜他不是说共产党是革命的，国民党也是革命的，二者必须合作。他只说他也是革命的，共产党应和他合作，共产党听了总觉得很奇怪。蒋介石时时刻刻表示他自己的意思，而忘记了国民党，这是共产党终和他发生冲突之一个很重要原因。共产党承认国共两党都是革命的，所以必须合作（不但国民革命中破坏工作可以合作，即国民革命中的社会主义的建设工作也希望可以合作）。因此，共产党立在革命工作的观点上，对于国民党中任何革命领袖，无论新旧都愿竭诚与之合作，决不肯立在私人的感情上，帮助那一个领袖打倒那一个领袖；即使那一个领袖背叛了革命，例如陈炯明、杨希闵、蒋介石，共产党也只是立在革命的观点上，帮助国民党去打倒这班反革命者，而不是什么拥孙倒陈，拥蒋倒杨，拥汪倒蒋。蒋介石始终不明白这个道理，始终只知道他个人而不知道有党，始终要求共产党以助蒋拒汪为合作条件，两次派人到上海和我们谈判，以哀的美敦式的态度，要求共产党停止迎汪复职运动，我们答以在革命进展的观点上，在国民党团结的观点上，共产党只是主张汪、蒋合作，而不是拥汪倒蒋，却没有理由可以违反中国革命的需要，以及国民党党员群众的心理，而反对迎汪复职。这样合理的答复，当然使蒋介石失望，使蒋介石感觉得共产党到底不能做他的工具像孙文主义学会那样，于是在他的二月二十一〔日〕南昌演讲中，便喊出"纠正共产党"、"制裁共产党"等口号了。蒋介石所举要纠正及制裁共产党之理，是因为共产党党员对于国民党党员加以排挤压迫，可是他在此次演讲之前，两次派人到上海和我们谈判时，没有一字提出共产党党员排挤压迫国民党党员之事，而只说不满意我们附和迎汪复职运动，或者在他的见解，迎汪复职就是排挤压迫国民党党员。

去年三月二十〔日〕事变之后，蒋介石极力声辩不是对付共产党，他对黄埔学生演说，痛陈领袖争权之事，分明是指汪精卫；最近张静江致汪精卫书，却说："岂知弟三月二十二日在长堤登岸，先二日介兄已向共产党行断然之手段……以为共产党之阴险，或有击而不中之虞，不告谷季（精卫别号），将失败时介自负之，季仍可自收其残局，各有其分义，弟亦何言，弟到之时，介兄仍欲彻底解决，断此亡党之毒腕，以慰总理之灵。"这样看起来，好像蒋、张之言大相矛盾，其实一点也不矛盾，因为三月二十〔日〕之变，反共排汪，本是二者并行。排汪之经过事实，精卫先生自知之，近亦向我详言之，不但三月二十〔日〕排汪必欲其去职离粤，并且自从三月二十〔日〕，一直到汪回，蒋、张无时无事不与主张迎汪复职者为敌，试问这可是何种分义？蒋介石之反共，导源于戴季陶的小册子，这不仅是表面上简单的戴、蒋等个人思想问题，乃是整个的资产阶级对于中国革命的理论与政策之反映。关于中国革命之前途，有两种理论与政策：一是无产阶级的理论与政策，一是资产阶级的理论与政策。无产阶级的理论政策是：无产阶级与农民小资产阶级结合起来，对外推翻帝国主义的统治，对内推翻封建势力、军阀、地主、土

豪劣绅等的统治，建立革命的民主独裁制，行向社会主义的建
设，以达到全民族政治的经济的完全解放。资产阶级的理论与政
策是：资产阶级与买办、官僚、地主、豪绅甚至一部分反动军阀
结合起来，建立保护资产阶级及地主的军事独裁制，以压迫工农
运动及反共反俄，求得帝国主义的谅解及些小让步，在资本主义
的工商业的政策之下，根本停止民众的一切革命运动，发展并稳
固帝国主义在中国的统治权。中国革命之前途，只有这两条路，
找不出第三条路，也许戴季陶、蒋介石自以为可以找出第三条
路，不过事实上他们所走的分明还是第二条路，并未曾发明第三
条路，所谓第三条路，只是不肯走第一条路，而又不愿显然自承
走第二条路之名，其实第三条路不通行，还只有走第二条路。戴
季陶以为可以一面反共派，一面反右派，其结果他和右派走上一
条路；蒋介石、张静江以为可以一面反共派、反工农运动，一面
反西山会议派，其结果他们和西山会议派走上了一条路；现在又
有人以为可以一面反共、反工农运动，一面反蒋，其结果也必然
和蒋介石走上一条路；这都是因为他们想找第三条路，其实本来
不会有第三条路，所谓第三条路，即第二条路之别名。自从戴季
陶发行他的小册子，中间经过三月二十〔日〕，一直到今年四月
十二〔日〕，都是代表中国资产阶级的意识者国民党右派首领戴
季陶、蒋介石、张静江等，在寻找第三条路的口实之下，为实行
走他们的第二条路而工作。

　　第二条路即资产阶级的路，他们要用资产阶级的理论与政
策，来解决中国问题，自然要抑制工农运动不许他们强盛起来，
更不用说是过火，只有时有利益于资产阶级的工农运动（如为
资产阶级的政治示威与庆祝、追悼等），他们或者可以恩准，否

则便是受了共产党煽惑操纵，只好用四月十二〔日〕的办法。他们要用资产阶级的理论与政策，来解决中国问题，自然不愿意无产阶级的政党党员留在国民党内，特别是和他们的理论与政策不一致的时候（帮助他们对付他们的政敌之时，当然要暂时利用一下），所以戴季陶自始至终都主张共产党党员要退出国民党，最近《告国民党的同志并告全国国民》中又说："我在总理死后很辛苦地坚持着非中国国民党纯粹独立，则救国的责任决负不起。"诚然，他们很辛苦地屠杀了共产党之后，很得意地向全国国民宣告中国国民党纯粹独立，这想必就是戴季陶先生发挥他们资产阶级的"仁爱性"。如果共产党也这样宣告独立，不知资产阶级的学者要怎样大声疾呼的咒骂无产阶级的布尔什维克党之残暴无仁爱性！戴季陶或者可以回答说：四月十二〔日〕之事确如白崇禧、陈群所说只是"工人互轰"（六月三日陈群在所谓上海工会统一委员会还这样说），随后搜捕枪毙之共产党，或者那是许克祥所谓"暴徒分子"，而非真共产党，至于朱培德欢送共产党出境，更是仁爱之至。可是吴稚晖曾大呼"杀尽共产党"，李石曾说四月十二〔日〕事变是革命，并且是最后的革命，从此再用不着革命了；诚然，共产党杀尽了，无产阶级压服下去了，资产阶级已经革了无产阶级的命，代表中国资产阶级的蒋介石的纯粹国民党，从此得安然和英、日帝国主义及奉天军阀携手统治中国，还有什么革命！他们要用资产阶级的理论与政策，来解决中国问题，联俄政策自然不大适用；蒋介石、吴稚晖、戴季陶都一致采用西山会议的意见，联俄原以平等待我为条件，言外之意就是苏俄现已不以平等待我了，联俄政策当然要抛弃。吴稚晖说："有人说俄国已铲除不平等条约，然此止平等之一端，如德如奥，皆已铲除不平等条约，依照第一次全国代表大会宣言，止能认为最惠国，联合则平等未完全，显生问题，所以德、奥可认为最惠国，尚未联合也。"戴季陶说："俄国既然说是同情于中国的革命，援助国民政府，而两年当中，既没有和国民政府定过相互的平等条约，也没有和国民政府交换过正式的代表……俄国既没有正式承认我们的国民政府，我们就无从承认俄国对我们的革命有正确的了解和同情的援助。"苏俄和国民党关系，至今和中山先生在世时无殊，何以现在忽然发现了没有正式承认和没有定过条约交换代表，联俄显生问题？其实这都是鬼话。吴稚晖说："遂使帝国主义之国及国内军阀，谋倾本党者，借赤化为口实，淆乱世之众听。"这几句话才真是他们抛弃联俄政策之隐衷！

他们要用资产阶级的理论与政策，来解决中国问题，自不得不将中山先生的"联俄、联共、扶助农工"三大政策放弃了。他们分明走的是第二条路，还厚颜说是第三条路，自以为虽然反俄、反共、反工农运动，而仍然是革命的，不知道他们的所谓革命作何解释？

汪精卫先生曾说："要革命的向左边来——"现在蒋党的人说："要革命的向右边来——"这句话虽然滑稽，可是也证明了他们已认识没有中间的第三条路！

向右是他们自己承认的，但是不是革命的呢？

三月二十〔日〕的行动是革命的吗？

北伐总司令一就职，国民政府便无形取消了，这是革命的吗？

派李石曾向张作霖、杨宇霆谋南北妥协，这是革命的吗？

四月十二〔日〕的行动是革命的吗？

收买青红帮打毁沿江各省的党部及工会、农会，屠杀工农群众，这是革命的吗？

搜捕枪杀各军政治工作人员，这是革命的吗？

正当北伐军在河南和奉军血战之时，勾结于学忠、张联升、刘湘、杨森、夏斗寅乘虚袭击武汉国民政府，这是革命的吗？勾结日本帝国主义，使田中的代表松井到武汉诱胁国民政府的领袖潜赴南京，这是革命的吗？

如果这些行为是革命的，那么，只有资产阶级的革命理论与政策是这样。如果这样也算是革命，难怪张勋复辟、段祺瑞召集善后会议，也自称是革命！

蒋介石之反动，在中国革命过程中，不是一件小小事体；因为这不只是蒋介石个人的问题，他所代表的是整个的中国资产阶级对于中国革命的理论与政策，这是全国革命的民众和革命的领袖都应该认识的。他假革命之名，行反革命之实，所以一切不容于革命势力的许多反动派如国家主义者、研究系、安福系等，一向反对国民党，现在都跑到蒋介石旗帜之下，帮着他摇旗呐喊，向革命势力进攻。至于一些反动的大小军阀，自然有与蒋介石结合之可能，刘湘、杨森、于学忠、张联升、夏斗寅、许克祥等，不用说了；蒋介石、阎锡山、杨宇霆的三角同盟，不久也会实现。

安徽的蒋党，竟揭出"拥护新军阀"的标语，重庆的蒋党，竟挂出"一切反革命联合起来"的标语，这是何等新奇的事！

一切反动的军阀、官僚、政客，不但要依附假革命的蒋介石之名义以保存其反革命的实力，而且还要强奸三民主义一下，这是革命运动中最可耻的危险！

蒋介石已成了全国反革命势力的中心，国民政府的领袖在郑州会议，已决定了讨蒋政策，这是中国革命进展之一个重大时机，在革命史上值得大书特书的。

我们所要敬告国民政府之领袖及军事长官的是：应为革命而讨蒋，不应为讨蒋而讨蒋；换句话说，即是不但讨蒋介石个人，而是要讨伐蒋介石所代表的大资产阶级对于中国革命的理论与政策；若讨蒋者在革命的理论与政策上，在对民众态度上，一切仍蒋之旧，即令讨蒋胜利，亦与革命无涉，而且不足以服蒋之心！

六月十一日

署名：独秀

《向导》周报第一九八期

1927 年 6 月 15 日

湖南政变与讨蒋

（一九二七年六月二十日）

　　湖南初期的农民运动，缺少党的指导，遂不免有些原始的幼稚行动（所谓幼稚行动在任何国家革命的初期高潮中都不能免），如捕人、罚款、阻禁，企图均分土地，同时举行宗教革命（毁庙、毁祖宗牌位）、道德革命（妇女解放）等，以引起一般社会之惊恐，土豪劣绅复捏造许多事实在军队中宣传，反对土地改革及根本反对民众运动之右倾分子更从而张皇其词，使湖南出身的军官咸抱不安，对湖南农民运动多少都表示不满，这些都是不可否认的事实。

　　长沙五月二十一日事变，自然和湖南农民运动的幼稚行动不无关系：然而说他们只是为纠正农民运动的幼稚行动而发，则显非事实。在长沙事变以前，国民党中央及国民政府已有纠正农民运动幼稚行动的命令，他们若真是只想纠正农民的幼稚行动，由省政府、省党部切实执行中央命令，已十分够用，为什么须用屠杀政策呢？他们说长沙二十一日事变是由于工农纠察队包围军队夺枪而起，这种笑话，和蒋介石在屠杀上海工人之前说工人纠察队将围攻龙华，是同样的把戏。过去的屠杀已遍于湖南全省，截至今天（六月十九日）的消息，新省政府的军事厅长仍在分派军队到各县大举清乡，想必也是因为各县的工农纠察队都在那里包围军队夺枪！这是欺谁？

我们再看二十一日事变以来，许克祥的所言所行，是否只是纠正农民运动的幼稚行动？

（一）二十二日下午省政府召集所谓各团体联席会议时，教育厅长董维键、建设厅长邓寿荃尚列席，次日即被逐出走，邓厅长的家产且被查抄了。

（二）省党部人员被逐一空。

（三）市商民协会代表左学谦在所谓各团体联席会议上说："昨晚事变，因解散工人讲习所，波及商民协会，以致职员会物损失，会所亦被毁坏。"左学谦家宅亦于二十四日被封。

（四）省农民协会曾负责派员为政府采办军米四十万石，而办米之款九万元，竟被所谓救党委员会的军队抢去。

（五）许克祥在街上贴出"拥护湖南省政府"、"拥护国民政府"的标语，但是省政府的委员赶跑了，并且抄家了，国民政府的委员走到岳州竟被拒绝而回，并且许克祥竟电令岳州驻军要逮捕枪毙国民政府的委员。

（六）五月二十四日，在长沙戒严司令部，成立中国国民党救党临时办公处，推定许克祥、王东原、李殿臣、周荣光、张敬兮等五人为主席；当即发出命令如下：以后拿办暴徒分子，非经国民党救党临时办公处命令，各部队不得擅行，此令！主席许克祥、王东原、李殿臣、周荣光、张敬兮。

（七）国民党党校被军队捣毁一空。

试问上列这些事实，和纠正农民运动的幼稚行动何涉？许克祥等不得政府或中央党部命令，而擅自在戒严司令部组织什么救党办公处，独揽军权、政权、党权，这和蒋介石的行为何异？

夏斗寅在湖北叛变，是受了蒋介石的指使，蒋介石已经亲自向外国新闻记者直言不讳，似乎不需要别人再为他辩护。许克祥等在长沙叛变，分明是和夏斗寅相呼应，分明是蒋介石袭击武汉国民政府之整个的计划之一，至少也是接受了蒋介石的政纲（反武汉中央，反俄，反共，反工农），谋袭国民政府，扰乱北伐后方之整个的计划之一，纠正农民幼稚行动，不过是一个口实。

蒋介石的外交官，对于英捕房监视上海苏俄使馆不肯向英人抗议，蒋介石且在上海大捕苏俄同志；许克祥等亦在长沙搜查苏俄使馆。蒋介石在上海、南京、广州搜杀共产党人；许克祥等亦在长沙、常德等处搜杀所谓暴徒分子——即共产党人。蒋介石一面屠杀工人，一面说仍然要保护真正工农；许克祥等也是一面屠杀工人农民，一面在街上贴出"拥护真正农工"的标语。他们和蒋介石有什么两样？

不仅许克祥等在长沙是如此，再看常德的五月二十四日事变是怎样？在二十四日事变之前，常德的党部及民众团体，正在忙着开欢迎熊震旅长大会，开军民联欢大会，正在忙着采办军米；恰当此时，夏斗寅、许克祥叛变的消息传到常德，蒋介石委任熊震为师长的密电一到，熊军顿时翻脸，于五月二十四日上午派兵搜索工会、农会及党部徽章，下午到工会、农会、党部及其他民众团体捉人，遇见穿中山服的或有徽章的即逮捕枪毙，约在二百人以上，被捕者数百人，特别法庭所拘押之土豪劣绅一律释放，即用彼等为搜捕革命分子之侦探；并且鸣锣叫人报告谁是共产党人，一时被私仇诬陷而逮捕而枪杀的人，非常之多。二十五日又挨户检查，见有勇敢活泼青年，即指为共产党人而捕去枪杀之，如此又杀害了数十人。二十五以后，又从城里杀到乡下去，乡下土豪劣绅所把持的关防局，遂乘机帮着熊震捉人。

此外岳州、平江、浏阳、宝庆及湘南，都在铲除暴徒名义之下，解散民众团体，屠杀工农及共产党人之事，成了普遍的现象。此次屠杀之惨，我们可以举出一例，即湘潭总工会委员长杨昭植被杀之事。杨于五月二十六日被捕，在学坪斩头，随将其头抛掷数十下，再用麻绳系电杆上示众，将杨尸倒悬于演说台上，以刀剖解，以铁丝作钩，取出腹内脏腑，灌火油于腹中，用火燃之，旁观有不平者，即以赤化论。至于捕获工农活人剥皮置沙上，旋转呼号而死者，也不只一次。试问湖南农民对土豪劣绅曾否有这样野蛮残酷的行动？

政府派周斓赴长沙以后，湖南的屠杀停止了没有？没有、绝对没有。现有二事为证：

（一）是六月十日长沙的《南岳日报》载：

"昨日长沙市全市党员，在教育会坪开欢迎周副军长大会……周副军长由第三分校，偕仇亦山……到会……当众发表决议案十六条（一）公推周副军长为湖南救党委员会委员。

（二）请周副军长实力参加救党运动。……（八）请周副军长奖励马日铲除暴徒的武装同志。……"

（三）是湖南省政府军事厅六月十四日有派兵清乡电如下：湘省暴徒啸聚各县，亟应肃清，以根本解决，分配兵力如下：

1. 许克祥酌抽二十三团军队，以一部分赴湘潭、湘乡、宁乡清乡，以一部分留省警戒。

2. 周荣光督率警卫团担任省城内外警戒，并保护省内上下厘卡，城厢各机关。

3. 李仲仁团抽调一部分前往醴陵、衡山清乡，一部留省协同各军警戒。

4. 每营派兵分赴长沙县所属各乡镇清乡。

5. 熊震师向桃源方面警戒，并酌抽军队担任常德、沅江、安乡县清乡之责。

6. 王锡筹师担任宝庆、新化、祁阳清乡，并担任向武冈方面警戒之责。

7. 周盘、周希武、张岳（团长）协同向鄂西警戒，并应酌抽军队担任岳阳、临湘、华容清乡之责。

8. 陈汉章旅对于湘、黔军方面警戒，并抽军队担任辰溪、溆浦、安化清乡之责。

9. 戴斗垣司令于向津、醴方面警戒外，并抽军队担任石川、慈利、大庸、永定清乡之责。

10. 俞团担任衡阳、常宁、耒阳、资兴、郴县清乡之责。

11. 王德光团对于金州方面警戒外，并酌抽军队担任零陵、东安、祁阳、道县、宁远清乡之责。

12. 罗定（司令）担任攸县、茶陵、安仁、酃县清乡之责。

13. 浏阳、平江、湘阴三县之事宜，另商陈嘉佑军长酌派军队前往办理。

14. 湘南、湘西边境各县，俟由前方抽调军队回湘再行举办。

15. 此次清乡，限令到后十日内一律肃清。

　　政府未有明令申斥许克祥等所组织的救党委员会是反叛行为及严令解散，他们当然可以请周斓加入；政府也未曾严令申斥二十一日事变是反革命，他们也自然可以请周副军长奖励。这都是顺逆是非不明所致。现在军事厅还嫌过去的屠杀不足，分派大批军队到各县清乡，肃清所谓暴徒，以图根本解决。什么是根本解决？不用说是"杀尽真正革命党人——国民党及共产党"和"根本消灭工农运动"，以免后患！在这种政策之下，许克祥等的首功，当然是应该奖励的。共产党是否能够杀尽？工农运动是否能够根本消灭？恐怕都是疑问吧？蒋介石并不能够办到这两件事，甚至更有力量的莫索里尼也未能办到。他人更休想！

　　湖南政变中所表现的事实，分明不是什么纠正工农的幼稚行动，分明不是什么救党运动（岂有离开最高党部，并且要枪决中央委员的救党运动？），而分明是和蒋介石、夏斗寅一气的反俄、反共、反工农、反武汉中央这四大政策的运动。

　　此时，武汉方面讨蒋运动的空气似乎很浓厚，倘若没有决心解决湖南问题，铲除这些豪绅代表的小蒋介石，那么我们恐怕南京的大蒋介石尚未铲除，武汉治下的许多小蒋介石——豪绅恶霸以及许克祥等叛徒，倒可以将国民政府推翻了！而且蒋介石可以说：你们讨我，但是你们境内也和我这里一样，你们并不能得到东南民众的拥护，你们所仗的，也不过是军队，来和我争地盘罢了。

六月二十日

署名：独秀
《向导》周报第一九九期
1927 年 6 月 22 日

在土地委员会议上的发言

（一九二七年六月）

这个问题甚复杂，牵涉甚大，全部的问题，现在在革命的理论上，财政上，社会问题上，方方都要求解决土地问题，土地问题已成了重要的舆论了。但是到了实际问题便发生困难，如军人的土地问题，中小地主问题，策略问题等等，都有困难，各方面都不能满意。我的意思，方法与原则是可以相符的，可以使到各方都满意的。我个人对土地问题的意见如下：原则不是马上实行的，如何实现原则呢？实行原则，应由中央与各省详细规定，因实行的方法不能用现在这种会议得到结果，即有结果，亦不过是武断的，故必定要有一种原则规定出来——

我个人对土地问题的意见：

（一）国民革命过程中必须解决土地问题，即是没收小地主及革命军人以外之出租的土地，分给农民。

（二）公布佃农保护法。

（三）无土地之革命兵士，退伍时，必须给以土地。

（四）解决土地之先决问题必须给农民以武装及政权。以上是原则。

（五）政治委员会，必须命令农政部，迅速执行国民党第三次全体中执会议关于农民运动议决案，尤其是督促农村自治之实现。

（六）中央农政部，即须根据上列原则，订定土地改良法案。

（七）各省省党部，会同省农协，依据中央农政部土地改良法案，按照当地实际情形，议定解决土地问题之实施条例，呈请中央党部批准，交政府土地主管机关执行之。

以上为进行方法。

署名：陈独秀

《中国农民》第二卷第一期

1927 年 6 月

中国国民党的危险及其出路

（一九二七年七月一日）

以蒋介石为中心的国民党右派（从蒋介石到阎锡山，将来或至到张作霖、杨宇霆），他们现时所奔走呼号的救党清党运动，和国民党改组时冯自由、刘成禹〔禺〕等所号召的护党运动，是同样的把戏。他们所号召的口实是反共产，从冯自由、刘成禹到杨希闵、刘震寰，从杨、刘到蒋介石、李济深，从蒋、李到阎锡山、许克祥，都是同样的口吻，即将来从阎锡山、许克祥到……从……到……也必然是一脉相传没有两样。这并非是偶然的事，乃因为代表封建军阀及代表封建资产阶级的国民党右派，他们势不能与革命的无产阶级及其政党（共产党）长久合作，以致身被南赤北赤等不洁之名，而不为帝国主义者所谅解所宽宥。

张继说："我们国民党若反对帝国主义，则失败时将无地逃避。"吴稚晖说："遂使帝国主义之国及国内军阀谋倾本党者，借赤化为口实，淆乱世之众听。"这就是国民党新旧右派始终反共之共同心理。他们都以为国民党之所以为帝国主义所疾视，乃因改组后加入共产分子之故，非排共无以救党，排共与救党、清党、护党，乃同实而异名。他们不懂得"为帝国主义所疾视"

正是国民党之荣誉，而不是差辱。他们所谓护党、清党、救党之目的，不是想把国民党从不革命救护到革命，而分明是要减少国民党的革命性，回复到改组以前的状况。汪精卫先生过上海时，曾面问蒋介石是否要把国民党回复到改组以前的状况，蒋竟直认不讳。

改组以前的国民党是怎样？改组以来的国民党是怎样？有了进步没有？这应该是人所共知，不待多说了。改组以来的国民党，因为有了共产党分子加入捣乱阴谋破坏，又加以苏俄帮着"送牢饭"（蒋介石语，即令人吃不饱之意）；然而其结果，国民党党员在全国各省都大大的增加了，党在民众中名望价值也日高一日了，军事上更有了突飞的开展，所损失的只是去掉了陈、林、杨、刘这些势力，得罪了帝国主义或者更是美中不足！

以蒋介石为中心的国民党右派，他们只担心得罪帝国主义，遂把国民党改组以来的进步看做一文不值。他们反共救党之真正心理，正因为恐怕身被赤名，得罪了帝国主义无以生存，只有急急排共，把国民党回复到改组以前的状况，以表示"守身如玉"仍是"安分良党"，庶几可以稍温帝国主义之心而息其怒。试问以此救党，把党救到什么去处？

此时国民党群右（从蒋介石到阎锡山），纷起通电排共，其口实，除将民众对资产阶级及土豪、劣绅、地主所谓过火的行动归罪于共产党外，不能举出共产党对于国民党阴谋破坏之一二事实。其实，国民党现时之真正危机，不是右派所谓共产党之阴谋破坏，而反是右派之自身。国民党某领袖说的好："此时国民党有蒋记、阎记之分，将来或者还有张（作霖）记……记……记，汪、谭无兵，所以没有汪记、谭记的国民党。"谁有兵权，谁就在他的地盘之内，以清党、救党名义，造成他自己御用的国民党，使国民党变成无数小军党；国民党真正危机在此，所谓亡党之痛或即在此，而不在共产党分子留在国民党之内。蒋介石到底还是一个老国民党，有些投机混入国民党军队里的新鲜漂亮人物如阎锡山辈，他们停止站在北洋军阀那边打击国民党才有几天，有些经过共产党人设法展转长期的劝告才肯接近国民党的；有些虽然勉强加入了国民党，经过共产党人再三劝告，才有点看中了国民党的；这班新鲜漂亮人物，终不能新鲜漂亮到底，现在都回过头来加入反赤运动，都伸起大拇指头自称是纯粹国民党员，自称是真正三民主义信徒，在清党救党名义之下，大声疾呼的排除共产党分子留在国民党之内。他们的面孔转变得这样快，他们这班大呼清党救党的"国民党忠实党员"，倘若半夜里想起来几天以前打击国民党之事，岂不要浑身流出愧汗！然而他们毫不惭愧。他们毫不惭愧之理由是：他们以前打击国民党，因为国民党是革命的党，是反对袁世凯，反对曹锟、吴佩孚的乱党；他们现在大呼清党救党，正是要清除国民党中之革命分子，不但要清除共产党分子，并且对于纯粹国民党员之稍稍左倾分子，也要以暴徒罪名清除之，以图根本消灭国民党之革命性；他们以前对国民党之态度与口号是铲除乱党，现在的态度与口号是铲除暴徒，他们对待国民党是始终一致的，面孔虽前后不同，内容实无变更，所以毫不惭愧。不但他们如此，即段祺瑞、张作霖都曾屡次表示可与国民党的妥协派温和分子携手合作，都无非是企图清除国民党中的革命分子以消灭其革命性。自袁世凯以来，他们站在国民党外边打击国民党，不但于国民党无伤，而且因于驱迫国中所有革命分子都集中到国民党，使国民党的力量一天伟大似一天；他们现在跑进国民党，清除国民党中的革命分子，以根本消灭其革命性，使革命的国民党变成他们新军阀御用的工具，这才是对国民党之真正打击，这才是国民党之致命伤，这才是国民党之真正的清党危机！

所以欲救国民党之危机，决不是清除党内革命的分子，而是要清除党内反革命及不革命的投机分子，不然将名存而实亡。国民党在现时严重的危机当中，和民国二年受袁世凯打击的无路可走相等的危机当中，以汪精卫先生为中心的国民党左派领袖及左派的武装同志，应该有一大觉悟，下一大决心，首先自身团结起来，再和一切革命势力团结起来，拿出中山先生组织中华革命党的精神，来一个从左边的清党运动，毫不顾惜的清除党内一切反革命及不革命的投机分子，以救出真正革命分子的国民党正统之生命。只有清除党内一切投机分子，只有革命的左派团结起来巩固正统的国民党，只有消灭全国某记某记个人御用的国民党，国民党才有出路；若放弃中山先生的三大政策，接受蒋介石的主张，不但失了左派的立场，且不是国民党的出路！"联蒋反共"固然是革命的左派国民党寿终正寝，所谓"反蒋反共"及所谓"反蒋分共"（分共即国民党和共产党分离之意），亦属欺人自欺的鬼话，反共或分共，都是和蒋介石走上一条道路，尚何须反蒋？

也许有人以为联蒋固然是走到投降资产阶级的道路，反蒋则只有走到附属无产阶级的道路，国民党左派仍然是没有出路。其实不然。中国的国民革命，在社会的客观上条件上，固然不会有资产阶级的革命，同时也不是无产阶级单独的革命，而必然是工农中小资产阶级联合的革命。为什么有这样一个伟大的各阶级联合的国民党在中国存在了数十年以至于今日，这是在中国这样社会的客观条件上自然产生的，国民党左派在现在及将来的生命仍然是依照中国社会的客观条件而生存而发展，这是毫无疑义的。因此，中国国民党左派的出路，不是投降资产阶级，也不是投降无产阶级，而只是实现工农中小资产阶级的革命联盟！

实现反帝国主义（民族）、反军阀官僚土豪劣绅（民权）、反大资产阶级大地主（民生）之工农中小资产阶级的革命联盟，以克服蒋介石为中心背叛革命的国民党右派，这不但是左派国民党眼前的出路，也就是中国国民革命眼前的出路。

七月一日

署名：独秀
《向导》周报第二○○期
1927 年 7 月 8 日

寸　铁

（一九二七年七月八日）

可怜的山西各界代表！

所谓"国民革命军北方总司令"，本是阎锡山去年冬天就向国民政府所要求的官衔，意在拒冯而独霸北方。然而六月六日阎锡山就职宣言却说："本总司令承六月五日山西各界欢迎国民革命军大会，公推为国民革命军北方总司令。"事实上六月四、五、六这几日，是有一些阎锡山制造的御用党部及民众团体，在那里奔走劝进，阎锡山还再三谦让，经各界代表坚请之后，始允就职。有人说：阎锡山再三谦让时，如果各代表不坚请，则将如之何？我说：阎锡山无命令谁敢坚请？现在谁敢不坚请？

阎锡山的国民党……的国民党？

山西的国民党〈党〉部存在不只一天了，阎锡山是几时正式入党的？他一入党便下令清党，清什么？不用说，真正目的是要清去非阎锡山走狗的分子。不但山西，他省都有同样事实发生，国民党照这样办法，会真有"亡党"的事！

山西省议会移交烟具

自阎锡山就国民革命军北方总司令职，阎锡山的国民党省党部也迁入了省议会办公，旅居省议会之议员先生，各自持箱笼，纷纷搬出，报上说有数人急急跑出，竟将烟灯烟枪完全抛弃，不敢回取，可见惊慌之一班。其实他们未见得是因为惊慌而抛弃烟具，恐怕是移交给后来的省党部诸人受用！

署名：实

《向导》周报第二〇〇期

1927 年 7 月 8 日

寸　铁

（一九二七年十月二十四日）

汪精卫的出路在哪里？

汪精卫题《申报》双十增刊说："从共产党与腐化分子的夹攻中，悉力奋斗，为国民革命求一出路。"请问国民党分子现在有几个不腐化？汪精卫的出路在哪里？

斯文扫地民众爬上来

代表绅士的《时事新报》，忽于今年国庆号上登出一篇很有趣的文章，题目叫做《双十节的民众化》，内中说："似乎与民众没有关系的双十节，又要来一次了！……中国的人民，到现在在实际上还没有任何式样的政权，……以致一般寄生虫来包办一切，越闹越起劲，寄生虫当然是残民以逞之徒，他们自己以为是圣贤的正统嫡派，其实只是一班无业的高等游民而已。让这许多非民众的人物来当道，民众自然要永远愚蠢，永远得不着一切政权。……汉字教育，本来不是为民众的，是残民以逞之徒的法宝，所以汉字教育的结果，可以造成圣贤之徒来对付民众。……世界上有文字的国家，差不多都是为民族的，只有我们中国人的文字是为寄生虫的，为圣贤之徒的，小百姓甚至于连极平常的官府文告都看不懂！所以要使双十节有意义，非使民众爬上来不可；要使民众爬上来，非把寄生虫所依为命的汉字打倒不可。……斯文扫地的工作实行了之后，圣贤之徒才无所凭借，民众才敢作敢为。"《时事新报》编辑先生们，大概是很疏忽的把这种议论登了出来，若是细心再读一下，恐怕他们要吓一跳！

蒋介石的进步真快呀！

帝国主义眼中的赤军首领，一变而为反赤的纯粹国民党员，再变而为基督将军，蒋介石的进步真快呀！但不知他三变而成个什么东西？

滑稽的禁令

广东的民政财政必属之李济琛，两湖的民政财政必属之唐生智，河南的民政财政必属之冯玉祥，浙江的民政财政必属之何应钦，江西的民政财政必属之朱培德，这种军人割据的状况，国民党和北洋军阀没有两样；然而南京的所谓国民政府，方通令各军长官，严禁干涉民政财政，可谓滑稽之至！

署名：撒翁

《布尔塞维克》第一卷第一期

1927 年 10 月 24 日

寸　铁

（一九二七年十月三十一日）

国民党也可以为帝国主义镇压革命了！

今春汉、浔民众收回租界，上海工人大罢工，长江革命怒潮高涨时，各帝国主义者异常恐慌，以为北洋军阀已不能够镇压中国的革命，不得不亲自派遣海陆军队来华，以资震慑，其中尤以英兵为最多，计二万余人。自蒋介石来到东南，极力为帝国主义者压服革命的民众，至八九月间，帝国主义者感觉得国民党的军队镇压革命也很得力，东南局面渐趋平静，无须他们自己多驻军队了，遂调回英军一半。现在又打算调回二千，其余留驻二年，观察此二年中，中国有无革命运动发生，再定去留。国民党如果能够继续镇压中国的革命，帝国主义者便永远不须御驾亲征了！

国民党也想求得帝国主义的信任了！

向来只做军事投机的国民党，自从改组后接受了共产党反帝国主义的口号，虽然沾染了一点赤化嫌疑，却走上了国民革命的道路。武汉派开始反动之时，一面反共还一面说是继续反帝国主义，以掩饰他们的反革命。可是他们的忠实党员何应钦，最近对英帝国主义的《字林报》记者索克斯爽爽快快的说："共产党离间吾人与外人，外人若能不为所惑，详察国民革命军自北伐开始后之记录，则自能信任吾人，而中外旧时友谊即可恢复矣。"原来帝国主义者不信任国民党，是由于共产党离间了国民党和帝国主义的旧时友谊，这正是国民党反共之唯一因由！

国民党也要"外崇国信"了！

自命为忠于国家民族的戴季陶，他虽然不愿意反对他们的朋友——日本帝国主义者，而却极力主张反对帝国主义的英国，说"反英"是他们总理三十年革命根本政策。然而他们总理的忠实信徒何应钦对索克斯说："共产党则以'反英'为政策，转使国民党与外人为仇，致丧失外人对我信用；今后吾人必须与外人重行讲信修睦，以免猜忌。"原来"反英"是共党的政策，国民党是要与帝国主义讲信修睦的，这可以说是共产党的反帝国主义政策之失败，而是段祺瑞的"外崇国信"政策之胜利！

张作霖的遗嘱

自从高等华人梁启超、丁文江等，发明了和平谈判友谊磋商来代替革命暴动的理论以后，汉、浔民众以暴动收回租界时，奉天军阀也说要收回主权，但只宜和平交涉，而不应用暴力，可是至今也未见他们和平交涉过。现在何应钦又对索克斯说："至于不平等条约必须废止，但不能急切从事，如共产党之所为，当用讨论形式以达吾人之目的。"这几句话，好像是张作霖的遗嘱，而不是遵守了孙中山的遗嘱："开国民会议及废除不平等条约，尤须于最短期间促其实现！"

所谓无政府党本来就是这样！

有人曾慨叹一个无政府主义的吴稚晖，也居然怂恿蒋介石屠杀工人；汪精卫说："所谓无政府党，也许本来就是这样。"果然，中国的一些无政府党人，对于血手的吴稚晖，不但不声罪致讨，而且还为他编辑《吴稚晖最近之言论》和《吴稚晖丛书》，说吴稚晖是"革命之健将，人群之导师"！

资产阶级的民生主义

说孙中山的民生主义有社会主义性，有非资本主义倾向，在革命进展的策略上，在使三民主义的革命性随时代进步上，也未始不可。然而，像李权时先生，老老实实把民生主义的理论，属于资产阶级经济学者的劳力价值论那一类，倒是直捷〔接〕爽快！所以，谭延闿说："近来细读总理的书却实在是资产阶级的理论。"

孙中山无常识处

戴季陶曾说："中山先生有些天才卓杰处非常人所及，然有时发起议论来竟无常识。"诚然，他曾批评马克斯〔思〕的盈余价值说不对，他说："资本家有时固然赚钱，有时也亏本，可见盈余价值说不能成立。"他在民生主义第一讲里，也说："所有工业生产的盈余价值，不专是工厂内工人劳动的结果，凡是社会上各种有用有能力的分子，无论是直接间接，在生产方面或是在消费方面，都有多少贡献。"这些议论，就是中山先生在经济学上缺乏常识之故！

不甚赞助捕房的法官之下场！

关于撤换上海租界临时法院院长问题，《时事新报》叹为"行政干涉司法，损司法之尊严"；我以为损司法之尊严，其事尚小，承帝国主义者之意旨而进退法官，损中国民族之尊严，则其事实大。两星期前，《字林报》记者索克斯对何应钦说："公共租界之困难，在于临时法院不甚赞助捕房。"何氏即出日记簿记之，谓将立告南京政府。不久临时法院院长便撤换了！

汪精卫是第五代反共者

汪精卫曾历数国民党右派反共人物：第一代是冯自由，第二代是陈廉伯，第三代是杨希闵，第四代是蒋介石，不知第五代是谁？哈哈！不料就是他自己！

好一个党外无党党内无派

张继告诉江汉通讯社记者："党外无党"，"党内无派"，是国民党人一致的主张。一国之中，各阶级各团体的利害与政见不能尽同，各就所同结党议政，这是人权之一，专制帝王之下，尚不能禁止王党之外复有民党；国民党主张"党外无党"，是谓横霸！党内有派，乃世界各国大党所不免，唯不若国民党中竟有"蒋记"、"唐记"、"冯记"、"阎记"之分（谭延闿语），则未免可笑。如此而主张"党内无派"，是谓自欺！

一切反革命联合起来！

中国国民党自清党以来，不但各种各色的老党员都回到党里，而且增加了许多顶呱呱的革命新同志：久附北洋的阎锡山同志，做了党国的总司令；交通系大将郑洪年同志，做了党国的财政部长；吴佩孚的走狗杨森同志，做了党国的军事委员会委员；连困杀武昌老百姓的刘玉春同志，也做了党国的国民革命军江左军北路纵队指挥官。将来张作霖如果失败，奉系军阀中，必然又要产生许多三民主义的忠实党员！今春刘湘、王陵基、石青阳等，在重庆大举反共清党时，街上大贴其"一切反革命联合起来！"的标语，当时闻者颇以为怪，现在看起来，何怪之有！

"杀尽中国共产党！"

　　"共产党破坏国民党"，这是国民党反共的唯一理由；汪精卫说："国容共，共不容国，形成分共等等痛史！"然而事实上，倒是张继说：国民党人一致主张"党外无党"；并且最近国民党上海市党部发出的口号，第一个就是："杀尽中国共产党！"他们的宣言说："清党工作不能以肃清跨党分子，做到'党内无派'为已足；尤须将中国共产党之势力根本消灭，中国共产党之组织根本推翻，做到'党外无党'而后已。"请问究竟是谁不容谁？谁破坏谁？

署名：撒翁

《布尔塞维克》第一卷第二期

1927 年 10 月 31 日

寸　铁

（一九二七年十一月七日）

黄埔失败第一个重大原因

蒋介石告别黄埔同学书说："我们同学应当一致反省，何以一往无前的胜利中，会造成不可挽救的失败呢？第一个重大原因，当然是全体同学意志不能统一，精神不能团结，不顾团体的重要，只逞私人的意气，同室操戈，自相残杀，这是我们最不幸的一点。但如果把违背总理主义的一小部分共产的同学，清除出去，而其余大多数都能很精诚的为主义奋斗，我们仍是不会失败的。"照这几句话，可以看出蒋介石已经认识清除共产的同学，确是黄埔军失败之第一个重大原因了。

团结三民主义信徒之结果

黄埔军初成立时是何等精悍，可是自从三月十二以后，蒋介石专门引用孙文主义学会分子，清除共产分子，以团结三民主义的信徒。其结果三民主义的信徒团结起来了，而黄埔军腐化了。那些腐化的情形，用不着别人造谣离间，最近蒋介石告别黄埔同学书说得好："骄傲，奢侈，放纵，贪污，诈伪，浪漫，不守纪律，不知责任，一切新旧军阀官僚的恶习惯，都丛集于你们的身上。……丧失了革命的志气，只计较官阶的大小，金钱的多寡。"

军阀政客是那些人？

蒋介石告别黄埔同学书说："这次革命的方法，根本上已经是错误了，如果我不辞职，不能跳出现在这个环境，革命断无彻底成功的希望；就是我挣持到底，我可预料将来最好的结果，亦不过做几个军阀的掌柜和政客的傀儡而已。"这几句话将置欢呼"共产党肃清了！国民党统一了！国民革命就要完成了！"的沪宁衮衮诸公于何地！

署名：撒翁

《布尔塞维克》第一卷第三期

1927 年 11 月 7 日

独秀同志来信

（一九二七年十一月十二日、
十一月十二日、十二月十三日）

（一）

常委诸同志：

国民党虽然不能长久统治巩固，而眼前尚不至崩溃，因此，我们以群众力量扫荡他们夺取政权的时机尚未到。在实际行动上若取时机过早的政策，更是错误。因此，我以为此时的工农运动，应偏重经济的斗争，当然不回避政治（更不是阶级斗争与民族争斗对峙），以发展我们的实在力量。固然因经济争斗而不避免暴动，尤其在农运非暴动恐难发展。问题是在只能以暴动为不得已而用的方法，而不可以为目的，此时尤不可存"以暴动取得政权"的幻想。前在汉口，我对于湘鄂运动，也把这样的意见告诉过亦农。若飞对于江苏运动，偏重在夺取城市的政权（有些似毛润之的意见），他且幻想会占得沪宁。我当时曾表示不赞成。略说了几句，他似乎还不大以我的意见为然。这如果是他自己的意见，望常委急需纠正！如是常委的意见，我提议要切实讨论估计，万万不可随便做政治的暴动，尤其是上海。我见到于革命于党有危险的，我不得不说，我不能顾忌你们说我是机会主义者。宜兴、无锡事件所表现的，也是偏于政治方面，经济的意味太少了，这样的暴动，使群众只看做 C 与国的政权争斗，和国之北伐有什么不同（我们脑中的不同当然无用）？在各地的运动和暴动中，今后务要使经济的意味着实加浓，如此才能推动广大的群众，如此才能使一般民众了解 C 与国的显明的不同。现在一般人都觉得连我也承认是 C 与国的冲突，而不是农民革命，因为在宣传上在行动上都未曾表现农民的经济要求，与群众的骚动。我以为单是"耕者有其地"这个口号还不够，因为太文雅了，不能使广大的农民了解，而且农民的痛苦不单是土地问题。我提议用"四不"口号（不缴租、不完粮、不纳捐、不还债），更简明容易唤起广大的农民群众，而且又可以通行全国。我们此时若不用最彻底适合于农民自身经济利益的口号深入农民广大的群众，而只是幻想政治的暴动，暴动失败了（当然的失败），我们什么都得不着；并且还会因此使农民离开我们，使国民党有组织黄色农民协会的可能。宜兴、无锡事件报上说是奉了唐生智的命令而做的，不知是反动的宣传或是幼稚同志的胡来，望注意！

独秀　十一月十二日

（二）

中央常委诸同志：

昨函谅达。

顷阅中央通告第十三号，所有政治的经济的政纲，都是无产阶级革命无产阶级专政十月革命的政纲，且明言是"武装暴动的工农革命"；而国际屡次议决案都说："认为说民族革命已告终，另一革命即工农革命已开始，这种见解是错误的。"彼此仍是大大的争质，不知最近国际已改正否？此问题不弄清楚，将来的政策，又会有异见发生。我以为现在的革命性质及吾党政纲急须确定，应迅速由中国党起草送国际批准。与国分离之后，政纲尤十分紧要，现在若不宣布一明确的政纲，党内党外不明白我们究竟要做什么。诸同志意见如何？

独秀　十一月十二日

（三）

中央常委诸同志：

广州暴动，无论成败我们都应该做！这是毫无疑义的。我有几个意见贡献于同志们参考：

一、在广州的非战斗员悉数遣到有农民暴动之可能的地方迅速促其暴动，此事一刻也不能延搁，暴动时要立刻解决农民的经济问题，这还不够，并要解决农村中一般的病苦事件，如此方能发动更广大的群众参加革命。不如此，则不独广州孤立不能持久，并且广州一旦失败，我们什么都得不着。

二、"工农政府""独裁政府苏维埃政府"这些口号我殊不以为然。政权的中心当然是工农，而不可用独裁口号。"苏维埃"本来只是会议意义，苏俄政制精义是无产阶级独裁，离此，则苏维埃并无特别意义，我以为用"工农兵平民（贫民亦不妥）代表会议政府"似较妥当。（关于此点，我有较详的意见，兹不具陈。）（平民即被压迫中被剥削之意。）

三、关于国民党问题，我自七月以来，即以为我们不能再留在国民党，即不必再附属在国民党左派旗帜之下，亦即应独立行动；然同时亦以为可以在赞成土地革命的条件之下，与任何国民党一派或个人党外合作。我现在仍旧是这样的意见。汪精卫在汉口时，我已察知其漠视农民利益，现在更加反动，广西老宣传广州共产政府仍举汪为主席，自然是极滑稽的造谣作用，唯广东方面，如尚赞成土地革命的国民党员，无论是团体或个人，我们应该与之公开的党外合作，不必强之加入我党，在民众工作上，在政府工作上，在军事工作上（在军事工作上只有我们的力量超过他们便无妨），都应如此。国民党各级党部如有赞成土地革命者，可许其存在，可与之开两党联席会议。即谭平山如以国民党地位或另组他党而能从事土地革命工作，我们也不可加以排斥。我们不可持"党外无党"的谬见。

四、广东离香港太近，易为帝国主义者所袭击，我们为保护新政权起见，反帝行动要十分谨慎。

五、苏俄同志，此时最好绝对不赴粤参加工作，他们最好选择有革命经验者数人，在上海组织一委员会，帮助中国党的中央。由他们的委员会派一得力同志驻香港察看广州情形，及中国同志在粤工作有无错误。

独秀　十二月十三日午前

《中央政治通讯》第十四期

1927 年 12 月

寸　铁

（一九二七年十一月十四日）

还是吴稚晖说老实话！

蔡元培在两路党部演讲："及国民军到上海……（共产党）当时主张攻入上海租界，使风潮扩大……于是拘捕共产党徒，风潮不致扩大。"可是事实上，当时共产党并没有攻入租界的主张（有多种宣言布告可证），这是上海市民所知道的；所以，国民党军队宣布解散屠杀总工会纠察队的理由，只好说是因为工人互斗。然而吴稚晖在书汪精卫铣电后却说："我们老实不客气，自然提出反共产口号，自然围缴上海总工会工人纠察队枪械。"

华官委托捕房越界捕人

租界越界捕人，这是中国人素所愤恨的事。不料近来上海法租界捕房竟公然驾汽车直入南洋大学捕去学生一人，该校当局向捕房交涉，法捕房谓："法租界巡捕入华界捕人，全系事前受中

国军警当局之委托，而有此举动。"说要向外人收回租界的白崇
禧，高唱民族主义的国民党，做出这种甘心断送主权的事来，他
们和何丰林、孙传芳有什么两样？

为新军阀造机会

孙科报告讨唐内容谓："若不将此极大之障碍扫除，即北伐
成功，亦不过为一般新军阀造机会，徒使国无宁岁，民不聊生而
已！"孙科这几句话说得痛快之至！可是贵党的军事领袖们，那
一个和前几天还自称纯粹三民主义的忠实党员唐生智不是一样的
货色？

蒋介石是向田中求婚吧！

从前替段祺瑞保镖的寺内内阁，实际上就是田中内阁。蒋介
石此次赴日本，唯一目的也就是想求这位田中保镖；至于向宋母
求婚，不过是掩人耳目的鬼话。

国民党仍难团结吗？

戴季陶是主张分共最早而最有力之人，他以为共产分子留在
国民党内，则党员间共信不立，有碍党之团结。现在他的目的完

全达到了，共产分子出去了，三民主义的信徒团结起来了。然而戴季陶最近致第一中大学生函，仍然是痛哭流涕的说："谁知今日纠纷之深，已至不易条理，果全体同志，去其派别之感情，从事于实际建设之分工，则合作精神，当可日趋丰富，否则愈欲团结，而团结愈难！"

江 南 二 老

汪精卫骂吴稚晖为"老狗"；钮永建自谓"老而不朽昏而不庸"，则分明是"老昏"了。前清两广陶总督幕下，有江南文武一对名士，一个吴稚晖办学，一个钮永建练兵；此时老狗与老昏，仍然是一对，可称为江南二老。

双包案的清党运动

在上海、杭州努力清党的陈希豪，现在以反对西山会议派的中央特委而被通缉，说他是假清党；在湖南、湖北努力清党的唐生智，现在也以反对南京中央而被讨伐，说他也是假清党。真清党，假清党，国民党这种双包案的清党运动，实在闹得人们头昏脑晕，一世也弄不清楚！

枪决大批共犯

某处"枪决大批共犯"，各报上差不多天天都有这样新闻。我们记着！复仇是人类的天性。异日如有"枪决大批国犯"、"枪决大批……犯"的事，资产阶级的学者们，切勿到那时忽然想起大喊什么集会、结社、言论、信仰之自由！大家都记着，毋忘今日！

横逆变成了神圣

去年今日，江浙商、教、新闻各界的绅士们，到处都把党化教育及青天白日旗当做两件最横逆的东西咒骂；现在国民党的武力征服了江浙，这两件横逆的东西，马上都变成了最时髦的东西，神圣的东西。这是很新奇的事么？一点也不新奇。被谁的武力征服了，便颂扬谁是太祖武皇帝，这班绅士们一向是如此。所以他们现在反某某党，反某某主义，都不成什么问题。

汪精卫行为不当

汪精卫既然决心反共，既然称蒋派及西山会议派为"反共先觉"，为什么不老老实实和这班先觉们合作，而鬼鬼祟祟的跑到武汉，又跑到广东呢？所以，孙科大喊："汪精卫行为不当！"

国民党眼中的革命成功

自从国民党清党反共，遏止民众的革命高潮，以前所得的收回汉、浔租界这一点小小胜利，英帝国主义者都要乘势推翻，国民革命的成功在哪里？蒋介石在神户讲演说："国民革命之大业，今已成功三分之二。"他显然是指中国三分之二的地方已经挂了青天白日旗。从前挂上五色旗便算是共和国成功，现在挂上青天白日旗便算是国民革命成功，哈哈！革命大业原来是如此吗？或者是国民党眼中的革命成功不过如此！

以国民党党员为限

凡在国民党政权之下的文武官吏及全体兵士，都照例要加入国民党，这种滑稽的办法，我们自不去管他。最发松的是：财政部的会计师注册章程，竟规定充任会计师者，以国民党党员为限。当教职员的虽无明文规定，事实却非入党不可。将来当医生的，做律师的，也难免有这样横霸的限制。我以为这样扩充党势还不痛快，最好由官厅令示通衢，凡行路者以国民党党员为限，庶几全国四万万人很快的都成为三民主义的忠实党员！

《布尔塞维克》第一卷第四期

1927 年 11 月 14 日

寸　铁

（一九二七年十一月二十一日）

辽皇帝与党皇帝

传说张作霖将做皇帝，国号曰辽，改元曰宏宥。天下事无独有偶，南方有了党国，北方便有了辽国；辽皇帝的年号是"宏宥"，党皇帝（张继《江南晚报》发刊词语）的年号应该是"训政"。这两位皇帝谁是半斤，谁是八两，终须血战一场杀死无数老百姓，才见分晓！

改组与纠正

段祺瑞、徐世昌倒了，研究系的机关报北京《晨报》，因为不受进步的青年欢迎，遂宣言改组，脱离研究系的关系。孙传芳倒了，他们的上海《时事新报》，因为不敢开罪于国民党，遂宣言改组，诡称由研究系让渡于新组织，并且装出国民党机关报的态度，比上海任何报都党化些；将来国民党失败了，他当然又要改组。汪精卫开始反共的时候，大做其"错误与纠正"的文章，说从前联共是错误，现在反共是纠正；我看他这种东倒西歪的人，将来应有第二次、第三次纠正。人们只要巧于运用改组与纠正这两样法宝，自不难头头是道。

党　国

近来在报纸上时常看见一个新鲜而不可解的名词，叫做什么"党国"。所谓"党国"，不知是指"党与国"，还是说"党的国"？若横霸之徒，硬说是"党的国"，则北洋"军国"即倒，仍然没有"民国"；非国民党党员的老百姓，仍然是无国之民或是党国顺民！

署名：撒翁

《布尔塞维克》第一卷第五期

1927 年 11 月 21 日

寸　铁

（一九二七年十二月五日）

数　典　忘　祖

有些国民党人，大骂共产党主张"耕者有其地"是扰乱农村秩序，殊不知"耕者有其地"这句话，是国民党老祖孙中山说出来的，并不是共产党的特别发明。这种数典忘祖的国民党员，和马寅初攻击马克斯〔思〕的劳力价值，是同样的糊涂；因为劳力价值说，并不始于马克斯，而是资产阶级的经济学老祖斯密亚丹和李嘉图的发见。

驳马克思不是容易的事呀！

缪斌在他反驳马克思主义的大文里，发见了"马克思误于研究的材料，只偏于英国孟加斯得工业区之一隅，所以材料不免偏缺"。郭任远在他反驳马克思主义的大文里，发见了"马克思的剩余价值论，和马克思的社会主义没有重大的关系。"反驳马克思学说不是一件容易的事，在学问贫乏的中国，无论能够赞成马克思学说的，或是能够反驳马克思学说的，都算是可贵。可是像这两位缪先生和郭先生的妙文，也居然印刷出来问世，我未免要为"徒灾梨枣"的梨枣痛哭了！

郭先生和自己开玩笑

郭任远想反对马克思主义，又恐怕人们因此说他头脑顽固，于是在非难马克思主义之前，高唱表白他自己"是极端反对资本主义和一切关于经济的妥协主义和改良主义的，是主张社会革命和经济革命的。"并且大喊"马克思学说太不革命"，又大喊"我的反共并不是因为他们太赤，倒是因为他们太不赤；人家反共是因为相信他们是过激派，我的反共却是因为他们太不过激"。我看这位郭先生，未免太和他自己开玩笑了！

移步换形的骗术

章宗祥、曹汝霖留学东京时曾说："我们虽不主张革命，而仍要以流血达到立宪目的。"袁世凯曾说："我铲除了国民党仍然拥护共和。"蒋介石对汪精卫说："我清除共党后仍要做左派反对右倾。"汪精卫、孙科在汉口说："我们反共后仍然要反帝国主义与讨蒋。"这可算是他们一脉相传移步换形的大骗术。

夸　大　狂

戴季陶称孙中山为继承儒家道统之圣人，胡汉民则谓"中山贤于儒、墨"，而陈白虚更称中山"集古今中外诸圣之大成"。国字号的人们，称中山为"国父"不算数，近来还恭维他是"全世界被压迫民族的救星"。"夸大狂是中国人特性之一"，这句话的确有点道理。

同志之标准

江苏财政厅电各县长说："第一批大县十万以上，中县五万至三万，小县一万以上……按数于十号解到……本厅长尊之敬之，引为同志。倘仍漫不经意……立予罢斥。何去何从，唯该县长自择焉！"那么，一班县长们，不会搜刮老百姓的钱只好滚蛋！不愿滚蛋的，只好赶快搜刮几万洋钱继续做同志——三民主义的忠实同志！

世界太左了！

胡汉民说："共产党是右派，国民党是中派，无政府党是左派。"张继说："我不是右派，我比共产党还左。"《革命周刊》

（无政府党的机关报）说："共产党倒是右，而民生主义倒是左了。"李石曾说："蒲派（无政府主义）必属于左，而马派（马克思主义）必属于右。"又说："武汉之共产革命为右派，上海护党革命为左派。"（以上俱见《革命周刊》）可是全世界的帝国主义者和中国的买办资产阶级封建豪绅，一致反对马克思主义的共产党，而欢迎三民主义的国民党与无政府主义的吴稚晖、李石曾、张继等，那么现在的世界未免太左了，难怪有人叹息"人心不古"！

好大胆的胡适之、褚辅成！

胡适之鼓吹"市政超然于政治潮流之外"，褚辅成主张"市政脱离政治而独立"，并且主张市自治及市长民选；好大胆的胡适之、褚辅成！不怕党国先生们治你们以"反对以党治国"之罪吗？

主义的流弊

我们固然力赞民族运动（限于被压迫者），然而不相信什么民族主义。我们固然不赞成现在就要废除国家政府这种制度，然而却反对什么国家主义，更未闻有什么政府主义（Etatisme 应译"国家主义"，只有李石曾译做"政府主义"）。我们十分提倡读书，然而不能赞成什么读书主义。代表物价的金钱虽然是货币商业时代不可少之物，然而却不应因此提倡什么拜金主义。譬如人们都必须吃饭，而却不应有什么饭碗主义。因为这些事成了主义便流弊无穷。

反共清党后的两个印象

国民党一致反共清党后，有两件事给人们的印象万分深刻：一方面是帝国主义的上海领事团，要取消北河南路所贴"收回租界"、"废除不平等条约"、"反帝国主义"等标语，和英国要推翻汉案协定；一方面是何应钦主张"与外人重行讲信修睦"，与帝国主义者恢复"旧时友谊"，和李济琛向广州中山大学学生，"非笑以武力或经济方法推翻帝国主义之说"（七日路透电）。胡汉民曾说："因为 CP 是反帝国主义反军阀的，我们已打倒 CP 就只好中止反帝国主义和反军阀运动了，这岂不是同时也打倒了国民党吗？"不知他忘记了这几句话没有？

反共而不流入资本主义？

罗家伦在他《转变青年的思想》文章里说："不可因攻击共产主义而流入资本主义，或变相的资本主义。我们反共则可，反共而流入资本主义则不可。"哈哈，罗先生！这是你在白纸上写下了的黑字，请你将来别忘记了！请你赶快去问问你的老师胡适之、顾孟余、马寅初（他们的头脑毕竟比你还清楚一点）：既然反对共产主义，又不要流入资本主义，则将在何种经济制度之下建设工业？

"杀其人而用其法"

张继说："国民党之反共，不特其主义而已，即其组织法亦当起而反对之。"不错，国民党改组后党章是共党起草的，是效法共党的，是应该反对的。不但这个，改组后的宣言及政纲，也是共党起草的，更应该废掉。不但这个，连"反帝国主义"及"国民革命"这类怪话，也不是党国的国货，乃由共产党搬到国民党的，《向导》周报出版以前，国民党的文献上实在找不出这些怪话，这更是应该急于废掉的。否则不但反共不彻底，而且是胡汉民指斥的所谓"杀其人而用其法"，未免有点不体面吧！

中国人的晦气！

可怜的中国人，智慧受束缚于孔氏一尊者二千年，至今犹未能完全解放；现在又加上什么"党国"、"党治"、"党化"、"党外无党"这类怪东西来束缚，真是中国人的晦气！

署名：撒翁

《布尔塞维克》第一卷第七期

1927 年 12 月 5 日

寸　铁

（一九二七年十二月十二日）

反共产的国民革命

胡汉民曾说："除掉了革命的精神，就不成其为中国国民党。"这句话诚然不错，可是现在国民党革命的精神是什么？胡汉民答道："反共产的国民革命。"原来国民党所谓国民革命就是这样解释！所以李济琛在广州中山大学演说："本年内国民党除清赤外一无成就，殊属可耻！"

下　层　轰　动

冯玉祥总结中国共产党的罪状是"下层轰动"。可是中国共产党实在惭愧得很，还并未做到下层轰动，冯玉祥未免太替我们吹牛了！孙中山的建国大纲和民权主义、民生主义演讲里，都是保育政策的理论，都充满了非下层轰动的精神！在这一点，我们不能不说冯玉祥及其他忠实党员是三民主义的信徒。在这一点，他们和梁启超党主张贤人政治、反对暴民专政的理论，也没有两样，都同样以为民权自由应该是上层绅士恩赐的，即统治者的仁政，不应该由下层民众自动的争取。不过中国革命之成功及民权自由之实现，是由上层绅士的保育政策或是由下层民众轰动，将来历史先生会答复这个问题。其实各国的革命史已经答复了这个问题。

"第五层序" 的革命

李石曾谓苏俄革命属于"第三层序"；他们（无政府党）和蒋介石在上海屠杀工人，是三民主义的民生革命，属于"第四层序"。不错，他们的革命，比苏俄更进步了一阶段；可是他忘记了还有一个"第五层序"的革命——张勋复辟！

署名：撒翁

《布尔塞维克》第一卷第八期

1927 年 12 月 12 日

寸　铁

（一九二七年十二月十九日）

我们发见了国奉之不同了

以前我们不明白国、奉之间因什么不同而战争，现在发见他们的不同了，乃是国民党军阀以为奉天军阀讨赤不彻底，所以他们先北京政府而与赤俄断绝国交，蒋介石比张作霖更有牺牲中俄协定的勇气。

请看国民党的民族主义！

国民党改组时广州支部邓泽如等反对打倒帝国主义的政纲，函呈孙总理，一则曰"使我党丛国际之仇怨"，再则曰"使我党永无获得国际同情之一日，更使我华侨党人在海外无复立足之余地。"蒋介石开始清党时，李石曾对汪精卫说："目前只宜反对北洋军阀，不必牵及反对帝国主义。"最近蒋介石对新闻记者说："我们既然要对俄绝交，便必须与各国一致来反对第三国际。"这就是国民党的民族主义！

国民党死亡之正式讣告

　　像汪精卫这样东倒西歪的人，当然是左右站不住；然而反汪的人像邓泽如、古应芬、马超俊（南京讨共救粤大会首领，曾因在兵工厂作弊被孙中山驱逐离粤）、谢英伯（上海讨共救粤大会主动者，曾因反对改组被中山开除党籍）这类人，都群起跟着广西老向汪精卫、何香凝等打落水狗，这便是改组后的国民党寿终正寝之正式讣告。

之　洞　主　义

　　据戴季陶《青年之路》所说，孙中山先生的救国主义，不外是恢复忠孝仁爱民族固有的道德及提倡西洋科学；如此，我们并不需要什么孙文主义，我们原有的张之洞主义，老早就主张"中学为体西学为用"了！至多只能说这样的"之洞主义"比孙中山早年的"鸿章主义"（吴稚晖的话）进步了一点。或者有人说之洞主义比鸿章主义还退了一步，因为他有复古的趋势。

少一个皇帝

李烈钧前说：革命军中少一个楚霸王；现在又说：少一个皇帝，中国非皇帝不能统一。可见这班英雄们非伏在皇帝脚下不过瘾；而且非一独尊的真皇帝不可，多头的党皇帝仍然是不过瘾。

共贼汪精卫

汪精卫大喊："杀尽共产党"（见两件大事文中），又大喊："一个共产党徒，和一条毒蛇一只猛兽一样，决不能听他留种于人世的。"（见他们十三日宣言）邓泽如指汪（精卫）、顾（孟余）、何（香凝）、陈（公博）、甘（乃光）、王（法勤）、潘（超五）、王（乐平）等，是广州十二月十一日共产党起事的主谋正犯；国民党中人一致说顾陈二人是共产党；南京讨共大会的请愿书，也明言"共贼汪精卫"；因此，汪精卫等都应该杀尽，决不能听他留种于人世，这乃是很正确的逻辑。

国民党投降了研究系

在表面上看来，上海《时事新报》简直是国民党的机关报，好像是研究系投降了国民党；然而在政治主张上看起来，如贤人政府、联省分治、仇俄反共，本是从进步党到研究系多年的一贯主张，现在国民党都一一采纳，无怪乎《时事新报》得意洋洋的举起双脚来欢迎，这便是国民党投降了研究系。两党二十年来的政治争论至此才告了结束。

杀人的国民党

国民党大喊共产党杀人，仿佛是千真万确的事。然而到底共产党在两湖杀了多少人，近来在宜兴、无锡、广州杀了多少人，各报都含含糊糊，未曾指实；倒是最近国民党在黄安杀人一千五百，在广州即十四一夜杀了二千余人，上海各报都有确实数目可稽。这也许是各报受了共产党的金卢布故意宣传国民党之惨杀！

小　人　党

吴稚晖说汪精卫是卑鄙小人；说胡汉民是刚愎小人；说徐谦是大胆老面皮的小人；说顾孟余是懒惰阴刁的小人；说陈公博是贪财无厌的小人；说甘乃光是善伺人意的小人；说他自己是酷刻小人。如此说来，国民党简直是个小人党。

署名：撒翁

《布尔塞维克》第一卷第十期

1927 年 12 月 19 日

寸　铁

（一九二七年十二月二十六日）

吃人的血腥的道德文化

国民党一面大喊恢复民族固有的道德文化，一面在广州一夜枪决二千余人（上海各报广州电及薛岳布告都如此说），路上死尸累累，非常凄惨（电通社十五日广州电）；截止十六日止，殓尸千五百余具（《时事新报》十一日香港电）；女共党数人在大南路被人用棉花包裹，浇以火油焚烧（《申报》十五日香港电）；截至最近，枪决共党确数，五千七百人（《申报》二十一日香港电）。有人说中国民族旧有的道德文化是吃人的是血腥的，这句话或者不错。国民党正在恢复这种道德文化！

究竟是谁惨杀？

东方社十九日香港电说："每日被枪决之共党（其实不尽属

共党），尚不下百人。……除抵抗之兵士警官以外，被共产党员所杀者，并不甚多；所谓达二千人之惨杀者，殆不能不归罪于自称白卫军之李福林军薛岳军及右派工人会之广东总工会、机器工会等之复仇与报私愤行为也。"难道日本帝国主义的通信社也赤化了吗？何以他们也说此次广州之惨杀者是国民党而非共产党呢？

研究系称心了罢！

"三一八"惨案发生时，研究系等绅士们，看见共产党领袖未被段祺瑞杀头，老大的不称心，大喊共产党及其领袖藏在群众背后牺牲青年。自从李大钊被绞杀以来，上海、广东、广西、汉口、湖南、河南、北京等处，成百成千的共产党被腰斩被杀头被枪决而且有被剥皮肢解火焚者，绅士们该称心了罢！可是大家要记着："复仇是人类的天性。"

反共先生的下场

不独张发奎、黄琪祥、李福林因共党头衔被讨伐；不独汪精卫、何香凝、顾孟余、甘乃光等因共党嫌疑被拿办；而李汉俊、詹大悲且以共党首领名义被杀，孔庚、李书城也以共党名义被捕。今后有枪的人处置异己最简便方法，就是给他戴上红帽子。各派反共先生，将来都难免作法自毙，唐生智、汪精卫等的下场，便是很好的先例。

署名：撒翁

《布尔塞维克》第一卷第十一期

1927 年 12 月 26 日

寸　铁

（一九二八年一月二日）

白崇禧口中的清党大功

白崇禧在汉口演说："过去的清党，有报私仇者，有受厚贿而为富家翁者，误杀冤死者不乏其人。"国民党忠实党员这样的清党大功，大概不是共产党造谣吧！

真正国民党

真正国民党，只有西山会议派，亦即环龙路四十四号的国民党。怎见得？因为只有他们自始就反共反俄，而且最彻底。其余若汪记、蒋记、冯记……记……记国民党，都曾经联共联俄，即现在反共反俄还是不彻底，还是不敢公然取消第三国际及中国共产党代他们起草的第一次代表大会宣言、政纲及党章。只有西山会议派要完全复活改组以前的国民党，这才算是真正老牌的国民党呀！

分治合作与联省自治

程潜在汉口演说："最近上海有所谓分治合作说，实即变相的联省自治制度，完全违反总理学说，这种人就是作帝国主义及军阀的工具。"不知道李石曾听了这几句话作何感想？陈炯明、赵恒惕及《时事新报》记者听了这几句话又作何感想？

孙中山瞎了眼睛

白崇禧致电何应钦等表示对蒋出处意见，谓"领袖出处方式，须极磊落，介公于汪派诸附逆委员，不免瞻徇过甚，于张、黄诸叛将，不免庇护过深，倘对汪派及张、黄不有明显态度，窃恐为盛德之累。"是的，张、黄想利用共党，汪又想利用张、黄，蒋又想利用汪，这班叛逆一串的利用，都因为要对付忠实同志广西老。孙中山在广州革命的时候，专重用这班叛逆，而未曾看中忠实同志广西老，真算是瞎了眼睛！

署名：撒翁

《布尔塞维克》第一卷第十二期

1928 年 1 月 2 日

寸　铁

（一九二八年一月十六日）

蒋介石也谈什么土地问题

蒋介石最近在南京党校纪念周说："在训政实施时期，土地问题，至为重要，我们要丈量每县的土地，以为平均地权的步骤，土地问题如不得到解决，则不能实现我们总理的民生主义。"蒋介石也说说什么解决土地问题的重要，然而他的方法是要经过丈量每县土地的步骤。他又说："要解决土地问题，不能不有户口的调查。"可是自从顺治皇帝定立清丈编审法令，一直闹到洪宪皇帝设立经界局，二三百年也未曾丈量好那一县的土地；自从顺治三年定立户籍律以调查军、民、驿、灶、医、卜、工、乐诸色人户，一直到现在不断的调查户口，也从来不曾查清那一地方的人口实数。每县各乡耕种的土地实有多少，耕种的人实有多少，只有各本乡的农民自己查得清楚，若候政府丈清了每县的土地，查清了每县的户口，再来实现平均地权的三民主义，这大约也和吴稚晖三千年后的无政府主义相差不远吧！

容安与共信

于右任说："石曾先生以为世界只有马克思、蒲鲁东两派，而忘却除马、蒲外，尚为吾党总理孙中山先生可与马、蒲鼎足而三也。"又说："吾党固不必取法苏俄，亦何可妄自菲薄，弃固有之信守，而从蒲氏以安那其主义为出发点之分治合作说耶。"戴季陶曾谓国民党容共而伤了党的共信；照于右任的说法，国民党容安，也未免有伤共信吧！因此，反共清党之后，应该有反安清党的举动；否则国民党的主义仍然不纯粹呀！

金　箍　棒

国民党人说共产党人在国民党中，好像孙悟空在猪精腹中舞金箍棒。共产党是否承认这句话呢？承认的。共产党的金箍棒是什么？不过是反帝国主义、军阀及主张工农民众政权。可是安那其派在国民党中所舞的金箍棒，乃是实现蒲鲁东的分治论与排斥马克思派；研究系在国民党中所舞的金箍棒，乃是贤人政治、反民众运动、联省自治与仇俄反共。他们说共产党挂着羊头卖狗肉，他们自己何尝不是挂着羊头卖王八肉。

武汉又多一个冤鬼！

李汉俊、詹大悲已经杀得冤枉极了，现在又有一个林可彝，也以共党重要份子而枪决了，武汉的冤鬼又多一个！

国民党根本不要民众

"反共后不要民众"，汪精卫曾说这句话是共党造谣诬蔑他们的。现在怎样么？自从十二月十四日，蒋介石在招待上海新闻记者席上，发出"停止一切民众运动"的主张，方声涛、杨树庄即在福建下令停止民众运动；胡宗铎即解散了武汉一切民众团体；蒋梦麟即"函请浙江省政府并令行浙江省党部，自即日起，各级党部，一律暂停民众运动之工作，严禁散发传单，张贴标语，聚众开会，结队游行等举动"。这难道也是一般无智识者借党的招牌所做的吗？非也！军阀党根本不要民众。

一朝天子一朝臣

西山会议派得势之时，便有人恭维他们是"反共先觉"，南京发出"反特委会即反革命"的标语。特委会取消，蒋派占住了南京，便有人提议"取消非法特委会所产生的各级党部各机关", "永久开除西山会议派党籍，并封闭环龙路四十四号反动机关"，"立即拘捕谢持、邹鲁、覃振、居正……葛建时等"，"抄没西山会议派财产"等等。张继先生回想得意大书"当年碧云寺今日紫金山"联语时，未免有点今昔之感吧！

可怜的胡汉民！

胡汉民致函某委员说："目击吾党命脉，已日就阽危，比虽昼夜彷徨，勤筹补救之方，而茫无所得。"你不是说过"清党以后的中国国民党一定比清党以前的中国国民党要好，更要进步"吗？现在国民党中的共产党完全清除了，并且成百成千的屠杀了，和苏俄已绝交了，民众运动也下令停止了，国民党应该大大的进步了，何以党的命脉反而日就阽危，无法补救呢？可怜的胡汉民，你昼夜彷徨些什么？

署名：撒翁

《布尔塞维克》第一卷第十四期

1928 年 1 月 16 日

寸　铁

（一九二八年一月三十日）

国民党是一种什么党？

党有三种：倚靠军队，钳制民众，夺据地盘，是曰军党；倚靠国会议员，在现有的政治经济制度之下，用改良口号欺骗民众，以选举手段窃取政权，是曰官党；倚靠民众，破坏现制度，建设新制度，以革命手段夺取政权，是曰革命党。现在的国民党是这三种中哪一种呢，党国先生们自己扪心想想看！

国民党的劳动立法

国民党人常说：共产党鼓吹工人革命，是害工人的；我们主张由劳动立法，改良工人生活，增高工人地位，是有益于工人的。是的不错，国民党政府已经有了劳动立法了。中华民国十七年一月十四日上海卫戍司令白崇禧阻止工潮布告："嗣后如遇有劳资纠纷事件，仍须静候主管机关，持平调解，不得有轨外行动，倘敢聚众滋扰无故罢工，即按军法惩处!"这就是国民党的劳动立法!

冯玉祥眼中的共产党与国民党

一月三日冯玉祥对总部人员训话说："共产党往往对于有些微过错的党员，即加以开除党籍的处分。……我们国民党是很宽大的，党员若非为很大的错误，轻易不肯把他开除。"是的，共产党诚然严厉，一个腐化分子也不许存在；国民党诚然宽大得很，所以对于军阀、买办、土豪劣绅、贪官污吏，无不尽量包容。

险象丛生的国民党

国民党人常说国民党不统一，是由于共产党挑拨离间。现在国民党中不但共产分子都清除出去了，连吴老狗所谓共产党的大工具（汪精卫）、小工具（陈公博）都赶跑了；可是最近的中央会议，竟因多数而且重要监察委员不出席而开不成；一月十四日上海各报宣传国府要人说："正式会议，暂缓举行为妥，否则恐将发生军事问题。"同日白云梯通电说："入都之后，详加视察，失望非常，险象丛生，一触即发。"这又是谁挑拨离间的呢?

请看中国的阶级与争斗！

国民党常说，国民革命中，应牺牲阶级利益，而为民族利益争斗，不应为阶级利益争斗。然而近来各省商会联合会的决议案，没有一件是关于民族利益的；一百十四件决议案中，总括起来只有两桩大事：一是拥护并扩张商人经济的政治的权利，这不是阶级利益吗？一是向工人店员进攻，这不是阶级争斗吗？然而顾孟余却一口断定，中国没有阶级，所以不应有阶级争斗。然而吴稚晖却一口咬定，顾孟余是共产党！

逼钱与打战

逼钱与打战，固然是革命时代所不能免的事，然只是逼钱与打战，丝毫不为任何阶级兴利除弊，此所以国民党的政治和北洋派的政治没有两样，甚至于北洋派中的孙传芳，还不像国民党现在这样肆元忌惮的逼钱。至于怎样逼钱，如加盐税，抽亩捐，预征钱粮，这般专门杀穷人的办法，国民党也和北洋派一样；北洋派打北洋派，国民党打国民党，这般自相残杀的打战，国民党和北洋派也是一样；此所以国民党的势力必然和北洋派一样的不能长久存在。

杀　穷　人

财政没有办法，谁也不能久握政权。中国财政的办法只有两个：一是自管海关盐税，停止赔款及内外债的本息偿还；一是推翻地主阶级，土地归农民，由国家征收农产税。前者每年在一万万元以上，后者每年至少有二万万元。可是北洋派、国民党都不敢采用这两个办法中任何一个，所以他们都只得采用苛捐杂税等杀穷人的办法，而终于自杀。

两件肉麻的事

有许多人从前非常鄙视孙中山及国民党，或者即是现在仍然对国民党貌从心违，而开起会来，都像煞有介事的恭读总理遗嘱，这岂不是一件肉麻的事！国民党一面禁止一切民众运动，屠杀异党，勒收种种色色的苛捐杂税，无微不至；而一面天天在报上大登其中国国民党政纲，"确定人民有集会、结社、言论、出版、居住、信仰之完全自由"，与夫"严定田赋地税之法定额，禁止一切额外征收"；这岂不是一件肉麻的事！

反 共 始 祖

冯自由反共，不但在西山会议派之前，并且还在杨希闵、刘震寰之前，他真是反共始祖，他真是先觉之先觉；国民党赶走汪精卫，便应该欢迎冯自由。果然，《申报》一月十七日广州电："冯自由应当局召，十四日启程南下。"啊呀呀！反共后国民党之进步真是一日千里！

署名：撒翁

《布尔塞维克》第一卷第十五期

1928 年 1 月 30 日

寸　铁

（一九二八年二月六日）

反革命的阶级

五卅运动时，代表大工商业家的上海总商会，始而旁观，继而反对，现在他们却和外国工厂主联防工潮。南京募捐办冬服，上海总商会借口商业凋敝，一文也不能代募；同时工部局募集什么"压制罪案特别经费"，大老板们却整千整万的拿出来，给洋官儿奖励爱活生一流人物。

英国驻上海防军司令官邓戬回国，市长张定璠忘了邓因为什么带兵来中国，特和他交换相片，以为纪念。这些事，都是表明上层阶级总是依靠外国帝国主义，而反对革命的！

殖民地驯服的奴隶

李长傅先生说："驻华的外国军警，是借口保护外侨，实在是来征服中国的。南满洲日警，可以逮捕中国人；上海的英国巡捕，可以枪杀中国人；英美的炮舰，可以轰击万县，轰击南京，轰击江阴；所以他们派遣海陆军到中国的意义，是到殖民地来的。"（见二月二日《时事新报·学灯》）这几句话说得很对。然而英军司令邓葴回国时，中国官张定瑶和他交换相片，中国资本家虞洽卿、冯少山、叶惠钧等亲到码头欢送，这是何等驯服的殖民地奴隶！

第三国际之野心？

世界新闻社据美报载莫斯科通讯："第三国际决议：（一）对于凡拟派军队至中国之各国，煽动其妇女儿童在铁路车站及船坞等处为示威运动；（二）对于凡驻有军队在中国之各国，煽动其妇女儿童及残废兵士在国会及政府之前为示威运动。"《时事新报》谓此为"第三国际之新野心"。如此说来，必须第三国际煽动各国派军队驻中国，才算是他们对于中国之友谊。

呵，原来你们是革心党！

钮永建、张之江提议："自共党乱政，遂发生打倒基督教等口号……共党宗旨在破坏道德，基督教重革心，遂为共党所仇视。今清党之举，正在进行，最近更有清去共党理论进一步之办法，似该项打倒基督教之口号，自应及早取消，以免为共党所欺惑（汪精卫、李石曾、吴稚晖听者！），并以仰慰先总理信仰之诚。"是的不错，孙中山不但是信仰上帝的基督徒，照戴季陶说，还是一位信仰礼教的圣人之徒。是的不错，唯物史观的共党，不但反对基督教，并且要打倒一切唯心的反科学的反物质文明的教派，如孔教、佛教、道教、阴阳五行家、同善社、悟善社等等；唯心史观的国民党，必须把共党这些理论彻底清去，才免得为共党所欺惑呀。

拜金主义能救中国的穷吗?

新年一见面，便开口互道"恭喜发财"；拜年客一坐下，首先要奉上"元宝茶"；"招财进宝"、"金玉满堂"、"一见生财"，这都是大多数人家所贴的经常标语；"咦！好大元宝!"是清末河南某巡抚署中的特别标语；宗教中还特别有"财神"。我们贵国人的拜金主义，可谓世界第一了。然而胡适之、吴稚晖还在那里伸长着颈子喊拜金主义！有人以为胡、吴提倡拜金主义，是羡慕美国富；然而最近美国国立工艺学校校长具理氏，批评中国学生"唯汲汲得金"。或以为胡、吴提倡拜金主义，是因为中国太穷；我以为能救中国之穷的，只有去掉阻碍中国工商业发达的帝国主义与军阀政治，而不是什么拜金主义。

署名：撒翁

《布尔塞维克》第一卷第十六期

1928 年 2 月 6 日

寸　铁

（一九二八年二月十三日）

三民主义者的阶级观

蒋介石等的"改组中央党部建议"，开口便说："窃以本党为代表全体被压迫民族利益的党，而唤起各阶级被压迫民众，共同奋斗，更为本党所主张唯一无二之革命方略。"怪哉，怪哉，真怪哉，代表全民利益的国民党，仍旧学舌共产党，说出什么"各阶级被压迫的民众"来！然而一点也不怪，谁是被压迫者，李济琛早已解释过，他说："工人是压迫阶级，资本家是被压迫阶级；农民是压迫阶级，地主是被压迫阶级。"所以国民党唯一无二之革命方略，是要唤起被压迫的资本家与地主，共同向工农奋斗。所以缪斌主张严禁罢工、减租、加薪、减时。所以浙江省政府将各级工会一律封闭，公安局长章烈主张一切民众运动及工会等一律取消。

三民主义者的交友与模楷

蒋介石在四次全会致开会辞，一面说："所有以前之共党理论，一致铲除。"一面仍旧学舌共党说："扫除军阀及帝国主义……如此则消灭共党，仍不忘打倒军阀及帝国主义。"到还是纯粹三民主义的缪斌老实说："中国在国际上……束缚的痛苦，欺侮的羞辱，都饱受了；但平心静气推想起来……须得自怨自艾，不能一味归咎于他人身上。……不必口口声声喊打倒……伤感情而启仇怨。……若本党目前不求与共党为泾渭的分辨，则可无望于国际上得一'交友'。……不妨让他们来筑铁路，来兴工厂，来开马路，……他们到底不愧为我们的先进，应当奉为'模楷'而仿效之。"

三民主义者的阶级调协办法

缪斌的党务提案，主张取消旧有农会农民协会，另组业佃联合的农业协会；取消旧有工会，另组厂主工人联合的工业协会；取消旧有商会商民协会，另组店东伙友的商业协会。主张阶级调协的三民主义者，这种口说打倒阶级敌对性而心实单单打倒工农阶级，名为联合协会而实是根本消灭工农组织的办法，本来很高明；然而全国商会联合会首先发电反对。

乱 党

贱婢一旦做了夫人，马上张嘴骂别人贱婢；国民党不被人称为乱党才几天（此时在奉张统治之下还是乱党），胡汉民便大喊"剿灭乱党"，这都是无耻之尤。从前的国民党可贵，正因为它是乱党；现在的国民党可鄙，正因为它是治党。社会进化未到美备以前，任何时代，总有一班人因为不能满足现有制度，起而反抗谋改造，当时的统治者总称它们为乱党；因此，我们可以说，乱党正是社会进化之一种重要的动力。

哈同花园与俄领馆

国民党因为共产党关系而封闭俄领馆；可是哈同花园里分明有孙传芳的机关，为什么却不敢损他一根毫毛呢？呵，我明白了！哈同虽然是犹太人，然而他入了大英国籍，便是党国先生们的"交友"与"楷模"，如何能和他"伤感情而启仇怨"呢。

署名：撒翁
《布尔塞维克》第一卷第十七期
1928 年 2 月 13 日

寸　铁

（一九二八年二月二十日）

忠实同志乎叛逆乎？

唐生智同志，何健同志，刘玉春同志，杨森同志，叶开鑫同志，这班反共的忠实同志，亲亲密密的喊得没有好久，都一个一个的变为唐逆、何逆、杨逆、叶逆了。究竟谁是忠实同志，谁是叛逆，王麻子、汪麻子、旺麻子，永世也弄不清楚，世界上的政党，只有三民主义的国民党有这种怪现象。

谁是中国的国民革命者？

中国真正的统治者，还是帝国主义；国内上层阶级有力者，还是军阀、地主、官僚买办的资本家。汪精卫所代表的小资产阶级，还是屈服在上层阶级势力之下；戴季陶、顾孟余、甘乃光所梦想的民族资产阶级，还在摇篮里，并且终于在摇篮里。此所以汪精卫弄得进退失据，此所以戴季陶只得烦闷颓废，此所以蒋介

石、李济琛得了胜利。蒋、李胜利了，中国反帝国主义及封建势
力的国民革命可是失败了。此所以现在愿意而且能够继续完成这
个革命的，只有工农阶级。

无赖与有赖

现在有一位中美合璧的正人君子，骂卢骚是无赖汉，恭维耶
稣是正人君子。其实卢骚、耶稣都始终是无赖汉；假使耶稣对于
犹太正人君子所指斥的罪恶，能够翻然改过迁善，何至钉死在十
字架？无赖汉是世界创造者，正人君子是世界创造之障碍物，或
破坏者；所以无赖汉一旦为有赖而变为正人君子，其人便不足观
也矣。丹敦、罗兰夫人、米勒兰，当初本是无赖汉，其后都为有
赖而变为正人君子。中国的孙中山、汪精卫、胡汉民、戴季陶
辈，当初在保皇党看来，何尝不是无赖汉，可惜后来都为有赖而
努力要做正人君子了。

即　是

蒋介石从前说，"反对我即是反革命"；南京特委会也说，
"反对特委会即是反革命"；最近蒋介石对南京军校学生说，"反
对校长即是反对国民政府，亦即是反对国民党"。反对国民党想
必也即是反革命，反革命想必即是该杀头。古有"必须有"（今
通讹作"莫须有"，唯《宰辅编年录》作"必须有"）三字狱，

今有"即是"二字狱。

国民党的理论与方法

此次国民党全会主要的精神是什么？就是所谓"肃清共产党的理论方法，重建国民党的理论方法"。国民党的理论与方法是什么？就是：以资本帝国主义的各国为模楷为交友，而反对社会主义的苏俄；同意研究系的和平建设及贤人政治的保育政策，而屠杀主张民众暴动民众政权的共产党；在民族利益国民经济的名义之下保护资产阶级地主阶级的财产，而向工农民众进攻，停止其运动，解散其组织。这就是正式抛弃孙中山晚年三大政策的假面具，而回到原来纯资本主义的三民主义。所谓"肃清共产党的理论方法"，就是肃清改组后的国民党之革命性；所谓"重建国民党的理论方法"，就是恢复以前不革命及反革命的政策之正式确定。

"党 人 可 杀"

二十年来做国民党死敌的研究系，助袁世凯诛锄国民党，助段祺瑞压迫国民党，助陈炯明反对国民党，盛称直系的两次战功、八省地盘，北伐军出发时，犹在他们的《时事新报》上反对国民革命，反对青天白日旗，为孙联帅捏报胜战。一旦北伐军占领了上海，《时事新报》马上改变态度，装出党人的口气，也称呼先总理，也痛骂奉直军阀。乃日久玩生，复萌故态，渐渐埋怨道："民众（研究系）谋与党接近，乃造'投机'之名辞以却扫之……冒国民党招牌之共产党固可诛，而冒国民党招牌之'党人'，其罪亦可杀矣。"然而他们还很胆怯，一露"党人可杀"的论调，马上便抬出缪委员来做护符。呜呼研究系，可耻亦可怜矣！

署名：撒翁

《布尔塞维克》第一卷第十八期

1928 年 2 月 20 日

寸　铁

（一九二八年二月二十七日）

上海工统会的饭碗快打破了

工统会化身的什么上海全市工会宣言说："最近的事实又告诉我们，中央有停止党务的活动与民众运动的提议，这个不幸而离奇的消息到了民间，何等的失望呵！"工统会请求启封杭州各工会通电又说："不意中央执监会议方庆开成，而离弃民众传言，即随同发布，停止运动之提案，已迭见明文，封闭工会之举动，又相证以事实，浙江省政府对于杭州工会之措置，实令民众启悲忿之怀。"其实民众对于国民党之失望与悲忿，已不自今天起；现在工统会的失望与悲忿，是为了他们自己的饭碗问题吧！

国民党人腐化的亲供

国民党上海市党部化身的什么各工会也发表宣言，说工统会是"纯为腐化分子所把持之机关"；反对第四次全会停止民众运动，说这是"现在新旧国家主义派、政学系及研究系之余孽，与一切腐化分子，又乘机混入本党，各以其非国民党之主张，冀图变更本党之主义与政策，鱼龙混杂，怪论纷乘，瞻望前途，可为痛哭"。这些话真是他们由反共而腐化的亲口供状。

谁说国民党不要民众？

国民党虽然议决停止民众运动，虽然下令解散工农团体，然而蒋介石到杭州时，公安局通令各区署："本月二日午间，蒋总司令来杭，着该工厂全体职工，手持欢迎旗，到站欢迎！"谁说国民党不要工农不要民众？你看！

署名：撒翁
《布尔塞维克》第一卷第十九期
1928 年 2 月 27 日

致中共中央常委同志信

——对中东路问题的意见

（一九二九年七月二十八日）

中央常委同志们：

现在关于时局之当面的危机，无过于中东路问题，这一问题不是简单的中俄两国间的纠纷，而是国际纠纷问题之导火线。由这导火线而至爆发战争，也许是慢性的（因为中俄都不利于轻率开战，尤其是帝国主义间都还未曾充分准备好，现在谁都不敢断然取独占的形式，会需要经过一些曲线的斗争）。然除了恢复中东路原有的状态即中俄共管形式，国际纠纷是要继续发展的。

这种纠纷发展到爆发战争，有两种可能形势：一是苏俄始终取强硬政策，帝国主义者必然在援助中国名义之下，共同向苏联进攻，不但在远东，近东也是一样，一是苏俄若取退让政策，帝国主义者之间必然因互夺中东路迟早要导入第二次大战。无论是哪一种，都要在中国做战场，把中国做成塞尔维亚，在战争中最受直接蹂躏的自然是中国人民。

帝国主义的走狗国民党政府，对于收回中东路的宣传，是戴着拥护民族利益的假面具来欺骗民众，并且收了效果，不但小资产阶级的群众，甚至有许多劳动群众也受了欺骗，或者在受了欺骗而迷惑的严重空气之下，不敢别持异议。这种情形不用说是于我们不利的。

此事在中国发生，事件本身又和中国社会有直接利害关系，民众多数心理又是这样，我们如何宣传才能获得广大的民众同情，这些实际情形，都不能让我们闭着眼睛不理，而可以自由前进的。

在这样情形之下，我们的宣传方法，似乎不能像别国的兄弟党那样简单，即是说单是世界革命的大道理，不能够解答群众心中所需要解答的实际问题。因此，我觉得我们的宣传，太说教式了，太超群众了，也太单调了，对于中东路收回这一具体问题，没有正确的解释（"苏联在中国的权利，仅只是在中东路没有完全放弃，唯一原因是因为中东路是进攻苏联之一个有力的军事根据地。"七月十二日的宣言中这句话，显然有几层语病），只是拿世界革命做出发点，拿"反对进攻苏联""拥护苏联"做动员群众的中心口号；而未曾详细指出：在未推翻帝国主义宰制以前，中国真能自己收回中东路是怎样的一个幻想，而且这一幻想必然酿成中国民族实际的莫大灾难。此时中国大多数民众，尚在眼前的具体的民族利益蒙蔽之下，这一层必须向他们解释清楚，使他们在实际利害上权衡一下，他们明白了中国自己收回中东路，在此时的确是有害无利的幻想，他们才能够了解苏俄和帝国主义不同，才能够了解苏俄是反帝国主义的大本营，才能够了解苏俄是被压迫民族联合战线的领导者。离开具体问题说教式的单调宣传，只有最觉悟的无产阶级分子能够接受，而不能够动员广大的群众，反而使群众误会我们只是卢布作用，而不顾及民族利益；并且使国民党很便当的简单明了的把他们"拥护中国"的口号和我们"拥护苏俄"的口号对立起来，听群众自己选择一个。

帝国主义间的第二次大战在中国做战场，或是帝国主义利用中国进攻苏俄所加于中国民族的灾难，都是实际可能的前途，稍有常识的人，一经指出，都能懂得，即不倾向革命的中立分子，也能了解；而且只有这样的宣传，才能够把国民党拥护民族利益的假面具打得粉碎，然后提出反对国民党政府对于中东路的卖国政策或"误国政策"（这个名词更能使群众亲切的了解），然后提出反对帝国主义利用国民党，借中东路问题向苏联进攻的阴谋，才能够得到广大民众的同情。

第四十二号中央通告说："并且帝国主义对苏联战争开始的时候，毫无疑问的要引起本国工人阶级的革命，造成世界革命的高潮，这样便是中国革命更有利的条件，而更可促成全国革命高潮更快的到来。"这只是在客观上也许会演成事实，但我们根本上反对一切反动的国际战争的党，尤其是正当极力动员群众反对帝国主义进攻苏联的紧急关头，决不应该向同志这样宣传，使同志们会很自然的做出奇怪的结论："原来帝国主义进攻苏联还有这些好处，我们让他赶快向苏联进攻罢！"因此，我主张中央赶快补发一通告，取消这几句话。

我估料现在的情形和从前稍有不同，或不至因我的发言引起大家的误会与揣测，所以我以后对于重要问题，都想有点意见贡献于党；并且希望能够把我的意见全文都在党报上发表出来。

　　此致

革命的敬礼!

独秀

〔一九二九年〕七月二十八日

　　　　转自《中国革命与机会主义》,上海民志书局
1929 年 10 月发行

关于中国革命问题致中共中央信

（一九二九年八月五日）

中央常委同志们：

一　一九二五——〔二〕七年革命之失败，其主要原因，是党整个的根本政策是机会主义的，这是大家都知道的了。这个错误的机会主义政策发生之根由，乃是因为不曾洞察资产阶级的发展对于革命之作用及其危险性，尤其是对于国民党的阶级性之错误的观察，遂至不自觉的削弱了无产阶级的力量，过分助长了资产阶级的军事势力，造成了革命失败资产阶级胜利之前提。我们若不深刻的了解这个根由，将仍要辗转陷于不可拯救的泥坑中，莫由自拔，将只是口中反对机会主义这一名词，而手中所做的仍旧是各种各样变相的机会主义。

"八七"会议以后，仅仅是笼统的反对机会主义，并未曾指出机会主义政策发生之真正根由；更未看清实际情形，勇敢的承认革命之失败及资产阶级之胜利这些既成的事实。广州暴动失败后，我们分明是失败了，当时应该马上取很好的退守政策，以保存阶级的战斗力，即是我们从战场上退出来，整理我们的队伍，积聚我们的力量，以图革命之再起。当时党的政策却不是这样，反而是在主观上肯定革命潮还正在一直高涨，因此取了直接进攻政策，直到六次大会前尚在进行湘鄂赣三省总暴动，使敌人得着机会，用各个击破的方法，在全国范围内，把我们整个的阶级力量打得粉碎，无产阶级及农民群众，在党的"暴动！暴动！继续暴动！"这样命令之下，受了一时不能回复的损伤，党中最积极的战士亦因之丧失殆尽，党和群众也断了联系，至今还不易恢复。

当广州暴动前后，我感觉得中央在政治上有错误的估量，遂至有错误的政策，曾写了几封不避忌讳的信给中央，指出国民党政权决不会像你所估计那样快的崩溃，群众的革命情绪也不像你们所估量的那样高昂，并且我们已失了和广大群众的联系；若不马上改变政策，从群众自身的日常生活斗争中获得广大的群众，若不估计群众自发的革命斗争情绪到了若何程度，而随便暴动，其必然失败的结果，只有使群众更加离开我们，甚至于怨恨我们而接受反动派的宣传。当时的中央对于我的意见，不但不提起注意，而且当做笑话到处宣传。听说在六次大会时，特立对布哈林说："盲动主义极盛时，我实觉得不妥当，但在中央高压之下，不敢说出不同的意见。"的确，当时的中央同志们，以为只有自己和与自己同一意见者才是真正布尔塞维克主义，只有暴动才是布尔塞维克的正确路线，如有人对于革命高潮有点怀疑，对暴动有点审慎，便要拿"机会主义的残余"、"观念不正确"等罪名加以打击，大有"顺我者存逆我者亡"的气概。幸而六次大会对于盲动主义命令主义及革命高潮之盲目的肯定，和对于机会主义一样，加以相当的矫正；可惜太晚了，并且未曾把这些错误之根由系统的彻底的指摘出来，遂至留下现在的祸胎。

二　现在的中央的政策，是否已经改正了这些错误呢？我以为一点也没有改正。不但向左的机会主义——盲动主义未曾改正，向右的机会主义根本上也同时存在。始终不认识资产阶级的发展对于革命之危险，始终不认识统治阶级即国民党政权之阶级性，始终不认识革命失败与资产阶级之胜利，始终不认识现在是列宁所谓"革命二个波间过渡期"，则在政治分析与估量上自然要发生错误。政治上有了错误的估量，即是把敌人的情形估量得非常之坏，把自己的情形估量得非常之好，自然要发生盲动主义；盲动主义者碰着不动的阻碍，自然要发生命令主义；命令主义者唯恐其命令不通行，自然要抹死党内德谟克拉西，排除一切意见不同的分子，造成自己褊狭性的一致，以便令出唯行，好证明其"革命高潮快要到来说"（这是造谣，中央正反对认为革命高潮快要到来的意见，参阅中央通告第三十三号与复江苏省委同志的信——编者①）及盲动路线之正确。有许多同志都感觉着中央在政策上组织上或工作方法上，有这样或那样的错误；我以为不是这样零碎的问题，而是有系统的一贯的总的路线之错误。若长此照这样不正确的路线蛮干下去，于革命及党的前途，都有莫大的危险，所以我现在又只得不避忌讳，向你们详细说明一下：

三　你们对于蒋桂战争性质分析的错误，不是偶然的，也不是局部的，乃是由于不曾洞察资产阶级发展对于革命之作用及其危险性，不了解统治阶级即国民党政权的阶级性，这种传统的错误这种整个的错误观念所表现之一例。把国民党看做是一种各阶

---

①　本文内标有"编者"字样的，皆系《中国革命与机会主义》一书的编者。

级的政治联盟，而不是代表资产阶级的政党，这本是我们党传统的错误；由这传统的错误观念做出发点，所以你们才把蒋桂战争及一切国民党内部斗争，都当做是两个对立的根本阶级（封建阶级与资产阶级）利益矛盾之爆发。（你们把蒋桂战争看得如此严重，如此夸大，所以一直到战争爆发之前一分钟，尚坚决的预言战争不会就爆发；这个错误决不是偶然的，代他们格外夸大，遂不得不代他们格外慎重。）

其实，中国的封建残余，经过了商业资本长期的侵蚀，自国际资本主义侵入中国以后，资本主义的矛盾形态伸入了农村，整个的农民社会之经济构造，都为商品经济所支配，已显然不能够以农村经济支配城市，封建阶级和资产阶级经济利益之根本矛盾，如领主农奴制，实质上已久不存在，因此剥削农民早已成了它们在经济上（奢侈生活或资本积累）财政上的（维持政权所必需的苛捐杂税）共同必要；至于说资产阶级企图发达市场，列宁曾经告诉我们，这是要靠"农村资产阶级之形成与发达，以二重方法创造市场：第一，为生产手段创造市场，即是由富农把他们在衰微的地主及零落的农民身上搜集的生产手段转化为资本；第二，由购买能力较强的农民消费扩大，以创造市场"。若改良一般农民生活，增高一般（这里连工人也包含在内）购买能力，则非资本主义生产力终于不能有高度发展的中国资产阶级所需要与可能（国民党政府丝毫也没有想到怎样解决土地问题，正因为现在没有这个需要与可能）。此外，这两个阶级之"阶级的经济利益"根本矛盾，还有甚么呢？而且，中国的一九二五——〔二〕七年之革命，无论如何失败，无论如何未曾完成其任务，终不失其历史的意义，因为它确已开始了中国历史上一大转变时期；这一转变时期的特征，便是社会阶级关系之转变，主要的是资产阶级得了胜利，在政治上对各阶级取得了优越地位，取得了帝国主义的让步与帮助，增加了它的阶级力量之比重；封建残余在这一大转变时期中，受了最后打击，失了统治全中国的中央政权形式，失了和资产阶级对立的地位，至少在失去对立地位之过程中，变成残余势力之残余；它为自存计，势不得不努力资本主义化，就是说不得不下全力争取城市工商业的经济势力，做它们各个区域内的统治基础。它们所以现在尚能残存，乃因为资产阶级受了工农革命势力的威吓，不但不愿意消灭封建势力，并且急急向封建势力妥协，来形成以自己为中心为领导的统治者，并且已实现了这样的统治，就是国民党的南京政府。

你们忽视了这些很明显的事实，遂至今还是过分估量封建势力的地位，甚至中央负责同志目前和我辩论关于资产阶级与封建势力比重的问题时，竟说："此时中国的经济还是农村支配城市。"（又是造谣，中央只是说中国是农业落后国，农业生产还超过城市生产。在发展的方向上，当然是城市支配农村，这里没有争论，但农村总是比较城市落后，绝不能将中国农村看得如上海汉口一样——编者）像这样不正确的观察，自然会幻想中国尚有这两个对立的根本阶级（封建与资本）战争之可能，自然会产生"每个战争都是阶级战争"（这是曲解，中央在反对向导式的唯心的分析的时候，指出每个战争每个政治事变都有他的经济的背景与阶级的意义。参阅中央通告第十五号，三十四号等——编者）的理论。马克思主义者，只可说每个战争都有经济的背景，在阶级的社会里，便有阶级的意义（这里所谓阶级的意义，如就阶级内部战争说，是和个人的意义及其他意义相对

立，不是和阶级战争之含义完全相同；因为每个阶级战争，必须
是两个对立的根本阶级之革命战争），不能说每个战争都是阶级
战争——两个对立的根本阶级战争。这是因为未有阶级以前的原
始民族，民族已有战争；已有阶级的社会里，各阶级内部也有战
争，最显著的例子，如日本的西南战争，中国的北洋军阀战争，
南北美战争。

如蒋桂战争真是两个对立的根本阶级战争，蒋介石讨伐桂
系，如果真如你们所说是"为资产阶级本身的发展"，而要"相
当的打击封建势力，改良农民生活，排斥帝国主义"（三十号通
告），不得不和你们所谓"更反动的""尚有强固基础"的封建
势力战争；那么，蒋介石及其所代表的资产阶级，还未完全丧失
其革命性，我们便不应该而且也不能够号召群众起来反对这种战
争，因为打击封建势力，改良农民生活，排斥帝国主义，这些也
都是群众所要的。三十四号中央通告所谓："同志中有以为'蒋
桂战争是资产阶级反对买办地主阶级的战争，也就是民主势力反
封建势力的战争，并且还有反帝国主义的性质，因之这次战争在
客观上是有革命的意义'。这是一个极端右倾的危险观念，在策
略上可以跑到拥护蒋介石的路线上去"。这些同志对于蒋桂战争
性质所下的定义，和中央自己所说的一样，这一个极端右倾的危
险观念与策略，正是中央自己错误的分析之必然的结论，如何能
够归咎于同志！于是你们又解释道："阶级战争不一定都是革命
的"（许多同志都说中央有这样的解释）（中央只说中国的军阀
战争虽然反映着资产阶级与封建势力的矛盾，可是主要的动力是
帝国主义，所以没有一点革命或进步的意义。——编者）；如果
真是这样，则马克思主义及无产阶级的战略基础，便根本倒台！

"每个战争都是阶级战争"及"阶级战争不一定都是革命的"这两个理论，都是对于马克思主义加了闻所未闻的修正，显然犯了很严重的错误。

　　四　蒋桂战争的性质究竟是什么呢？我们对于他及一切国民党内部战争，究竟取什么态度呢？我以为中国的资产阶级还正在很复杂的流变生长过程中，和欧洲已经能够和平发展而且已有高度发展的资产阶级不同，它们的阶级来源太复杂，又加以帝国主义之操纵，它们内部各派之间，政权及地盘的明争暗斗，以至爆发战争，这是必然的现象，而且是较长期的现象，蒋桂战争，不过是其中之一；这些都是资产阶级新政权之内部冲突，而和国民党从前对北方封建军阀战争有不同的性质。不但代表复杂的幼稚的中国资产阶级之国民党是如此，即在欧美先进的资产阶级，它们当中，工业资本和农业资本，轻工业和重工业及财政资本之间，虽然很少国内战争，而冲突仍然不断，这一国的资产阶级的利益和那一国的资产阶级的利益更有大的冲突。无产阶级对于它们的态度，只是分析出它们之间的冲突，是为了经济上或政治上某种具体问题之利益矛盾而必然不可避免，我们只有利用它们之间每个冲突（不管它是经济的或政治的），来扩大自己的运动，对于他们之间因利益不同而爆发的每个战争（不管它是大规模的或是小的），都只有号召群众起来反对，不但是消极的反对，且须积极的转为阶级战争，此时不需要代他们分别哪个是纯资产阶级的，哪个是带封建性的；或者哪个较进步较左些，哪个更反动些，哪个还有改良政策的企图或欺骗，哪个连这些都没有；因为这决不是我们的任务。我们当面的任务是推翻整个反革命势力之统治，因为我们站在革命的无产阶级立脚点上，对于他们之间已经不能有不同的战略。

对于它们之间采用不同的战略者，例如从前俄国的少数派；少数派总以为代表资产阶级的民主立宪比代表封建势力的沙皇进步些，沙皇更反动些，它们之间的确还有冲突，无产阶级就该和资产阶级联盟扫除更反动更有强固基础的封建势力。多数派坚决的回答说：否。它们对我们已经是整个的了，我们对它们也必须是整个的。"我们正在反对封建，你们不要反对我们!"这是民主立宪党所要的；少数党居然做了它的应声虫，多数派则断然拒绝之。"对桂战争是反封建势力"，这是蒋介石爪牙的宣传，我们共产党中央也这样说，这是何等痛心的事。

五　因为不曾洞察统治阶级的阶级性，不曾看出资产阶级各方面的发展对于革命的作用及其危险性，我们党在土地革命政纲中，对于富农取了犹豫态度。列宁说："农民社会之分解，是为资本主义创造国内市场。""农村资产阶级之形成与发达，以二重方法创造市场。"（《富农、中农及农业无产阶级》）富农即农村资产阶级，是资产阶级在农村发展之初步形式，它对于下层群众的革命，必然和城市资产阶级取一致态度；是因为富裕的农民，蓄有余资的以营利为目的而购入或租入家族需要以上的土地，雇用较多的雇农，生产商品，出卖于市场；或于农业之外兼营商业；或放高利贷以至包耕包佃；他已经走进剥削阶级，和被剥削的下层群众（贫农）站在利益相反的地位。尤其是经过了初步的民主革命之后，进入土地革命的阶段，下层群众起来均分土地，取消高利贷，富农反对革命是不会有丝毫犹豫的。

每个革命斗争都首先要看清那些社会成分必然因革命所给予

的利益不同而发生向背；现在的土地革命，只有贫农（雇农、小佃农与小自耕农）是革命的柱石，中农是中间动摇分子，富农是反革命者，因为它所失于革命的农民的东西比所失于地主的要大得多。所以若是始终想和富农联盟来反对地主，和始终想和资产阶级联盟来反对帝国主义，是同样的机会主义。

并且中国的农民革命，不是简单的反对封建地主问题，中国的地主阶级中，根本就没有像法国、德国、俄国革命时封建领主那一特权等级。商业资产阶级，不但直接剥削农民，不但有些地主本身就是商业资产阶级，并且许多衰微的地主正因为商业资产阶级及富农的两种榨取，更要加紧剥削农民以自存。在垄断原料方面，城市商业买办阶级，使农民经济陷于极困苦不自由的奴隶地位。富农占有较多的土地剥削雇农；高利贷所剥削的，不用说多数是贫农；包佃者对农民所取租额，当然比较地主所取得还多，他才好于中取利。所以商业资产阶级，买办阶级及富农和地主阶级同样是农民革命的对象。

六　最令人不解的，你们不但在阶级比重上把封建势力看做和资产阶级对立的地位或者更强固些，最后更进一步否认了中国资产阶级之存在。你们从前肯定的说桂系和冯玉祥都不代表资产阶级，随后又说："蒋介石并不等于资产阶级"（三十四号通告及六月二十九日第二十七号《红旗》）；那么现在中国统治阶级的阶级性及其领导势力是什么呢？国民党政权和他的一般政策之中心意义所表现的是什么呢？中国的资产阶级是不是一直到现在还没有他的政治代表呢？如说有，既非桂系，又非冯蒋，那么究竟是谁呢？如说没有，那么，以前所谓"阶级联盟"，及所谓"资产阶级背叛革命"都成了弥天大谎，岂非滑稽之至！大约是你们看见代表资产阶级的蒋介石并未能排斥帝国主义，并未能改良农民生活，并且它战胜了桂系反而马上取消了已实行的二五减租，你们对他很失望，所以说他不等于资产阶级。他们致河南省委的信上说："假如冯玉祥是代表民族资产阶级势力，必须解放农民等等。"如此说来所谓中国资产阶级之存在，并不是现在实有的这些冒牌的假的资产阶级，只有幻想着在你们头脑中如此这般的资产阶级，才算是中国老牌的真正资产阶级。你们对于中国资产阶级这样的观察，分明不是依照辩证法，在一切现象流变生长过程中，抓住现在实有的资产阶级，而是依照形式逻辑，虚构一个超时间性的一定模型的资产阶级。国际说你们"夸大资产阶级"，正确点说乃是"对于资产阶级的幻想"。

　　这样的幻想，决不能够领导群众向当面的资产阶级斗争，而是领导群众去寻找你们心目中的资产阶级。在事实上你们心目中如此这般的资产阶级，带有革命性的资产阶级，只有资产阶级革命的最初期才会有；现在不但在中国寻找不着，即欧美各国也都已寻找不着了。各国革命史已教训我们，资产阶级一抬头，一看见下层阶级有独立的行动，马上开始反动，毫不犹豫的和封建的旧势力妥协，什么无耻的反革命举动都会做出来；这正是资产阶级的阶级性，是历史的必然，全世界的资产阶级都是如此，经济文化落后国的中国资产阶级更没有例外。所以我们不能除开现有的反动的资产阶级，即是除开冯蒋等派这些反动的资产阶级的代表，而另外幻想会有某一派（如在野的汪精卫，陈公博等）或者是不反动的；我们对于整个的资产阶级及其各派代表不能有丝毫幻想，无形中帮助他们欺骗群众。

　　七　不错，你们着实做过反对资产阶级的宣传，可是你们说了千遍万遍反对资产阶级的话，都被你们的幻想与错误的分析打消了。这是因为你们对于资产阶级的幻想，把所要反对之目的物（资产阶级）从地上引到空中去了；你们对于统治阶级的阶级性之错误的分析，又把群众政治斗争的视线混乱了。因此，群众会向你们反问：诚然应该反对资产阶级；但是蒋介石既不等于资产阶级，冯玉祥也不代表资产阶级，桂系，阎锡山，张学良更不用说；那么，我们反对谁呢？我们的阶级斗争，是不是仅仅反对工厂主和公司老板们就算完了事呢？或者说：你们以为资产阶级还要打击封建势力，改良农民生活，排斥帝国主义，是否就是要反对干这事的人呢？更或者说：资产阶级多少还有点这些仓图，虽然不彻底，总比封建阶级进步些，是否还要联合它，领导它，为实现这些企图而斗争呢？群众只认识简单明了的事实，对于许多"然而"、"虽然"、"可是"、"但是"玄妙曲折不可捉摸的哲学，不大理会，你将怎样回答他们？党内同志因为你们的幻想与错误的分析，也会复活他们对于资产阶级之幻想与希望，并且觉着更反动的封建阶级尚有这样的强固基础，遂至推论到阶级联盟的老政策，在理论上现时仍有客观的可能性，遂至怀疑工农单独起来完成民主革命任务这一政策，失了理论的根据，莫非真是谭平山所谓"超时代的政策"。诸如此类的右倾思想，都会跟着你们的幻想与错误的分析发生出来。

我们应该肯定的告诉党内党外的群众：背叛革命后整个的国民党（从汪精卫到张学良）政权，即资产阶级为中心为领导的政权，已经是不会排斥帝国主义，不会肃清封建残余，不会解放农民而完成民主革命的了，此外并没有也永远不会有比国民党各派较革命的资产阶级代表能够完成这些任务；能够彻底完成这些任务的，只有列宁当年在俄国喊出的"无产阶级及农民的民主革命"。

八　革命高潮过分的估量与宣传，和盲动主义有直接的关系，这是需要特别说明的，第一，所谓革命高潮，乃是群众的革命斗争逐渐发展，汇合达到最高点，而不是陡然可以到来的。第二，革命高潮快要到来的征象，必须是广大群众的（尤其是重要产业工人的）不断的经济斗争，有转向总的政治斗争的趋势，决不能把断断续续的经济斗争，都当做革命高潮的征象；至于因为资本进攻之部分的反抗，正是革命高潮之反面。第三，革命高潮即指群众斗争本身而言，统治阶级之内哄及中间阶级之动摇，只是帮助革命运动易进于高潮，而不是革命高潮之本身。第四，革命势力是高涨或低落，是党决定政策时客观的估量，而不是向群众宣传鼓动的口号，我们固然不能向群众宣传革命低落，也不能向群众宣传什么"革命高潮快要到来"，使群众以为在他们自身斗争之外，另外一个什么革命高潮将从天上降下来帮助他们，一切问题都静候他到来解决，因为他就快要到来了。

说革命高潮将永远不会到来，这种取消派的见解，自然是不正确；因为中国的资产阶级并没有也永不能把他的社会生产力发展到足以消尽现实革命之可能性，即是说解决了民主革命的任务。从前考茨基拿莫斯科一九〇五年革命，比较巴黎一八四八年革命有四个不同点，决定俄国革命有再起之可能（见列宁《俄国革命与无产阶级的任务》）；多数派也曾指出俄国的一九〇五年和德国的一八四八年不同，而决定了俄国无产阶级的战略，这都非常正确。在国际资本帝国主义宰制之下的中国资产阶级，除了孙中山及其党徒的梦想，他的社会生产力发展之可能性，不但远不及经过毕士马克①时代由上而下大改革的德国，并且还不及斯特黑并②时代的俄国。中国的革命高潮，当然有再来之可能，至于几时到来，却没有人能够预言；只可说不会快要到来，因为现时群众虽有些斗争，而拿他当做革命高潮到来的象征还太不够。

　　现在是一种什么时期呢？我们怎样工作呢？前一个革命高潮已经过去，后一个革命高潮还未到来，并且还没有到来的征象，现在还是两个高潮间过渡时期，在这过渡时期中，我们的政策我们的工作路线，便应该和这个时期相适应，即列宁在一九〇八年所说的："过渡期之特殊任务是准备力量，集中力量。"我们要准备集中力量，首先要铲除盲动主义的精神，低下头来设种种方法接近群众，然后才说的上推动群众向前斗争，由经济斗争到政治斗争，我们只有"到群众中去"才能够推动群众，不应该也决不能够站在群众外边，命令群众，我们只有在日常工作的努力，来推动群众的实际斗争；不应该用临时拉夫的办法，来制造群众大斗争的空气，我们的工作，应该切切实实推动群众不断的斗争，在客观上走向革命高潮的路线进行；不应夸大吹牛在主观上假定革命高潮快要到来的路线进行，夸大吹牛，不但要助长同志们的盲动主义，同时也要助长他们轻视日常琐细斗争的心理。一般的合法运动，自然是放弃革命之企图，但在一定条件之下，为发展我们的力量有必要时，列宁所谓"不带何等血热性的一切合法的可能手段"，在这个时期，也不应一概排弃，列宁在一

―――――――――

① 即俾斯麦（Bismarck）。

② 即斯托雷平（Stolypin，Pyotr Arkadyerich）。

九〇八年，为此曾和多数派内排弃一切合法手段的"召还主义者"有过剧烈斗争。

当然，群众的力量只有在斗争中才能发展，并且群众"自发的"斗争发展到愤激不可遏制的跑到街上示威，这更是走近革命高潮的倾向；但这决不是党以命令强迫少数群众三三五五的在街上出现一下，或者喊几声我们发下的口号可以冒充的，群众上街示威，是一个很严肃的问题，我们每次号召群众示威运动，也都要有严肃的精神与意义，不可常常随便把他们领到街上玩弄；至于根本就还没有群众，也要命令同志充当群众出来做示威运动，以便证明"革命高潮快要到来"之说绝对正确，这种把戏更万分玩不得的。这样的玩弄，这样的把戏，夸大主义者（即盲动主义者）无可如何的这样的最后的手段，决不能增加党的力量，只有削弱党的力量；决不能取得群众，只有丧失群众；决不能促进革命，只有断送革命。

当然，我们领导群众做一切斗争，必须指出总的中国革命前途，方不致使群众感觉着一切斗争，好像是盲行大海中，丝毫也看不见彼岸的远景。并且，中国革命也不是没有很有希望的前途；他就是群众在不断的斗争中积聚下很好的力量，一直到武装暴动的力量，和宰制中国的国际帝国主义之间的剧烈冲突，国内统治阶级内部不断的冲突所加于中国各下层阶级之榨取与痛苦及因此而发生绝大的经济及财政恐慌等事情结合起来，那时广大群众的革命高潮必然形成；那时我们的党在群众中如有强固的领导力量，革命必然获得胜利，简单的急性的屡次预约革命高潮快要到来，而事实上屡次没有到来，这种"打吗啡针"的办法，决不能使群众明确的认识革命前途，其结果只有使群众失望，减少了革命情绪。

九 盲动主义在中央政策上依然存在，除国际所指出的事实外，在此次"五卅"运动中，盲动主义命令主义的旧根性，由事前夸大的企图和事后夸大的报告，完全暴露出来了。

不认识社会阶级关系的转变，不认识统治者的阶级性之转变，以为现在国内战争的性质和从前是一样，统治阶级将因之崩溃；不认识现在还是革命两个波间过渡期，把群众斗争程度夸大得如何如何的高昂，虽然经过六次大会以后，不便公然说中国革命高潮仍旧是一直高涨，只好说革命高潮快要到来，最近索性更进一步，换一句更确定的话说："革命复兴"；并且以为"各国工人阶级斗争与殖民地的革命运动，尤其是日益激烈起来"。现在已是"世界革命的激剧"时期（四十号通告）；拿这样错误的政治认识与夸大的估量为前提，以为在这样好的革命环境，自然应该"动"，一点也不"盲"，从前是如此，现在也是如此，好夸大的人，永远是盲动主义者，永远自己不承认是盲动主义，永远不认识盲动主义，把它当做真正布尔塞维克主义，把他当做革命的正确路线。

你们在此次"五卅"运动前政治的估计，是统治阶级动摇，然而经过蒋桂及蒋冯冲突后，他动摇了没有？又说是改良派的势力缩小，然而对中东路事件各工会一致发反俄宣言，改良派的势力缩小没有？又说是群众自发的革命斗争之进展；然而为什么你们还要用那断然用不得的办法，派几个同志到老怡和及恒丰纱厂去强自关车呢？你们在此次运动中所取政策，完全是从中央一直到支部一贯的命令主义，"可恨的只是这些自发的革命斗争已经进展的群众，在革命运动现在这样紧张的时期"（江苏省委委员的话），不听命令去革命！从前盲动主义极盛时，有人说："中央骂省委不革命，省委就去骂区委不革命，区委又去骂支部不革命，支部去骂谁呢？只得骂群众不革命。"这样的怪现象，现在仍旧存留着，省委委员因为工厂罢工办不到，遂逼着下级党部下命令罢工，说："在原则上必须罢工。"这是什么话?! 你们忘记了列宁"罢工与否，要依工人自己的意识和自由意志来决定"的遗教了吗？你们不是根据群众的斗争情绪和意志来决定党的政策，而是拿党的政策来决定群众的情绪与意志。

"五卅"运动应该尽可能的努力去做；所得的成绩无论如何小，都有相当的意义；这都是无人能够否认的。但根据你们盲动主义的精神，在事前夸大的企图和事后夸大的报告，都给了党内党外群众很坏的影响，以至有了"强迫同志吹牛皮"的谑评。

在客观上看来，即以上海一隅而论，我们若有正确的估量（非夸大的）和切合群众实际需要与可能的政策（非夸大的），群众斗争是能够逐渐开展的，我们和群众的关系也能逐渐恢复的；可是下级党部同志们刻苦工作所得的一点效果，决敌不过中央机关盲动政策之摧毁（例如邮政工会及恒丰老怡和事件），在这种状况之下令同志们如何能够安心努力工作！

十　德谟克拉西，是各阶级为求得多数意见之一致以发展其整个的阶级力所必需之工具；他是无产阶级民主集权制之一原素，没有了他，在党内党外都只是集权而非民主，即是变成了民主集权制之反面官僚集权制。在官僚集权制之下，蒙蔽，庇护，腐败，堕落，营私舞弊，粉饰太平，萎靡不振，都是相因而至的必然现象。

现在中央政策，竟在反对"极端民主化"的名义之下，把党内必需的最小限度德谟克拉西也根本取消了，并不是什么"相当缩小"：由省委到支部一概是委派制；同志们对于政策上工作方法上有不同的意见一概不许开口，从省委到支部，都不能讨论政策及工作方法问题，都成了机械的"中央命令传达机关"；这样的办法，为了操纵一切使盲动的命令能够顺利的施行，自然觉得很方便，其如毁坏了党的组织与力量何！倘若现在白色恐怖的环境之下，党内德谟克拉西势必缩小到连区委支部都不能行选举制；这根本上连少数人都不能集会，一切工作都无从谈起，党内的基础组织便已经不存在了，还说什么党已有相当的发展，还说什么革命复兴！倘若说他们的观念都不正确，只有中央政策是对的完全对的，他们盲动执行命令好了；那么，中央的政策或工作路线若有小小的不正确或大大的不正确，则是否需要"自我批评呢"？

列宁说过："我们的机关报上，并不一般的排斥同志的争论，宁可说，为了说明现存之意见相差深到若何程度，为了争论诸问题的全面讨论，为了讨论诸种见解之代表者等，陷于褊狭性之斗争，在每个社会民主主义者有意识的劳动者面前公然争论，都是必要的，既然有不同的见解，而缺乏公然的争论，把关于真实问题之不同的意见隐秘的搁置起来是现代运动缺陷之一。"（《火花》发刊宣言）他又说过："一切团体员，选举代表者，同时独立的各自对团体全部利害的争论题目，都有陈述意见的必要，民主的组织之党也没有例外，征求所有党员的意见，不能视为原则上可以否拒的，至少在最重大的场合，例如罢工，选举，大规模的杯葛特（Boycott）于政治的行动。"（《一九〇七年彼得堡之分派》）他又说过："中央委员会知道党员大众之意识的意见，从而不是盲目的指导大众……（同上）他又说过："在我们的报纸上，努力给关于理论问题的论文占了很多的篇幅，并且怂恿同志们对于争点无忌惮的发挥。"（《我们的纲领》）

同志间关于理论上政策上意见不同的争论，是党的进步的现象，决不是坏现象；反之，大家都没有什么不同的意见，这正是党之幼稚的表现，争辩之结果，理由最充足的，自然会为大众所公认；错误的意见，一经公开的被大众批驳下去，以后才不至隐藏在党内，遇着机会便要发作出来，俄国布尔塞维克党的理论，就是长期在这样的争辩中生长出来的，我们同志政治水平线一般的低，也只有不同意见的相互争辩中增高起来，决不能拿出陈套话什么"程度不够"（又是造谣，中央只说在目前白色恐怖的严重环境中，党的主观上无产阶级基础又薄弱，党的民主化是要相当缩小的。——编者）的理由，以为必须他们的政治水平增高了才好"恩赐"他们发表意见的理由，你们主张：党内民主化是要依着党员政治水平提高而扩大，党员政治水平低便应缩小；这正是因果倒置了。

如果你们老是固执你们的褊狭性，而不顾及党内德谟克拉西的重要性，而畏不同的意见如蛇蝎，而企图用中央威权霸蛮的造成你们意见的一致，对于不同的意见，禁止讨论，或消极的不在党报上公表出来，一听到同志中和你们有不同意见，不管他的内容如何，便简单的用"小资产阶级观念"、"非无产阶级意识"、"观念不正确"如此等类没有内容的抽象名词来排斥他；更或者给他戴上一顶帽子，如"反对派"、"托洛斯基派"、"某某派"等，来镇压住他，且以暗示一般有不同意见的同志免开尊口；这便是有意的或无意的阻住了党的进步。

公开的理论争辩尚未被容许开始，你们突然发生"反对党内和平"的口号了，这是因为少数派的阶级联盟政策及经济主义取消主义，一贯的推翻了马克思主义无产阶级的根本战略，目前在中国党内，如有人以为中国还是封建势力所领导的统治，资产阶级还是革命的，仍主张什么"四个阶级联盟"政策，又或者有人以为资产阶级的发展已消尽了中国革命之可能性，革命决不会再起，党当然要和这班人不顾党内和平的斗争，除此以外，其他或稍左或稍右的错误，我们可以用教育及争辩方法来矫正，用不着小题大做，拿"反对党内和平"这种严重的口号来代替"团结党内争取群众"的口号（有人说这是六次大会喊出来的口号，又有人说是国际代表个人的意见，未知孰是?）。至于同志们没有任何错误，只是"和中央意见不同"便是错误，而且是很严重的错误，便要拿"反对党内和平"的口号来对付他们，这更是天大的笑话，同志无论在理论上，在政策上，在二作方法上，只要不离开革命的立场和党的立场，即和中央有显然不同的意见，而公然出来争辩，都是党内德谟克拉西所容许的。（只有革命战争紧急时，这种德谟克拉西才应受限制，甚至于一点也不能有；然事后的自我批评仍须是德谟克拉西的。）

我会见过一些曾为党努力工作或现在正为党努力工作的同志，说他们在政治上，在工作方法上，有许多和中央不同的意见，而不敢说出来，我曾很诚恳的指出他们的错误；有意见应该向中央陈述，或在党部开会时提出讨论，不应只在个人间闲谈。他们都很惨痛的回答说："你的话在原则上是对的，可是在事实上，中央用了警察政策，派出心腹同志侦察一般同志的，差不多各机关都有，只要你一开口便取消了工作或者调到万难工作而且

不能存身的生远地方去，甚至教你从党内滚出去；我们是不忍心
离开工作的，你说怎么办？现在有许多同志，都因为这样情形烦
闷着没有出路，而灰心丧气，而取了消极态度，或是严守'休
谈国事'的教训，敷敷衍衍的做着工作再说，而没有一点兴奋
精神，或者找个机会给敌人杀了完结，大家也都感觉到这不是好
的现象，然而没有办法！"（这些完全是谣言，是独秀阴谋破坏
党分裂党之最无耻的煽动同志反中央的话——编者）

听说布哈林曾责备特立说："你是个政治家，不是小孩子，
为什么对于盲动主义有不同的意见而不敢说出来！"列宁常常说
过："无产阶级的战士，应该是有政治自觉的。"党教育党员，
是要教成有政治自觉的战士，而不是要教成随声附和的奴才，不
是要教成看鞭影而行止的牛马，不是要教成纯粹的雇佣劳动。只
要不是马克思以前的唯物论者，便不能不承认"活的人究竟和
死的人机器不同"，照你们现在的办法，你们褊狭性一致的团体
即或造成了，而各个党员都有政治自觉，能够自动的奋斗活泼有
生气的党在哪里!?

十一　综合上述的说明，可以看出你们有系统的在政治上工
作上组织上一贯的错误路线。为改正这些错误之总的路线，我现
在提议几个要点：一、在政治上对于统治阶级的阶级性问题，对
于革命高潮问题即目前在革命中是什么时期问题，对于富农政策
问题，都需要重新有个正确的决定。二、在组织上，尽可能的扩
大党内需要的德谟克拉西，例如支部及区委都实行选举制，如有
可能，省委也不可例外；党员对于党的政策有"自我批评"的
自由，各级党部开会有讨论政策及工作方法的自由，党员间政治
上意见不同的争辩，准其在党报上发表。三、更有一个根本而紧

急的问题：六次大会对于党的全般政策并未充分讨论，七次大会又不能即开，应由中央及地方把党的全般政策之各个问题提出于全党党员之前，要求每个党员都充分发表意见，尽可能的在党报上陆续公布，以便形成多数意见之一致，即真正党的一致，以便重新估定党的政策，以便决定党的一切工作之真正的正确路线，必如是才能统一整个党的意志，才能建立强有力的中央集权制，才能唤起全党党员对于工作自动的努力，对于铁的党纪自觉的服从；必如是才能使党复兴，使革命复兴！

十二　最后我还要告诉你们：因为我不忍眼见无数同志热血造成的党，就这样长期的在不正确的路线之下，破灭消沉下去，不得不拿我一年以来慎重考察的结论，写这封信贡献于你们，希望你们稍稍抑制自己的褊狭性，平心静气的把我的意见详细审查一下；并希望把这封信在党报上全部发表出来，以便公诸全党讨论。

此致革命的敬礼！

独秀　〔一九二九年〕八月五日

转自《中国革命与机会主义》，上海民志书局
1929 年 10 月发行

复中共中央的信

（一九二九年八月十一日）

中央常委同志们：

读了你们八月四日对于我论中东路问题宣传方法那封信的回答，我感觉得你们对于我的意见根本不曾了解，因为是关系党的宣传策略之重要问题，不得不再向你们剀切的重复说明一下，这是我对于党的责任。

我们要懂得和运用马克思列宁主义复杂的错综的全部理论与政策，首先要懂得辩证法的时间与空间之变化性；资产阶级的学者不懂得这个，所以往往拿他们自己的形式逻辑之"不容间位律"来攻击马克思和列宁，说他们是诡辩派；有些幼稚的马克思主义者，他因为不懂得这个，才把马克思主义简单化了。

七月二十八日我那封信，不是讨论党的一般宣传问题，而是专指对于中东路这一特殊问题的宣传方法；并且还不是替党起草关于这一问题的全部宣传大纲，也不是讨论中央对于这一问题的宣传原则，而是特别指出其中关于宣传方法的缺点；此外你们已有的话，当然不用再重复加上一些赘词了。你们对于我的前信不了解，有许多是由于这一点。

原则是一定不变的，此所以谓之原则；至于策略战略，则因有复杂的时空性之不同，便不能时时事事都必须照着原则机械的死板的应用不能有一点变化性；有时因为在时空性上有需要经过曲线才能达到革命之目的，竟可采用和原则形式不同的策略。我们若不懂得这一点，就会责备列宁布勒斯特和约的政策，是"包含了很严重的原则问题"，是"因为原则的错误，所以发生策略上的不同"；因为布勒斯特和约这一政策，在形式上显然违背了"不和资本帝国主义妥协"的原则。像这一类的"矛盾"政策，充满了列宁一生革命的全部活动；此所以列宁被称为"政策上的辩证论者"，此所以列宁骂反对布勒斯特和约这一政策的同志："不如一个鸡尚能跳出人画的白粉圈"。我们若只拿几个原则甚至几个名词，以为这就是马克思列宁主义，布尔塞维克主义，这才是马克思列宁主义，布尔塞维克主义，这未免把马克思列宁主义布尔塞维克主义看得太浅薄了，我们便不需要精深的研究了。你们的来信把策略和原则混为一谈，这不是偶然的错误，乃是"你们的原则"之错误。你们的原则，是原则和策略不分，以为策略必须是原则的印象，所以在一切宣传上工作上，都只是拿几个原则机械的死板的用命令主义蛮干，而不知道对于各种各样复杂的问题有时间空间性不同的活的策略运用之必要，这正是你们简单化和纯任主观不看事实的盲动主义精神之表现。

在原则上，"拥护苏联"这一口号，不仅是无产阶级所必需，而且是被压迫民族所必需，我不但不反对这一口号的宣传；反之，我却以为我们以前宣传这一口号太不充分。至于在策略上战略上，这一口号应用到夹有民族问题的中东路这个特殊事件，为争取广大群众计，便要小心，单是这个口号便不够了。并不是说对群众解释因收回中东路而必然发生的危险和国民党的卖国政策之后，而不归结到反对帝国主义进攻苏联和拥护苏联，而是说必须对中东路问题本身有了正确的详细的解释，把国民党拥护民族利益的假面具打碎，然后我们的口号才能发生比较大的效力；所以我在前信上说，"对于中东路收回这一具体问题没有正确的解释，'只是'拿拥护苏联做动员群众的中心口号"则"只有最觉悟的无产阶级分子能够接受，而不能够动员广大的群众"；这是因为有许多群众还在小资产阶级民族偏见和国民党的欺骗迷惑之下，没有解放出来。

或者你们以为我们是无产阶级的党，不是"资产阶级的左派"，对于中东路问题，只要站在无产阶级的阶级利益上向群众宣传，对于其中夹杂的民族问题，不需要我们有什么正确的详细的解释，使群众的观念模糊了；并且你们很肯定的说："实际上苏联是中国解放的朋友，广大群众……都在自己实际斗争的经验中了解了这一事实。"这是你们完全忘记了列宁曾经说过："落后国家的小农经济，族长制度，爱乡的观念，根深蒂固，小资产阶级的偏见，即民族自我主义和民族的排外心，必然热烈的存在着。这种偏见，必须先进国之资本主义根绝了，后进国之经济生活的全〔部〕基础都根本改变以后，方能消灭；消灭这种偏见，决非短期所能。因此，各国阶级觉悟的共产主义者，对于长期间被压迫的国家与民族里面所存在的民族偏见，应予以特别的戒心和注意。"（民族及殖民地问题的提案）这是你们还没有真能深切的了解；无产阶级革命，必须有自己阶级以外的群众，最革命的以至比较落后的广大群众之拥护，才能够成功。你们说，"不应跟着群众的落后意识跑"，这是对的。我的意见也并不是主张跟着群众的落后意识跑，去跟着他们说要收回中东路，而正是要打破群众的幻想，打破国民党的假面具，把群众拉到我们这边来，在我们口号之下，在我们领导之下，向反革命的势力进攻。照你们缺少戒心与注意的宣传战略，固然不是跟着群众跑，却也不能够争取群众，而是脱离了群众。一个布尔塞维克党，若是脱离了群众，便成为只是口头上纸面上的布尔塞维克了。中国自己收回中东路，实际是个幻想；国民党拥护民族利益，也实际是假面具；用收回中东路的名义而开始帝国主义向苏联进攻的战争，或弄起帝国主义之间的战争，以及战争中加于中国民众的灾难，也都是实际可能的前途；怎见得这是"社会民主党一样以欺骗的方法来取得群众"呢？又怎见得反对帝国主义进攻苏联的战争，同时也反对帝国主义之间的战争，是"小资产阶级的和平主义"呢？前一个是反革命势力对革命势力的战争，后一个双方都是反革命者牺牲下层群众为上层阶级争权利的战争，我们能不反对那一个？只有反对一切战争（不论是革命或反革命）才是小资产阶级的和平主义。若虑同时反对两种战争，群众对于帝国主义进攻苏联这一战争，会把苏联和帝国主义的国家当做两个交战团体，平等看待，"双方都要打倒"；则当然应该如你们所说，"帝国主义战争是反革命的势力内部战争，帝国主义进攻苏联是反革命势力进攻革命势力的战争，我们须公开的明白的把这一分别告诉广大群众，然后群众才能知道对付这样两种不同的战争之不同的策略"；如此，群众还何至误会？并且，我还要问："反对帝国主义进攻苏联的战争"

这一口号，其含义是些什么？为什么不说"反对俄日战争"或"反对俄美俄英战争"，而说"反对帝国主义进攻苏联"，这是否已经明白表示对两方的敌与友的态度？"反对帝国主义进攻苏俄的战争"和"反对英美战争或日美战争"，已有显然不同的意义；何况还有在这些口号之下不同的详细宣传，何至使群众误会？

单就资本帝国主义的国家向无产阶级的苏联进攻这一点说，不但在本质上，即在字面上，也已很明显的是阶级冲突，这是任何同志都无需解释而能够懂得的；并且不需要把中央已在通告上解释的话再向中央解释一遍。所以我前信上的说话，目的是在说明由中东路问题将引起各种可能的纠纷之总的前途，而不是说明其性质。我所以要说明各种可能的纠纷之总的前途，是因为我对于中东路问题的发生原因及发展前途之客观的观察，都不像你们主观上的那样简单。美国对于北满的野心，有他的经济基础和长远的历史，近来正在企图以共管的名义攫取中东路；日本一刻也不忘中东路，自然感觉着中东路落到美国手里比暂时留在苏联手里对于他更是不利；所以除了把中东路仍旧回复中俄共管的原状，这两个帝国主义对于此路的竞争，必日益加剧，虽然他们对付苏联之目标是一致的。并且在总的国际局势上，帝国主义间尤其是英美两国领袖的帝国主义之间，由于他们经济上之生死存亡而难以久延的战争，和他们向苏联进攻的战争，是同样的严重；这两种战争哪一种先行实现，谁也不能机械的肯定像你们肯定蒋桂战争不会即来那样，因此，无产阶级对于这两种战争发展的前途，都同样有深切的注意之必要。

即以中东路问题的时空性而论，帝国主义进攻苏联的危险固然应该告诉群众，同时帝国主义之间因互夺中东路而战争的危险，也不能不告诉群众；这是因为：第一，若是我们隐瞒了这一可能的事实，一旦局势转变，群众所眼见的战争，不是向苏联进攻而是帝国主义互斗，他们不是感觉到我们的指导不正确或欺骗了他们，便是以为帝国主义的互斗于中国人没有什么危险；第二，指出帝国主义会因互夺中东路而战争的危险，不但没有迷乱群众对于进攻苏联危险的认识，而这样正是暴露了帝国主义所以要进攻苏联之秘密（当然，帝国主义的根本目的还不在此，这里可不必说），也正是暴露了国民党仰承帝国主义意旨收回中东路进攻苏联之真实的卖国罪证。

你们以为反对国民党政府卖国误国政策是资产阶级左派的口号，那么，七月十二日党的宣言，也攻击国民党"卖国外交"以"卖国勾当"，难道这也是资产阶级左派的口号吗？绝对不是的；因为我们总的政策是站在无产阶级的立场，决不能单拿这一方面的话来指摘党离开了阶级的观点。所谓资产阶级的左派如汪精卫等，也会拿这样的话攻击南京政府；可是我们要问：他们总的政策是些什么？他们用这样的话是否为了要打碎他们的国民党拥护民族利益之假面具，而达得动员群众反对进攻苏联拥护苏联之目的？如有这样的目的，他们已经离开了资产阶级的立场，而站在无产阶级的立场了，因为全世界都找不到这样左的资产阶级。我们不能赞成无政府主义的意见，以为现在的无产阶级字典上已经不应有"国际"、"国家"这类的字，有用这类字的人，"就是离开了阶级的观点"，"就是资产阶级的国家观点"。列宁在十月革命前，曾大声攻击沙皇及克伦斯基政府因战争"把国家及资本主义弄到未曾有的荒废"。如果我们不懂得列宁这句话有战略上复杂的时空性（即是除了深入阶级利益的口号外，还需要这类广泛的宣传，才能动员无产阶级以外的广大群众，来拥护无产阶级革命），也会曲解诬蔑他是降低口号，是国家主义观点，并且是资本主义的拥护者。或者你们以为这种资产阶级的口号，在国民党政府参加帝国主义之间的战争时，无产阶级也可以用；在国民党政府参加帝国主义对苏联战争时，我们便只能用拥护苏联的口号。其实如果我们认定某一口号应该是资产阶级专有的，完全是为他们阶级的利益的，即在帝国主义战争中我们也不能用；至于在帝国主义进攻苏联战争中，也不能说"只能"用拥护苏联的口号。这一口号，不是在原则上对不对的问题，而是在策略上够不够的问题。"只是"这一口号，实际应用起来到底够不够了，最近几次我们号召的示威运动已经明白的回答了我们，不能再用夸大的言词欺骗同志了；你们如果仍不觉悟，老是拿夸大的言词欺骗同志，同志们不接受欺骗发生反感，则大失中央的威信；同志们接受了欺骗，以为我们已经有如何的力量，则去刻苦工作争取群众的精神日远，这也不是个小小的问题，至于你们把群众没有在你们提出的口号之下起来的原因，归到白色恐怖，这乃是机会主义者把自己主观上错误的责任推到客观原因的老法子。

只是因为这一战争有害于无产阶级的苏联而反对，同时不提及这一战争也如何加害于中国人民，不能使一般群众都真实感觉到阶级利益与民族利益的联系，只是为无产阶级而拥护无产阶级，为苏联而拥护苏联，则"拥护苏联"这一口号只能动员苏联及各国（中国也在内）的无产阶级，而不能动员中国的广大群众。"拥护苏联就是拥护中国革命"，也只能动员中国没有小资产阶级偏见的革命分子，而不能动员多数比较意识落后的革命群众。你们缺少戒心与注意的宣传方法之缺点正在此，我前信主要的意思亦正在此。你们所提出的口号，在原则上自然不错；可是在策略上即宣传方法上，便大大的成为问题。问题就是"只是"拥护苏联这一口号，则能动员无产阶级的最觉悟分子；同时对中东路问题之本身又未曾有正确的详细的解释，使无产阶级以外的广大群众尤其是比较落后的群众，明白自己的幻想与国民党卖国误国的罪恶，而接受我们的动员口号。你们这样大成问题的战略，乃是建设在"广大群众都认识苏联是中国解放的朋友"这一前提上面；这正是你们素来"以主观为客观"的盲动主义精神之表现。

帝国主义战争会引起革命，这是对革命发展前途的估量；正在号召群众反对帝国主义进攻苏联，拥护苏联，同时"告诉群众"：帝国主义进攻苏联"是中国革命有利的条件"，终非时空性所许。

前言所谓"因我的发言引起大的误会与揣测"，乃是恐怕增加党的纠纷，并不是由个人出发而隐藏自己的意见。

以上的说话，似乎稍复杂了，为使同志明了我主要的意思起见，再简单的重说几句，做一个总结。我这封信和前一封信，都不是陈述关于中东路问题的宣传之全部内容，也不是讨论此次宣传的原则问题，而是觉得中央对中东路问题的宣传方法，在战略上有两个缺点：

（一）未曾用群众所能了解的事实而不仅是我们主观上的理

论，对于中东路问题之本身，加以正确的详细的解释及打碎国民党的假面具，能够使群众减少民族偏见，不至为国民党所欺骗而接受我们的宣传的领导。

（二）"只是"拥护苏联这一口号与宣传，在事实上只能动员无产阶级最觉悟分子，而未能在实际利害上激动无产阶级以外广大的群众，尤其是比较意识落后的群众，把这些广大群众放在斗争战线之外了。

我为什么要提出这两点，因为我们的党应该是实际斗争的党，不能忽视下列的各实际问题：

一、每个原则是否都可以机械的应用，不许有策略上的变化？

二、中国此时是否有许多群众还在小资产阶级的民族偏见和国民党的欺骗宣传之下，没有解放出来？

三、在反对国民党的宣传上（关于中东路问题的），除了它勾结帝国主义进攻苏联外，是否还要说到它这样反革命的政策，对于中国有怎样的结果？

四、中国的广大群众是否都已认识苏联是中国解放的朋友？

五、对于中东路问题之本身，是否需要正确的详细的非我们主观的而是群众所能亲切了解的解释？

六、无产阶级以外的广大群众，是否都能够无条件的接受我们阶级的口号？

七、对于比较意识落后的群众，我们是否应一概不要？

八、除阶级的口号外，是否还应该用其他广泛的最利害切身的口号，能够唤起广大群众，参加反对进攻苏联的斗争？

我希望这封信和前几天论党内各种问题的那封长信，都能早日在《红旗》上登出。

　　此致
革命的敬礼

　　　　　　独秀〔一九二九年〕八月十一日

　　　转自《中国革命与机会主义》，上海民志书局
1929 年 10 月发行

致中共中央的信

（一九二九年十月十日）

中央常委同志们：

自从前月二十八日国际代表及中央代表约我谈话以后，又看见你们一些关于党内问题政治理论的宣传品，最近又接到你们本月六日的来信，我已经知道你们固执掩护错误的政治路线之观念与决心，已深到无可挽救的地步了，我为对党对革命负责起见，不得不向你们作一次最后的警告！

列宁说过："每个政党，其对于自己的过失取如何态度，乃是表示其党之真诚性的最大证据之一。公然承认自己的过失，暴露其原因，对于其事情之所以发生加以解剖，热心研究矫正方法，这就是真诚的政党之记号。"

我们的党在革命中所做的过失，彻头彻尾的原因，是犯了机会主义，很深的机会主义；我们若不能认识，并肃清机会主义，不但不能得到过去的教训，不但不能矫正现在的错误，而且将来还要走错误的道路，重演革命失败的大悲剧。要彻底认识并肃清机会主义，不仅是枝枝叶叶的指摘那几个人犯了机会主义便可了事，重要是在解剖指出整个党的机会主义政策之真实内容及其原因究竟是些什么，无忌惮的暴露出来，然后才能彻底的认识，才能够彻底的肃清，才不至重走旧路；也只有这样才能够表示党之真诚性。

中国党犯了很深的机会主义（过去，现在，并且将来），其主要原因是国际对于中国革命根本政策之错误，即是以少数派的"阶级联盟"政策代替了多数派的"无产阶级独立的领导革命"政策之错误；此种给中国革命以致命伤的错误政策，不但广州三月二十〔日〕事变后不肯改变，上海四月十二〔日〕事变后仍不肯改变，一直到长沙马日事变后还不肯改变，强迫无产阶级的党始终屈服在资产阶级的政党之下，做它们的苦力，甚至于资产阶级的国民党已经一脚踢翻了这一联盟，国际还恋恋不舍这一可爱的联盟，还说："青天白日旗是我们的，勿让国民党右派抢去！"所以南昌暴动，还是涂满了工农热血的国民党旗帜之下举行的。同时，国际以苏联无产阶级血汗造成的巨量金钱和军器，帮助中国资产阶级（蒋介石、冯玉祥等）的力量发展；帮助中国党及中国工农群众的，便是"始终勿放弃阶级联盟"这一革命理论。这种根本政策，分明不是马克思、列宁主义从领导民族民主革命一直到社会革命之无产阶级的战略，而是机会主义。中国党的领导机关，为什么盲目的执行这种机会主义的政策，而不怀疑抗议（我个人曾几次提议准备退出国民党，独立领导革命，都为中央多数同志及国际所阻止），当然不能说不负责任；我是当时领导机关一主要分子，当然也要负责任；谁希图自己躲避过去的责任，都是无耻！

我个人正因为过去犯了机会主义的错误，所以对于机会主义深恶痛绝，力图纠正，尤其是在第六次大会以后，你们虽然口里反对机会主义，实际上并不认识过去机会主义之真实内容及其原因是些什么，而且也不愿意去认识，所以至今还说以前"阶级联盟"政策是对的，至今还说国民党不是资产阶级的政党，甚至于根本否认国民党是个党，至今还说武汉国民政府是革命的，至今还说以前主张退出国民党是错误的，所以对资产阶级及富农怀了种种奇妙的幻想，这些都充分说明你们实际在思想上，在政策上，仍旧继续着传统的机会主义，而执迷不误〔悟〕。最近你们对于国民党内部战争，不把全力放在用适合现时政治环境的口号来推动广大群众的政治斗争，而是采用旧时机会主义的政策，向国民党的改组派将军们接洽，作军事投机（你们口头上是采取失败主义，而忘记了失败主义必须是向战争双方面军队下层的秘密活动，绝不是向一方面上层的公开活动）；并且公开的把许多很好的军事同志交给阶级敌人的将军们，这是何等危险的事！

并且，你们至今仍旧盲从国际对于中国革命错误的观察，以为中国还是封建的统治，以为资产阶级仅仅是参加政权，以为将来的第三次革命仍旧以资产阶级民主革命的性质为限，企图推翻国民党政府后，仍旧要再行建立资产阶级性的政府即阶级联盟的工农民主政府，像这样始终系念屠杀工农群众的资产阶级，为它开生路，始终依赖动摇不定的小资产阶级，为它留地步，试问你们的机会主义已深到如何程度！中国的大资产阶级、地主及富农这些剥削者，都已经站在反革命地位；城市小资产阶级及中农，在革命斗争激进时，都必然动摇；只有贫农是无产阶级最可靠的同盟者，而也不是革命的领导阶级；在将来的革命中只有最革命的无产阶级能够始终坚决的站在领导地位，坚决的领导一般工人劳动者，中小农民以及城市乡村中成百万成千万的劳苦饥寒奴隶，以不断的革命斗争，彻底扫荡阻碍中国进步的帝国主义，资产阶级，地主阶级，富农等一切剥削下层民众的反革命势力，建设无产阶级贫农专政的工农兵代表会议（苏维埃），统一全国的政权，才能够一面完成民主革命的任务，一面走到社会主义的道路。这是因为半殖民地的中国，国际帝国主义的经济及政治势力，普遍了深入了中国国民生活一切体系中，它们又和中国的一切反动势力结合在一起，非经过长期的大流血的艰苦斗争，中国的民众是莫想得到解放的；在这长期的大流血的艰苦斗争中，稍微动摇不坚决的社会成分，都必然要被革命吓退，而中途脱离，所以要想用阶级联盟的政策来贯彻革命目的，只是痴人说梦，这不但不能走到社会主义的道路，并不能完成民主革命的任务。因此，在将来革命高潮到来时，我们的党若死守资产阶级的民主阶段，而不立即发出"工厂归工人"、"土地归农民"、"无产阶级贫农专政"这些口号，明确的〔向〕广大群众指示这一革命的前途，坚决领导广大群众彻底完成这一革命；倘稍存游移顾忌的态度，不是自己束缚自己的手足并且拉着革命的群众向后退，使革命流产，群众再被一次更大的屠杀；便是党跟着群众后面跑，变成大革命斗争中的落伍者。所以像你们这样根深蒂固的机会主义，不但不能认识过去的错误，不但不能免去现在的错误，并且将来还要做出更大的错误，不但是错误而且是罪恶！

盲动主义也是机会主义之另一种形式，过去盲动主义为害之深，全党同志哪一个不深深的感觉到，现时中央领导机关中，有许多仍旧是当时鼓吹并实行盲动最力者，尤其是李立三之在广东，蔡和森之在北方，至今谁曾公然承认自己的过失，以表示自己的及党的真诚性？现在你虽然口头上反对盲动主义，实际仍旧和从前一样，以过分的估量革命高潮为前提，实行盲动政策命令主义。你们头脚颠倒的意见，在革命高潮中都主张以民主主义革命为限，在目前没有革命高潮的时期即反革命的时期，反不主张提出总的民主主义的口号，如在"八小时工作制"、"没收土地"之外，提出"废除不平等条约"、"反对国民党军事专政"、"召集国民会议"等，使民众不至脱离现实的政治斗争，使党不至脱离民众。必须使广大民众在这些民主的口号之下活动起来，才能动摇反革命的政权，才能走向革命高潮，才能使我们的"打倒国民党政府"、"建立苏维埃政权"等根本口号，成为民众运动中的行动口号。你们的政策，不是这样的促进革命高潮，而是离开了民众现实的政治斗争，天天梦想革命高潮；并且仍然采用盲动主义的政策，不断的命令同志（党中最勇敢精锐分子）机械的按照各种离开民众要求的历史纪念日，孤露的放在街上示威，而没有一点党外群众掩护，使党内党外的群众都感觉着这样连续不断的示威（实际是示弱）实际上没有一点出路，像这样必然要一天一天脱离群众，一天一天削弱党的力量；像这样的盲动主义和机会主义双管齐下，其结果必然要把党送到死路去！

领导机关犯了这些严重的错误，只有党员群众对于党的政策，合法的讨论，无忌惮的自我批评，方能够把中央错误的政治路线纠正过来，才能够使党公然承认自己的过失，以表示党的真诚性；而你们只知企图掩蔽你们自己的错误，绝不顾及阶级的革命的利益，极力拿中央的威权和组织纪律，来恐吓钳制一切同志对于你们的意见不同的发表与公开的讨论。你们口头上也说容许讨论，而事实上是采取了审判方式，由中央派代表到下级党部，提出问题审问同志们是否和中央的政治路线相同，如有不同的，马上就实行取消工作，警告，甚至开除党籍；讨论的议决案，也是先由上级机关做好带来交党员通过，这样还要讨论做什么？还要议决做什么？最近你们给我的信，也是命令我"一周内作篇反对反对派的文章"；你们既然代我决定了意见，还要我做文章发表意见做什么？我真想不到你们现在竟至发狂闹笑话到此地步！这种现象已充分的说明了由党员群众合法的讨论和公开的自我批评来纠正领导机关之错误的政治路线，是丝毫没有希望的了！

我在八月五日写给你们那一封长信，是用了合法手续，很委曲求全的极力迁就在第六次大会的议决案范围内，向党建议，希望有相当的补救，并且希望因此敲开党员群众公开讨论的门，其结果将能够比我的意见更能把党的政治路线根本改正。你们屡次回答同志们的质问，都说必将我的信发表讨论，事实上迁延了几至两个月还不曾发表；并且突于前月二十八日国际代表及中央代表约我谈话，谈话时，一切重要的政治问题都拒绝讨论，单纯的责备我不应该向中央发表不同的意见，坚决的说中央绝对不能容许把我的信公布出来；并且坚决的说中央政治路线没有原则上的错误，加之时局紧张，任何同志都不许发表和中央不同的意见。国际代表用这样的专横态度来掩护错误，用这样不合理论不合事实的借口来阻止中国党内政治问题所急需的公开讨论，我不责备这位代表，我只感觉到真如反对派（托洛茨基派）所指摘国际领导机关在政治上组织上官僚化之一证。最后，你们还拿出开除党籍的话来威吓我，阻止我发表意见。我现在正式告诉你们：在你们，绝对没有理由可以开除发表政治意见的任何同志；在我，只知道为马克思列宁主义的真理，为全无产阶级的革命利益，结合下层的革命群众和机会主义的上层领导机关奋斗，而不计其他！我还要告诉你们：党内的重大政治问题即领导机关政治路线根本错误的问题，决不应该用组织纪律（列宁曾说，无产阶级革命政党的纪律，是要有正确的政治领导为先决条件方会实现，否则一定变成废话；你们忘记了没有？）来掩护所能解决的；若用这样方法无理由的开除同志，如果由此造成党的分裂，是应该由你们负责任的！

　　此致

革命的敬礼！

独秀

一九二九年十月十日

转自《陈独秀著作选编》第四卷，
上海人民出版社，2010 年版

致中共中央的信

（一九二九年十月二十六日）

中央政治局：

　　我们已经说过，中国的资产阶级来源复杂，又加以帝国主义的钳制与操纵，它们内部各派之间政权及地盘的明争暗斗，必然是长期的现象；果然蒋、桂战争之后，继以蒋、冯冲突，现在这种冲突更加扩大，一方面是倒蒋派的军事行动，在北方是以阎锡山为中心的冯玉祥、段其〔祺〕瑞、张宗昌、张学良、安福系等代表官僚买办银行及大工业资产阶级的势力；在南方是以改组派为中心的张发奎、俞作柏、方振武等代表中小资产阶级的势力；他们的共同口号是打倒蒋介石的独裁。另一方面是代表南方买办银行大工业资产阶级的蒋介石，挟中央政府军权和中央党权来讨伐"背叛中央，破坏编遣"的人们。这次冲突以至爆发战争的原因和前途，以及我们无产阶级的政党站在自己阶级的观点上，对此次战争应取如何的态度及政策，亦即当面的任务是什么？我们有以下的意见。

一、战争的原因及其前途

　　国际帝国主义对中国之经济的侵略深入了普遍了全中国，甚至僻远的农村都必须依赖市场，它们利用关税制度，以巨量的廉价商品阻碍了中国社会生产力的发展，使整个的中国简单的成为国际资本主义的市场；因此，中国本国的工业资本未能自由发展到统一全国的阶段；因此，中国的资产阶级难以形成并巩固统一全国的统治；因此，目前的南京政府还未能以东南银行大工业资产阶级为中心力量支配全中国；因此，旧时的军事系统得以结合并代表各地方的资产阶级的势力，相互争取支配全国的经济的和政治的权力，以便与帝国主义发生直接关系，做其直接代理人。

　　中央为掩饰其政治路线破产（在蒋、桂战争时所暴露出来的），最近的通告仍然牵强附会的说："战争是买办地主阶级与资产阶级争取反革命领导权的斗争"，"现在的战争里面仍然反映着阶级的矛盾"。像这样的分析，显然是错误的，不但买办是资产阶级更接近帝国主义的一部分，现在的地主是资产阶级最保守的一部分，虽然它们剥削农民的方式仍袭用封建陈法，而它们（买办、地主）都已经不是和资产阶级对抗的一阶级，所以它们在经济上都没有和资产阶级根本对抗的不同政纲；并且由中央自己在另一政治报告中也不自觉的把自己的分析取消了："在反蒋与蒋系的两个军阀的营垒中都有资产阶级与豪绅地主的力量。"（《布》报第十期第五页）

　　帝国主义者为伸张其在中国的支配力量，除了钳制中国的经济发展，还要操纵利用中国统治阶级内部的冲突；例如日本帝国主义者在此次反蒋冲突中，很明显的要利用这个冲突，一面援助北方反蒋派以巩固它在中国北方的势力圈，一面要挟南京政府开始订约谈判，以便获得最惠国的待遇，并逼迫南京政府通令取消检查日货。但这决不能像中央所说："帝国主义间在中国相互冲突，这是中国军阀战争之最根本的动力，蒋与反蒋的战争，完全由于帝国主义在中国的矛盾所促成。"甚至机械的说：北方张、阎、冯是代表日本，南方桂系与改组派代表英国，蒋代表美国，这中间又"确有英日联合对美的趋势"。（《布》报第十期第五页）这种机械的见解已屡次发布于党的文件中，而屡次由事实证明其不确实，这也是中央根本路线破产之一端。假如说中国之不能统一，根本是由帝国主义阻碍了中国经济发展，我们是无异议的。假如说军阀战争就是帝国主义在中国的战争；那么，蒋介石打败了桂系就是在中国推翻了英帝国主义的势力，蒋介石二次北伐成功就是打破了日本的势力；这岂非滑稽之至！事实是这样：各个帝国主义的国家，除涉及地方利益需要直接支配当地的政府外，总的方面，它们都要争着挟持中国中央政府的政权，以巩固并伸张其势力，同时，帝国主义卵翼之下的南京政府，自然没有独立的外交政策，只有在"各个投降"的政策之下过它的生活，只有站在这样的观察上，才可以解释南京政府自解决宁案以来的外交政策及各帝国主义对它的态度。

由于我党机会主义的政治路线所造成一九二五——二七年中国革命失败之结果，除了帮助资产阶级取得政权之外，国内问题什么也不曾解决，资产阶级不但不敢丝毫动摇帝国主义在中国统治的经济基础，而且使之更加巩固。中国整个的资产阶级生产力既无法脱离帝国主义的钳制，除加紧剥削下层民众外，只有相互牺牲别省别系的资产阶级各求自己的发展。这次战争以及从前的蒋、桂战争和将来的战争，都是各地各派资产阶级相互冲突的最高表现，决不是什么买办地主阶级与资产阶级的冲突，也不是毫无理由的"军阀混战"。同时，因为工农的暴动与反抗，资产阶级需要一种强有力的军事独裁来镇压，现时无论是中央的或地方的军事独裁，都正合乎殖民地资产阶级的利益，是它们在现状下唯一可能的形式，否则它们便无法统治这些几千百万被压迫剥削的饥寒奴隶，维持它们榨取剩余价值的来源。这种军事独裁，虽然足以引起它们之间的冲突，并且有些部分的资产阶级也感觉不便，因为它有时也侵犯到资产阶级个人的自由或增加负担，但是它们为维持整个资产阶级对无产阶级的统治，各派资产阶级（无论买办、官僚、地主、银行家、工商业资本家等）都一致忍受军事独裁，而不计及有所不便，所以此次战争的前途，以及将来资产阶级内部各派战争的前途，无论此起彼仆至如何形势，它们依赖帝国主义的卵翼和以军事独裁压迫剥削民众，是不会改变的，所以中国的下层民众在资产阶级统治之下，惨受帝国主义及本国的军事独裁两重压迫剥削的痛苦呻吟，也是不会解放的。

二、我们党的当面任务

在资产阶级的国民党政府军事独裁之下，一切下层群众所深深感受的是：

1. 帝国主义的侵略压迫日益横暴（例如济南铁□事件）。

2. 内战继续涂炭人民。

3. 军权党权双管齐下的蹂躏人民集会结社言论出版罢工等的自由，以军法代替法律，任意逮捕枪杀人民。

4. 一切苛捐杂税有增无减及滥发公债票。

5. 米价及其他生活必需品日益腾贵。

6. 因不断的内战，水利废弛，引起广大区域不断的灾荒（全国没有饭吃的灾民多至五千七百余万）。

7. 工人工作时间增多，实际工资日渐减少。

8. 农民耕地不足，尤其是高利债迫之无以为生。

这一切都使民众很敏锐的感觉着，但一时在政治上找不着适当的出路，无产阶级始而因过去机会主义的领导，使它们附属于资产阶级，未看清自己的任务与前途，继而又受着盲动主义的摧残，目前也陷于无出路的状态，一切斗争都感觉得没有办法，一般小资产阶级自然不免跟着改组派作大资产阶级的工具。

我们的党——无产阶级的先锋队，代表整个的无产阶级，同时也代表各下层阶级被压迫剥削的民众，即全国大多数的民众应该即时出来站在它们的前面，大声疾呼的唤醒因战争而有了初步惊觉的群众，以影响更广大的群众，指出它们一切痛苦的来源：即帝国主义及资产阶级的国民党政府军事独裁之剥削与压迫，并指出改组派的军事投机和改良欺骗，只是为它们自己争夺政权，断然不是为广大群众的利益领导群众向它们的国民党政府奋斗，更应该指出它们所号召的重新召集国民党第三次全国大会，这分明是为了它们党内的斗争，丝毫与民众无关；我们的党应该向民众指出目前适当的政治出路，即民众自己起来，为召集代表民众自身利益的国民会议而奋斗，亦即是一个由普通的平等的直接的

不记名投票选举产生出来的国民会议，以民主的组织运动来对抗
国民党政府的军事独裁，由全国人民代表自己来解决一切国家问
题，必如此才能免掉层出不已的战祸，才能保障人民的利益，反
对资产阶级的军阀及帝国主义的压迫剥削，这就是我们党目前的
当面任务。

你们一听见"为召集国民会议而奋斗"的口号，必然很高
兴的大喊：这是"取消派"，这是"降低口号"，这是"机会主
义"！如果你们真是这样喊，这不但说明中国党的最高领导机关
没有认识实际事变的能力，没有努力实现的政治斗争之决心，只
是滥用抽象名词骂人；并且证实国际对于中国革命指导之破产，
在国际直接指导之下的中国党第六次大会，不仅对于将来的革命
性质，仍旧犯了机会主义的错误，并且对于目前的革命形势也估
量不正确，遂至陷中国党在目前现实的政治斗争上无出路，六大
总的政治口号，只是工农民主的苏维埃，总的政治路线就是争取
群众。过去的革命已经过去，将来的革命还未到来，目前既非直
接革命的过渡时期，便须有适合过渡时期的总的政治口号，方能
争取群众，工农苏维埃在目前只是宣传口号，目前若提出"为
组织苏维埃而斗争"做行动口号，当然得不到无产阶级的回声，
群众不是无意识的木石，可以由我们任意舍取，没有总的政治口
号和现实的政治斗争，决不能够争取比较广大的群众。自从六大
到如今，这种弱点已由事实一天天暴露出来，中央天天命令同志
上街示威（实际是示弱），也不能激动一个群众争取一个群众，
眼看着济南事变就这样安然过去了，蒋、桂及蒋、冯战争也都这
样安然过去了，现在又要老调重唱一遍。只因我们的党没有适合
目前过渡时期的总的政治口号，坐视资产阶级的军阀战争及其他

有利革命运动的事变如流水一般一次一次的空过，不能号召一次群众的现实的政治斗争，不能争得一点群众。共产主义者不是一个蠢材，只是眼望着那最后的目的！假使是这样，那就一点也用不着什么目前最小政纲，只是无产阶级专政便够了，还要向资产阶级要求八小时工作制、加资、减时、集会、结社、言论、出版、罢工自由等等做什么？

当然，我们提出国民会议是附有条件的，当然要反对政府官僚的操纵把持，同时我们要在这一运动中试验我们的最小政纲（八小时工作制，没收土地，反对帝国主义等）。假使有人相信国民会议能以照我们所附的条件完满实现并接受我们的要求，那不仅是一个机会主义者，并且是一个蠢材！问题是这样：统治阶级之专横腐败无能力，已显然暴露于民众之前，它们内部不断的冲突破裂，尤其是此次战争渐渐打破了民众对它们的幻想，全国大多数民众对于现状不满是一致的，都正在寻找政治的出路，唯革命领导的无产阶级，在上次大革命失败之后，犹未回复其创伤与元气，目前犹未具有能力及决心和统治阶级作最后的斗争；我们无产阶级的先锋队，即应该认识并抓住大多数民众尤其是最下层民众对现状不满这一动力，向它们提出它们所了解所感觉到必要与可能的"为召集国民会议而奋斗"口号，指示它们一条政治的出路。我们对于国民会议本身当然不能有一点幻想；可是这一口号，对于国民党的军事独裁以及所谓"党治"、"训政"是一个决定的革命口号；在目前反革命的时期中，只有这一口号，这一运动，方能调动群众，才能够推动群众向前斗争，才能够动摇统治阶级的威权。并且，即在国民会议召集的阻碍中，假冒中，流产中，及不能实现我们的要求中，便有无穷的斗争；每个斗争前进一步，都是提高工人阶级的政治觉悟和政治地位，都是使我们得着广泛的机会教育本阶级的及其他下层阶级的群众，扩大我们的政治影响；每个斗争前进一步，都是证明统治阶级无希望，打破群众对它当中任何派系的幻想，都是证明非群众的革命暴动，根本推翻资产阶级的统治建立工农苏维埃政权，不能消灭军阀战争，不能解决群众要求的实际问题。这些证明，都必须是群众自身在这些实际斗争的经验中，才能真实了解，单靠我们的宣传是万万不够的。所以列宁在一九一七年已准备武装暴动夺取政权时，尚向临时政府要求召集国民立宪会议，直到政权获得后尚参加其选举。

现在的中央，对于此次战争及整个的目前政策是说："我们对于这样反革命的战争是要采用失败主义的路线，就要使战争的两方通通失败，革命的势力得到最后的胜利，所以'变军阀战争为推翻军阀的革命战争'，'以群众的革命暴动来消灭军阀战争'，是我们中心的宣传口号，必须使这一口号深入到广大群众中去，使广大群众了解只有根本推翻国民党军阀的统治，然后才能永远消灭军阀战争，这样才能使广大群众以反军阀战争的一切部分的斗争……渐次汇合成根本推翻国民党军阀统治之总的斗争。"（中央第四十九号通告）列宁说过："即使工人阶级的先锋队既已充分醒觉，单是先锋队不能够得到胜利，非至一般民众即全无产阶级直接支持先锋队，或至少采取好意的中立态度，先锋队若取最后行动，乃是无谋之亲。要使一般民众取态度，单靠宣传教育是不够的，不使它们自身有了直接的政治经验是不行的。"（《左派幼稚病》）你们现在反对用"召集国民会议"的口号推动群众的现实政治斗争，以走到武装暴动，而企图靠宣传群众的力量来根本推翻国民党统治消灭军阀战争，这是无政府主义的空想，而不是马克思列宁主义的革命策略。在目前没有群众的革命高潮时期，并还没有群众的初步政治斗争，马上提出"变军阀战争为推翻军阀的革命斗争"，"以群众革命的暴动来消灭军阀战争"，这样的口号，在实际行动上等于一根鸡毛抛在空中，落在地下，一声也不响！所以你们自己也说："现在客观的革命形势并未高涨起来，所以现在决不能马上号召群众暴动，推翻国民党军阀统治，所以'以群众革命暴动来消灭军阀战争'，只是宣传的口号，发动群众的行动，必须提出许多部分的口号……"（同上通告）所谓部分的口号如反对拉夫拉车，反对摊派军饷，反对运兵，反对增加工作时间，像这些零碎的消极的没有气力的口号，当然不能代替积极的总的政治口号，没有积极的总的政治口号，只是这些消极的零碎斗争，又如何能够汇合成根本推翻国民党军阀统治这样大的革命斗争呢？如果群众问我们的党对付目前战争之总的政治口号和政策是什么，你们只好回答说："马上"还没有！

你们对此次战争究竟有不有政策呢？我们知道是有的，是有三个政策：第一个是盲动主义的政策，即是以命令强迫和说谎欺骗两个方法同时并进，使同志到街上示威；自"五卅"到现在，这种不断的没有群众孤露的党员示威，除了日益脱离群众日益削弱党的力量之外，没有丝毫影响，你们自己此时也感觉到你们的群众运动破产，不得不采用第二个政策来救急。第二个是机会主义的政策，你们口里说的是失败主义，手里做的是军事投机，即是鬼鬼祟祟的和改组派的军事长官俞作柏、石友三、刘珍年等勾结，甚至派人去劝屠杀湖南农民的李明灏到广西帮助俞作柏，这是什么失败主义！这分明是替改组派军官做走狗，说得最好听，也不过是企图恢复已经破产的阶级联盟。你们大概也感觉到这样机会主义盲动主义的政策受不起同志们的批评，遂借口"时局紧张"，滥用中央威权，钳制党员对于政治问题公开讨论，对于政治意见不同的党员，无理由的发狂的阻止其发表意见，并且超越党的组织路线即不征求支部的意见，不顾支部的异议，悍然由上级机关任意开除和中央政治意见不同的党员，以掩饰自己完全破产的政治路线，以保全领导机关少数人的威信，这就是你们的第三个政策。由你们的这三个政策领导党，将要把党领导到哪里去?!

托洛茨基同志在去年十月所作的《共产国际第六次大会之中国问题》中说："中国革命的领导路线，有机会主义的公开妥协形势（一九二四——二七），于一九二七年年底，突然转变到冒险主义方面，广州暴动以后，它又厌恶盲动主义，转变到第三阶段，即俄国某时期所称为'哀的美敦书主义'和'召还主义'（这两派是一九〇八年布尔什维克党内的左派，它们当时反对参加国会，反对一切公开的合法运动——译者），这是一种最坏的极左倾向，而且最得不到结果，它只是企图将旧的机会主义理论和空洞而无丝毫行动的激烈主义结合在一起"。你们此时一面进行军事投机，秘密的与国民党军阀勾结，帮助军阀战争；一面又大喊"以群众革命暴动来消灭军阀战争"，完全忽视了动员群众参加公开的政治斗争之正确的口号（"为召集国民会议而斗争"）。这不啻托洛茨基同志在一年以前，已经预先见到你们不正确的政治路线之发展和你们真正的政治面目。不幸的是一九〇八年俄国的布尔什维克党把那些哀的美敦书派和召还派一个一个的开除了，而一九二九年中国的哀的美敦书派和召还派反而一个一个的开除真正布尔什维克主义者。

你们说我们是反对派；不错，我们是反对派，我们的党此时正需要反对派，而且正需要勇敢的对革命对党负责的反对派，坚决的不和机会主义冒险主义威吓手段欺骗手段腐败官僚的领导机关同流合污，为了革命的利益，为了阶级的利益，为了党的利益，而绝不计及自己个人的利益，尽量的发表正言谠论，使马克思列宁主义布尔什维克主义在中国有一线之延，使全党党员及全无产阶级的群众不至对党完全失望！

独秀

述之

一九二九年十月二十六日

转自《陈独秀著作选编》第四卷，上海人民出版社，2010年版

告全党同志书

（一九二九年十二月十日）

亲爱的同志们：

我自从一九二〇年（民国九年）随诸同志之后创立本党以来，忠实地执行了国际领导者史大林季诺维也夫布哈林等机会主义的政策，使中国革命遭了可耻的悲惨失败，虽夙夜勤劳而功不抵过。我固然不应该效"万方有罪在予一人"可笑的自夸口吻，把过去失败的错误而将自己除外。任何人任何同志指摘我过去机会主义的错误，我都诚恳地接受。我绝对不愿为要拥护我个人的错误（自从"八七"会议到现在，我不但对于正当的批评不加掩护，即对于一切超过事实的指摘，也以为是个人的细故，默不答辩），而使过去无产阶级付了重价的苦经验埋殁下去，得不到一点教训。我不但不愿掩护我过去的错误，即现在或将来，如果我在思想上在行动上有了机会主义的错误，同样不愿掩护，同样希望同志们在理论上在事实上加以无情的批评，只要不是附会造谣，我都虚心接受。我不能有瞿秋白李立三那样的自信力，我深切地认识，任何个人任何党派，想免除机会主义的错误，决不是一件容易的事，深邃的马克思主义者如考茨基与普列哈诺夫，晚年尚犯了不可恕的机会主义；长期追随列宁学习的如史大林与布哈林，现在也犯了可耻的机会主义；像我辈这样浅薄的马克思主义者，更何可自满，一旦自满，便是自己阻住自己的进步。就是反对派的旗帜，也决不是张天师的灵符，小资产阶级意识没有根本去掉，对过去机会主义的系统没有深刻了解并坚决参加斗争的分子，若仅仅站在这一旗帜之下骂几声史大林李立三的机会主义，便以为机会主义的魔鬼永远不会近身，这便是妄想。我们要真能免除机会主义的错误，只有在马克思列宁的遗教中，在无产阶级的群众斗争中，在同志相互批评中，不断的虚心学习，才庶几可望。

我坚决地认为，中国革命过去的失败，客观上原因是次要的，主要的是党的机会主义之错误，即对资产阶级的国民党政策之错误（附注一）。当时中央负责同志尤其是我，都应该公开地勇敢地承认过去这种政策毫无疑义的是彻头彻尾的错误了；但只是简单地承认错误还不够，必须忠实地彻底地认识过去的错误即机会主义的政策之内容及其原因结果是些什么，并且毫无顾忌地暴露出来，然后才可望不至继续过去的错误，方可望不至使下次革命又蹈于以前机会主义的覆辙。

本党创立之初虽极幼稚，然在列宁主义的国际指导之下，尚未曾做出很大的错误，如坚决的领导工人斗争和对于国民党阶级性之认识。一九二一年（民国十年）由国际召集的远东劳动人民大会，中国方面是由本党领导国民党及其他各社团的代表进行的，大会的决议，在东方殖民地国家应进行民主革命的斗争和在革命中进行农民苏维埃的组织。于是中国党的第二次大会（一九二二年）遂决议了民主革命的联合战线政策，并根据此议决发表时局主张。同时青年团国际代表达林来中国，向国民党提出民主革命派联合战线政策。国民党的总理孙中山严词拒绝了，他只许中共及青年团分子加入国民党，服从国民党，而不承认党外联合。大会散会不久，共产国际即派代表马林来中国，要求中共中央全体委员在西湖开会，提议加入国民党的组织，力言国民党不是一个资产阶级的党，而是各阶级联合的党，无产阶级应该加入去改进这一党以推动革命。当时中共中央五个委员：李守常、张特立、蔡和森、高君宇及我，都一致反对此提议，其主要的理由是：党内联合乃混合了阶级组织和牵制了我们的独立政策。最后，国际代表提出中国党是否服从国际决议为言，于是中共中央为尊重国际纪律遂不得不接受国际提议，承认加入国民党。从此国际代表及中共代表进行国民党改组运动差不多有一年，国民党始终怠工或拒绝。孙中山屡次向国际代表说："共产党既加入国民党，便应该服从党纪，不应该公开的批评国民党，共产党若不服从国民党，我便要开除他们；苏俄若袒护中国共产党，我便要反对苏俄。"国际代表马林因此垂头丧气而回莫斯科。继他而来的鲍罗廷，他的皮包中夹有苏俄对国民党巨量物质的帮助，于是国民党始有一九二四年（民国十三年）的改组及联俄政策。

在此时期前后，中共所染机会主义还不很深，所以还能够领导"二七"铁路大罢工（一九二三年）和"五卅"运动（一九二五年），都未受国民党政策的牵制，并且有时还严厉地批评国民党的妥协政策。"五卅"运动中，无产阶级一抬头，便惊醒了资产阶级，戴季陶的反共小册子便应运而出了。是年十月，在北京召集的中共中央扩大会议，我在政治决议案委员会提议：戴季陶的小册子不是他个人的偶然的事，乃是资产阶级希图巩固自己阶级的努力，以控制无产阶级而走向反动的表现，我们应该即时退出国民党而独立，始能保持自己的政治面目，领导群众，而不为国民党政策所牵制。当时的国际代表和中共中央负责同志们一致严厉地反对我的提议，说这是暗示中共党员群众走向反对国民党的道路。主张不坚决的我，遂亦尊重国际纪律和中央多数意见，而未能坚持我的提议。

次年（一九二六年）蒋介石的三月二十日政变，正是执行了戴季陶的主张，在大捕共产党，围缴省港罢工委员会、苏俄视察团（内多联共中央委员）及苏俄顾问的卫队枪械后，国民党中央议决共产党分子退出国民党最高党部，禁止共产党分子批评孙中山的三民主义，共产党及青年团须将加入国民党的党员、团员名册缴存国民党，我们都一一接受了。同时我们主张准备独立的军事势力和蒋介石对抗，特派彭述之同志代表中央到广州和国际代表面商计划。国际代表不赞成，并且还继续极力武装蒋介石，极力地主张我们应将所有的力量拥护蒋介石的军事独裁来巩固广州国民政府和进行北伐。我们要求把供给蒋介石、李济深等的枪械匀出五千支武装广东农民，国际代表说："武装农民不能去打陈炯明和北伐，而且要惹起国民党的疑忌及农民反抗国民党。"这一时期是最严重的时期，具体地说是资产阶级的国民党公开地强迫无产阶级服从它的领导与指挥的时期，是无产阶级自己正式宣告投降资产阶级，服从资产阶级，甘心作它的附属品之时期（国际代表公然说，"现在是共产党应为国民党当苦力的时代"）。党到了这一时期，已经不是无产阶级的党，完全成了资产阶级的极左派，而开始堕入机会主义的深渊了。我在三月二十日事变后对国际报告中，陈述我个人的意见，主张由党内合作改为党外联盟，否则其势必不能执行自己的独立政策，获得民众的信任。国际见了我的报告，一面在真理报上发表布哈林的论文，严厉地批评中共有退出国民党的意见，说："主张退出黄色工会与退出英俄职工委员会，已经是两个错误，现在又发生第三个错误——中共主张退出国民党。"一面派远东部长吴廷康到中国来，矫正中共退出国民党之倾向。那时，我又以尊重国际纪律和中央多数意见，而未能坚持我的提议。

其后，北伐军出发了，因为我们在机关报《向导》上批评因北伐而抑制后方的工人运动和向农民勒派军费大受国民党的压迫，同时上海工人将近要起来暴动驱逐直鲁军，暴动如成功，必然发生政权问题。此时我在中央扩大会议的政治决议案起草中提议：中国革命有两条道路：一是由无产阶级领导始能贯彻目的；一是由资产阶级领导，必然中途背叛革命；我们此时虽然可以与资产阶级合作，同时要夺取领导权。国际驻上海的远东部一致反对我的意见，说这样的意见会影响同志们过早地反对资产阶级，并且肯定地说上海暴动如果成功，政权应属于资产阶级，工人不必有代表参加。那时我又因他们的批评，而未能坚持我的意见。

一九二七年北伐军占领上海前后，秋白所重视的是上海市政府选举及联合小资产阶级（中小商人）反对大资产阶级；彭述之、罗亦农和我的意见以为：当时市政府选举及就职，并不是中心问题，中心问题乃是无产阶级的力量若不能战胜蒋介石的军事势力，小资产阶级不会倾向我们，蒋介石必然在帝国主义指挥之下屠杀群众，那时不但市政府是一句空话，势必引起我们在全国范围内的失败。因为蒋介石如果公开地背叛革命，决不是简单的他个人行动，乃是全中国资产阶级走到反动营垒的信号。当时由述之亲到汉口向国际代表及中共中央多数负责同志陈述意见和决定进攻蒋军的计划。那时他们对上海事变都不甚措意，连电催我到武汉。他们以为国民政府在武汉，一切国家大事都应该集中力量在武汉谋解决。同时，国际又电令我们将工人的枪械埋藏起来，避免和蒋介石军队冲突，勿以武装力量扰乱租界等，亦农看了这个电报，很愤激地把它摔在地下。那时我又以服从国际命令，未能坚持我的意见，而且根据国际对国民党及帝国主义的政策，和汪精卫联名发表那样可耻的宣言。

我于四月初到汉口，第一次会见汪精卫，即听到他一些有反动倾向的言论，和在上海谈话时大两样。我告之鲍罗廷，他也说是如此，并说汪精卫一到武汉，即受了徐谦、顾孟余、陈公博、谭延闿等的包围，渐渐和他疏远了。蒋介石李济深相继屠杀工农后，国民党日益看轻了无产阶级的力量，汪精卫及国民党全体中央委员的反动态度与政策日益发展。我在本党的政治局会议上报告两党联席会议时："我们和国民党的合作日益入于危险，他们和我们所争的，表面上好像是这样或那样的各个小问题，实际上他们所要的是整个的领导权。现在只有两条路摆在我们的面前：放弃领导权或是和他们决裂。"会议上以沉默的态度答复了我的报告。马日事变后，我两次在政治局会议上提议退出国民党，最后一次，我说："武汉国民党已跟着蒋介石走，我们若不改变政策，也同样是走上蒋介石的道路了。"当时只有任弼时说一声："是的呀！"和周恩来说："退出国民党后工农运动是方便得多，可是军事运动大受损失了。"其余的人仍是以沉默的态度答复了我的提议。同时我和秋白谈论此事，秋白说："宁可让国民党开除我们，不可由自己退出。"我又和鲍罗廷商量，他说："你这个意见我很赞成，但是我知道莫斯科必不容许。"那时我又以尊重国际纪律和中央多数意见，而未能坚持下去。我自始至终都未能积极地坚持我的提议，一直到此时实在隐忍不下去了，才消极地向中央提出辞职书，其主要的理由是说："国际一面要我们执行自己的政策，一面又不许我们退出国民党，实在没有出路，我实在不能继续工作。"

国际始终承认国民党是中国民族民主革命的主体，"国民党的领导"这句话，在史大林口中叫得异常响亮（见中国革命问题中反对派的错误），所以始终要我们屈服在国民党组织之内，用国民党的名义，国民党的旗帜领导群众。一直到冯玉祥、汪精卫、唐生智、何健等全体国民党公开地反动，公开地取消了联俄容共（他们老早就说，"只承认容共而不承认联共"）及帮助工农运动等所谓三大政策。国际还电令我们"退出国民政府而不退出国民党"。所以"八七"会议以后，自从南昌暴动一直到占领汕头，共产党仍旧是隐藏在左派国民党的青天白日旗帜之下，在群众中只看做是国民党的内哄，并没别的什么。中国幼稚的无产阶级所产生之幼稚的共产党，本来就没有相当时期的马克思主义和阶级斗争的锻炼，一开始便遇着大革命的斗争，只有在国际正确的无产阶级政策指导之下，才可望不致发生很大的根本错误。不幸在以上这样始终一贯的机会主义政策指导之下的中国无产阶级及其政党，怎么会看清自己的前途，怎么会有自己的独立政策，只有步步投降于资产阶级，附属于资产阶级，以至一旦资产阶级的大屠杀到来而我们没有一点办法。长沙马日事变后，国际训令我们的办法是：

（一）土地革命应从下级没收土地，不用国民政府下令没收。然而不要侵犯军官的土地。（两湖的资产阶级、地主豪绅几乎没有一个不是当时两湖军官的本家亲戚故旧，而或明或暗受他们的包庇。没收土地若以不侵犯军官为条件，便是一句废话。）

（二）以党部的力量制止农民的"过火"行动。（过去就实行了制止农民的"过火"行动这一可耻的政策，然而事后国际却批评中国党"常常成了群众运动的阻碍物"，指为中国党三个最大的机会主义的错误之一。）

（三）消灭现在不可靠的将领，武装两万共产党员，加上从两湖挑选五万工农分子组织新军队。（如果能得到这许多军器，为什么不直接武装工农而还要扩张国民党的新军队？又为什么不能建立工农兵苏维埃？既没有工农兵苏维埃，又没有武装工农，试问由什么人，用什么方法去消灭那些不可靠的将领？想必仍旧是哀求国民党中央撤换他们，国际代表鲁易把国际训令送给汪精卫看，自然是这个用意。）

（四）在国民党中央委员会中，以新的工农分子代替老委员。（我们既然能够这样自由处分老委员，重新改组国民党，为什么不能够自己组织苏维埃，而必须把工农领袖送到已经屠杀工农的资产阶级国民党里去，替他们装潢呢？）

（五）以知名的国民党员做领袖（不是共产党员），组织革命法庭裁判反动的军官。（已经反动的国民党领袖所组织的法庭，事实上将是谁裁判谁呢？）

企图在国民党内执行这些政策，仍然是幻想的口头上左倾的机会主义，根本政策一点也没有改变，等于想在粪缸中洗澡。当时要执行左倾的革命政策，根本政策必须转变，即是共产党退出国民党，真正独立起来，尽可能地武装工农，建立工农兵苏维埃，推倒国民党的领导。否则任何较左的政策，都是没有办法的办法。当时中央政治局回答国际的电报说接受国际的训令，并且依照方针进行，唯声明不能即时都能实现；因为中央全体同志都认为国际这些训令都是一时没有办法的办法，就是列席中央会议的樊克（听说他是史大林的特别使者），也以为没有即时执行的可能，他同意中央致国际的电报，说："只好这样回答。""八七"会议后，中央极力宣传，说中国革命失败的原因，是机会主义者不接受国际训令（当然即指上述这些训令，此外别无什么训令）即时转变，不知他们以为在国民党圈内能够如何转变，所谓机会主义者是指谁？

党犯了以上这样一贯的根本错误，别的大大小小不可胜述的枝叶错误，自然要跟着不断地发生出来。认识不彻底，主张不坚决，动摇不定的我，当时深深地沉溺在机会主义的大气中，忠实地执行了国际机会主义的政策，不自觉地做了史大林小组织的工具，未能自拔，未能救党，未能救革命，这是我及我们都应该负责任的。现在的中央说我们企图把中国革命失败的责任推到国际好躲避自己的责任，这简直是笑话。任何人都不能因为他犯过机会主义而永远取消他批评上级机关的机会主义及他自己回到马克思列宁主义之权利，同时任何人也不能因为机会主义政策之来源出于上级机关而有躲避自己执行机会主义政策的责任之自由。机会主义政策固然来源于国际，然而中国党的领导者为什么不向国际抗议而忠实地执行，这个责任又推到谁呢？我们应该很坦白地很客观地认识过去以至现在的机会主义政策，都是来自国际，国际是应该负责任的。幼稚的中国党还没有自己发明理论决定政策的能力，至于盲目地执行国际机会主义政策，而没有丝毫认识与抗议，这是中国党领导机关应该负责任的。若是互相推诿，大家都各自以为没有什么错误，难道是群众的错误吗？这不是太滑稽，简直对革命不负责任。我坚决地相信，我或别的负责同志，如果当时能够像托洛斯基同志对于国际机会主义政策之错误有那样深刻的认识，有那样坚决的争辩，不但自己争辩，并发起全党党员群众的热烈讨论争辩，其结果即或走到被国际开除和党的分裂，也于党于革命都大有补救，也不致使革命这样可耻的失败，使党这样政治破产。认识不彻底，主张不坚决，动摇不定的我，竟没有这样做，党若根据我过去这样的错误，更或者因为我坚持过去的错误路线，对于我有任何严厉的处罚，我都诚恳地接受，而没有半句话可说。然而现在中央开除我的党籍之理由是：

（一）说我"根本无诚意去认识自己在中国大革命时代之机会主义领导的错误，没有决心去认识过去的真正错误所在，便必然不可免地要继续过去的错误路线"。其实我正因为根本地诚意地认识过去机会主义领导的真正错误所在，和决心反对现在及将来继续过去的错误路线而被开除了。

（二）说我"不满意共产国际的意见"，"根本便不愿赴莫去接受国际的训练"。我所受国际机会主义的训练已经受够了，以前因为接受国际意见，而做了许多错误，现在因为不满意国际意见而被开除了。

（三）我在八月五日致中央信中有下列诸语句："此外，这两个阶级之'阶级的经济利益'根本矛盾，还有什么呢？""当广州暴动前后……我曾写了几封信给中央，指出国民党政权决不会像你们所估计那样的崩溃。""现时，群众虽有些斗争，而拿它当作革命高潮到来的象征还太不够。""一般的合法运动，自然是放弃革命之企图，但在一定条件之下，为发展我们的力量，有必要时，列宁所谓：'不带何等白热性的一切合法的可能手段，在这个时期（即过渡时期），也不应一概排弃。'"中央把这些语句似是而非地改为"资产阶级与封建势力的矛盾也没有了"；"现在统治阶级不是走向崩溃，革命斗争不是开始复兴而是更加衰落"；主张应采用"合法的方式"，并且每个语句都加上引号，好像是引用我的信的原文。这也算是开除我的理由。

（四）我在十月十日致中央信中说："在目前没有革命高潮的时期，即反革命的时期，应该提出总的民主主义的口号，如在'八小时工作制'、'没收土地'之外，提出'废除不平等条约'、'反对国民党军事专政'、'召集国民会议'等……必须使广大民众在这些民主的口号之下活动起来，才能动摇反革命的政权，才能走向革命高潮，才能使我们的'打倒国民党政府'、'建立苏维埃政权'等根本口号，成为民众运动中的行动口号。"我和彭述之同志在十月二十六日致中央信中说："目前即非直接革命的过渡时期，便须有适合过渡时期的总的政治口号，方能争取群众；工农苏维埃在目前只是宣传口号，目前若提出'为组织苏维埃而斗争'作行动口号，当然得不到无产阶级群众的回声。"中央说我们是"主张以'召集国民会议'为目前的'总的政治口号'来代替'打倒国民党政府'、'建立苏维埃政权'的口号"。这也是开除我的党籍的理由之一。

（五）我说要指出"国民党政府对于中东路的卖国政策或误国政策"，使还有民族偏见的"广大民众能够同情于我们反对帝国主义利用国民党借口中东路问题向苏联进攻的阴谋"。这正为帮助拥护苏联的口号能够深入群众。中央说我是"以反对国民党误国政策的口号来代替拥护苏联的口号"。这也是开除我的理由之一。

（六）我写给中央几封信乃是党中严重的政治问题，中央延搁起来久不发表，而且国际代表及中央向我明白宣告以不能公布党内不同的政治意见为原则。由党员群众合法讨论以纠正中央错误这一方法，既已绝望，我不应再为寻常的组织纪律所拘囚，更不必阻止同志们传观我的信稿。这也是开除我的理由之一。

（七）"八七"会议以后，中央不许我参加任何会议，未曾派我任何工作，直到本年十月六日（距开除我的党籍只四十天），因为我几次发表批评中央继续机会主义、盲动主义的路线，他们为准备开除我的手续，才忽然来信说："中央决定你在党的政治路线之下，在中央担任编辑工作，限定你一周内作篇反对反对派的文章。"我此时已根本承认托洛茨基同志的主张是合乎马克思列宁主义的，我如何能说和自己意见相反的假话！

（八）我们只知道托洛茨基同志是坚决地反史大林、布哈林机会主义政策的，我们不能听史大林派的造谣，便相信和列宁携着手创造十月革命的托洛茨基同志真有反革命的事实（只拿中国的史大林派李立三等对于我们的造谣，就可证明）。称托洛茨基为同志，中央便说我们"已经离开革命，离开无产阶级，走向反革命"而将我们开除了。

同志们！中央现在竟勉强制造以上这些无理由的理由，将我的党籍开除了，并且凭空加我以反革命的罪名；我相信同志们对于这件事多半还莫名其妙，就是中央他们自己也说："有些人或者有些莫名其妙！"可是他们竟公然在有些同志还莫名其妙的状态中将我开除了，说我反革命了，他们为什么要诬蔑我为反革命？我却"很名其妙"。这就是现代中国人新发明的攻击异己的武器。例如国民党大骂我们共产党是反革命以掩饰他自己的罪恶，蒋介石挂着革命的假招牌欺骗民众，妄以他自己为革命之化身，凡反对他的就是反革命就是反动分子。

许多同志都知道，中央开除我的党籍，这些无理由的理由，都不过是表面的官样文章。实际是讨厌我在党内发表意见，批评他们继续过去机会主义、盲动主义，厉行以下的破产政策。

全世界各资产阶级的国家，哪一国还都有封建的遗迹和袭用封建式的剥削方法（黑奴和南洋群岛的"猪仔"，事实上就是封建奴隶制度），有些国家甚至还存在封建势力，中国就是其中一例，我们在革命中自然不能放过他；可是国际及中央一致认为：中国在经济政治上都仍然是封建残余占优势，并保持统治地位。因此，他们竟把这种残余当做革命之目标，把压迫革命的主要的当面死敌——资产阶级势力轻轻放过，把资产阶级一切反动行为都归到封建。仿佛说中国的资产阶级还是要革命的，他永远不应该反动，一反动便不能称为资产阶级。因此，他们不承认国民党是代表资产阶级利益的政党，不承认国民政府是代表资产阶级利益的政权，其结论必然是：中国在将来或现在，除了国民党以外，或在南京的国民党之外，还有一个不反动的革命的资产阶级政党存在。因此，现在在策略上，在实际行动上，是跟着改组派做倒蒋的军事投机；在政纲上，是主张将来的第三次革命。至于其革命的性质（附注二）仍须以资产阶级的民主革命阶段为限，反对在将来的革命中侵犯资产阶级的经济力量，反对提出无产阶级专政的口号。像这样始终一致地迷恋资产阶级和对于资产阶级的幻想，不但是继续了过去的机会主义，而且更加深了必然要造成将来革命之更可耻更悲惨的失败！

"建立苏维埃政权"，如果是用为行动口号，必须在革命高潮中客观条件已成熟时才能够发出，不是任何时都可以任意乱来的（附注三）。过去在革命高潮中，未采用"组织苏维埃"和"建立苏维埃政权"这等口号，自然是主要的错误。在将来革命一起来，立刻就要组织工农兵苏维埃，就要发动群众为"建立苏维埃政权"这一口号奋斗；并且应该是无产阶级专政的苏维埃，而不是什么工农民主专政的苏维埃。在当前反革命势力全盛的时代，大众的革命运动没有高潮的时代，不管任何角度来看，"武装暴动"和"建立苏维埃"的条件在客观上都未成熟。"建立苏维埃"目前只能是教育宣传口号，若用为行动口号，号召工人群众马上实际行动起来为"建立苏维埃"而奋斗，必然得不到群众的应声。所以目前在行动上应该采用最民主主义的口号："为召集国民会议奋斗。"因为这一运动的客观条件已经成熟了。目前，可以仅仅用这一口号推动广大群众，从政治暴露斗争走向革命高潮，进而发展为"武装暴动"，"建立苏维埃政权"的斗争，可是，继续执行盲动主义的中央派却完全与之相反，他们认为革命复兴的气运已经成熟（附注四）；并指责我们认为工农苏维埃在目前只是宣传口号，自然他们认定目前已经是行动口号了。所以，不断地以命令强迫党员代替群众上街示威，以命令强迫罢工，每个小的日常斗争，都要任意强迫扩大到政治斗争，以至工人群众甚至工人同志更加和党脱离了。并且最近在江苏代表大会上，竟至议决了"组织大的罢工运动"和"地方暴动"。自从去年夏天到现在，上海工人起来一些小小斗争的萌芽，一露头即被党的盲动政策铲除了，今后自然还要继续铲除，江苏省代表大会的议决案，如果真去执行，更要大大地铲除。现在我们的党已经不是助长工人革命斗争高潮的领导者，而成了铲除工人斗争萌芽的刽子手！

现在的中央，忠实地依据在国际直接指导之下，第六次大会的破产政策路线（附注五）执行上述的破产政策，把过去的机会主义和过去的盲动主义结合起来，以断送党断送革命。无论是国际或中央过去不自觉地犯了机会主义的错误致革命失败，已经是罪恶了；现在既经反对派的同志很明白地指摘出来，还是悍然不承认过去的错误，而且自觉地继续过去的错误路线，还要为了掩护少数人自己的错误，不惜自觉地抛弃布尔什维克的组织路线，滥用上级机关威权，钳制党内的自我批评，并且对于发表政治意见的同志大批地开除党籍；有意造成党的分崩离析，这更是罪恶以上的罪恶，更是顽钝无耻。每个布尔什维克主义者，都不应该害怕在群众面前公开的自我批评，党只有勇敢地实行自我批评，方能够获得群众，决不会因此失掉群众。反之，像现在的中央这种掩护自己的错误，则真要失掉群众。全党大多数同志，对于党这样的错误与危机，没有不或多或少感觉到的。我们只要不是简单地为领生活费混饭吃，只要自己有一点觉得对党对革命不肯放弃责任，任何同志都应该站起来严厉地实行对党自我批评，以拯救党的危机；倘眼看着党日就危亡，而袖手旁观，默无一言，这也是一种罪恶！

同志们！亲爱的同志们！我们都知道，谁一开口实行自我批评，党的错误还未纠正，谁就自己先失掉了党籍。但是我们要权衡一下，自己个人一时失掉党籍和拯救整个党的危机，孰轻孰重？

自从"八七"会议定出武装暴动的总方针，各处实行暴动，我曾写过好几封信给当时的中央，指出当时群众的革命情绪并不是高涨，国民党政权也不会很快地崩溃，没有客观条件的随便暴动，只有更加削弱党的力量，更加使党离开群众。应该改变政策，在日常斗争中争取群众，团结群众。当时的党中央以为普遍的武装暴动是纠正机会主义之绝对正确的新的路线，主张要估量暴动的条件和计较成败，便是机会主义。当然对我的意见，不但丝毫不加考虑，而且当做笑话到处宣传，说这是我仍旧没有改正机会主义的错误之证据。我当时为党的组织纪律的拘囚，不得已取了消极态度，而未能积极地超越组织对中央的毁党政策作坚决的斗争，致党走上了崩溃的道路，这也是我应负责任的。其后经过第六次大会，我还是怀着错误的见解，还是幻想新的中央受到许多事实的教训，将能够自己醒悟过来，未必盲从国际的错误路线到底。我自己仍是继续消极态度，不欲独持异议，致引起党内纠纷，虽然我对于六次大会的根本路线十分不满，直到经过蒋桂战争及五卅纪念运动，我深深地感到中央牢不可破的继续机会主义和盲动主义，明明是不会自己改变的了，非有自下而上党员群众合法的公开的讨论和自我批评，是不能纠正领导机关严重的错误路线了。然而党员群众都在组织纪律的拘囚与钳制之下，一时陷于"敢怒而不敢言"的状况。此时我实在不忍眼见无数同志热血造成的党，就这样长期地在严重错误路线之下破灭消沉下去。不得不挺身出来，自从八月初起开始向党发表意见，以尽我的责任。此时有些同志还劝阻我说："中央的人们把他们少数领袖的利益，看得比党的利益和革命的利益更重要，他们坚决地企图掩护自己的错误到底，决不能接受同志的批评。像你这样不避忌讳地批评他们，他们将来会借故开除你的党籍。"我知道这个，然而我爱党的心逼迫着我一定要走向不顾计到我个人利益的道路。

国际及中央一向是反对算旧账的，一直到现在看见我批评了他们的错误，他们才忽然想起来说我："无诚意去认识自己在中国大革命时代之机会主义领导的错误，没有决心去认识过去的真正错误所在，便必然不可免地要继续过去的错误路线。"这几句话正是他们自己的真实写照。其实，我若是能够昧起良心来不顾阶级利益和他们肮脏一气，没有决心认识过去的真正错误所在，并附和他们继续过去的错误路线，他们必然还要借重我老机会主义的笔和口，来攻击所谓托洛茨基主义，以希图大家心心相印地掩护自己的错误，更何至于开除我的党籍。和社会恶势力奋斗了大半生的我，怎肯做这样颠倒是非黑白的下流事。李立三说："中国的机会主义者（附注六），不愿意正确地去认识过去大革命失败的教训，而想躲藏到托洛茨基主义旗帜之下，来掩饰自己的错误。"其实，在托洛茨基同志所发表的文件中，他所指责我个人的话，比史大林、布哈林更严厉；然而我不能因为他指责了我个人，便不肯承认他所指出过去大革命失败的教训是百分之百的正确，我宁愿受任何同志任何严重的批评，而不愿使过去革命的经验与教训埋殁下去；我宁愿今天被李立三等少数人开除我的党籍，而不愿眼见党的危机而不力图拯救，将来要受党员群众的责备。我宁愿心安理得地为无产阶级的利益而受恶势力几重压迫，不愿和一切腐化而又横暴的官僚分子同流合污！

同志们，我知道中央开除我的党籍，完全是他们少数人为掩护他们自己错误的一种手段。这样一来，不但免得我在党内发表意见和主张要公开地讨论政治问题，并且拿开除我向党员群众示威，叫大家都免开尊口；我知道决不是党员群众有开除我的意思。我虽然被党的上层少数领袖开除了，我和党的下层群众丝毫没有什么隔阂与芥蒂。所有党中的同志，只要不是始终坚决地跟着史大林派（国际的和中国的）的机会主义政策走，我仍旧要和你们携着手为无产阶级服务。

同志们！亲爱的同志们！现在党的错误，不是枝节的局部的问题，仍旧和过去一样，是史大林所领导的国际整个的机会主义政策在中国之表演。甘心做史大林留声机器的中共中央负责的人们，自今还没有一点政治自觉，而且日益倒行逆施，无可救药了。列宁在联共第十次大会上曾经说过："党内有了根本不同的政治意见，而又没有别的方法可以解决，小组织才是正当的。"他当年所领导的布尔什维克派运动，就建筑在这个理论之上的。现在我们党的危机也不容许在党内有别的方法（即党内合法的公开争辩）来解决了。我们每个党员都负有拯救党的责任，应该回复到布尔什维克精神与政治路线，一致强固地团结起来，毫不隐讳地站在托洛茨基同志所领导的国际反对派即真正马克思列宁主义的旗帜之下，坚决地，不可调和地，不中途妥协地和国际的及中共中央的机会主义者奋斗到底。不但反对史大林的及类似史大林的机会主义，并且要反对季诺维也夫等的妥协态度，不怕所谓"轶出党的范围"，不惜牺牲一切，以拯救党拯救中国革命。

此致

无产阶级的敬礼！

陈独秀

1929 年 12 月 10 日

〔**附注一**〕史大林说："多数派在一九〇五年中的政策是不是正确的呢？是正确的，但未〔为〕什么有了苏维埃的存在。有了多数派的正确政策，一九〇五年革命还是不能胜利呢？这是因为封建残余和专制政府要比工人革命运动的力量强大些。能不能说中国共产党的政策在过去没有提高了无产阶级的战斗力，没有亲密无产阶级与广大群众的关系，和没有增长无产阶级在这些群众中间的威望呢？很明显是不能这样说的。"正确的政策固然不是胜利之唯一保证，而错误的政策却是失败之主要的保证。若以为商人之力量如果强大些，虽有正确的政策还是不能胜利，则俄国一九〇五年的失败和中国一九二七年的失败以及一切革命工人运动之失败都是定命的了！我不愿意史大林为中国党有这样的辩护，我更愿借史大林的话为我自己辩护。

〔**附注二**〕中国革命之现阶段是反革命时期。目前对于民主的反革命运动，只有走向革命之可能，而不是革命。至于改组派倒蒋运动，只是反革命的国民党内部冲突，根本连民主运动还说不上。只有民众高潮发展到推倒整个的资产阶级国民党政权，才算是革命。六次大会所谓"中国革命现在的阶段是革命的阶段"，事实上应该指是将来的第三次革命。他们承认现在的阶段是革命的阶段，所以产生出思想混乱的"中国革命现在阶段的政纲"，即所谓"中国革命之十大要求"，这正是机会主义和盲动主义之混合物。

〔**附注三**〕一九一七年四月巴格达梯夫为首的一部分多数派，发出"一切政权归苏维埃"的口号，列宁尚且公开地责骂他们发出这一口号太早，说他们是冒险。

〔**附注四**〕最近国际训令说：中国革命复兴已经成熟了。中共中央初接此训令时，尚疑成熟二字或译文有误，后交宣传部查对原文，译文并未错误。同前在江苏省代表大会中，多数代表对成熟二字也一致怀疑，群起争论，后经中央出席委员极力坚持，终于决定中国革命复兴已经在他们的头脑中成熟了（大概他们以为改组派倒蒋就是革命复兴）。

〔**附注五**〕第六次大会所决定之破产的路线，用白纸黑字写在议决案上，如："中国革命现在的阶段是资产阶级性民权革命"，"实现工农民权独裁制"，"富农还没有消失革命性……不应加紧对富农的斗争"，"革命运动现形势与中国共产党的总路线——新的革命高潮之象征已经可以看见……一省或几省革命高潮与苏维埃政权的前途是可能的"，"新的革命高潮快要到来"等等。中央所忠实执行的正是这些破产的路线，项英、李富春、何孟雄等调和派，以为六大议决案没有错，只是中央执行得不对。这是表现出这班调和派不但不懂得我们反对派的政治路线是什么，并且也不懂得国际直接指导之下六大的政治路线是什么，他们自己更是没有路线。

〔**附注六**〕李立三辈对于机会主义，不愿探本溯源地使全党认识机会主义整个的路线之错误，而是想利用党的宣传机关与权力，把那几个个人造成机会主义的象征，以集中全党同志的视线，形成群众心理，好自然而然地把他们自己除外了。他们对盲动主义的宣传也是这样，只是瞿秋白造成盲动主义的象征，好把他们自己除外。其实在汉口时代，瞿秋白在农民部通告上，大骂农民"过火"，运动是流氓行动，命令各级党部须顾到国民政府一般政策。马日事变后，国际代表鲁易说了一声："国民党中央已经是反革命了。"李立三马上红着脸提高了嗓子抗议道："鲁易同志说这样的话，简直是送棺材给中国党。"蔡和森力主自行取消武汉总纠察队武装，以避免和国民党军队冲突。请问：这些都是表现什么意识什么主义?! 杨殷及罗绮园都曾亲自告诉我："李立三在广东省委负责时，他所表现的盲动主义比全党任何同志都厉害。"

（以上均为原注——编者）

署名：陈独秀

转自《陈独秀著作选编》第四卷，
上海人民出版社 2010 年版

我们的政治意见书

（一九二九年十二月十五日）

一、中国过去革命失败的原因
——国际机会主义的领导

自从列宁同志患病和逝世，在季诺维也夫史大林布哈林主持之下的共产国际及联共领导机关，发生了机会主义的绝大危机，即是在政治上，以一个国家建设社会主义的保守理论代替了无产阶级的国际主义，以苏联的官僚外交策略代替了各国革命的阶级斗争，以和上层领袖谋妥协结合的策略代替了推动下层革命群众斗争的策略，以联合并拥护资产阶级之门雪维克的策略代替了无产阶级独立领导农民革命之布尔什维克的策略，以少数派机械的阶段论代替了不断革命论；在组织上以官僚威权的形式主义代替了无产阶级的民主集中主义，因此消灭了无产阶级战士政治自觉的积极活动。在这种根本错误的政治路线组织路线之下，先后断送了一九二三年的德国革命和保加利亚的革命，断送了英国的革命工人运动，使英国的改良派在工人群众中的统治意外巩固，并且造成了苏俄的大危机。在史大林布哈林机会主义的□□之下，失败最惨的，要算是一九二五——二七年的中国大革命。

一九二五——二七年中国革命失败之总的原因，是由于对资产阶级革命性和国民党的阶级性认识之根本错误，有了根本错误的认识，遂发生了错误的策略，主要的就是帮助并且拥护资产阶级，不使中国无产阶级有它自己的真正独立政党领导革命到底。

中国国民党，无论在其行动的历史上，在其三民主义的政纲上，在其建设中国实业计划上，在其上层领导成分上，都是一个资产阶级的政党，而且自始即带有不少的反动性（如希求帝国主义的帮助及不主张没收土地及大贫小贫论）；至于其中的下层群众含有不少的工农分子，在欧洲各国资产阶级的政党中不乏此例，决不能因此改变其党的资产阶级性；无论其如何口头上主张世界革命，拥护工农利益，和联合苏俄，凡在一个革命运动高潮中，羽毛还未丰满的资产阶级往往采用一部分迎合无产阶级的口号，甚至于拿出社会主义的幌子，以猎取无产阶级的同情与拥护，这是资产阶级的常态，是在欧洲革命运动史中所常见的。无产阶级在没有独立的政党时，常常受了资产阶级的欺骗，常常的是简单的替资产阶级服务，无条件地为资产阶级去推翻封建的统治，而马上即被资产阶级践踏。中国的无产阶级不幸也在共产国际及中共错误的幻想的政策领导之下，不自觉地做了中国资产阶级国民党简单的工具，以苦力的资格替它们推翻了代表官僚买办资本的北洋派的统治，以与帝国主义妥协。资产阶级的国民党刚一抬头即以空前的白色恐怖摧残它们的昨日的拥护者——无产阶级。我们加入国民党和长期留在国民党的结果是：在无产阶级群众面前掩饰了国民党之资产阶级的反革命性，松懈了工农群众对国民党的戒备，提高了国民党的政治地位，组织和强固了资产阶级反对工农的统治，终致国民党对工农不断的大批屠杀和它的政权意外巩固。

我们在国民党的政策，因为希望留在国民党内，保持长期的阶级联盟，所以不惜不断地让步：一九二四年国民党的中央全会，国际代表及中共中央代表允许国民党组织国际联络委员会，监督我们与第三国际的关系，凡国际所给中共的政策和命令须先交该委员会看过；一九二六年三月二十蒋介石政变，围缴省港罢工委员会及苏俄顾问和苏俄视察团的卫队枪械，逮捕大批共产党党员后，复以国民党党务整理议决案的形式，令共产党及青年团将加入国民党的党员团员名单缴存国民党，禁止我们批评孙中山的三民主义，令我们同志退出军事学校或退出共产党；这些事实已经是资产阶级公开地强迫无产阶级服从它的领导与指挥，而不是什么联盟。在这样的情形之下，国际的政策不但不因资产阶级进攻使无产阶级自己更加独立起来，反而采用了最可耻的投降政策，严厉地阻止中共退出国民党，连准备退出都不许，继续极力武装蒋介石，国际代表还极力主张我们应将所有的力量帮助并拥护蒋介石的军事独裁，从此无产阶级更进一步完全投降了资产阶级，不啻自己正式宣告为资产阶级的附属品。一九二七年四月十二〔日〕蒋介石开始大屠杀，国际对国民党的政策，仍然是继续拥冯拥汪，说冯玉祥是工人出身，说汪精卫是土地革命的领袖，反对中共退出国民党，反对组织苏维埃。并且在蒋介石叛变以前，曾命令我们以劳资仲裁代替罢工斗争，命令我们避免与蒋介石的军队冲突；在蒋介石叛变以后，曾命令我们在土地革命中不得侵犯军官们的土地，命令我们以党部的力量制止工农的"过火"行动，最后，全部国民党已公然反革命，还命令我们退出国民政府而不退出国民党，直到南昌暴动，还是在左派国民党旗帜之下举行的。这样的政策，分明是使中共撕碎了自己的旗帜，服从国民党的领导，变成了国民党约束工农的工具；这样的政策，分明是自始至终从头到尾一贯的空前未有最可耻的机会主义，分明是卖阶级的政策，完全不是一九〇五年布尔什维克坚决的反对资产阶级妥协，独立地领导农民，准备武装暴动，夺取政权，实现工农民主专政的政策。关于阶级联盟问题，列宁常常引用巴尔夫斯的话说："我们无论何时都不应忘记的条件是：共同奋斗，分别走路，不混合组织，看同盟者犹如看敌人一样。"国际既强制中共混合在国民党组织之内，复大喊"推倒国民党的领导是超越阶段的危险"，事后却责备中共不应损失其组织上及政治上的独立；其实使中共加入国民党，根本已毁坏其独立便不能执行其独立政策。中共要执行国际这些机会主义的政策，则步步投降资产阶级，毁灭中共组织上政治上的独立，乃必然的逻辑，难道除了这些实际问题外，还有悬在空中的独立吗?!

共产国际对国民党这样破产的政策，是根据他们对殖民地的资产阶级和帝国主义关系之根本错误的认识。他们以为殖民地的资产阶级因受帝国主义的压迫需要革命，因此帝国主义对中国的压迫，可以团结中国国内进步的各阶级，形成国民革命的联合战线。这种联合战线的方式便是国民党，国际称它为"各阶级联盟"或"四个阶级的联盟"。这分明是组织上的阶级混合，而不是在某一时期某一运动中两个独立政党行动上的联盟，他们不懂得帝国主义对中国商品与资本侵略之深入，使中国的资产阶级在经济上政治上非依赖帝国主义不能生存，这种依赖外力而生存的幼稚的中国资产阶级，必须靠更残酷地剥削工农，才能勉强抵制住和资本技术更高的帝国主义国家工商业竞争，才能够维持自己的生存发展，因此使中国的资产阶级和工农的冲突更为不可调和，更易于爆发阶级战争。资产阶级最初参加民族革命，乃是企图利用能够在它们控制条件（过去国际的政策正是对资产阶级担保这种条件）下的工农群众声势，向帝国主义做买卖，好取得于它们自己阶级的那几种利益，一看到工农群众根据其本身利益，侵犯资产阶级的利益领导革命时，资产阶级便马上感觉到工农革命比帝国主义对它更是根本的危险，所以中国的资产阶级很快的反对革命，乃是其阶级性之必然。由此我们可以得到的结论，就是帝国主义的压迫，只有使国内的阶级斗争加紧，决不能因此促成阶级联合和缓阶级斗争。国民党是一种资产阶级欺骗利用民众的工具，用抽象的"国民革命"的口号（在我们不进行对资产阶级斗争的状况之下）麻醉住工农群众意识，不组织自己的独立的武装，而只是无条件地为资产阶级夺取江山，资产阶级独享胜利之果，而且马上回过头来屠杀工农群众，这是一件白日经天的事实，谁都不能否认。

我们加入及留在国民党的另一理由，便是要经过国民党去争取小资产阶级的群众而与它联盟，这也是机会主义的模范的表现之一。无产阶级之最可靠的同盟者，只是下层小资产阶级群众即城市及乡村的贫民。固然，无产阶级随着革命发展之现实的环境，要团聚一切革命势力，但无论如何我们的着眼是在群众，尤其是下层劳苦群众，而不是在资产阶级或小资产阶级上层所领导的民主政党。我们要团结广大的劳苦群众在自己方面来，首要的就是无产阶级自己要有独立的政治地位与鲜明的旗帜。有时可以甚且必须在一定的明确的行动纲领上与资产阶级的民主派建立联盟；但这个联盟之根本作用，是在以自己独立的政治立场，去揭破资产阶级民主派的妥协与欺骗，以夺取广大劳苦群众在自己的政治影响方面来，而不在掩藏自己的政治面目，迁就资产阶级的民主派，更不可在组织上与它混合起来，以"集中革命势力"！从前第二国际即主张俄国的社会民主党应与资产阶级的社会革命党合并，他们常说：不懂得在落后的俄国为什么多数派少数派和社会革命党分而为三。列宁则坚持只能和社会革命党有政治上的联盟，而不能在组织上和它混合。德国一八四八年革命后，小资产阶级的民主党，尚保持和劳动者同盟对封建党及大资产阶级的党作革命的反抗；马克思在一八五〇年三月以中央委员会名义致共产主义同盟的信，严厉地指出这一同盟者的危险性，指出他们号召一切民主派联成一大反对党之欺骗，极力主张无产阶级要有自己的独立政党，他说："即为对付共同敌人，亦不必有特殊的共同组织，对敌直接斗争时，两党利害一时一致的，自然而然有一时的结合。"过去共产国际对国民党的政策，完全抛弃了马克思列宁的遗教，而是采取了从前第二国际的意见，特意把国民党装成一个狮子灯，我们都钻在里面去舞。像这样混合组织的联盟，则遇事掣肘和混乱了我们自己的政治面目，不但不能经过他们争取其下层群众，并且要丧失我们自己阶级的群众。

在革命高潮中，无产阶级和小资产阶级下层群众即城市乡村的贫民联合之最好的形式，便是苏维埃，即是由工农贫民兵士的广大群众选举代表组织的苏维埃，它的任务是武装群众及指挥群众的政治斗争夺取政权的机关。共产国际的领导，在革命高潮中，为要跟着大资产阶级或小资产阶级的上层跑，做那种无希望的同盟梦，于是根本抛弃代表城市乡村贫民的利益，在斗争上服从国民党的政纲，越此便是"过火"，在组织上把农民协会及店员小商人的组织工作通统交给国民党，不许组织苏维埃；他们竟至说，"中国的国民党对现时中国革命的作用与一九〇五年的苏维埃对俄国革命作用是一样"，"武汉国民党为革命运动的中心"，"武汉政府是革命的政府"，"若现在即刻建立苏维埃，拒绝拥护武汉政府，提出二重政权的口号，推翻武汉政府，便是对蒋介石和张作霖予以直接的援助"（史大林）。"在将来过渡到无产阶级革命的时候，还可以利用国民党作为无产阶级专政的国家组织形式。"（布哈林）他们的错误，完全由于迷信少数派的阶段论遮住了眼睛，不去观察国民党国民政府的内容和当时民众革命斗争急激进展的环境，以至盲目地反对建立苏维埃；他们完全不认识不但南京的国民党已公然反革命，即武汉的国民党和国民政府也已日渐走向反革命，尤其在马日事变后，他们和蒋介石张作霖已经没有区别，此时国民党资产阶级（凡是剥削劳动的大小资产阶级都包涵在内）参加民主革命的历史已经告终；同时从共产国际到中国国民党一致承认"过火"的工农运动，已经打破了各阶级联盟，超过了资产阶级民主革命的范围，开始由民主阶段，走向社会主义革命阶段，即革命性质已经开始转变了。无产阶级的政党，至少在三月二十事变后即应退出国民党而独立，在北伐开始时就应该在北伐军所到的地方组织苏维埃，至少在四月十二事变后即应建立苏维埃与国民党政府对抗，由二重政权进到推翻反革命的国民政府，由无产阶级专政，一面完成民主革命的任务，一面走向社会主义的道路。共产国际的领导不是这样，而是始终拘泥民主革命的阶段，始终迷信国民党，始终想用大资产阶级及上层小资产阶级的民主政党代替了工人与乡村城市贫民群众的苏维埃。中共中央此时未能力争退出国民党，建立苏维埃，推倒国民党的领导，反而在国际代表所起草的宣言中及农民部通告中，都承认农民有"过火"行动；并且自行取消汉口总工会纠察队的武装，以避免和国民党军队冲突；这都是莫大的错误。一直到国民党全部公然反革命，革命运动已经一败涂地，此时反而突然想起用苏维埃的口号，作夺取政权的冒险尝试。

　　一个革命的政党，不但要善于进攻，也要善于退守，上海广州长沙汉口的共产党党员及工农群众相继被屠杀后，没有一点有力的反攻，自由主义的资产阶级已完全走到反动营垒，国内外一切反动势力都已经结合起来，革命分明是失败了，此时即应马上采取退守政策以保存阶级的战斗力，整理我们的队伍，积聚我们的力量，做改守为攻的准备。当时党的政策恰与此相反。联共及国际领导者史大林布哈林此时企图以无产阶级的武装暴动挽回其机会主义政策之绝望，以抵制反对派的非难，乃特派心腹代表到中国，以国际名义包办"八七会议"，在此会议中，既未便根本地系统地指出改正机会主义（仍旧说留在国民党有四大理由，仍旧主张站在国民党左派青天白日旗帜之下），又加以从莫斯科带来的事实："中国革命浪潮还在一直高涨"，"中国已经到了直接革命的形势"，经过翻译员瞿秋白周恩来李维汉等之手，造成了盲动主义。当时党的领导者，以为只有武装暴动才是布尔什维克的正确路线，只有自己和与自己同一意见的才是真正布尔什维克主义者，如有同志对于革命高潮及中央政治路线表示有一点怀疑，对暴动有一点审慎，便要拿"机会主义的残余"、"观念不正确"等罪名加以严重的打击，严厉的命令各级党部改组并实行新的政治路线即所谓"武装暴动的总方针"，凡不赞成此新的路线者即不许其登记，甚至开除已登记的同志。不仅命令党部，而且命令群众，命令他们无条件的乱动；以至盲动的情绪和大大小小的暴动普遍了全国所有我们党有组织的地方。从"八七会议"到"六次大会"乃是整个的暴动时期，在此时期中，党的领导机关之唯一的工作，"是根据共产国际的指示"用中央绝对正确的路线，客观上帮助国民党把工农群众的组织力量打得骨断肢脱伤残委地，至今不能立起来从事战斗；党的本身更加溃散，党的政治地位更加坠落，变成了单纯的"杀人放火"之象征。

机会主义是使中国革命失败，盲动主义是彻底完成这个失败，六大以后的路线是继续巩固这个失败，并为下次革命准备新的失败！

二、党的现状与危机——机会主义
盲动主义与官僚主义

在共产国际直接指导之下的中国共产党第六次大会，对于机会主义的批评，并未曾把中共中央在革命高潮中所执行的机会主义政策之根本错误（没有及时退出国民党，服从国民党的领导，没有组织苏维埃等）指摘出来，因为这样便要侵犯到国际对中国革命政策之本身，而只是指出中国党三种主要的错误（一、缺乏独立性与批评性，二、不能了解从一阶段到另一阶段的转变，三、党没有成为广大群众革命力量的中心），这不过是说中国党执行国际的机会主义政策在技术上太不高明，所以共产国际所指示的六次大会所议决的新的政治路线：将来的中国革命仍旧是资产阶级的民主革命；将来的政权性质应该是工农民主专政；富农还没有消失革命性，应联合富农而不应加紧对富农的斗争；他们虽然口头上大喊反对机会主义，而这些实际政策，仍然没有转变到另一阶段，仍然是十足的机会主义的政治路线。对于盲动主义的批评，虽然口头大喊反对盲动主义，也同样因为要掩护国际自身的盲动主义，未便指出中国党在革命失败后，按照当时全国总的形势采用暴动政策是根本错误，而只是指摘中国党对暴动政策机械地应用，没有事先组织好，玩弄暴动等等，这也不过是说中国党执行国际暴动政策在技术上太不高明，所以六次大会政治决议案公开地说："八七紧急会议，是根据共产国际的指示……定出武装暴动的总方针……走向革命的大道。"并且更说，"新的革命高潮之象征已经可以看见"，"新的革命高潮快要到来"（六大决议案），"我们的面前是一个大的全国革命的高潮"（国际代表的政治报告），所以第六次大会后中共中央第一个政治通告，开口便说"新的革命高潮快要到来"。最近国际更进一步训令中国党说中国革命复兴已经成熟。这分明是国际自从"八七会议"一直到现在极力供给中国党以盲动主义之前提。对于机会主义的错误不探本溯源地把整个的机会主义路线指摘出来，便不能得到过去革命失败的教训，因此现在党的政治路线，仍旧沿着机会主义进行；对于盲动主义的前提即革命潮流没有正确的估量，便不能了解目前的革命形势，因此现在党的工作路线，仍旧沿着盲动主义进行；政治路线工作路线，事实上日益证明破产，因此现在党的组织路线，便不得不日益效法联共的现行党制厉行官僚主义，借以钳制党员群众的异议，来保持领导机关少数人的威信。这一切一切都不是中国的国货，都是史大林布哈林所主持的国际领导机关之所赐。没有相当时期经过马克思主义及阶级斗争锻炼的中国党，自己本没有发明理论决定政策的能力；过去及现在错误的根本政策与理论，自然都来自国际。但过去党的领导机关对于机会主义没有一点认识与抗议，忠实地可耻地执行了国际机会主义政策，这是应该负责任的；现在党的领导机关仍旧继续执行国际机会主义盲动主义的路线，经反对派明白指出，依然毫无觉悟，而且自觉地掩护错误，这简直是罪恶了！我们对于过去革命之失败，只简单地承认错误还不够，重要的是在深刻地了解错误，彻底地改正错误，并且坚决地参加反机会主义及盲动主义的斗争，对于革命才有实际意义，这才是我们正当的道路。

现在机会主义的政治路线所表现的是：国际及中共中央一致主张将来中国革命的性质仍旧是资产阶级的民主革命，而不是无产阶级的社会革命；将来的政权应该是工农民主政府，而不是无产阶级专政，他们的理由是说中国资产阶级并未掌握政权，中国还是封建势力的统治，并且中国还是封建社会或半封建社会，或封建社会势力占优势。现在的国内战争还是资产阶级对封建势力的战争。这样的说法，简直是和第三党改组派以至蒋介石都站在一条战线，因为他们都正在大喊反封建势力。第三党最近发表的政治主张说："中国社会的性质……是半封建社会，而掌握国家政权的便是封建势力，支配社会关系的……最显明的亦是封建阶级的剥削。因此，分明的表现，中国革命还没有通过民主革命的阶段。""反动统治势力的政治中心便是下级的封建势力，构成反动势力大联合。""社会革命的对象是资产阶级，而民主革命的对象是封建阶级，中国目前的革命运动，如果不针对着封建势力，可以说绝对收不到集中革命势力的实效，必归失败。"这些话和共产国际的意见及中共六次大会的政治决议案没有两样。

我们以为：说中国现在还是封建社会和封建势力的统治，把资产阶级的反动性及一切反动行为都归到封建，这不但是说梦话，不但是对于资产阶级的幻想，简直是有意地为资产阶级当辩护士！其实，在经济上，中国封建制度之崩坏，土地权归了自由地主与自由农民，政权归了国家，比欧洲任何国家都早。自国际资本主义打破了中国的万里长城，银行工厂铁路电线轮船电灯电话等所有资本主义社会的形式，都应有尽有，已经形成了官僚买办的资本主义。到了欧战前后，更进入了民族的大工业资本时代，商品的生产与消费及货币经济，连穷乡僻壤都达到了，自然经济已扫荡殆尽。并且全国一切形式的经济之最高统治，都在本国的一万五千万元以上银行资本依赖外国的五十八万万元以上银行资本的支配之下，因此资本主义的作用及其特有的矛盾形态，不但占领了城市，而且深入了乡村，乡村主要部分经济都直接间接隶属于市场，因此城市经济绝对地支配了乡村，因此一切封建残余的政治势力都不得不力求资本主义化以自存。土地早已是一种个人私有的资本而不是封建的领地，地主已资本家化，城市及乡村所遗留一些封建式的剥削，乃是资本主义袭用旧的剥削方法（以前美国的黑奴及现在南洋群岛的猪仔，还是封建前奴隶制度）；至于城市乡村各种落后的现象，乃是生产停滞，农村人口过剩，资本主义落后国共有的现象，也并不是封建产物；若因此认为资本主义的经济关系在中国不占绝对优势地位，则只是常识的判断，而不是科学的观察。在政治上资产阶级经过两次革命，已经掌握政权，社会阶级势力之转变，更是异常明显。在民众斗

争发展上，已经"过了资产阶级民主主义的火"；并且广州上海
汉口的工人和两湖的农民，已经有过相当的二重政权的形式，广
州暴动中且出现过无产阶级专政的苏维埃，开始了社会革命的行
动；这些都是不可否认的事实。总之，一九二五———一九二七年
中国革命已经是将来第三次中国大革命的预演，在第三次革命中
各阶级的行动与变化，给了我们许多丰富的材料，使我们能预测
第三次中国革命的远景。中国资产阶级的民主革命任务（民族
独立与国家统一及土地革命）必须由无产阶级领导城市及乡村
的贫民取得政权，才能彻底完成，换言之，中国资产阶级的民主
革命之完成，应走俄国十月革命的道路，中国的资产阶级，在城
市及乡村中都与帝国主义经济及现在的土地关系有很密切不可分
离的联系，它决不能彻底地反对帝国主义和以土地给贫农，而且
当革命高潮时必然坚决地反对工农运动"过火"，无产阶级没有
与他们合作的可能。其次，在城市中，为推翻资产阶级的经济基
础，为巩固无产阶级专政，无产阶级在取得政权的第二日即应进
行没收中外银行及大工厂企业，打破私有财产制。在农村中，因
为土地在资本家化的地主之手，富农多兼高利贷与商业剥削者的
资格，是贫农与雇农仇视的中心，是农村贫民革命的对象，当然
在乡村中更无与富农联合战线之可能；我们应该领导贫农，反对
富农，使中农中立。当下次革命高潮初起时，我们即应动员群众
为无产阶级专政奋斗，而不是为与小资产阶级联合站在私有财产
基础之上的民主专政奋斗。民主专政现在已成了一种反动的口
号，成为将来机会主义者与小资产阶级政党联合，阻碍群众革命
运动发展的理论根据。共产国际及中共中央依据这样的机会主义
的理论根据和政治路线，已经演了过去可耻的悲惨的失败，现在

又在准备重演将来更可耻更悲惨的失败。

现在盲动主义的政治路线和工作路线所表现的是：不承认资产阶级是胜利了，不承认过去的革命是完全失败了；在"革命高潮快要到来"的前提之下，强迫罢工，每个小的经济斗争都要任意强迫扩大到大的政治斗争，不断地命令党员代替群众上街示威，召集小组或支部会议时，都照例不讨论政治问题，不讨论日常生活斗争的工作方法，只简单地传达上级机关命令上街示威，散传单，贴标语；无处无事不采用盲动政策，无处无事不实行"自己失败主义"，弄得党内党外群众都感觉没有一点出路，党的下级干部同志都感觉着在中央路线之下无法工作；党内工人同志都一天一天感觉着党的政策和行动绝对不适合工人群众目前的需要与可能，尤其是盲动的命令逼得他们一批一批的与党无形脱离，因此各生产机关的支部已凋零不堪，党员数量及无产阶级的基础已削弱殆尽，像汉口，长沙，广州，这样重要的中心都市，连党的组织都没有了。党和无产阶级群众的联系，更等于零，铁路，矿山，纱厂，丝厂，五金等重要产业工人都没有群众的组织，就有点组织也都在国民党领导之下，海员方面也只仅仅有点线索，在这样状况之下，革命高潮怎么会从天上掉下来！

我们以为：自从机会主义的政策断送了上次大革命，又加上盲动主义根本破坏了工农组织，减弱了工人阶级之阶级斗争的力量，形成了没有革命局势的现阶段。我们在现阶段中，应一面采取防御战略，反省过去失败的教训，溶化过去革命伟大的经验与教训，以锻炼我们的党，重新团结离散的队伍，在日常生活的斗争中，恢复和工农群众的联系，恢复群众的组织，以积聚自己阶级的力量；一面重新估量现阶段中新的客观局势，即因革命失败后，资产阶级政权相当稳定和经济相当恢复而产生出来的资产阶级与其政党军人间之冲突，特别是小资产阶级民主主义与资产阶级军事专政间之冲突而开始的民主立宪运动之趋势，我们应利用这种趋势，而力争彻底的民主主义做我们目前过渡时代政治斗争形式，重新闯进政治舞台，由现在的政治斗争，缩短反革命的现阶段，开辟新的革命环境，走向将来的第三次革命。民主要求口号，现时不但小资产阶级群众以至工人群众还需要，即无产阶级的先锋队自身，也须有相当的政治自由才能够实现其力量发展所需要的组织上之民主集中制。因此，我们在没有革命局势的现阶段，应力争彻底民主的国民会议，即力争由平等直接普选不记名投票产生的国民会议，并且必须与"国民会议"同时提出"八小时工作制"、"没收土地"和"民族独立"，做我们在过渡时期中四个不可分离的民主要求口号，以充实国民会议的内容，必须如此才能够动员广大的劳动群众，参加公开的现实政治斗争，不断地扩大斗争，由要求资产阶级的彻底的民主主义，走到无产阶级的民主主义，即拥护劳动大众——全国多数民众权利的苏维埃政权。我们对于国民会议的态度，是主张积极的号召及参加，力争其彻底民主化，而不主张消极地空喊苏维埃来抵制；因为"苏维埃政权"必须由"武装暴动"来产生，在目前只是教育宣传口号，而不是行动口号。在主观客观条件都未成熟时，若发出"武装暴动"和"苏维埃政权"做行动口号，号召工人群众马上行动起来，为这些口号奋斗，不仅得不着群众的应声，而且更加扩大党的盲动情绪，离开群众，削弱党的力量。同时，我们更不是主张用国民会议来代替苏维埃，而是要利用国民会议的斗争来发动广大的下层民众反对国民党资产阶级的军事专政，走向

"武装暴动"和"苏维埃政权"。

现在的中央，一面大喊中国革命复兴已经成熟，大喊苏维埃政权，大骂承认中国革命已经失败的人，大骂提出国民会议口号的人是取消派或反动派，并且发出"变军阀战争为推翻军阀的革命战争"和"以群众的革命暴动来消灭军阀战争"的口号；同时一面又声明："现在客观的革命形势并未高涨起来，所以现在决不能马上号召群众暴动，推翻国民党军阀统治。"这就是说我们的党现在没有号召群众行动的政治号召，只有盲动，只有继续长期地离开政治舞台。

最近党的政策，不但极力发挥国际对于中国现局势盲动主义的观察之谰言，丝毫不了解民主运动在两个革命间过渡时期的政治斗争上有重大作用，而且是机会主义的军事投机和盲动主义的不断示威，双管齐下，表面上说是采取失败主义，实际上是命令同志帮助改组派做"反蒋运动"，并且在香港参加各派的反蒋会议。不领导民众做公开的政治斗争，而跟随改组派将军们做军事投机，这不但是离开政治舞台，而且是葬送党的政治生命！

官僚主义的组织路线所表现的是：以委派制度与绝对的命令主义消灭了党内德莫克拉西；以夸大的虚伪的报告，从国际直到中国党各级机关，上下互相欺骗，以欺骗群众。团结无原则的系统，如周恩来所领导的黄埔系，项英所领导的全总系，拥护个人的势力，各自庇护私人，互相排挤，任意摧残有政治自觉的党员；以大批开除党员的手段来解决党内的政治问题；置领导机关少数人的威信于全党全阶级的利益之上，以借口"敌人进攻"，"时局紧张"，"秘密工作"，"铁的纪律"等，钳制党员对于政治问题的讨论，变布尔什维克热烈争辩的精神为官僚的盲目服从，从支部到国际活像君主专制之下从地保到皇帝一样，只许说一声"是！"否则马上便有不测之祸，因此所有党员都不敢说一句心中所想说的话。

现在党的统治机关的官僚们钳制党员之最大的武器，要算是"铁的纪律"；党员也因为迷信这一武器自己束缚了自己，对于官僚们的统治，心知其非而口不敢言。我们以为："铁的纪律"自然是无产阶级政党领导革命战胜资产阶级的基本条件之一；可是列宁曾告诉我们：铁的纪律之基础"第一是无产阶级先锋队之觉悟及其对于革命之忠诚，能自主，勇敢牺牲；第二是它在某种程度上和无产阶级以至半无产阶级广大的劳苦群众融成一片；第三是极广大的群众在自己的经验中相信它的策略与战略是正确的，没有这些条件，一切要创造这个纪律的企图，都必定变成废话，矫饰，欺诈。"关于服从组织纪律的限度的问题，列宁又说过："我们曾经屡次确定对于工人政党的队伍中纪律之重要与见解。行动统一，讨论和批评的自由，这就是我们的定义。只有这样的一个纪律，才配称先进阶级的民主政党。……所以无产阶级，若没有讨论和批评的自由，即不承认有任何行动的统一。所以有阶级觉悟的工人永不应该忘记有非常严重的原则之违犯，竟至逼令我们必须与一切组织的关系决裂。"现在党的官僚们的所谓"铁的纪律"，恰恰和列宁的遗教相反，恰恰是群众在自己的经验中已经明知党的策略与战术是错误的，而他们还不顾一切地继续执行，恰恰是不容许党员对于他们错误的策略与战术有讨论和批评的自由，恰恰是官僚们用为掩护自己错误和维持官僚统治的工具；这样的"铁的纪律"，除废话，矫饰，与欺诈而外，没有别的意义。

我们的党，始而在机会主义指导之下，未能使全党党员群众参预到党的政治生活及接近马克思列宁主义的基本智识，因此党内一般政治水平线非常之低；继而又在盲动主义指导之下，党的组织弄到残破不堪；第六次大会后，更是机会主义与盲动主义交互错杂，不能进前一步。处此情形之下，党的领导机关要想恢复党的基础，形成党的纪律，必须根本改变政治路线和组织路线，以民主集中制代替官僚集中制，实行讨论和批评的自由，产生能够使群众在自己的经验中相信是正确的策略与战术，以接近广大的劳动群众；必如此，才可形成真正的行动统一，抵御敌人的进攻。现在党的官僚统治机关，反而利用党内一般政治水平线之低落，党员群众对于党的生活之隔阂及党的组织之残破实行任意操纵，欺骗与威吓，实行以金钱维系党员及空洞的工会机关和雇人示威，实行制止党内的讨论和批评，以国际威信和党的威权强迫党员强迫群众相信"中央政治路线是绝对正确的"，并且胆敢凭借敌人进攻做护符以恐吓党。这样的领导机关如果听它们仍旧存在下去，我们的党，无数同志热血造成的党，必然要名存而实亡，一切有政治自觉的分子，都应当及时奋起，从党内推翻它，才能够将我们的党从坠落而危亡的现状中拯救出来！

三、国际机会主义的根源与苏联危机

即从中国问题本身，我们已经可以看出中国革命过去失败不是关于执行上的部分的问题或偶然的错误，而是有一个系统的机会主义的路线，并且现在还在继续这个路线；这个路线也不是特别在中国范围内形成的，而是在世界范围内由史大林布哈林所领导的整个的机会主义的国际政策之一部分。

十月革命在全世界实现了一个无产阶级国家后，各国无产阶级的命运从此更加真实地密切起来。苏联实际上成为全世界无产阶级的总司令部，联共成为第三国际领导的党。这个党的政策之正确与否，不是仅仅关系苏联一国的无产阶级专政问题，而是关系全世界无产阶级解放斗争的运命。同时世界无产阶级解放斗争之每个胜负，都影响到苏联无产阶级专政之存在与巩固的前途。

十月革命到现在，以列宁之病和死分为前后两个时期。前一时期是夺取政权，建设并巩固无产阶级专政，做军事的防御，及采用一些基本的办法以确定经济道路的时代。在这个时期，党的全体都上下一致自觉地做了这个无产阶级专政的支柱；也就是在这个自觉的一致中，党的全体才有它的内部巩固，在列宁同志正确的政策指导之下，勇猛精进地向资产阶级进攻，当时资产阶级的潜势力及其意识，在无产阶级专政的苏俄不能发生什么作用。后一时期即史大林继列宁而执政时期的情形就不同了，它的主要的特征，就是二元政权的势力增长。其客观的原因是物质生活相当的提高，内部的军事状态停止，及世界革命到来的迟缓，群众需要恢复他的疲劳，非无产阶级的成分及其意识渐有抬头的机会，于是曾经夺取政权的无产阶级至此反而被抛弃放在后面去了；在它之傍，甚至在它的面前，树起别的阶级成分，别的阶级意识大显其作用，在政权上占领了一大部分势力。这些别的成分就是那些一天一天形成一个很大的官僚系统之国家机关，职工会，合作社的职员及其他自由职业者和办事员等。这些人员们由他们的生活条件，他们的习惯及他们的思想方式，是与无产阶级分离的，或一天一天与它分离。这些非无产阶级的成分及其意识甚至侵入联共党内，由党的机关职员，形成一个强有力的官僚系统，滥用国家机关巩固他们的特权，使党日趋腐化。到了史大林为反对托洛茨基同志所领导的反对派，遂拼命拉拢结合这些党内及国家机关的官僚分子，做他的群众，无论什么人，只要他喊一声反对托洛茨基，至少也要给他一个合作社主席的位置；因此一般投机分子，都蜂拥到史大林派反托洛茨基的旗帜之下，蜂拥到党内及国家机关内，更加速了国家机关及党内官僚主义化的过程。此时党对国家机关已不能起领导及监督作用，倒转过来，国家机关反用官僚的系统和势力来支配党。苏维埃政权从它的产生和传统上，由它的现在势力来源上，还继续凭借在无产阶级身上，虽然渐渐少直接的形式。但是由上述的社会成分之沟通，它一天一天堕落在资产阶级利益的影响之下。无论苏联内部资产阶级怎样弱，它是很自觉地做世界资产阶级的支派，并构成世界帝国主义的传达机。况且资产阶级内部的基础也决不可忽视。农村经济在市场之个人的基础上发展，必然要从它的内部新产生许多农村中小资产阶级。即已经富或正在求富的旧时贫农也和苏维埃立法的限制抵触，于是表现出法国革命中"本拿巴特主义"（即倾向拿破仑之主义）的倾向。以上就是说用政权二重性之社会的来源。

新经济政策在客观上自然是包藏这政权二重性的一些可能，因为他在恢复市场上，新创造一些条件可以使小生产者重新复活并一部分转为中等资产阶级。但这些可能性仅存在于经济的可能中。它开展成为一个真实的力量仅在十月革命的后一期，开始于列宁同志之病和死及史大林派的小组织集中反"托洛茨基主义"

之斗争的时候。新经济政策之实现，是为着巩固无产阶级专政对资产阶级一个很大的让步。这个让步在当时的环境是必需的，其本身并不一定就是无产阶级专政的损害。暂时的退守是为着后来的进攻。问题只在掌握政权的无产阶级党是否有正确的政策能够很快地反守为攻，继续阶级斗争，阻止政权二重性之发展以巩固无产阶级专政，而不陷落在这个退守中。在无产阶级专政的国家中，基本的生产力都属于国家所有，国家的指导政策对于经济是操有必胜之权。但史大林不懂得列宁的政策，不把让步当作暂时的退守，而当作经常的路线。一直继续让步，继续右倾；不特别注意发展国家工业，不发动农村阶级斗争，而实行对富农宽容，并且造出非马克思主义的怪理论，说苏联农村生产力是由两极向中间，以图掩蔽贫富两极分化的事实，以便避开阶级斗争，和平的建设社会主义，实际上是着着助长了富农的发展，助长了政权二重性。他的中心的口号是："普遍的繁荣"，"大家富起来"，不管这个富是资本主义的富还是社会主义的富，甚至他把资本主义的富当作社会主义的富。因此非无产阶级的势力及其意识益加抬起头来；因此，十月革命的后期特征，不仅简单地表现于城市和乡村中的小资产阶级经济地位之发展，并表现于无产阶级的理论和政策之武装继续不断地被解除。复兴的中小资产阶级的经济利益，隐藏在苏维埃的保护色之下尽可能地前进，把他们的凭借表现为整个社会主义建设的部分。史大林的"一个国家建设社会主义"保守的理论就在这个环境中形成了。马克思主义的基石，十月革命的基本方法，列宁主义战术之主要的教训，都被史大林加以严厉的修正，以适应党内党外新生的小资产阶级的职员之安富尊荣及其畏难苟安避免革命震动的心理。在这种情形之下，"苏维埃共和国的命运与全世界无产阶级革命发展有不可分离的真实联系"之"不断革命论"，自然首先激怒一切新的社会层，因为他们认定已经把他们抬到社会上高高地位的革命已经完成它的使命了。因此，以"一个国家建设社会主义"之保守理论为出发点的史大林派乘时得势，对于以"不断革命论"为出发点的托洛茨基派，不断地加以攻击与迫害。

很明显的，列宁始终认十月革命只是世界的社会主义革命之起点，并不是认为俄国一个国家已具备了经济条件在世界资本主义的包围中可以独自建设社会主义。十月革命是在全世界整个的资本主义经济体系中之部分的突破，是全世界资产阶级阵地较弱无产阶级主观力较强的部分之突破，要维持它巩固它，主要的是在它不断地向外发展，即是和全世界无产阶级革命发展成为真实联系，在全世界总的阶级战争形势上决定最终胜负，这就是"不断革命论"的观点。自然，为巩固推动世界革命之策源地苏联，必须发展其国家工业即社会主义的工业以加强其无产阶级专政的威权。但若是因此便相信"一个国家建设社会主义"的保守理论是对的，那就等于幻想世界资本主义从此还有很长期的生命。果真是如此，则一个苏联的社会主义的经济，终不免为全世界资本主义的经济所战胜，十月革命一定被破坏，而只存留一些土地改革的遗迹。

史大林派，根据其"一个国家建设社会主义"的保守理论，对苏联内部政策，要关起门来建设社会主义，就不能不求助于国内富农及城市新兴资产阶级，因而在国家政策上不肯得罪富农加重他的赋税，对富农一直让步到准其出租土地及使用雇工（一九二五年）以致一九二五、二六、二七年富农得到突飞的发展，操纵乡村一切经济机关，其结果不但不能建设社会主义，并且增加资本主义发展的危险及使资产阶级影响增大，同时又使苏维埃政权在贫农中失了同情。富农和新兴资产阶级，居然在去年提出要求废止对外贸易的国家独占权，居然非难无产阶级的经济和政治势力有碍农民的发展。因富农抵制政府收买面包，以致一九二八年秋天全国城市都发生面包恐慌，对外输出贸易计划也被破坏了（一九二六——二七年度谷类输出总价值为二〇四九七〇，一九二七——二八年度减至三四二二八），这就是富农抬头，实行对苏维埃政权抵抗之严重的表现。史大林受了事实的打击，不得不采用表面左倾的口号，如建立集体农业，向富农强迫募债，发展经济五年计划，等。因此影响，在党内亦公布"自我批评"的口号，和反对官僚主义反对右倾；同时共产国际在国际政策上亦有几分表面左倾。但是站在官僚势力基础上的史大林派，因为官僚与民众间的利益矛盾，他的左倾政策，只能说而不能行。并且史大林对付富农的政策，只是限于用盲动的非常手段，而不愿在根本上取消富农之经济上的优势，由此更引出大的危机。所谓左倾政策，"实行"了几个月便完全坍台。在打击富农之后，又忽然对富农作绝大的让步，提高面包价格，使工人及贫农对富农须多付二万万以上卢布。所谓自我批评，变成一半滑稽（批评内容须先得上级机关认可），一面侦查反对派（即托洛茨基派）的把戏。所谓反对右倾，只是反对右派中和史大林有冲突而且势力较弱的一些个人，并没有把右派的危险即其整个的思想和政治路线，要党员群众公开讨论；因为如果发动党员群众反对右派的路线，必然要走到反对左右动摇不定的中派（即史大林派）而倾向左派（即托洛茨基派亦即反对派）。（史大林这种左右动摇不定的政策，实际不过是向右的道路上一些曲线。这种向右的曲线政策应用到中国，始而主张"不应加紧对富农的斗争"，继而又主张"要坚决的反对富农"。然而他反对富农，仍然因为它是半封建。那么，对于富农具有资本阶级性质的那半面便不应该反对了。这真是使中国党迷陷在乱山中找不着出路！）

现在苏联真实的经济状况日益恶化，物价日益增长，工人的实际工资日益下降，去年在七点钟工作制的口号之下，实行工作强度加速，罢工事件及失业工人日益增加，为十月革命以后所未有的现象。乡村中中农受富农的煽动，对苏维埃政府之不满日益增高，乡村中时常发生富农有组织的对苏维埃政府官吏及共产党党员青年团团员，加以白色恐怖。红军中的上级军官亦多有富农子弟和受富农影响的。中派史大林的政权在此时机之左倾右倾，都是受了两大阶级（工人贫农及富农城市新有产阶级）的压迫，他只是聚集这一切矛盾，而不能解决这些矛盾，大斗争的爆发即在前面；若没有从左边来的工农群众力量来克服富农新有产阶级及官僚的反动，使十月革命复兴，使无产阶级专政更臻巩固；则从右边来的"特尔米多"（Thermidor，法国罗拔士比儿殁落的政变）终不免到来，将成立一反革命的独裁政府，无产阶级专政将宣告灭亡，苏联回到资产阶级的统治和资本主义的发展。史大林派"一个国家建设社会主义"即反对社会主义的理论，在苏联内部所造成的危机是如此。其对外政策，也为着要安宁的在苏联一个国家内建设社会主义，就不能不怕得罪世界帝国主义，因而就不敢积极地援助世界革命，而一味地与帝国主义的外交家做和平运动的周旋。如在一九二五年，英国大罢工中不能予英国工人以积极的帮助；在中国革命高潮及孟买大罢工中，不敢号召英国工人起来反抗英帝国主义；在日本出兵满洲及占领山东时，都不敢有所表示；在俄德通商条约中使德国工商业家实际上在一定范围内可以免除对外贸易垄断的监视决定，在一九二七年在拉丁美洲开泛美洲大会的地方召集反帝国主义同盟的大会，而延期改在现时已没有殖民地的国家柏林开会；这些都是怕侵犯帝国主义之露骨的表现。

这种妥协倾向应用在各国革命的战略和政策上，就是不敢坚决地发动无产阶级之阶级斗争，而企图用外交政策及拉拢上层妥协的分子。这种政策之模范的表演，就是在英国工人运动中之英俄职工委员会及在中国革命中之国共合作。史大林派组织英俄职工委员会，企图与英国工团总会卖阶级的官僚领袖们结成反帝国主义战争的联合战线，以抵御对苏联的进攻，并在柏林会议中公开宣布不干涉英国的工人运动。这种政策实行的结果就是以全部布尔什维克的威信，在英国工人中担保那些卖阶级的官僚领袖是与布尔什维克站在一起真能反对帝国主义战争；承认这些卖阶级的领袖是英国工人运动中唯一代表，阻止了反对这些官僚领袖的"少数运动"；使俄国无产阶级不能直接——因为要经过英俄委员会——援助英国工人运动，如矿工大罢工及全国总罢工；使布尔什维克与这些卖阶级的官僚领袖们一同坐视英帝国主义压迫中国革命及印度罢工；使张伯伦既有大英帝国的政策，又有工团总会的政策以挟制布尔什维克。

这种机会主义政策要以在中国革命中所实行的结果最为悲惨！史大林派不敢彻底侵犯帝国主义及中国资产阶级的利益，唯一的只在消灭（？）"封建残余"，因而不要无产阶级太露头角，始终要求中国共产党屈服在国民党组织之内，不要退出国民党而真正独立起来，直接领导群众，只要资产阶级的国民党及其将军们领头做革命；因为要让这些将军们领头，就不能不抑制工人的要求以免吓退资产阶级，抑制农民的土地革命以免侵犯所谓"革命军人"的财产；极力反对托洛茨基同志在中国建立苏维埃的提议，反对推倒国民党的领导，以免侵犯资产阶级专政。在美国，在日本，都改变共产党为工农党，在印度也有同样的企图；甚至在日本竟主张以资产阶级的民主主义革命来代替无产阶级的社会主义革命。史大林派诸如此类的右倾政策，遂经过联共中央及国际领导在各国党中形成了一般的机会主义路线。

四、国际无产阶级运动的两个路线的斗争

史大林派所领导的机会主义的路线，五六年来，不仅使苏联内部的危机增加，并且因国际无产阶级运动迭次的失败与挫折，尤其是中国大革命的失败，使无产阶级专政在世界上更加濒于危险。一切无产阶级的觉悟分子要明白这些危险，正是为着要克服这些危险，救护十月革命。史大林派之不可恕的罪恶，还不仅在他对苏联内部的和世界的资产阶级继续做了许多让步和投降，更重要的是在他采用官僚压制和欺骗等方法，阻止真正列宁主义的意见之发展，使苏维埃及世界工人把严重的让步当作成效，把退步当作进步，把内部困难之增加解作向一个国家社会主义建设之胜利的前进，把投降中国资产阶级当作中国革命之发展。

在这种情形之下，世界无产阶级队伍中自然要产生反机会主义的反对派之斗争，即恢复马克思列宁主义路线之斗争。托洛茨

基同志就首先担负了领导这个斗争的责任。在十月革命后一期开始时（一九二三年），托洛茨基同志即向联共指出应该注意防止错误的经济政策所达到的结果：工业发展之迟缓曾引起所谓"剪刀问题"，即是工业和农业生产品价格之间的不平衡，足以破坏工农的联合，并且其结果会连带农业发展之停滞；因此他在联共第十三次大会即提出厉行工业化的主张，使有廉价的工业品与农产品交换，以巩固和中小农民的联合。可是像史大林这般瞎子，却骂他是为着工业的经济利益去牺牲一切。在十四次大会以后反对派又提出工业化之具体的政策，史大林布哈林又认为是过度（？）的工业化，而予以否认。直到十五次大会，史大林因为过去一个时期经济的恐慌及许多困难的逼迫，才稍稍注意到工业化的问题；在十五次大会上所提出的发展经济五年计划，就是这种注意的具体而微的表现。可是他没有正确地估计到工业发展之可能和没有发展工业之决心，因此他认为"将来工业发展的速度也许必然要非常之慢"。反对派则认为工业发展的速度决不会是什么"也许必然要非常之慢"。反对派在经济计划的提纲中，提出可能实现的工业速度，并且在提纲中指示出来每年工业各部门速度增加的百分率。到十六次会议时为期不过一年余，事实证明工业发展的速度，竟超过了史大林赖可夫所提出五年计划所规定的限度。关于富农问题，托洛茨基同志在一九二三年及联共十四次大会前后即主张国家应加重富农的赋税，并发展集体的农业，以遏制富农发展的危险。史大林布哈林因此一致骂反对派不要农民，说这是托洛茨基主义的老毛病。同时他又指出党内腐化官僚化的危险，有实现德莫克拉西化之必要。他反对一个国家建设社会主义的保守理论，主张无产阶级国家应积极的切实的——

不是用官僚方式而是用阶级斗争——援助并发展国际的无产阶级运动。对于英俄委员会，他也及时有极正确的批评。最后在中国革命问题中，他的观察与意见，更自始至终绝对的正确（主要的是他远在蒋介石叛变以前及蒋介石叛变以后，屡次警告联共中央及国际依赖国民党之危险，他主张中共必须退出国民党真正独立，建立苏维埃及武装工农，彻底的土地革命）。他不仅把中国革命过去的教训，完全为我们指示出来，并且为我们指出现在及未来的根本政治路线（未来的革命性质及目前国民会议的口号）。假使我们在一九二七年以前得到托洛茨基同志政治的指导，我们也许能领导中国革命走上胜利的道路；即使失败也不至于政治破产及组织溃散，至少也不至于再发生盲动主义将无产阶级的力量彻头彻尾地破坏干尽。史大林派对于托洛茨基同志的真实意见，一切都拒绝公布，只是在他们的口中捏造一些所谓"托洛茨基主义"的谣言，以蒙蔽全世界无产阶级。尤其是将中国无产阶级付了严重代价的教训，在全世界无产阶级的面前用官样文章隐藏起来，对于中国的同志特别封锁得严紧，谁要接受托洛茨基的意见，便加以反革命的罪名，谁要主张研究讨论托洛茨基的意见，便也有反革命的嫌疑，以便使中国党对于他们的机会主义路线得以很顺利地继续执行。

史大林派机会主义的政治路线再加上官僚主义的统治，不但不肯及时采取反对派（即托洛茨基派）的政治意见，不但为维持其官僚的统治不顾一切地错到底，不但向世界无产阶级隐藏真正无产阶级的政策，并且在党内组织他的走狗系统（史大林在列宁病中即在党内进行小组织），用种种卑鄙手段使反对派的意见不能达到群众，企图以"托洛茨基主义"与列宁主义对抗，混乱群众的耳目，以攻击托洛茨基主义为名，实行对马克思列宁主义的背叛。最后更开除反对派同志的党籍，滥用政府权力监禁并放逐并枪杀他们。许多与列宁共同奋斗多年的老布尔什维克，许多十月革命的战士都受史大林官僚统治的种种虐待。史大林派为锄除异己，把党的德莫克拉西剥削干净，一切重要问题都不许公开讨论，全党党员非史大林之言不敢言，只有在附和史大林或被处罚这两条道路中选择一条，此外别无道路可走。于是党内的领导地位及其他一切工作，都由长于逢迎的官僚分子占领，真正代表无产阶级的勇敢而有能力的先锋分子，多被驱逐在党外奋斗。这样为着对付反对派的斗争，史大林更将从苏联的社会来源和经济基础上所发生的官僚制度发展并巩固起来。这种官僚制度竟在史大林派的统治之下形成一种特别党制，并且经过第三国际普遍地发展到各国支部中，形成了史大林派的统系，把各国党的领导机关都变成了史大林派的忠实工具。否则便不能存在。一切我们在中国党所见到的压制，欺骗，蒙蔽，笼络，收买等官僚政客的方法，都是从史大林学校中学习出来的。

我们据两年以来各方面事实的观察，已在实际生活中直觉地感觉到机会主义盲动主义及官僚主义为害之烈，在得到托洛茨基同志所领导的反对派各种重要文件，以之和史大林派的文件作比较的研究后，我们不但更系统地根本地认识中国革命之失败是由于史大林布哈林机会主义政策的指导，并且深切地认识现在整个的第三国际中显然有两个根本不同的路线：一个是史大林所领导的机会主义官僚主义路线，即现在共产国际领导机关的路线；一个是托洛茨基所领导的马克思列宁主义路线，即国际左派反对派的路线，而不仅仅是关于中国一国的问题。反对派是主张严守马克思列宁主义的无产阶级政策，反对在任何国家任何时期加以修正，史大林派受了苏联内部非无产阶级的力量与意议〔识〕发展之反映，企图对马克思列宁主义对无产阶级的政策，无论在资本帝国主义的国家（如美国日本）在殖民地的国家（如中国印度），都加以修正，他们是联共党中的中派，实际已站在共产党与社会民主党之间，这两派（史大林派与反对派）的斗争，不但不是个人间的斗争，并且不只是简单的派别斗争，而是关于决定全世界无产阶级革命命运的两个路线之斗争，现在在中国无产阶级的革命运动中，也只有这两派路线之彻底的斗争，史大林派现在尚想利用旧的机会主义一名词来转移全党同志对目前这两个路线争论注意的视线，完全是徒劳无益的企图。

五、我们的态度与建议

反对派的责任是在使全体党员明了机会主义的危险，摆脱机会主义的领导，而回转到马克思列宁主义的路线，在真正民主集中的党中，党内政治不同的意见本可由公开讨论的方法来解决，不但不会使党分裂，并且使党更加巩固。反过来，官僚主义的压制与蒙蔽，势必使党崩坏与分裂；反对派为拥护真正无产阶级的路线，为实现布尔什维克列宁主义的统一，不能不与机会主义的领导有组织的作坚决的斗争。机会主义已迭次在中国宣告其可耻的破产，中国无产阶级已付了过重的代价，直至近一年来方产生反对派的斗争，这就是说，中国共产党受第三国际长期机会主义的领导与蒙蔽，直到现在才接近到马克思列宁主义的路线。

　　我们下列签名的人，认为我们站在恢复列宁主义的国际，巩固苏联无产阶级专政，拥护中国无产阶级革命的观点上，都应该起来根本反对史大林派机会主义的政治路线和官僚主义的组织路线，国际的苏联的中共的现行政策和党制，都需要根本改变。我们相信在中国的反对派运动得到党内多数同志同情时，史大林也会采用反对派一部分主张和口号或更换一部分领导者，以图统驭群众的左倾；但是我们所争的乃是整个路线之根本改变，而不仅不是一时策略上的曲折，更不是简单那几个人的问题。我们认为中共受史大林派机会主义官僚主义之害最为酷烈，应当是国际各国党中站在最前线勇敢地反对现在国际机会主义官僚主义的领导，因此，我们提出下列建议，希望全党同志一致坚决地要求并督促中央以中共名义向国际并直接向各国兄弟党提出；同时我们应该在国际左派反对派的旗帜之下团结起来，为下列各项奋斗到底：

　　一、召回托洛茨基同志等反对派，释放在监狱中和流放在西伯利亚土耳其士坦等处的联共及其他各国反对派同志，恢复其党籍，并恢复托洛茨基同志的领导工作。

　　二、公布五六年来反对派对联共及国际政策发表的各种文件，公布列宁遗嘱及其他被史大林派隐藏着的列宁遗著。

　　三、重新审查五六年来联共中央及国际领导机关所犯政治上的组织上的错误，并重新决定联共的政策及国际政策。

　　四、恢复中国党因反对中央机会主义路线而被开除的同志之党籍，并立即公开地讨论根本政治问题。

　　五、重新审查中国革命过去的教训，并决定新的政治路线。

　　六、改组联共及国际与各国支部的领导机关。

签名者：

王阿荣	王永庆	王芝槐	王视民	王 畅	王绍华
王季平	王大昌	伊 宽	左 斌	史文学	江鸿生
江常师	江又容	李果夫	李 季	李 轩	李静涛
朱崇文	朱继熹	朱天章	何炳根	何资深	杜 谦
杜发义	杜 琳	汪泽楷	汪复兴	汪复盛	林金生
余 伟	吴季严	吴若萍	吴琢辅	岑舜乡	马玉夫
马 图	徐竹林	段 浩	段震亚	孙平州	高语罕
梁筱山	庄季贞	陈 洪	陈碧兰	陈独秀	陈其昌
张 虚	张以森	张素秋	张胜秋	张阿宝	屠景山
屠维纳	陆 沉	程裕和	汤 正	彭桂生	彭桂秋
彭述之	单直夫	叶禄堂	董江素	刘右山	刘静真
刘伯庄	刘 毅	刘逢鼎	潘希真	潘伯华	蔡振德
郑 重	郑超麟	蒋石甫	钱又萱	薛农山	罗世藩
韩治臣	顾幸到	顾 满			

（附记）以上是我们签名者今后的集体意见，以前个人所发表的言论，概由个人负责。

一九二九年十二月十五日

未署名

转自《中共中央文件选集》第五卷，
中共中央党校出版社 1983 年版

答国际的信

（一九三〇年二月十七日）

国际执委政治书记部：

中国向忠发、李立三、周恩来、项英等早已紧急地宣布我为"托洛斯基主义者"、"取消派"、"反革命"、"新工贼"……企图这样一次决定我的前途。同时，你们在去年十月二十六日给他们的训令也就教导他们："在一切斗争生活中，首先要反对取消主义陈独秀及托洛斯基派，他们现在已经成为一个反革命的联盟向党进攻了，尤其重要的是肃清自己队伍里暗藏的陈独秀派托洛斯基派。"然而现在你们突又来电给我，要我到莫斯科参加你们的会议，专门讨论我们的开除党籍问题，你们这种思想，我很不容易了解！

自一九二七年中国革命遭受了悲惨的可耻的失败后，我固亲身负过重要责任，一时实感觉无以自处，故经过一年之久，我差不多完全在个人的反省期间。我虽未能及时彻底认清这个失败的教训在找出新的出路，但我本着我亲历的经验，深深知道这种失败是过去整个的政治路线之必然应有的结果。然而国际的领导机关却轻轻地把这个失败几乎简单地归过我个人。如果这样便解决了问题，关于我个人当然用不着说什么；但若以个人的责任问题掩盖了全部政治问题，掩盖了失败之真实教训，因而断送革命之前途，其罪实不可恕！

　　一九二五——二七年中国革命的失败是由于"陈独秀的机会主义的领导"，然而自一九二七年以后直到现在，你们应该已经取消了"陈独秀的机会主义派"而引导中国党于正轨，两年来事实的经过是怎样呢？中心的问题就在这里。一九二六年三月二十日蒋介石在广东的政变，就应该给我们争取无产阶级独立地位的一个猛醒，然而我们恰于这时完全屈服于国民党。四月十二日上海的大屠杀，应该使我们根本改变过去机会主义的路线，然而我们因不容于上海的蒋介石，而转趋于武汉而求于汪精卫，武汉失败后，机会主义无出路又转入盲动，把中国党从政治上的破产再加上组织上的毁坏。最后，中国共产党在国际直接指导之下的第六次大会（一九二八年八月）就应该彻头彻尾地整理过去革命之真实教训，肃清机会主义盲动主义，然而它却受了官僚主义浮面批评之敷衍，仍由留在旧的道路上……机会主义的路线（资产阶级的民主革命及工农民主独裁）及盲动主义的策略（准备武装暴动夺取政权）；因此中国党领导机关现在正忙于政治投机和土匪式的骚扰！

　　列宁教导我们在反动时期"革命党被迫着要完成他们的教育。他们已经学习过进攻（可惜中国党在过去所学习的还只是投降！），现在应该教他们了解这个科学应该由退守的科学来补充……为着战胜，应该有规律地进攻，有规律地作退守战"。一个国际的领导，却在当进攻的时候，教中国党投降；当退守的时候，教中国党胡乱地拼命。列宁以布尔什维克在革命失败后能够"最整齐地、最少损失他们的武装，最少损失他们的中心而退下来，”及"经过最不深沥〔彻〕和最容易恢复的分裂，受到最少的颓丧，最能够重新开始最广泛的、最规则的及最有毅力的工作"为成绩，而国际的领导，却叫中国党战至卸甲丢盔一兵一卒都不留——只留下一些雇佣队。列宁说："布尔什维克能够获得这样的结果，唯一的乃是因为他们早已无情地揭穿并开除那些口头的革命家，这些革命家他们固执着不了解有时应该退守，应该善于退守，绝对应该学习在最反动的各种议会中，在俄工会协作社中，在救济会中，及在一切团体（即使是最反动的）中合法的去工作。"（当然列宁并不主张取消秘密工作，他要将秘密工作与公开工作紧相联系。）国际的领导，现在教中国党制造"同盟罢工"，"政治罢工"，"上街打电车"，"乡村游击战争"，"苏维埃的割据"，"公开的赤色工会号召"等等。

现在中国党官僚主义，已具小资产阶级失败后愤激的情绪和流氓无产阶级的意识深相结合着，党的群众基础已扫地无余。党不但不能与群众恢复联系，不但不能领导工人抵御资本（阶级的）进攻而团结其队伍，并且一味地夸大盲动，在群众斗争中客观上做了破坏工作，同着资本的进攻双方对工人进行夹攻！这种情形你们不能说不知道，知道而不能不如是做下去，因为他们现在"首先要反对取消主义陈独秀派托洛斯基派"！

中国无产阶级必须得到国际之列宁主义的领导，才可顺利地达到他的解放之前途，这是必然的，因为你们的蒙蔽与封锁，直到半年前，我们才得到托洛斯基同志关于中国问题及一切苏联问题的文件。从此以后，我们才彻底地系统地了解在中国革命中所犯的机会主义盲动主义是真正的根源所在。当你们将革命失败单独归咎于中共中央或"陈独秀的机会主义"时，而托洛斯基同

志却早已在你们背后指出真正的机会主义和盲动主义；也并且予
〔预〕言这种机会主义、盲动主义必然遭到的结果。现在这种予
〔预〕言已经一步一步由事实证明出来了，可是你们却把托洛斯
基放逐到苏联以外，把他交在阶级的敌人之手中，即土耳其的蒋
介石之手中，其他和你们政治意见不同的大批同志都被监禁和流
放，现在又要从中国调我到莫斯科，说是专门解决我的问题，我
实不知你们又打算干什么。

　　我的问题不是简单的个人问题，而是关于整个的政治问题，
我从中国革命失败的教训中已完全证实五六年来国际的领导是站
在官僚机会主义的路线上，尤其重要的就是你们滥用国际的威信
及凭借官僚机关的权力，继续维持这种路线，不惜破坏一切布尔
什维克党组织的原则，不惜恶劣地修改马克思主义的基石，十月
革命的根本方法，列宁主义的战术主要教训。关于中国问题中目
前最主要的就是：（一）将来第三次革命的政权是工农民主独
裁，还是无产阶级独裁？（二）目前的任务是直接准备武装暴
动，还是提出过渡时期的政治口号（如国民会议）作民主的斗
争？你们因未得到机会主义失败的教训，来认清革命发展中阶级
关系的转变，因而你们在未来革命政权上所得到的结论是工农民
主独裁；因为未得到盲动主义失败的教训，不承认上一次的革命
早已完结，因而你们在目前直接任务上所得到的结论是准备武装
暴动和乡村游击战争。这样你们在总的政治路线上是要把革命拉
向后退；在目前斗争的策略上是破坏群众革命运动的发展。关于
这些根本问题，我和你们实有不可调和的不同意见，我及我们意
见相同的同志所发表的政治意见书，不久你们当可以看见。这些
根本问题不能解决，便没有别的问题可解决。但这些根本问题决

不是调我个人到莫斯科便可解决的，而且这是官僚的办法。

政治问题，尤其是涉及世界革命命运的问题，应该从党内公开的讨论来解决。托洛斯基同志关于中国以及整个国际问题的许多文件，你们不肯正式公布于各国支部加以讨论，驻中国的国际代表会以开除党籍当面威吓我，禁止我发表政治意见；中国党中央仰承你们的意旨不允许把我屡次所提出的政治意见交付党内讨论，只凭他们片面造谣；同志中有提出疑问的，立即被指为"暗藏的陈独秀派"，开除出党——这样便算解决问题吗？你们如果有诚意解决问题，你们备有一切权力与方法，否则一切问题都只有凭世界无产阶级的命运一道去解决。

独秀

一九三〇年二月十七日

《无产者》第二期

1930 年 7 月 1 日

我们在现阶段政治斗争的策略问题

（一九三〇年三月一日）

"社会主义的无产阶级政策，在有革命局势时和没有革命局势时，是不相同的。这乃是马克思主义的浅近真理。"（列宁）

中国过去的革命是否已经过去，将来的革命是否尚未到来，现在的阶段是否还在两个革命间之过渡时期，换句话说，现在是否已有革命局势，这是决定现在政治斗争的策略与口号之先决问题。

中国的革命局势，不仅单就本国情形来看，它和国际的革命局势也有密切的关系。共产国际能够依据整个的国际局势，对于中国革命给予以正确的政策之指导，更有绝大的影响。十月革命后，自西欧各国革命失败，世界革命潮流移到东方，共产国际对中国革命如有正确的政策指导中国党，中国革命如果成功，必然影响到欧洲革命高潮之再起。自一九一七年至一九二七年是世界革命之整个的时期，中国革命失败，这一时期乃告了结束，从此世界革命形成了退潮时期。共产国际第六次世界大会（一九二八年）所谓世界革命已进入第三时期，这不过是史大林、布哈林这班国际领导者说几句空洞好听没有证据的话，以安慰群众，以遮掩他们自己对于中国革命之机会主义政策失败的羞颜。瞿秋白说：“世界革命进入第三时期即非事实，亦不妨写在决议案上。”好乖巧的孩子，真能仰体上峰的意旨！现在他们竟弄假成真，居然信口胡吹“欧美和东方革命新高潮的兴起”，说中国革命复兴已经成熟了。他们把历史上自有工厂即有经济斗争的罢工，都算是革命高潮；又把自己盲动命令所造成的柏林五一示威和卸甲丢盔的各国八一示威，也算是革命高潮；甚至把反动势力进攻苏联，法西斯特派及工会官僚进攻赤色工会和工会中的革命派，大批的开除革命工人出会，各殖民地的民族资产阶级及小资产阶级到处都转到反革命的营垒去，到处都发动反共产运动，也都算在革命高潮之内，这真是无聊之极！革命高潮，必须依靠革命的无产阶级力量在阶级对比上加强，在阶级的斗争之进展上，能够适时地向走近崩溃的统治阶级蜂起进攻，才能形成。单是被压迫阶级之困苦，统治阶级之压迫和资本及一切反动势力之进攻这些客观条件，不一定时时都会促成工人群众的革命高潮。现时欧洲工人群众虽然有往左的倾向，而目前尚未左倾到脱离社会民主党的圈套，尚未左倾到共产党方面来。在共产国际机会主义盲动主义领导之下的各国共产党，这几年来在数量上，在政治地位上，大部分是削弱而非加强；同时，改良派的社会民主党和劳动党其势力反日见增长。国际帝国主义间，尤其是英美间和美日间的利益矛盾虽然日益加紧，而目前尚在利用改良派之暂时的弥缝，以和缓战争之爆发，以便各自钩心斗角地力争武装和外交之制胜。殖民地和半殖民地的资产阶级及小资产阶级上层在革命中的作用，已经告终，革命的使命正在由资产阶级及小资产阶级上层转移到无产阶级的期间；在这一期间，因为各殖民地无产阶级的党不健全和资产阶级及小资产阶级上层之背叛，革命运动不免还要经过许多困难与顿挫。此外，更有一件很重要的事，即是世界革命的大本营——苏联及共产国际的领导机关，犯了机会主义和盲动主义的错误，没有正确的政策能够脚踏实地地推动世界革命的主力军——下层群众势力向前发展，只有向上的让步妥协和向下的不适时机的盲动；并且苏联本身也有了右倾和保守政策所产生的危机，影响到世界革命运动进展之迟缓。因此，国际一般形势，只是在革命新高潮之酝酿时期，并不是什么"世界革命高潮之前夜"。所以国际右派的取消倾向固然是错误的，而盲动主义的史大林派大喊"革命复兴"、"新的革命浪潮"、"第三时期"，也是错误的。

单就中国讲，自从共产国际及中央以机会主义的政策断送了一九二五——二七年的大革命，无产阶级及农民群众组织都溃散了，党与工农群众断了联系，党本身也几乎解体；紧接着革命失败群众溃散之后，又加上共产国际的盲动政策，自从八七会议一直到现在，经过两年多盲动主义的摧残，不但工农群众的组织没有恢复，即各地散漫的一些经济斗争萌芽，都被党的盲动政策铲除干净；阶级力量之对比及阶级斗争之进展，既然是这样的状况，那里会有革命高潮从天上掉下来！因此，资产阶级的军阀在战胜无产阶级及农民之后，虽然经过其内部不断的战争，仍然能够从容地巩固了他们的军事专政的政权，厉行对革命势力之白色恐怖，形成了中国革命低落之整个时期的现阶段，即反革命的阶段。这一现阶段是过去革命中及革命失败后一切事变一切错误政策所积累之结果，同时也就是走到将来新的革命高潮所必然经过之道路。我们若不认识现阶段，则过去的失败不能给我们一点教训与经验，并且眼前复迷陷在乱山中，找不着怎样由现在的政治斗争开步前进走向将来新的革命之出路。

机会主义盲动主义的共产国际领导机关，一点也不认识中国革命由三次失败（上海、武汉和广州），所形成的现阶段是什么，并且他们实不愿意认识它是什么。这就是因为国际领导者史大林、布哈林为了要掩饰他们自己过去引导中国革命三次失败的机会主义政策之破产，为了避免证实托洛斯基同志对中国革命政策和事前预料之正确，乃始终讳言中国革命失败，始终说中国直接革命形势依然存在，乃由极右的机会主义一跳跳到极左的机会主义——盲动主义冒险政策。那时在莫斯科如有人敢说一声"中国革命失败"，马上被斥为"取消派"、"托洛斯基主义"，直到国际第九次执委扩大会（一九二八年三月），他们自己也觉得中国革命失败的形势已再遮掩不住了，才把盲动政策的错误推到中国党身上，说中国党犯了盲动主义。可是把革命已经失败误信为直接革命形势依然存在的中国党，那时已经撞得头青脸肿，已经把工农群众的组织彻底肃清，把党的干部及一般积极分子摧残殆尽了！即在第九次扩大会，国际领导者仍然是说："中国目前的情形是一种革命潮流在两个浪潮中间……现在正在新波浪开始的前面，在新高潮的足下。"到了在国际直接指导之下的中国党第六次大会（一九二八年八月），国际领导者一面口头上大喊反对盲动主义，一面又大喊，"新的革命高潮之象征已经可以看见，我们面前是一个大的全国革命的高潮"、"新的革命高潮快要到来"、"一省或几省革命高潮与苏维埃政权的前途是可能的"，并且还说，"武装暴动在有几种例外的情形之下是可以干的。"同时共产国际第六次世界大会，对于中国问题的根本见地，仍然和第九次扩大会一样，胡思乱想地在什么一个潮流两个浪潮中间乱滚，根本不认识现在是没有一点浪潮革命低落的整个时期，所以它仍然和第九次扩大会一样，虽然嘴里大喊反对盲动主义，手里所做的自然只有盲动，除非是不动；所以虽然承认把"武装暴动"变为宣传口号，虽然说："只有到新的革命高潮成熟时候，这个口号才重新变为直接行动的口号。"而未能前进一步指示中国党在革命高潮未成熟以前现时的政治斗争中，用什么做行动口号，而且反对中国党用国民会议的口号。一直到现在，他们自己还没有向中国党指示出来任何政治口号。这自然是因为他们始终认为中国新的革命高潮即在前面，即在足下，"武装暴动"的口号已在喉中呼之欲出，用不着别的政治口号；否则便是认为现时不必做什么政治斗争，不必有什么行动，一总等到新的革命高潮成熟时再武装暴动。此外，他们对于中国革命失败后新阶段中的认识与策略，没有一点别的高明见解。因此，我们可以说，国际第六次大会反对中国党提出国民会议的口号，和其第七次执委扩大会（一九二六年）反对中国党提出苏维埃的口号，同样是不认识新的客观局势，同样是把中国党送到绝路上去。他们对于资产阶级的民主革命，无论在过去或将来的革命高潮中，都看做金科玉律，一步也不敢越过它的范围，独有在没有革命高潮的现在，反而把提出民主主义的口号当做机会主义，这是什么理由，不但别人不懂得，恐怕他们自己也不懂得。最近国际第十次执委会（一九二九年七月）以来，他们索性决定中国新的革命浪潮已经成熟（附注一）；那么，"武装暴动"当然要重新变为直接行动的门号了，所以江苏省代表大会已经发出"地方暴动"的口号。将来弄糟了，当然仍旧是归咎到中国党犯了盲动主义的错误，和不久以前对于富农问题归咎到中国党犯了机会主义是一样。像这样的国际领导机关，那里还有一点资格配领导世界革命！

统观共产国际对于中国革命失败后现阶段之认识与策略，中间虽然经过一些曲线，而始终一贯的精神是：一九二七年的革命并未完全失败，一直到现在还是直接革命的形势；对于现阶段的策略，始终是直接进攻，始终是武装暴动与苏维埃政权，民主的要求口号与运动一点也用不着。这分明是把马克思的"不断革命论"变成了"革命高潮不断论"。这种不断论表现得最充分的就是中共第六次大会的政治决议案所谓"中国革命现在的阶段"是承认中国仍旧在革命的阶段，是把中国现在的反革命阶段和将来的革命阶段混乱在一起。由这样现在和将来不分的混乱思想，遂产生混乱的"中国革命现在阶段的政纲"，就是所谓"中国革命之十大要求"，把目前日常斗争的口号，过渡时代的要求和将来夺取政权的政纲，都混合在一起，就是把机会主义和盲动主义混合在一起。

如果我们不学无政府主义者，两眼只看着最后的目标而放弃目前的现实的政治斗争，对于现阶段，我们必须有深刻的认识，必须认识一九二七年中国第二次大革命已经过去了，是完全失败了，各国革命史已告诉我们，大革命失败之后，必然经过一个反动时期，中国也没有例外，无产阶级在这反动时期的现阶段中，应一面采取防御战略，培养自己的能力，彻底反省过去失败的教训，溶化过去革命伟大的经验与教训，以锻炼自己，重新团结离散的队伍，在日常生活的斗争中积聚阶级的力量，以筑下将来新的进攻时自己阶级力量的坚固基础；一面重新估量现阶段中新的客观局势，采用现局势所需要所可能的策略与口号，重新闯进政治舞台，由现在的政治斗争，开辟新的革命环境，从反动时期的现阶段，走到新的革命阶段。

中国从辛亥第一次革命（一九一一年）到一九二五年——二七年第二次革命，中间相距至十余年之久；从第二次革命失败之后到将来的第三次革命；其间距离之长短，是要靠国内的阶级斗争进展之形势及国际形势来决定，此时还没有人能够预见。但其间必须经过一个过渡时期的现阶段，这已经是一件摆在我们面前的事实。我们的责任，不是在否认这一过渡时期的现阶段，而是在怎样发展工人阶级的战斗力，加速这一过渡时期之缩短，怎样努力参加现阶段的政治斗争，减少从反革命阶段到革命阶段的障碍与困难。现阶段尤其目前的局势之特征是：

一、自机会主义的政策断送了革命，盲动主义的政策铲除了革命的势力，领导革命的无产阶级犹未回复其创伤与勇气能够立起来和统治阶级作最后的决死战。在目前所有的斗争中，都只是对资本进攻的防御战，根本没有武装暴动的进攻之可能，连即时实行准备武装暴动也谈不上；尤其是缺少一个有团结力有战斗力有正确政策的共产党。此时虽然各地劳动者和店员有些对于资本进攻的防御斗争，即令各地再有些农民饥民兵士散漫的骚动，而没有整个的无产阶级及其政党的力量有计划的有准备的为之领导，也决不能形成革命的群众运动高潮，很容易为统治阶级各个镇压下去。

二、资产阶级在击败无产阶级屠杀工农民众之后，不能不容忍在国民党训政之下各系军人的军事专政，以镇压工农革命之激进，以保持他们在革命中所获得的利益。国民党各系军人代表各地方资产阶级的特殊利益互相冲突，发生了蒋桂，蒋张，蒋冯，蒋唐等资产阶级内部争夺政权的公开战争。这些战争的结果，都不是资产阶级的政权走向崩溃，而是走向逐步的统一与相当的稳定（附注二），虽然其前途尚有不少的困难或意外的阻碍；其主要的有力的原因，是中国资产阶级特别是东南的银行工业资产阶级即中国资产阶级的中心势力和帝国主义特别是需要向中国输入资本的美国急于在中国扩大市场的德国，各应他们的需要，都一致企图援助中国代表整个的资产阶级利益的政权之统一与稳定。

三、通常资产阶级政治上的统一与稳定，乃是其经济复兴之可能的前提。现时中国经济复兴的程度虽然还是很迟缓，而前去两年的对外贸易额则已逐年递增，即以上海一口而论，去年一月至十一月对美国输出总额比前年增加美金一二九一五六六三元，其中增加最多的是纺织品及其原料，共值三千五百七十余万金元，比前年增加一千三百余万金元。这种未能脱离殖民地地位之低度的经济复兴，不但不至消灭革命，并且因此重新团聚离散的工人队伍于生产机关，增加工人阶级的自信力，扩大工人组织及扩大共产党影响的条件。其最终结果，将至重新引起一切未解决的问题之紧张和加紧阶级冲突（军人和资产阶级民主政党之间的冲突，民族资产阶级和帝国主义之间的冲突，工人阶级和资产阶级之间的冲突）。跟着不可免的新的经济恐慌一到来，将成为革命的推动力。

四、国内外一切矛盾仍然存在，在帝国主义势力宰制之下的中国资产阶级，它的政治和经济都不会发展到能够解决中国目前所需要解决的根本问题，即民主革命的任务（如推翻帝国主义的统治，民族独立，土地革命等），革命的巨潮仍旧潜伏的存在着。

五、国民党资产阶级军事专政所产生的苛捐杂税，战祸，灾荒，物价腾贵，使一切下层民众尤其是工人对于加时减薪、贫农对于耕地缺乏与高利贷，一致感受暴政和贫困之严重的压迫，一致对于现状不满，急于寻找政治的出路。被欺骗而投降的城市小资产阶级，特别是知识分子，因身受国民党政府暴政苛税之苦，又开始左倾，开始厌恶剥夺政治自由（集会、结社、言论、出版等自由）的军事专政，要求民主政制即立宪政治。甚至于资产阶级本身，也渐渐感觉到军事专政对于他们资本主义之发展有所阻碍，渐渐需要适合他们利益比现时较民主的政制。

依据这些特征，自然是没有革命高潮的局势，并且革命高潮也不会有马上到来之可能；然而在两个革命间之整个的过渡时期中，目前的局势已经有新的变化。这一变化，并不是表现革命高潮成熟，而是表现资产阶级的民主运动和各阶级反对现时军事专政的斗争之开始。这一运动这一斗争做得愈有力，则现在的过渡时期愈缩短，由反革命阶段转变到革命阶段的速度愈加速。目前既然是没有革命高潮的局势，无产阶级既然不能即时武装暴动，推翻资产阶级的统治，为缩短过渡时期，为加速到革命阶段的速度，为要求自己的利益，为力争自己解放斗争的条件——政治自由，她对于已经开始的民主运动所应取的态度，便不应消极的或用激烈而无行动的空洞口号来抵制，而应积极地号召广大的下层民众参加这一运动，领导这一斗争，使之彻底的民主化，使之向前发展，走向革命高潮，然后这一运动这一斗争才不至停止在目前的阶段上。

当然，民主主义不是超阶级的，一般所称为民主主义的，实际上只是资产阶级的民主主义。这一民主主义本来是资产阶级从前用做反抗封建贵族以及欺骗劳动阶级之工具，到了社会阶级关系一转变，即封建势力已溃灭劳动阶级走进了政治舞台，统治的资产阶级马上认识这一工具的锋芒要戳伤到自己身上，急急地设法收藏起来，重新在废物储藏室中拿出他们从前所抛弃的反民主主义的宗教，礼教，旧道德等等来代替。无产阶级在资产阶级统治之下及在它还未达到夺取政权的时候，应该不客气地借用资产阶级这一有锋芒的工具（民主主义），来对付资产阶级，来廓清无产阶级走进政治舞台的障碍，来成熟自己阶级解放斗争的条件。在无产阶级专政的苏维埃未实现以前，单靠无产阶级先锋队的宣传力量，不会使小资产阶级的群众以至一大部分工人群众能够认识无产阶级的民主主义之伟大与真实，当他们需要资产阶级民主主义的时期还未终了之时，当他们还睡在资产阶级民主主义的怀抱之时，我们不能离开他们，此时也必须采用民主主义的口号，发展民主主义的运动，吸引他们到我们的周围，这也是无产阶级运动中一个历史的任务，决不是机会主义。但群众向统治阶级要求的民主主义，是其实际而非空名，我们必须防御资产阶级空洞名词的虚伪与欺骗和小资产阶级民主派之妥协，因此我们必须力争由平等直接普选不记名投票产生的国民会议，并且必须与"国民会议"同时提出"八小时工作制""没收土地"和"民族独立"，做我们在过渡时期中四个不可分离的民主要求口号，以充实国民会议的内容，以充实在过渡时期中整个的资产阶级民主运动的内容。必须是如此，才能够引进广大的劳苦群众参加这一民主运动，扩大这一民主运动，要求彻底的民主主义，以改变其形态与程度；资产阶级的民主之终点，接着便是无产阶级的民主之起点，即是拥护占全人口绝对过半数的劳动大众获得权利与自由的苏维埃政权之起点（附注三）。

对于国民会议这一口号，我们党中现有三种态度：一是现在中央的态度，他们说："国民会议，在过去一切历史的经验上证明，只能够产生资产阶级专政的政权。"其实中国资产阶级专政的政权，已经由我们机会主义和盲动主义造成了，已经不待国民会议来产生了，现在正要利用民主的国民会议来和资产阶级军事专政对抗。列宁所指导的十月革命，在已经武装暴动夺得政权的苏维埃第二次大会，宪法会议还是议事日程中三个问题之一，这一历史的经验证明了什么，他们说我们："提出'召集国民会议'的口号来代替'推翻军阀国民党政府'与'建立工农兵苏维埃政府'的两个口号。"然而他们又曾声明："现在客观的革命形势并未高涨起来，所以现在决不能马上号召群众暴动，推翻国民党军阀统治。"（既然没有群众暴动，当然不能够建立工农兵苏维埃政府）这就是说，我们的党现在实际上并没有号召群众的政治口号，只有盲动，只有采用游民无产阶级的投机，冒险，阴谋，暗杀等政策，只有长期地离开现实的政治斗争。一是有几个自称左派的同志态度，他们说："中国将来的政治发展，是否有议会制度之可能，我们认为他有或然的可能，而且无产阶级并当力争这样的发展。""我们对工人阶级宣传国民会议口号，应当告诉他们国民会议之实现，是比现在赤裸裸的军事独裁有进步的意义，我们应该参加此种进步的斗争，我们所主张的是普选平等直接不记名投票产生的国民会议，解决国家重要问题，如八小时工作制，没收土地，力争中国之独立，同时我们认为此种国民会议也许是很难实现的，所以我们也要向着武装工农和无产阶级专政进行准备。""国民会议的口号是引导千百万劳动群众重新参加政治生活的口号，这种斗争之进行，将加速中国议会制度之实现，假如中国能实现议会制度，这使我们在更高的一阶段进行夺取政权"，又批评我们"提出了国民会议的口号没有将他与中国将来的议会制度发生联系，这是没有前途"（见刘仁静同志起草的告同志书）。这分明是在主观的策略上不重在为民主运动而斗争之动的意义，而是拜物教似的把任何形式的国民会议都认为进步，并且很单纯地只是把资产阶级任何形式的议会这一静的制度看做无产阶级革命战略之根本目的，即是我们号召无产阶级参加国民会议的斗争，只是为了实现国民会议实现资产阶级的议会制度这一前途，别的都还要待在更高的一阶段进行，这和以前主张先完成国民革命然后才干社会革命现在主张先完成资产阶级的民主革命（议会制度也是国民革命即资产阶级的民主革命之内容中所应有的事），然后才干无产阶级的社会主义革命，是同样地机械，是同样地没有自己的前途。这种极右倾的态度，和现在中央极左倾的态度，恰恰是相反的两个极端。向左的极端是梦想革命，向右的极端是抛弃革命，都不是推进革命，这两个极端政策所能得到的结果是一样：巩固了资产阶级专政的政权。

　　我们以为观察这一问题之要点，是国民会议在客观的作用上将是怎样，在无产阶级主观的策略上应该怎样。

　　现在各阶级需要国民会议是一致的，而各个所需要的国民会议之内容，则极不一致；因此，将来国民会议之实现，在客观上能够发生的作用是怎样，这是要看无产阶级能够领导下层的广大民众参加这一运动至怎样程度而定，此时还没有人能够预见，此时所能够预见的有几点：（一）最近即有实现召集段祺瑞善后会议式的以至孙中山国民会议预备会式的国民会议之可能；（二）将来的政治发展，有由国民会议而实现三民主义的宪法，而实现俄国沙皇时代的或土耳其式的议会制度之可能，并且若革命高潮到来得迟缓，资产阶级的议会制度会经过一个历史时期；（三）我们有利用这些政治发展的机会特别是在选举运动中，有获得接近广大的民众，向民众宣传我们的目前要求（如八小时工作制，没收土地，推翻帝国主义的统治民族独立，政治自由等），恢复工农群众普遍的组织，领导广大的下层民众重新参加政治生活和公开的政治斗争，在会议中提出我们的要求特别是土地政纲，以扩大我们的政治影响，增进工人阶级的政治社会地位，和得到相当的政治自由等有利于工人阶级自己解放斗争的条件之可能；（四）从善后会议式的国民会议一直到资产阶级的议会制度，同样不能够解决中国目前所需要解决的根本问题。如对内实行八小时工作制，提高工人阶级生活状况，没收地主富农的土地归农民，对外推翻帝国主义的统治民族独立等等。中国目前所需解决的根本问题，只有革命高潮到来时，由无产阶级领导城乡广大的下层劳苦饥寒民众，武装暴动，推翻国民党资产阶级政权，建立无产阶级专政的苏维埃政权，才能够解决。

因此，我们在主观的策略上，一方面应该纠正向左的错误，即是对于要求召集国民会议运动和参加国民会议运动，以至将来资产阶级的议会选举运动，都应该坚决地积极地领导下层民众

（不与任何大小资产阶级的民主党派进行迁就妥协的政治联盟而且要和他们对抗，斗争，争取农民），极力要求参加，极力要求其民主化，即力争平等直接普选不记名投票的选举制，并且以我们的目前要求充实其内容，丝毫不可犹豫，始终不能取消极态度和抵制政策，因为在这些运动中，工人阶级有获得力争自己解放斗争的条件之可能。"武装暴动"和"建立苏维埃政权"，是我们的前途，是将来革命高潮中的行动口号，在目前只是教育宣传口号。目前摆在我们面前的问题，不是怎样实行武装暴动夺取政权，而是怎样才能够动员群众开始政治斗争。在主观客观条件都未成熟时，若发出"武装暴动"和"建立苏维埃政权"做政治斗争的口号，号召工人群众马上行动起来，为这些口号奋斗，不仅得不着群众的应声等于放空炮，而且更加扩大党的盲动情绪，离开群众，削弱自己的力量。至于"要求召集国民会议"这一口号，其客观条件不用说已经成熟了，我们即应重新了解新的客观状况，决定我们的策略，即是利用这一客观条件已经成熟的口号，发展两个革命间过渡时期的政治斗争。这不是我们在主观上开倒车，而是因为在客观上无产阶级的党已被革命失败推向后退，退到以前的发足点，现在的政治斗争，几乎要从头做起，所不同的（可以说实际上是大大的不同）只是根据过去的苦经验，必须根本改变其方式而已。列宁在一九一九年曾说："在工人阶级夺取整个政权的斗争还未成为当面问题以前，我们必须利用资产阶级的民主主义形式。"在一九二〇年他又说："甚至在苏维埃共和国胜利前几个星期，甚至在这个胜利之后，参加资产阶级的民主主义议会这件事，不仅不妨害革命的无产阶级，而且帮助无产阶级，使之能够向落后群众证明这种议会为什么应该解散，

为什么要促进解散这种议会，为什么要促进资产阶级议会制度之
政治破产。"因此，我们在反革命势力高潮时代，若不懂得资产
阶级的民主运动在此时也是推进历史一个动力，不去做力争国民
会议民主化的斗争，只向左发出毫无行动的激烈口号来抵制国民
会议，这乃是梦想革命而不是推进革命，乃是把发出行动口号领
导群众行动的政党变成宣传研究在纸上写出些宣传口号的小团
体，或离开群众组织的政治斗争，只是少数人阴谋暴动恐怖的巴
枯宁派。瞿秋白反对国民会议这一口号的理由是说："我们由中
国革命可以看出，当殖民地的革命达到决定胜负的时候，这个问
题就明白摆在我们面前：即或者是地主和资产阶级的专政，或者
是无产阶级和农民专政。"他这几句话里面包含不少的错误，可
是表面上似乎很漂亮，可惜说迟了一点，或是说早了一点，即是
他忘记了过去的革命决定胜负时机已经过去，将来的还未到来，
在没有革命局势的现阶段，民主运动不管能够达到若何程度，都
是无产阶级所需要的。这是因为无产阶级的组织尤其是它的政
党，为力量发展所需要的组织上民主制之实现，政治自由是一个
必要的条件。有些同志以为我们过去也曾做过国民会议运动，不
曾得着什么。其实，过去的国民会议运动并未达到真正广大的群
众运动；然而已经建下五卅运动的基础，假若没有国民会议促成
会的运动，未必能够形成那样规模的五卅运动。有些同志以为我
们参加国民党政府所召集的国民会议，便是承认它的存在，并且
承认他们当中的各派军阀官僚得以利用国民会议做争权夺利的合
法工具。我们要懂得国民党政府之存在是一个事实，不是否认便
可了事，而是要造成某种力量怎样去动摇推翻它的存在；他们可
以利用国民会议做争夺权利的合法工具，我们也可以利用国民会

议，以力争民主政制做反对军阀官僚等一切反动势力的合法工具。列宁说过："社会民主工党之承认资产阶级制度……并不是承认它的监狱警察私产卖淫，而是为广大的自由斗争来反对这些制度。"（《工农革命民主专政》）有些同志以为参加国民会议会使我们的党发生右倾的危险。自然我们并不否认因此使党有发生右倾危险之可能，但决不能拿这个来做消极抵制的理由。列宁说过："没有并不能够有一种斗争形式一种政治状况不能引起危险的。如果没有革命的阶级的本能，如果没有立足在科学上的整个人生观，那末，参加罢工也是危险的（因为可以变成经济主义派），参加议会斗争也是危险的（因为可以变成议会的蠢材），赞助乡村自由派的德谟克拉西也是危险的（因为可以变成乡村运动计划）。"（同上）现在的中央，拿改组派，中华革命党，新中国国民革命党，中国青年党，以至段祺瑞阎锡山冯玉祥蒋介石都赞成召集国民会议，说我们也提出国民会议的口号，便是他们的政治盟友，其实，我们所要的国民会议和他们所要的国民会议，其作用与内容都大不相同。列宁在一九〇五年曾主张召集全民代表大会，在一九一七年又曾向临时政府要求召集国民立宪会议，难道他也是沙皇及克伦斯基的政治盟友吗？有许多同志也正因为各种反动派都提出国民会议的口号，我们最革命的共产党，实在不好意思把这一口号从口中喊出来。这正和以前少数派讥笑列宁"把'临时革命政府'和'万岁'联在一起，是污渎了自己的口"，是同样的糊涂。况且我们的党在第六次大会前后没有向民众提出"要求召集国民会议"的口号，做革命失败后有重大作用之一种政治斗争形式，这已经是大错；现在对于这一口号这一运动，若仍旧是取消极的抵制态度，若不赶快积极地向下层的广大民众宣传，鼓起下层的广大民众热烈的要求参加，要求平等直接普选不记名投票的国民会议，则将来的国民会议真会是反动派及各上层阶级的上层分子包办的国民会议了事，那便是莫大的罪过！

同时在另一方面，也要纠正向右的错误，即是在国民党统治下的国民会议和资产阶级的议会制度进行中，我们丝毫也不应该向工人群众和从前歌颂国民党一样歌颂资产阶级的政治发展与进步（资产阶级的资本主义之发展更是进步），助长他们对于国民会议与议会制度及宪法的本身之幻想；因为它们本身都不能解决中国目前所需要解决的根本问题。我们应该在要求召集国民会议的鼓动中即告诉工农群众：这个会议即使召集成功，国家权力如果仍操在国民党军阀之手，这个会议将没有一点执行的力量；我们应该在这个会议集会中，向工农群众极力暴露各上层阶级党派的政治破产及其政策是如何背叛了大多数民众的利益，以证明并使群众自己认识只有工农武装暴动和建立工农兵苏维埃政权，才能够拥护大多数民众的利益；而不能告诉工农群众："八小时工作制，没收土地，力争中国之独立，此种国民会议也许是很难实现的，所以我们也要向着武装工农和无产阶级专政进行准备。"这样很明显的是要助长工农群众的幻想，以为国民会议也许不难实现八小时工作制，没收土地和力争中国之独立，所以不必一定向着武装工农和无产阶级专政进行。列宁在一九〇五年主张召集全民代表大会，其根本目的是在以民众暴动推翻沙皇政权，建立工农民主专政的政权，而不在议会制度；只有少数派幻想"革命对沙皇制度彻底胜利之可能……或由某种代表机关的发起，在革命民众直接威逼之下，决定组织全民立宪大会来达到"（见华译《两个策略》第二二页）。列宁告诉他们："政权一日在沙皇之手任何代表的任何决议都好，都会与一八四八年德意志革命时历史上有名的佛兰克府国会的决议一样，只是成为一纸可怜的具文。"（同上二三页）列宁一九一七年也曾向临时政府要求召集国民立宪会议，其根本目的也是在完结资产阶级民主主义的生命，推翻资产阶级的政权，而不在议会制度；只有少数派死守资产阶级的民主主义阶段，歌颂资产阶级的政治发展与进步。这还是革命高潮时代的事，在革命低落的一九〇七年，少数派主张参加第三国会，多数派中的多数人即所谓召还主义者抵制主义者则主张抵制那破碎的冒牌的国会，独有列宁一人力排众议，极力主张参加；他随后并且承认前两次抵制国会选举的口号都是错误的。列宁主张参加国会，和少数派主张参加是不是同样的政策呢？不是的，绝对不是的。少数派是迷信歌颂资产阶级的议会制度之本身，以至在他们影响之下的工人及城市小资产阶级都落到和平的幻想中去了；而列宁的政策是在革命低落时期利用议会制度，利用参加选举运动和国会议坛来帮助革命。他虽然极力主张参加国会，因此和召还主义者有过剧烈的斗争；而他的根本政策，仍然要革命民众的注意力不集中于国会，而集中于阶级斗争，集中于准备暴力推翻专制政权。

　　所以，向左的消极抵制国民会议和否认议会制度，而不知道积极地利用民主运动和议会制度，空喊"武装暴动"和"苏维埃政权"，而不知道怎样发动群众走向"建立苏维埃"、"武装暴动"和"苏维埃政权"，这便是梦想革命，而不是推进革命，这固然是蠢材；同时，极右的人们抓住议会制度，向工人群众歌颂国民会议与议会制度之进步，而且幻想国民会议也许不难解决国家重要问题，这便是根本抛弃革命，也不是推进革命，这真是机会主义取消主义。托洛斯基同志有言："瞿秋白又说：中国的机会主义者正要拿国民会议口号来代替苏维埃口号。这是可能的，多半可能的，甚至必然的。机会主义者将要首先抓住议会制度的方法，抓住一般类似于议会制度或接近于议会制度的事物，——这是有世界工人运动尤其是俄国工人运动的整个经验可以证明的。少数派抓住议会制度的行动而抛弃革命的行动。"这几句话正是给一些极右而自称左派人们之当头一棒！

我们的结论是：我们对于国民会议，决不取消极抵制政策，而是积极地号召参加，力争其民主化，我们认为力争资产阶级的民主政制，是从反革命时代走向革命时代这中间过渡阶段有重大作用之一种政治斗争形式，这种政治斗争一扩大紧张起来，合成直接革命之先导；同时我们也不能对资产阶级的民主政制有所幻想，更不能助长工人群众的幻想，我们应该尽量利用民主政制来促进民主政制之死亡，而不应该歌颂资产阶级的民主政制。我们是要利用民主口号与运动来辅助我们夺取政权的根本目的。民主政制不是我们的根本目的。我们不主张用苏维埃口号来抵制国民会议口号，同时也不主张用国民会议口号来代替苏维埃口号，而是要利用国民会议的口号与斗争来引导群众走向苏维埃口号。我们不反对参加国民党政府所召集的国民会议；同时也不能对于任何形式的国民会议都认为进步。我们必须大声疾呼地攻击军阀官僚们操纵包办国民会议，必须尽情揭破他们的欺骗与假冒。我们必须调动全国千百万下层民众在民主运动过程中，力争国民会议之彻底民主化和力争下层民众的要求，以反抗国民党资产阶级的军事专政，揭开资产阶级民主主义的假面具，并且打破小资产阶级民主主义的幻想，取得广大的下层民众，走向革命高潮，武装暴动推翻国民党资产阶级的政权，建立无产阶级专政的苏维埃。这就是我们前途，这就是我们对于国民会议的态度，也就是我们对于一般的资产阶级议会制度的态度。这也就是我们党在没有革命局势的现阶段之政治斗争的正确策略。

〔**附注一**〕他们所谓中国新的革命浪潮已经成熟，大概是指改组派倒蒋运动之不断的高涨起来。听说最近国际又有训令给中国党，对于反蒋运动分析说蒋是代表豪绅买办阶级，改组派是代表资产阶级。国际为什么把反蒋运动中这样的阶级分析训令中国党，大概他们又要复活和"中国土地革命领袖"汪精卫所领导之在野的资产阶级联盟，来推翻代表豪绅买办的统治阶级，来实现他们所梦想的工农资产阶级民主政权吧！可惜不替史大林争气的改组派，国际训令方到中国，他们已经倒台了，大概中国新的革命浪潮之成熟，又要成问题了吧！

〔**附注二**〕这里所谓相当的稳定，是就其内部状况而言；若就全国阶级斗争的状况说起来，在无产阶级之阶级的斗争没有剧烈到动摇资产阶级的统治以前，它始终是稳定的。

〔**附注三**〕列宁曾论民主主义说："'普遍的民主主义'无论在如何资本主义文明国都不存在，所存在只是资产阶级的民主主义。""资产阶级的议会制度，资产阶级的民主主义，比较中世纪，不用说是高度发展的制度；但在无产阶级革命时期，不可避免的要求要从根本改变。""民主主义之形态，在几千年的经过中，自从古代发生萌芽，其后每次由一阶级交代到另一阶级时，都有不可避免的必然改变，在古代希腊共和国，在中世纪的诸都市，在资本主义发达的国家，民主主义都有不同的形态和不同的程度。""在俄国的苏维埃权力，其意义乃是真正的实现劳动阶级即占全人口绝对过半数的人们有获得民主主义的权利与自由之可能。""马克思主义者应以争取国家权力为目的。这一目的不实现，真正的民主主义即平等与自由是决不会实现的。实际上向这一目的引导者，便是苏维埃权力亦即无产阶级的民主主义。"

（以上均为原注——编者）

署名：陈独秀

《无产者》第一期

1930 年 3 月 1 日

关于所谓"红军"问题

（一九三〇年四月十三日）

昂格斯曾在《德国农民战争》序文中说：

游民无产阶级——由各阶级脱离出来之破落分子的渣滓堆——乃是所有同盟中之最劣者。此辈绝对易于被人收买，且极是累人的厌物。法国工人纵然在每次革命中每家榜其门曰："处盗匪以死刑！"而且曾杀过一大批，这并不是由于热衷保护私有财产，而是因为法国工人很正确的懂得：应该首先和此辈土匪分别开来。每个工人领袖，他若要利用游民无产阶级为卫军，且企图在他们当中找着自己的支柱，只此便证明他是出卖工人运动的叛徒。

世界几十国的共产党，一向都是遵守昂格斯的遗训，不敢采用利用游民无产阶级的政策，列宁在世时所领导的共产国际第四次世界大会中，法国党因为有接近此种秘密会党的倾向，曾受了严重的批评，现在中国工人运动的叛徒……正在利用此种游民无产阶级为卫军为支柱，简直把它当作无产阶级革命运动中的主要力量，企图扩大凭借在游民无产阶级（土匪与溃兵）基础之上的所谓"红军"来领导农民做游击战争来"影响到大城市"。他们公然地说：

> 军阀崩溃的基点——兵变，他显示了在殖民地军阀制度统治的国家中，兵士具有更大的革命作用，他不但在军阀制度下养成了的生活，而且在军阀制度下锻炼了一副钢锤铁铸的获有惊人技术的好身手，这副好身手就成为毁灭军阀制度的主要武器。（无产阶级想必只算得是次要的武器了！）这（指兵变）是军阀制度急剧崩溃的明证，这是革命高潮的象征。
>
> 红军是推动革命高潮到来的主要条件之一……而且促进革命局势的开展。
>
> 至于全国广大无比的灾民，半农半匪的武装以及土匪、神兵、红枪会、大刀会等农民群众组织……是必然会走上游击战争的道路而生长成为红军的。我们更相信在中国或者是全世界尚没有而且永远不会有任何一种力量，能够障碍着这一伟大的且有强有力的社会基础的红军力量之发展的前途。（以上见第七十二期《红旗》）
>
> 在江苏已有无数次刀匪群众的武装，而仍有人怀疑到在南京政府直接管理之下，游击战争是否可能。（见第七十六期《红旗》）

"兵变是毁灭军阀的主要武器"，"灾民、土匪、神兵、红枪会、大刀会、刀匪，是生长成为红军的社会基础"。凭借这种社会基础的"红军"来推动革命高潮，这就是叛徒们的革命策略，也就是他们自己对于现在所谓"红军"的内容之分析。他们更公然很得意的说：

> 据十二月三十一日《申报》载："如皋境内土匪与共产党结合，聚众三千余人，抗纳捐税，民间自卫枪弹，悉被缴劫、势焰甚张⋯⋯"在帝国主义和国民党统治的大本营附近，又发生了流氓、土匪、地痞⋯⋯的武装行动，反对派真要气死了！（见第六十七期《红旗》）

统治阶级骂我们是共匪和匪共并称，都不足为异；所可异者一个先进阶级的政党，竟以与土匪结合自豪向列宁主义者的反对派夸耀，我们多数同志热血造成的党被叛徒们使之堕落至如此地步，我们反对派安得不"真要气死！"

不错，中国的土匪运动是有它的社会基础，而且有广大的社会基础，因长期的生产力发展之停滞，造成了大量的过剩人口，流为游民盗贼，形成定期的战争，这本是中国历史上主要的现象，自外国资本主义的商品侵入中国，破坏了中国的农业和手工业经济，更加增多了中国的游民，尤其是在农村中。这种无业游民之来源，最多的是农民，其次是手工业工人，官僚后裔、小地主、小商人堕落其中者亦不少，此即昂格斯"所谓由各阶级脱离出来之破落分子的渣滓堆"。他们的出路是：移植国外，进工厂做工，当苦力，当兵，这只是一部分，充其量不过一千万乃至两千万人，其大部分便是当土匪。其中最有组织力的，如北方的红枪会、大刀会、小刀会等，中部的红帮、青帮等，南方的三合会等，他们不但盘踞农村，在城市中也有很大的势力。此外，各种名目的零星股匪，布满了全中国的乡村镇市，这当然是一个严重的问题，并且是非至社会生产力有高度发展而不能解决的问题。这样巨大数量的游民无产阶级，在中国历史上每当统治阶级内部有了纷争动摇时，他们便要大规模地骚动一次，从赤眉、黄巾到白狼、老洋人，都是这种把戏；这还是失败的部分，成功的帝王当中有许多都是凭借这种势力。但在城市发达和武器战术进步尤其是城市产业无产阶级出现的现代，游民无产阶级在政治上的作用，遂和前代大大地不同了。它们是由各阶级脱离出来之破落分子的渣滓堆，是绝对易于被人收买的厌物，他们反复无常，只要有利可图，无论革命反革命他们都可以钻进去鬼混，所以即是资产阶级的革命党，虽然能够拿金钱官位利用他们，也不能专凭借他们的力量得到成功，孙中山的同盟会以多数资产阶级的革命青年加入新军，才能够推倒满清；民国十三年国民党改组后，利用工农势力，才能够得到北伐的成功，这便是明显的例证。在无产阶级已经登过大革命舞台的今天，我们无产阶级的党，还拾取孙中山的老政策，企图结合土匪，凭借土匪势力来扩大"红军"区域，来建立"苏维埃"政权。"只此便证明他们是工人运动的叛徒！"有些政治意识浅薄的党员，受了叛徒们胡吹乱喊的宣传，竟以为现时红军区域扩大是事实，我们也许能够得到胜利，中央的政策也许是对的，这班人是被"红军"、"苏维埃"一些金字招牌所眩惑，并未仔细想想现有的所谓"红军"、所谓"苏维埃"其内容究竟是怎样。我们应该知道：所谓"红军"的区域之扩大固然是事实，土匪猖獗遍荡了全中国更是事实，而且并不是新的事实，它们之扩大与猖獗，本来就有它们的社会基础，再加上农业日益荒废，金价米价日渐高涨及统治阶级内部纷

争动摇的近因，叛徒们甘心把共产党变为土匪党。除现有的所谓
"红军"的区域外，将来还有扩大之可能，例如闽匪何金标支配
了闽东几十县也可以于现有的八军外，生长成为"红军"第九
军；湖匪郭老大等，以太湖为根据地，洗劫遍了江浙两省沿湖数
十县的乡镇，已组织天下第一军、第二军，这也可以生长成为
"红军"第十军；此外还有更庞大的大刀会、小刀会和神兵，红
枪会本来就有什么"红军"的组织，所谓"红军"区域凭借着
这种社会基础扩大起来，自然是前程远大。土匪及所谓"红军"
之骚扰扩大，自然也增加资产阶级统治之困难；然因此便想凭借
他们为革命的主要武器，当做革命高潮的主要条件，这是绝对的
错误。因为这种由各阶级脱离出来之破落分子的渣滓堆，这班绝
对易于被人收买的厌物，在他们有利的条件之下，今天戴起红帽
子便是袁文才与王佐，明天换上白帽子便是樊钟秀与孙殿英。倘
凭借这种势力可以生长成为真正红军，可以建立真正工农苏维埃
政权，那末，真如史大林派所说："全国危机和革命浪潮有中国
式的特点。"而马克思、昂格斯、列宁的革命理论在中国能否应
用竟成了问题！

　　军队，尤其是中国的雇佣军队，大部分是游民无产阶级所构
成，他们不但离开了生产，并且因为一种特殊生活形成了一种特
殊意识，所谓官兵即是合法的土匪，即便是最好的军队，也必须
具备如下两个条件，在革命斗争中才有作用：（一）必须城市工
人斗争已进展到成立苏维埃，尤其在工人群众已经起来武装暴动
中，兵士走到群众方面来，才更有作用；（二）并且必须是统治
阶级所直接依赖的军队才是对于它们致命的打击。现在是怎样？
第一个条件，谁也知道还没有；第二个条件也没有。第七十二期

《红旗》所列举的三十六处兵变，没有一处是统治阶级所直接依赖的军队，并且大部分还是它们所正要排除的。这种兵变，不能算是军阀急剧崩溃的明证。兵士也是游民无产阶级之一种，这本是中国之整个的社会问题。兵变的现象，虽然不像土匪是一时不能解决的问题，但在统治阶级内部未能统一安定和财政稳固以前，当然是不能免的现象。若以为凭借这种势力能够代替城市产业无产阶级的力量，来建立红军与苏维埃政权，除了叛徒们所谓，"有中国式的特点"外，不能有其他的解释。

不错，我们还知道所谓"红军"中多少也有些武装农民，并且有些还是参加过上次革命的积极分子；可是他们在数量上比起土匪溃兵的成分来，简直是喧宾夺主，并且经过了长期的游击战争，这部分武装的农民已经离开生产，和土匪溃兵过同样的流寇生活，其势必至一天天游民无产阶级化。游击战争式的战术，用之某城市武装暴动时，好过死守堡垒，列宁曾称之为"新的巷战战术"；若在农村中长期的作游击战争便是中国的老把戏："流寇而已"，这种流寇的游击战争所得之恶结果是：（1）使原有的武装农民离开生产，过和土匪同样的生活而堕落腐化；（2）使农村所有的革命分子及我们积极的党员都不得不集中到军事组织和军事投机方面，如结纳土匪溃兵等。民众运动的组织与领导，必然要落在无足轻重的分子手中；（3）农民的组织与斗争连所谓"苏维埃"也在内，都随着游击战争的武装势力而生灭，使农民群众只有依赖一种武装的特殊势力即所谓"红军"为长城，而不相信自己的组织力量能够斗争；（4）游击战争所经过的地方，强有力的农民只有跟着"红军"走，留下的孱弱分子经过白色的镇压与报复，这地方的组织与斗争必然要推迟若干年都没有希望。这样的游击战争，真是断送革命之最有效的方法。

赤卫军是城市工人武装暴动时的群众组织，红军是工人取得政权后的军事组织，现在全国各大城市工人都还在反革命势力统治之下被压迫着动挣不得，我们的党不把力量集中在这方面，刻苦工作，而因利乘便地在离开政治中心的乡村中，纠合一些土匪散兵以及失业农民，冒称红军。想用这样的红军来"产生"革命，而忘记了真正红军乃是革命产生的。苏维埃是工农群众斗争高潮中所涌现出来的公开组织，现在全国苏维埃区域代表大会，现在上海租界秘密召集，只此已充分说明其性质与作用，先进国许多制度，一到中国便有名无实，现对所谓"红军"及所谓"苏维埃"也是这样，这才真是"中国式的特点"呵！

中国革命之再起，主要的是靠城市工人阶级的斗争来决定，单是统治的资产阶级内部纷争动摇是不够的。游民无产阶级固然不是工人革命之卫军与支柱，即农民虽然在农业国革命中有很大的作用，然它们从来不能有独立作用及独力的成功。尤其在资本主义关系统治的社会，只有两个阶级（有产与无产）的力量决定一切。在经济生活上，农村已走出了自足经济时代而隶属于城市，离开了城市，便根本不能自存；农村的多数武装队及政权，更无法日久维持其独立的存在。没有城市工人革命运动的高潮来领导，农民暴动是没有出路的，而且会走到反对工人阶级，没有工人阶级的政权，彻底的土地革命是不会实现的，没收一切土地不但资产阶级的议会政治办不到，即农民暴动也办不到，历史告诉我们：只有俄国的十月革命，彻底解决了土地问题，其余的农民暴动，都只是为富农即乡村资产阶级开辟了道路。列宁说："分析目前革命中的阶级对比，是革命政党主要任务。"目前中国城市工人斗争中所表现的阶级力量对比是怎样呢？叛徒们说：

> 现在全国的罢工潮流不是在汹涌的向前发展么？不是日益脱离国民党黄色工会的影响，而走向坚决的革命斗争么？上海、天津、青岛、唐山、哈尔滨、武汉、广州，到处暴发巨大的罢工，这正是中国革命浪潮复兴的主要象征。（见第七十一期《红旗》）

如果真是这样，革命高潮即在面前，我们便应该集中全力准备城市工人的武装暴动，为什么反而跑到乡村里组织土匪溃兵和失业农民的"红军"呢？其实我们的党在城市中还很软弱，统治的资产阶级还正在加紧向工人进攻：加时，减薪，开除工人，掉通班，严定厂规，具保结，不断地雇流氓巡捕毒打工人（如最近上海的永安、新怡和、申新第七厂），以至不断地枪杀工人（如最近上海的安迪生电泡厂、祥昌棉织厂、三星棉织厂），而工人的斗争还未曾由防御走到进攻，由经济罢工转到政治罢工；主要的是因为工人阶级自从遭遇了上次革命之严厉的失败，至今尚未恢复其组织，不但工人还没有自己的工会，即国民党黄色工会也没有群众。两年以来，对于资本进攻不断的经济罢工，大半因为是无组织的斗争而失败。史大林派的盲动政策（每个小的斗争，都要任意强迫扩大到大的政治罢工），更是加速其失败，加重其失败；因此工人群众往往自动的斗争起来而不愿意接近共产党。在金价米价日渐高涨的现在，工人经济斗争早迟必然要普遍地起来；然对此方兴的斗争，若加以过分地估量，以为即此已是革命复兴，而采用盲动政策来领导，会铲除此方兴的斗争之萌芽，而延迟革命高潮之到来。叛徒们自己也并不真是相信城市工人革命高潮复兴已经可以领导农村的暴动，他们自己也说：

> 革命的主观力量还不充实，尤其是党的组织力量还不健全。(《中央通告》第六十八号)

就是史大林派的国际也说：

> 赤色工会的大多数（其实那里有半个赤色工会！）还不是群众的组织，国民党黄色工会的影响还是很大，国民党改组派在（北方）黄色工会里尤其有影响，共产党在国民党黄色工会里的工作，还没有认真的实行，共产党还没有能够在生产里，把主要的革命工人干部，团结在自己的周围，争取工人阶级大多数的任务，共产党当然是更加没有解决。(一九二九年十月二十六日国际政治秘书处致中共中央信)

城市中既然还没有群众的组织，党的组织力量也不健全，更未能争取工人阶级大多数，并未能团结主要的革命工人干部在党的周围，在这样状况之下，怎样会有工人革命高潮来领导农村暴动？怎样会实现无产阶级领导权？说有共产党的领导吗？离了工人群众的组织，共产党还有什么？说有全国总工会领导？全总之下有几个工会呢？差不多全总就是罗章龙，罗章龙就是全总。说有共产党员在"红军"中做领导工作吗？这不仅如几粒盐放在水缸中不能使水变成咸味，并且日久因生活方式及环境关系，也跟着游民无产阶级化流寇化了。叛徒们现在还挂着共产党的招牌，口头上不得不说说"无产阶级的领导"、"游击战争只有获得城市工人的领导——才是唯一的胜利的前途"和"最主要的革命高潮之象征，还是工人运动的复兴"这类话做假面具，而实际上他们另有一个根本理论和这些门面话完全相反。国际政治秘书处致中共中央的信说：

> 中国的……革命浪潮另外有一个特殊的特点就是农民战争……回民暴动、红枪会等类的暴动……要坚决的反对党内对于农民斗争以及游击战争估量不足的倾向，多份的要注意士兵里的工作。

因此中央第六十八号通告说：

> 固然，全中国革命高潮将要到来之最主要的象征，还是大城市工人斗争的复兴；但继续两〔年〕来的农民土地斗争与红军的发展，的确反证了豪绅资产阶级国民党的统治决无稳定可能，而且因军阀战争之继续必然日趋崩溃，苏维埃区域与红军的扩大，的确要成为决定新的革命高潮的主要动力之一……目前农村苏维埃与红军之发展是处在极苦的斗争时期……我们要使这一斗争，不仅单发展在许多南方乡村，并要影响到大城市。

又这个通告开始便说：

> 自从一九二七年中国大革命遭了失败，无产阶级受了莫

大的损伤，但在南方的农民土地革命却并未因之死灭，反而因中国党脱离了机会主义的领导（？），坚决的领导农民作艰苦深入的反地主豪绅的斗争，于是从湘鄂赣三省的秋收暴动蔓延发展成为整个南方的游击战争……红军的发展，自朱毛第四军至最近鄂东因大冶兵变而成立的第八军，总共已集中的武力不下五万人，散布在两广、闽、赣、湘、鄂、豫诸省。……这一伟大的革命事实之存在和发展，便连反动统治的报纸都不能予以否认。

第七十二期《红旗》上又说：

> 取消主义者费尽了气力的大声叫喊着：现时中国尚没有革命，中国也就不会有红军。不错，红军是革命产生的，红军是苏维埃政权下的军事组织形式，可是取消主义者根本不懂得中国现时有的是日在深入与扩大的土地革命，在土地革命的发展上再加上统治阶级矛盾的剧烈，和中国经济的地理的条件，遂建立了布满南中国的苏维埃。在这些苏维埃中，广大农民的游击队伍，各地地方暴动的工农武装（？）以及全国普遍发展的兵变，都在围绕着土地革命的深入与扩大上逐渐转变而为红军，这就是取消主义者所不愿了解而且不能了解的事实。

叛徒的理论很明显的是：中国大革命失败了，无产阶级虽然受了莫大的损伤，然而农民仍能够继续担负中国革命的任务，现在更加上变兵、土匪、神兵、回民、红枪会、大刀会等所组成的

"红军"日渐发展，就是党的组织力量还不健全，就是城市工人还没有群众的组织，也可以由这班"红军"领导农民游击战争，来影响大城市，决定新的革命高潮，完成土地革命，建立苏维埃政权，这就是所谓"中国式的特点"，而为反对派所不能了解的。这种由"中国式的特点"所推演出的理论，不但屈服于农民的原始情绪，而且很明显的是"以乡村领导城市"、"以游民无产阶级领导工人"的政策，诚然是马克思列宁主义的反对派所万分不能了解的。

他们这种理论，是有始终一贯的思想，决不是偶然的。中国的革命有为马克思、昂格斯、列宁所未见到的中国民族的特点，所以中国的资产阶级特别能够领导革命；所以中国的共产党可以加入国民党的组织；所以中国的国民党可以代替苏维埃；以至现在所以斗争能够凭借土匪、散兵、失业农民所组织成的"红军"，来代替城市工人阶级的力量来决定革命高潮。所以从前对工人群众宣传欢迎拥护国民党北伐军，现在又对工人群众宣传欢迎拥护"红军"，始终不是教育无产阶级把解放自己阶级以至解放全民族的使命担在自己双肩上，而是教育无产阶级欢迎拥护自身以外的一种特殊武装势力来解放自己。叛徒们这种非马克思主义的理论，非无产阶级的政策，将给工人群众和党员群众以很坏的教育，我们反对派若不及时在工人群众和党员群众面前从原则上公开地指摘出来，简直是罪恶！

不错从前国民党北伐军之发展和现在游民无产阶级（土匪与溃兵）的"红军"之发展，都是客观的事实；可是我们正因为沉溺在客观事实里而离开了无产阶级之阶级立场的根本原则，这就是机会主义发生的源泉，机会主义和乌托邦主义不同，它不是毫无理由的空想，它有很明显的客观事实之根据，而且这些客观事实之根据，也是马克思主义者所不应该忽视的。倘然没有很明显的客观事实之诱惑可以资为口实，则马克思主义者当中又何至发生机会主义的右派呢？西欧大革命后各国资本主义之和平发展，这是很明显的客观事实，根据这些客观事实为口实而曲解马克思主义，这就是西欧机会主义发生的客观原因；在东方殖民地资产阶级民族民主革命时期中，在客观事实上，自然免不了许多这一民族在历史上在经济上所形成的特殊现象，这里的无产阶级政党在运用策略时当然要十分注意这些现象，但若是根据这些特殊客观事实的需要做出发点，而离开全世界无产阶级革命之阶级立场，必然要走到机会主义。谁不懂得这个，谁便终身不能脱离机会主义的窠臼。

我们再退一步从客观事实上来考察现在所谓"红军"的内容是怎样：

（一）鄂豫皖交界之第一军，为原有鄂东北黄安、麻城之三十一师，豫东南商城、光山、罗山之三十二师和皖西六安尚在拟编中之一师所组成，第三十一师为一九二七年秋收暴动后所成立，有枪五六百支，兵数一千左右，其中农民成分较多。第三十二师为当地农民团、土匪、富农合编而成，有枪三四百支，师长及参谋长等重要分子，多是土劣出身；商城县委和该师长勾结一致，曾谋杀党代表，他们用"保境安民"的口号，拒绝中央派去的工作人员；最近中央派黄埔学生某前往接替该师工作，但某以该地纠纷未解决，不愿去冒险尝试，六安附近有二百多土匪（大刀会）一部分民团和少数暴动后失业的农民，合计三四百人，多无枪支。

（二）湘鄂交界贺龙的第二军，系一色土匪即所谓贺大哥的旧部，人数根本不能确定，这个"红军"向来就没有一点党及农民组织的关系。

（三）赣西吉安一带之第三军，除当地一小部分失业农民及醴陵萍乡逃去的农民外，便都是井冈山的积匪和江西警察大队，吉安的靖卫队联防队及金汉鼎部的变兵，合计二三四团和一二两大队约三千人，枪枝与人数相差不远。

（四）朱毛的第四军（略）。

（五）湘鄂赣边之第五军，主要是彭德怀部之变兵和王佐、袁文才等之土匪，农民几乎是没有，彭德怀骂王佐等是土匪，王佐等骂彭德怀是军阀，现在彭已火并了王佐等的"红军"，逃散后王佐等的"红军"已树起反共产反彭德怀的旗帜。

（六）鄂西宜昌、沙市一带之第六军，也是些土匪和新一师的一部分变兵组成的，人数及枪支不详，据《红旗》上说："这个部队（指新一师）我们可以领导的有枪四千，"又说："惜旗帜并不能十分鲜明，"又说："他们还未坚决的扩大游击"。

（七）广西西边之第七军，主要的是俞作柏的旧部，俞军中本有两个大队长是同志，俞军被粤军打败后，这两队之一部分遂退至百色恩隆挂起红旗，不久即为李宗仁的军队所败，退走到龙州，随又被桂军第八师及安南法军夹攻而溃走上山，此"红军"在龙州时，竟有"专杀广东佬"的口号。

（八）鄂东南之第八军，除一小部分失业农民外，多属溃兵改编而成，最主要的是独立十五旅，《红旗》盛称十五旅兵变是模范兵变；而据第八军政治部主任报告：初加入的十五旅兵士多数动摇，要求每人月饷二十元。据湖北来人说：第八军及第五军所到的湖北地方，都不侵犯地主及富农的土地财产，并竭力保护商业，对土劣只勒捐而不杀害。以图经济的生存。

其余另星的红军如：赣东横峰、弋阳一带，方志敏、邵式平所收编的当地土匪及景德镇附近的溃兵，阳明山之周文所部土匪，四川旷部的变兵，现在都算是"红军"了。此外，《红旗》上所大声呼喊的"红色闽西"，倒还未曾编成第几军，据最近从那边来的一个工人同志说：自朱毛的"红军"侵入后又有省城的政变，闽西各县的驻军调走一空，因此农运和"红军"得着自由发展的机会；可是"红军"大半是土匪，有小部分是溃兵，农运领导者多半是富农及中农，他们的问题得到相当的解决，对于"红军"及"苏维埃"都很冷淡，更不愿参加"红军"，而"红军"及"苏维埃"却竭力保护商人，并出示禁止工人要求增加工资（这不但代表商人的利益，农民也会有这样的要求）。

综计以上的事实，我们可以看出：所谓"红军"的成分大部分是游民无产阶级（土匪与溃兵），它们的现象，已走上内讧、火并，与农村资产阶级妥协的道路，这都是客观事实，这些客观事实说明了什么？是说明了所谓决定革命高潮的"红军"，这一伟大革命事实之存在和发展，"的确"有它的"中国式的特点"，其实就是非民众直接的武装势力之共同点。

无论从理论上看，从事实上看，这种游民无产阶级的"红军"之发展，都没有决定革命高潮的可能，此时不但党内并且党外的一部分小资产阶级分子，因为对统治阶级愤激，遂对于所谓"红军"发生幻想。可是一般小资产阶级的政治欲望，终于不能越出资产阶级民主主义的范畴，因此，他们的愤激与幻想，虽然有时也利于我们，但我们无产阶级的先锋队，若追随他们的意识，而不将先锋队及整个的无产阶级从小资产阶级的意识中解放出来，而不根据自己阶级的意识估计自己阶级的力量来决定政策，便是无产阶级的叛徒。

没有城市工人革命领导的所谓"红军"，其前途不外是：（一）统治阶级的内部战争一时停止"红军"便要被击溃，或为所收买，（二）因自己内阋而溃散，（三）逐步与农村资产阶级（商人与富农）妥协，变成他们的"白军"或为他们的经济手段所压迫而溃散，此外不能有别的前途。

我们在这里可以预言：将来所谓"红军"的运动失败了（所谓失败并不一定是马上完全消灭，因为中国的土匪问题是一时不能解决的），史大林派的国际，必然又要归罪于中国党，说他们未能遵守国际的训令，"特别注意工人的罢工斗争"、"争取工人阶级大多数"和"争取无产阶级领导权"等等。其实他们教导中国党以"全国危机和革命浪潮有中国式的特点"和"坚决的反对党内对于农民斗争以及游击战争估量不足的倾向，多份的要注意士兵里的工作"，则游民无产阶级意识和农民小资产阶级意识本来浓厚，惯于军事投机的中国党，受了国际指导机关这〔样〕的暗示，自然更加游民无产阶级化、农民小资产阶级化，自然更加集中全力于农村游击战争，自然无法同时"多份的"注意到城市工人群众组织与斗争的工作了。这正是史大林派不可恕的罪恶，也就是他们对于中国革命领导之最后破产！

我们的结论是：游民无产阶级（土匪与溃兵）是一时不能解决的问题，绝对不能做我们的卫军与支柱；缺乏土地的贫农，在中外资产阶级及地主的几重榨取压迫之下，势必起而斗争，我们当然应该和他们有很好的联络，并领导他们的斗争，但仅仅是这个还不是革命的出路;主要的是要加紧城市工人的组织与斗争,必须城市工人革命高潮峰起(即普遍的政治罢工),才能够得到城市及农村苏维埃及赤卫军的组织,才有转变现有的所谓"红军"的武装为民众之直接的武装势力一部分可能。

四月十三日

署名:陈独秀

《无产者》第二期

1930 年 7 月 1 日

十月革命与"不断革命论"

（一九三〇年十一月十日）

全世界无产阶级专政时代之序幕的俄罗斯十月革命，乃是我们的二大首领列宁同志和托洛茨基同志携着手第一次实践马克思和恩格斯"不断革命"的道路遗教。马克思和恩格斯在一八五〇年三月为共产主义同盟中央局起草的致德国支部一封信上说：

> 当民主主义的小有产者愿意使革命急速完结，至多只要实现上列的要求时，我们的利益和任务就在不断革命，使一切大小的资产阶级都被逐于统治地位之外，使无产阶级夺得政权，使无产者的联合不独在一国向前进步，并且还在全世界的所有主要的国家中向前进步，因此使这些国家内无产者的竞争消灭，至少使各种生产力集中于无产阶级者的手中……你们的战声必须是：不断革命。

马克思和恩格斯这一"不断革命"的遗教，有深广两种意义：深的方面就是不停顿在每个阶段，而不断地行向无产阶级夺得政权；广的方面就是不停顿在每个国家，而不断地行向世界革命。必须合深广两方面，才是马克思主义"不断革命论"的整个意义。列宁和托洛茨基，在马克思和恩格斯发出"不断革命论"的战声后六十七年，当俄罗斯二月革命资产阶级一取得政权，他们即力排嘉美涅夫、季诺维埃夫等拘泥完成资产阶级革命阶段的成见，而坚决地进行无产阶级夺取政权的斗争；同时他们把俄国无产阶级的十月革命只看做世界无产阶级革命之序幕，始终认为它的成败是与世界无产阶级斗争胜负相连的，胜利的第二日，他们即利用苏俄无产阶级胜利之精神与物质，促进世界各国的革命组织与斗争，我们可以说，十月革命为全世界无产阶级创造了两件财产，一个是俄罗斯无产阶级专政的国家，一个是共产国际。列宁和托洛茨基所领导的十月革命，是怎样忠诚地表现了马克思主义"不断革命"的整个意义！这本是一件白日经天的事实，谁都不能否认。

季诺维埃夫、史大林、布哈林，这班不肖门徒，在十月革命后第五六年，在列宁同志的病中，即秘密结合小组织，企图在反对托洛茨基的"不断革命论"的名义之下，背叛了马克思的遗教。列宁同志死后，这班不肖门徒更是大放厥词了。他们反对托洛茨基同志，其中心问题是反对他的"不断革命论"，他们确实抓住了中心问题，然而正因此他们背叛了马克思遗教的罪恶，更加明显，更加严重。

季诺维埃夫、史大林、布哈林，这班不肖门徒，他们由讨论苏联内部问题上，造出"一个国家建设社会主义"的理论，来反对托洛茨基的"不断革命论"，即所谓"托洛茨基主义"；他们对中国革命问题，认为依据中国的经济，还没有具备建设社会主义的条件，因此，中国无产阶级还没有夺取政权的可能，这样的观点，也是由"一个国家建设社会主义"的理论出发的。他们关于中国革命的阶段论，不但过去一九二七年的革命应以资产阶级的民主革命为限，即将来的革命也仍旧必须经过工农民主专政的阶段，完成资产阶级民主革命的任务，才能转变到无产阶级专政的阶段；他们拿这样机械的阶段来反对托洛茨基的"不断革命论"，和从前他们在十月革命前甚至在十月革命后几个月反对列宁的"不断革命论"，完全没有两样。现在完全是旧词重弹。他们这样的"一个国家建设社会主义"和"阶段论"，无论在广的方面在深的方面，都很明显地背叛了马克思和恩格斯"不断革命"的遗教。他们企图用宣传的力量，把"不断革命论"说成所谓"托洛茨基主义"，只可惜他们没有力量烧尽世界上所有留存的马克思、恩格斯和列宁的文件，特别是马克思和恩格斯起草的这封信。

史大林派妄称托洛茨基的不断革命论和马克思的不断革命论之不同点，是在托洛茨基的不断革命论跳过了民主主义的小有产者政权的阶段，这完全是曲解，是抹煞事实。当一八五〇年春天，马克思和恩格斯起草那封信时，德国小资产阶级的民主派还未得着政权，还正在企图革命，所以马克思那样说：一九一七年俄国小资产阶级的民主派（社会革命党）和一九二七年中国小资产阶级的民主派（国民党左派），都已经得着了政权，不但都已经愿意使革命急速完结，而且都已经公开地反对革命了，这能说托洛茨基的"不断革命论"跳过了不应跳过的阶段吗？若说他跳过了完成民主任务的阶段，那末正因为列宁和托洛茨基巧妙地跳过了它，才取得这样伟大的胜利，才能够彻底完成了俄国民主革命的任务，正因为史大林、布哈林不敢跳过，使中国革命惨遭失败，完成了中国反革命。

　　当一九二七年的中国革命已经失败，无产阶级夺取政权的时机已经由反对"不断革命"的观点而放过了，此时龙迷那兹和瞿秋白忽然大叫"不断革命"，然而他们所叫喊的"不断革命"仍然没有走出所谓民权革命的范围，仍然没有放弃反对"不断革命"的观点，他们的所谓"不断革命论"，只是他们的"直接革命形势不断论"，而不是马克思主义的"不断革命论"。盲动主义，正是这个"直接革命形势不断论"所产生的。史大林和布哈林反对龙迷那兹和瞿秋白的"不断革命论"，而却承认了他们的"直接革命形势不断论"，这便是机会主义和盲动主义十足双全的表现。

　　全世界的无产阶级，为拥护十月革命，首先必须拥护马克思、恩格斯、列宁、托洛茨基一脉相传的"不断革命论"，因为它是十月革命的灵魂；同时必须打碎史大林、布哈林、季诺维埃夫的"一个国家的社会主义"和"阶段论"，因为这是伤害十月革命的魔鬼。

署名：独秀

《无产者》第五期

1930 年 11 月 10 日

答列尔士同志

（一九三〇年十二月十五日）

仁静同志：

你的两封信及四篇文章都早已收到，只以种种障碍未能即时答复你，请你特别原谅。

统观你的信和文章，固然有些见解我不能赞同，但在每篇文字中都感觉到你有可惊的进步，至为欣慰。

我们过去的争论，本来不十分重要，我以为只要大家理论水平稍稍增高，便自然冰释，犯不着把我们中间咬文嚼字的争论来代替对史大林派的斗争。就是需要争论，也必须大家摒除成见才有结果，否则徒增纠纷而已，所以我始终取了沉默的态度。现在你也认为过去的争论有些是"基于误会"，"有些是说法不同，现在没有一点政治上的意义"，我以为现在已到了稍加解释作一结束的时候了。

国民会议是否幻想的问题　我记得彭（述之）尹（宽）二同志曾说：由国民党召集民主的国民会议，这是幻想，并以为任何国民会议都没有召集之可能。但因此便把他们的论调和"我们的话"所谓"国民会议之实现在今日是不可能的"之说相提并论，这完全是误会。我们所谓"对国民会议本身不能有幻想"，即是说不能幻想国民会议能够解决民主革命的任务；你们也误会是我们不主张在国民会议的口号之下为民主革命的要求而斗争，甚至说我主张："在会议中只提出土地政纲……并不提出工人阶级本身利益及要求。"

无产阶级与贫农专政的问题　把"无产阶级与贫农专政"和"无产阶级专政"看做是含义不同的两个对立的口号，实自你起；继而"我们的话派""十月社"都几乎把这个问题当做不能和"无产者社"统一的基点。一直到最近协议委员会纲领起草者，仍然指摘"无产阶级与贫农专政"是反动的或含义模糊的口号。其实这样的说法，并不算是攻击"无产者社"，而是诬蔑列宁和托洛斯基同志；因为列宁和托洛斯基同志不但生平未曾用过反动的口号，并且从来不说含义模糊的话。你现在对于这一问题已有相当的了解，然尚不充分。在布尔什维克文献中，由工农民主专政到无产阶级贫农专政，在政权构造之阶级关系上，有很大的转变，所以在列宁和托洛斯基同志的著作里，所有说"无产阶级与贫农专政"，其实际内容都等于"无产阶级专政"，也就是"无产阶级领导贫农专政"的意义，决没有什么"工农平分政权"的意义。我们对于一切马克思主义的术语，都应该以马克思主义的特殊意义与内容了解它，若以常识了解它，会变成另一意义，或毫无意义，例如多数派及苏维埃这两个名词，只有了解其特殊内容才有意义。你现在重复细看我的原文，并且在原文中发现了"贫农是无产阶级最可靠的同盟者，而也不是革命的领导阶级"这句话，才承认："这样无产阶级与贫农专政实际已是无产阶级专政，因此我们过去之反对此种说法是完全没有根据的。"所以我以为你的了解尚不充分，不然，就仅仅是你前后感情冲动有了变化。

过去教训的问题　这本是我们永远不能忽视而需要讨论的问题。你所发表的文字，关于这方面最多，不过我以为有以下的缺点：首先就是你的讨论精神不重在过去的教训，而重在攻击个人，因此把过去的一切错误说成和国际没有关系。其次就研究过去教训看，不但不充分，而且缺乏系统。最不妥当的是许多非事实，例如因为你在北京批评党报的政治路线要开除你，我撕碎童子团的简章等等。

现在对于这些问题，已没有争论的必要；然而我们之间是否已经没有一点不同的意见呢？我以为仍然是有的，我现在举出两点：

一、关于国民会议的认识问题　我认为从孙中山国民会议预备式的国民会议到法国大革命中的"康文泑"，其本身性质都属于资产阶级的议会制度之范围。在反革命时代，为了有利于无产阶级自己解放斗争的条件，我们可以而且必须为此实现和发展而斗争，然而这不是我们的前途。你过去以为"提出了国民会议的口号没有将它与中国将来的议会制度发生联系，这是没有前途"。现在又听说你以为"国民会议是无产阶级专政的通俗公式"。如果你真有这样的说话，则我以为你对于国民会议的本身性质始终都没有正确的认识。

二、关于将来的革命性质问题　就整个的革命性质看，将来的革命胜利，特别是无产阶级取得了政权，这不待言是社会主义的胜利。在无产阶级夺取政权的斗争得到胜利之前，无论经过若何事变，即使蒋介石政权被推倒，总只能有他派国民党或非国民党资产阶级的政权。所以史大林派"工农民主专政"的口号，在反革命阶段中是幻想的，在革命阶段中是反动的。托洛斯基同志说："第三次中国革命第一阶段中，是否得以别样更缩短的形式重演过去的'全民战线'，这是有可能的；然而这一时期将只是使中国共产党提出其'四月大纲'于民众的面前，就是说提出夺取政权的纲领与策略。"照这样的说法，则机械地断定"第三次革命一开始就是社会主义的性质"，这自然有把社会主义当做一种教条的错误。你指出这种错误，特别是指出把民主革命和社会主义革命机械的对立之错误，我以为你是对的。但你以为蒋介石政权与无产阶级政权之间，"将是中国式的克伦斯基政府"，这便有讨论之余地了。以克伦斯基政府本身的反动性而论，现在的蒋介石政府，即是在中国更成功的克伦斯基政府；以阶级间相互关系而论，克伦斯基政府，是表现政权由封建沙皇转移到资产阶级，其间小资产阶级政党还有很大的作用，我以为这些情形在中国已经没有了；如假定还会有，即不能根本排除"工农民主专政"短期实现的可能性之存在，我去年夏天做的《论中国革命性质》那篇文章，中心意义正是反对下次革命一开始就是社会主义的革命这种机械的见解。现在看起来在这一点还是对的。不过那篇文章的结论说："将来的中国革命……不是俄国的十月革命，也不是二月革命，而是二月革命与十月革命之总和；不是两个阶级在两个时代所领导的两次革命，而是无产阶级一手在一个时代两期所完成的一次革命"。这段话下一句还没有什么大毛病，上一句则不对了。因为俄国的十月革命亦即无产阶级专政的初期（一九一七年十一月——一九一八年七月），还只是彻底完成了民主革命的任务，并且这一任务只是在这时期才完成的，二月并未完成，正不必机械地以十月代表社会主义革命，以二月代表民主革命，更不能以初期的革命任务变更俄国十月革命的阶级性，将来中国的十月革命也是这样。你现在赞成我以前二月十月之和的意见，以为中国下次革命的初期还要经过二月，我倒不能赞成了。

是不是因为还有这些不同的意见我们便不能共同工作呢？不是的。你的要求，我们已经提出讨论过了，一致以为现时已距统一不远，希望你不必加入"无产者社"，以免别派误会，使统一运动发生小小的阻碍。若要参加工作，我想各派都不应该拒绝你。

你说："现在反对派运动的离心力倾向太利害。"你言之沉痛，我闻之也沉痛。你并且承认过去之分裂与你不无关系，我以为现在有向你进言的机会了。你回国时负了组织工作的重任，我对于你怀了莫大的希望。当时你若不中途惑于正统的见解，即令大家争论无结果而诉之国际，现有的局面已实现于去年今日，可惜你不曾这样做，致令反对派的小组织不但未能由两个变成一个，而经过你的奋斗由两个变成了三个，并且几乎变成了四个。现在你应该对统一运动特别努力，以弥补过去的缺陷。我所谓努力，并不是希望你另外团结小组织来增加统一的纠纷，而第一是对于统一的共同纲领及组织路线，知无不言，言无不尽；第二是奔走尽力消除各派间不正当的成见与琐细纠纷。

你的文章因技术关系不能代你全数付印，至希原谅。

C 的敬礼！

独秀〔一九三〇年〕十二月十五日

《无产者》第九期
1931 年 1 月 20 日

国际路线与中国党

（一九三一年一月二十日）

最近党的统治机关内，瞿秋白在大嚷"反对李立三路线"、"执行国际路线"的口号之下，打倒了李立三；永久派又在大嚷"肃清李立三路线"、"执行国际路线"口号之下，打倒了瞿秋白以及瞿秋白所领导的三中全会；他们内部并争的污糟及其斗争使党所蒙的损失，现在且不必讨论，我们所需追问的是：这样王麻子汪麻子旺麻子闹不清楚的国际路线，究竟有什么深奥难测的秘密？

史大林派的国际领导中国革命之向右的机会主义路线失败之后，一变而为向左的机会主义即盲动主义冒险政策的路线。自从在第六次世界大会否决了过渡时期的民主口号，它一向就是指导中国党，"世界革命的第三时期"，"我们的面前是二个大的全国革命的高潮"，"现时暴动路线是应当存留的"，"准备武装暴动"（一九二八年八月国际代表在中国党六大的政治报告），"一省或几省革命高潮与苏维埃政权的前途是可能的"（六大政治议决案），"目前是大战后的第三时期……将要达到主要资本主义国家新的革命浪潮之发展，将要达到殖民地反帝国主义的大革命"，"工人革命运动新的浪潮已正式成熟"（一九二九年七月共产国际第十次全执委会议的政治决议案），"我们在第三时期中，已经看到新的革命复兴之发展", "因此，我们必须找出一个革命的口号……就是群众政治罢工"（莫洛托夫在第十次全会的演说），"中国的革命浪潮另外有一个特殊的特点，就是农民战争……回民暴动，红枪会等类的暴动……要坚决的反对党内对农民斗争以及游击战争估量不足的倾向，要多份的注意士兵运动的工作"（一九二九年十月国际政治秘书处致中共中央的信）。史大林派的国际这一盲动冒险路线之错误，我们左派反对派老早就不止一次指出过，他们因此诬蔑我们为取消派（例如陈绍禹认为批评"党在政治上非常危险……是过于注意准备武装暴动以建立苏维埃政权的工作，而忽略了甚至放弃了经常的宣传，煽动和组织工作未注意发动和领导群众的日常斗争"，是取消派的见解——见《红旗》第五十六期）。在红军问题上，我曾经说过：我们在这里可以预言：将来所谓"红军"的运动失败了，史大林派的国际必然要归罪于中国党，说他们未能遵守国际训令，"特别注意工人的罢工斗争"，"争取工人阶级大多数"和"争取无产阶级领导权"等等。其实他们教导中国党以"全国危机和革命浪潮有中国式的特点"和"要坚决的反对党内对农民斗争以及游击战争估量不足的倾向，要多份的注意士兵里的工作"，则游民无产阶级意识和农民小资产阶级意识本来浓厚，惯于军事投机的中国党，受了国际指导机关这样暗示，自然更加游民无产阶级化，农民小资产阶级化，自然更加集中全力于农村游击战争，自然无法同时"多份的"注意到城市工人群众组织与斗争的工作了。这正是史大林派不可恕的罪恶，也就是他们对于中国革命领导之最后破产！

一直到中国党执行国际这样的盲动冒险路线不断的失败和多数的损失之后，一直到中国党中央政治局在本年六月十一日所议决进攻长沙（当占领长沙时，莫斯科《真理报》上，大呼中国农民战争胜利是给予托洛斯基主义以打击），会师武汉的企图失败以后，它才感觉得到在这一路线所必然产生的实际政策行不通，才不得不开始转变。然而转变以前过去盲动冒险政策所招致失败和损失的责任是应该谁负呢？它便轻轻把这个责任推在中国党身上，说这和国际路线有原则上不同互相对立的"李立三路线"之错误；这分明是企图把中国党员群众二三年来感觉盲动主义冒险政策行不通的积怨，从现在的怒目集中到反对所谓"李立三路线"，牺牲李立三及其追随作众矢之的，好让国际偷过难关。现时党内闹得轰轰烈烈的"反对李立三路线运动"，其意义只是如此；这一简单明了的运动，闹得像现在这样混乱不清，其原因亦正在此。

国际指出所谓"李立三路线"的整个系统，是说：李立三同志并不是从对于客观状态的分析出发的，并不是从对于斗争力量对比的分析出发的——这样的分析，对于每个马克思列宁主义者，都是必要的责任。因此，他所做〔犯〕的错误并不是个别的错误：他造出了许多错误观点的整个系统，定下反对马克思列宁主义的方针。这个方针，脱离了具体的事实，脱离了群众，自然不能不在自己的发展之中引导到盲动主义冒险主义的策略……从这里非马克思列宁主义的方针，就发生了一种理论，说中国已经有全国范围的成熟的革命形势，并且这样的革命形势在全世界范围之内也已经成熟了。……

这分明是世界革命的第三时期这一公式在中国实际应用，愚蠢的李立三哪里会有他自己的路线！此外国际又指出李立三的政治路线之危险和害处：第一，他没有估计到国内各地革命运动发展的不平衡这一特点；第二，他忽视了农民运动高涨超过工人运动这一个事实；第三，他曾提议在武汉暴动；第四，他不去建立巩固的苏维埃政府坚强的苏维埃政权，不去组织团结革命的根据地，不去联合苏维埃区域以巩固已得的胜利；第五，他不明白真正工农红军，其指挥的干部必须是工人，和须有强固的党之骨干，现在还没有；第六，他看轻了工人阶级的日常斗争……而在四月里号召四次综〔总〕同盟政治罢工，五月里号召五次总同盟政治罢工……赤色工会也专去准备暴动。

在没有"全国范围的成熟革命形势"之现在，想建立巩固的苏维埃政府坚强的苏维埃政权，想巩固某些区域已得的胜利，这里史大林派的国际已明明白白说出它自己想入非非的幻想，还指责什么"李立三路线"！一年以来，各国史大林派的机关报充满了"中国苏维埃政府"和"红军"的消息，何以直到今天才发觉真正工农红军现还没有，中国苏维埃政府只在传单里只在纸上？革命形势一成熟必然是全国的，我们不能懂得革命形势怎样会仅只在一个地方成熟；同时，我们也不懂得为什么必须国内各地革命运动都有了平衡的发展，才算是全国范围的革命形势之成熟。只要有当时的主要阶级领导革命运动，在一个或几个有支配全国政治经济作用的大都市爆发起来，能够影响各地革命运动向全国范围发展，例如法国大革命中的巴黎暴动，一九一一年中国的武昌暴动和一九一七年俄国的彼得堡及莫斯科暴动，这就是全国革命形势之成熟，也必须这样才是全国革命形势之成熟，并非必须机械地计算革命运动在全国各省各县各乡村都平衡地发展起来，才算是"全国范围的成熟的革命形势"。李立三企图把几个农村区域的暴动，夸大为"全国范围的成熟的革命形势"，这企图失败了。史大林派的国际，便企图在国内革命运动发展的不平衡这一"特点"之下，夸张"革命运动可以在好些省份好些区域得到胜利，并且已经胜利"，以创造其"一个地方建立苏维埃政权"的新学说。这两个方面错误的形势虽然不同，而有一共同点，即是：忽略了无产阶级领导和都市的中心作用。无法在武汉暴动，便缩在农村中，依靠非无产阶级的力量，来建立并巩固割据式的苏维埃政权，这到底是马克思主义，还是史大林主义？国际既然指导中国党以中国革命的特点是农民战争、回民暴动、红枪会等类的暴动，中国党自然会走到看轻工人阶级日常斗争的道路；国际既然发出"政治罢工"和"准备武装暴动"、"准备组织暴动"的口号，何以中国党一执行，就变成了必须彻底肃清的李立三路线？

　　国际所指出的"李立三路线"许许多多错误，和罗迈在上海活动分子会上所指出"李立三路线"更多的错误，我们左派反对派都早已一一指摘过。可是在今日以前，党的统治机关，把这些显然毫无疑义的错误，都肯定为"绝对正确"，不许党员有丝毫异议，两年以来，有许多同志是因为反对或怀疑这些错误而停止工作，甚至于被开除出党，更甚至被诬为"取消派"、"反动"、"反革命"、"新工贼"。有许多"李立三路线"的忠实信徒（罗迈就是其中之一），现在也起来大叫"怎样肃清立三路线"？这班落井下石以固权位的鄙夫，所以还能留在党内，不是因为他反对立三路线，而是因为他懂得"站在国际路线上反对立三路线"这一奥窍。

　　其实大家必须要明白，李立三许许多多盲动夸大的错误，都是在国际的盲动冒险路线之下所必然产生和发展出来的。"李立三路线"及其实际政策行不通,正是史大林派国际路线之破产!

国际在指责所谓"李立三路线"以后,它告诉我们它自己现在的路线仍旧是"武装暴动的方针是定下来的了","中国共产党执行这个路线,不是退却,恰好相反,正是进攻,任务并没有降低,恰好相反,正是最具体现实的革命的决定胜负的任务。应当用布尔什维克的坚持性和彻底性,列宁主义的顽强性,去准备组织暴动"。

国际如果不是在教育中国党的列宁党的特性及其总的根本任务,我们不知道它从什么客观状态的分析出发,从什么斗争力量对比的分析出发,指示中国党现在已经是革命的决定胜负的任务之时期,就要去准备组织暴动!这没有现实性的政治路线,和所谓"李立三路线"同样是用"左"倾的空谈遮盖着消极。这一路线,只有军阀战争再起时再用做军事投机和盲动的根据。否则只有消极不动,因为它没有现实的政治斗争之内容,只是些激烈的名词而已。

现在它的现实政策是:(一)立刻团结锻炼出真正的红军,即使是初只有四万五千到五百〔万〕人;(二)立刻建立坚强而有工作能力的苏维埃政府,苏维埃政府应当建立在革命的根据地而依据着红军;(三)非苏维埃区域之中开展经济政治的群众斗争……动员群众去为着日常要求而罢工;(四)在非苏维埃区发展游击战争……十倍加强在军队里的工作。在这些实际政策中,我们可以看出,除了缩小红军与苏维埃区域,没有一点新的政策,没有政治斗争的口号,只为着日常要求而罢工。

国际现在的路线和所谓"李立三路线",并没有什么原则上的不同,和它自己以前的路线也根本没有两样,现在所谓"转变",只是在实际政策上拉住中国党在执行它的盲动冒险的路线时,把范围缩小些,或者完全执行不通时暂时和缓些,和缓时只"为着日常要求而罢工",并没有指出一个根本不同的新的政治路线之转变;这是由于它根本上仍然不认识反革命的现阶段,不认识有指示给中国党在现阶段政治斗争的策略口号之必要,即将来再有进步的转变,也不过是在他整个的机会主义路线之中,以前从右转变到左,将来又从左转变到右,这种钟摆式的转变而已。以盲动反对盲动的现在路线,将来会更进一步碰着墙壁。史大林派的国际路线,当然只有向右转变,即现在的路线已经是在照例的"左"倾空谈的遮盖之下偷偷地向右移动:没有政治斗争的口号,只"为着日常要求而罢工"。将来公开地向右转变有两个方向:一是跟在资产阶级自由主义和小资产阶级民主派后面,参加所谓"反封建势力的民主运动";一是既没有"苏维埃"和"红军"的运动,又反对做国民会议的斗争,只"为着日常要求而罢工",自然只有走到经济主义。

所以党决不会在仅只反对所谓"李立三路线"和反对三中全会对立三路线调和主义的运动之下,能够走上正确的道路。站在盲动的国际路线上反对盲动的立三路线,这种滑稽运动,固然只有使党比立三时代更加混乱无出路,并且仅只反对盲动主义,而不反对史大林派的国际始终左右摇摆于盲动主义与机会主义之钟摆式的路线,也仍然不能够挽救党于危亡!

独秀　一九三一年一月二十日撰

对于统一运动的意见

（一九三一年二月）

在国民党以分区工会法消灭工人阶级组织与罢工的今天，在国民党包办国民会议以欺骗群众的今天，在群众得不着我们党一点领导与帮助的今天，在正式的党陷于空前混乱停止工作的今天，我们反对派各派小组织还未能迅速的统一起来，集中全部力量来对付摆在面前的斗争，这已经是罪恶了！我们若不痛改前非，若仍旧要搜索枯肠，发明一些在其狭猺意识中似乎是持之有故言之成理的条件，来阻碍统一，这是罪恶之罪恶！

国际局及托同志以前迭次对我们劝告且不说，现在单看托同志最近的来信，他十分恳切地说："亲爱的同志，你们的组织和报纸，今天就确定的合并起来吧！不要太延缓了统一的准备工作，因为不然你们就会不知不觉的去制造一些人为的分歧意见"，"不应该太过于长久的回顾昨天，不应该止步不前，应该走去迎接明天"，"三派奥国反对派进行'统一'有一年半之久，各派□□的发明一些条件，务使统一失败而后已，这种罪过的玩意儿，不过反映那充满着正式共产党腐败倾向之奥国反对派的一段悲惨状态，奥国反对派每一派在一年中都充分的表现他们宁可放弃国际反对派的思想和原则，而绝不愿放弃各自小团体的自尊心"。这些说话是如何沉痛，我们听了若仍旧毫不动心，便是庄周之所谓"心死"！

他又说："与奥国反对派相反，中国反对派不是从阴谋诡计小把戏的基础上发生起来的，而是从那被机会主义领导机关所葬送的伟大革命经验基础上发生起来的，伟大的历史使命，使中国反对派负起特殊职任。这里，我们大家希望中国反对派肃清了小团体的精神，并全身站立起来，去进行它所应负的任务。"这几句话更使我们惭愧无地！

有些同志，在表面上并不反对国际局及托同志的意见，甚至于公开地承认托同志来信主张"从今天起即应合并成一个组织"是很正确的，可是接着就提出一些统一的条件，仿佛是不曾看过托同志这次来信中许多解释和驳斥一样。在现时幼稚的环境中，各个小组织或者是各个小组织中某些分子，很难说能够免掉错误，甚至很坏的倾向，即以"无产者社"而论，若有人愿意搜索它的坏倾向，特别是个人自由的坏倾向，连团体带个人，足够写成一本小册子。这些坏倾向，不用说应该纠正，并应该严厉地纠正。但是纠正的方法，一般都应该首先从政治上下手，从组织上下手，已经落后了一着。况且正在力谋统一运动中，我们为整个的反对派运动负责，就应该从大处着眼，从政治出发来快刀斩乱麻地解决过去及现在的纠纷，才是正当办法；若不此之图，并且相反的各派相互搜索一些口实，相互以纠正他派的或他派中某些分子的坏倾向为统一的条件，并且各自号召其组织内的同志为这一条件而斗争；这样只有制造无穷的纠纷，只有加深派别的成见，只有使还未统一的现有各派更加分裂（现在已有这样的象征），采用这样方法坚持这样意见的人们，即令他们口中不反对统一，即令他们口中不反对国际的意见，实际上是百分之百地站在统一和国际意见的反面。

或者有人这样想：国际不懂得中国的情形，像现在这样的统一，实在要不得，如此则应该一面向国际力争，一面还是积极地执行国际的意见，我们国际主义者，只应该取这样的态度。

或者有人这样想：向国际力争也未必有效，所以现在不必说空话，只要能团结一部分群众在我们的背后，那时向国际说话便两样了，国际也不得不承认我们了。如此则完全是李立三对斯大林派国际的态度，是以市侩自居，并以市侩看待国际局，左派反对派行伍中如果真有这样思想的人，那便是莫大的污点！

我个人是彻头彻尾赞成国际意见的，我应该把我自己相信合乎真理的告诉所有的同志，并且为真理奋斗，我的义务如此而已。我从来不愿把真理摔在一边，企图从阴谋诡计小把戏的基础上团结同志做自己个人的群众；这是张国焘和瞿秋白在旧党里所做过的大买卖，而是我所深恶痛绝的，我毫不顾虑我的意见会在"无产者社"中是最少数，少数未必即与真理绝缘，即使是人们所预祝的什么"光杆"和"孤家寡人"于我个人是毫无所损，更无所惭愧！

署名：独秀

《无产者》第十一期

1931 年 2 月）

中国将来的革命发展前途

（一九三一年三月十五日）

因为协委第一次纲领草案有"第三次革命一开始就是社会主义的性质"这句话，引起了刘仁静同志的驳论，接着第三期"十月之路"和二十三期"我们的话"对仁静同志的驳论都加以反驳，像这样热烈的政治争辩，无论它本身是幼稚或是深刻，都算是我们队伍中最好的现象，虽然争辩的态度中还有些非科学的方法。无论如何，我们的进步只有由堂堂正正的政治争辩得来，不能由作政治的相互诋毁得来，至于从组织上弄阴谋诡计小把戏，更是自杀！

我以为这回争论自始就不该用"中国革命性质问题"这样的题目。因为这一问题在我们左派反对派中已不应该讨论，并且事实上在大家争辩的文件中，都未曾否认中国将来第三次革命是社会主义性质这一定论，只要大家不用枝节之词或是用整个革命的性质把问题弄混乱了，我以为争点很明显的是在"引起将来革命的因素是什么"，"是否一开始就是社会主义性质"，"是否在最初阶段还会经过民主时期"，"在什么时候踏上社会主义政策的道路"这类问题。所以我现在只提出"中国将来的革命发展前途"这样的题目来讨论，并且我认为在托洛斯基同志的文件中，已有相当地解答了这类问题。

一、"没有完成或者没有完结自己的民主革命的国家，有它自己的极重要的特点……在殖民地国家因土地问题之尖锐和民族压迫之不可忍受，幼稚的和人数较少的无产阶级在民族的民主的革命基础之上，可以比在纯粹社会主义基础之上的先进国家的无产阶级早些获得政权"。（不断革命论）

二、"革命民主运动达到一种阶段，那时蒋介石已经不能拿住军事机关在其手里，而共产党人也不能够夺取政权，革命发展的这种过渡阶段，是完全能够实现的。这个时代，将产生一种中国式的两重政权，新的'临时政府'，国民党和第三党联盟等等。这种政制，将是非常动摇的，这种政制不过是到无产阶级专政去之一个小小的阶段，但是这种阶段是可能的"。（最近给中国左派反对派的信）

三、"第三次中国革命第一阶段中是否得以别样更缩短的形式重演过去的'全民战线'，这是有可能的；然而这一时期，将只是使中国共产党提出其'四月大纲'于民众的面前，就是说提出夺取政权的纲领与策略"。（共产国际纲领草案批评）

四、"第三次革命（虽然中国经济比俄国落后些）连像俄国十月革命后半年的'民主'时期也不会有（一九一七年十一月——一九一八年七月），而将于开始时就要坚决的动摇而且推动城市及农村中资产阶级的私有财产"。（同上）

在托洛斯基同志对中国革命发展前途这些远景的观察这些历史的假定中，我们可以得着几点结论：一、在没有完成民主革命的中国，民主任务仍然是能够引起将来第三次革命之因素，这一革命因素，不但不能用做第三次革命性质仍旧是资产阶级民主革命的理由，并且反而正因为有这一因素，无产阶级在落后国家所以能够比在先进国家早些获得政权。二、落后国家的无产阶级既然可以在民族的民主的革命基础上获得政权，便不能否认在将来革命高潮之最初阶段中会有很短的民主时期和两重政权之可能。我们不能因为反对史大林派"由资产阶级民主革命发展到社会主义革命需要一整个时代"的见解，便否认整个的无产阶级革命发展中任何小的过渡阶段。三、无产阶级的先锋队，在革命高潮之最初阶段中，即应提出其夺取政权的纲领与策略。在革命暴动之胜利即无产阶级取得政权开始，即应和完成民主任务同时踏上社会主义政策的道路，连像俄国十月革命后半年的"民主"时期也不会有。

这也就是我对于中国将来革命发展前途的估计和意见。

因此，我以为像有几个同志所说"第三次革命一开始就是社会主义的性质"这样的客观估计，是未必和将来的事变进程相符合的。同时，像仁静同志所说"无产阶级专政和国民会议所要解决的是一个任务，即资产阶级革命的任务"，"在落后国家，国民会议与无产阶级专政的关系是外壳与内实之关系……真的国民会议，必与无产阶级专政之实现同时，而成为后者被去掉之外壳"。（《明天》第三期）我以为这样的说法也是不对的。托洛斯基同志在论俄国一九〇五年的革命就说过："社会民主党的直接任务，将是完成民主革命，但取得了政权的无产阶级不能自限于民主政纲，他将不得不跑上社会主义政策的道路。"（自传）无产阶级专政本身就是社会主义性，国民会议无论"算"到如何的程度，也不能超过资产阶级的民主主义，二者之间有阶级性的根本分歧，如何能说只是外壳与内实之关系！

　　仁静同志在另一文章中，曾引用托洛斯基同志的话："落后的资产阶级国家的民主任务，在我们时代直接的引到无产阶级专政；而无产阶级专政，乃将社会主义的任务置之于议事日程。"这样说法，便完全没有毛病了。

　　中国的革命"是以民主要求开始，而以社会主义终结"。仁静同志这一总的结论我以为是对的；张霆同志也认为"这乃是无可争辩的事实"。然而张霆同志接着又说："我们同刘仁静的争论，都不是这一问题，而是在这中间——自民主要求开始至社会主义终结——是否要经过一个资产阶级民主革命阶段的历史时期的问题。"刘仁静回答我们：还要经过。又如王文元同志说：仁静主张"先单独解决民主任务，然后开辟社会主义的道路"。可是在我所见过仁静同志的文章中并没有这些话，如果根据仁静同志"无产阶级专政和国民会议所要解决的是一个任务，即资产阶级革命的任务"，"国民会议是无产阶级专政的通俗公式"这类说话，和他始终把补助的暂时的引导至革命道路的民主口号，当作我们的前途或目的，批评他有因反对轻视民主斗争而走到另一极端的错误，这却不是完全没有理由。

　　张霆同志虽至今尚坚持"第三次革命一开始就是社会主义的革命"。然同时却又说："我们肯定地说，第三次革命一开始，无产阶级即应采取夺取政权的路线。"王文元同志最近也说："所以我说第三次革命一开始就要采取社会主义革命的方法。"劳他同志也说："究竟第三次中国革命'一开始'时，我们应不应该即坚决地进行无产阶级夺取政权的斗争呢？如果是应该的，那么革命的'一开始'就是社会主义性。"他又说："如果我们一方面拥护这条路线，同时又反对革命'一开始'时是这条路

线，这是非常滑稽与不合理的。"同志们！我们要注意：客观上
天然的一开始"就是"和主观上党的路线一开始"即应""就
要"，是不能混为一谈的。我们讨论问题时，必须把客观的估计
和主观的主张分别开来，才免得论点的混乱，更不可把别人的客
观估计指为主观的主张。如果是从主观上说即从党的路线说，在
今天即应肯定地说："我们的战略之总路线是在夺取政权。"如
果单就主观说即是单就党的路线说，至少我们的党是从去年六月
十一日已坚决地采取了夺取政权的路线，并且在此以前早已有了
所谓"苏维埃政权"与"红军"，这是不是社会主义的革命已经
开始一年多了呢？在我们的主观上，在我们的战略之总的路线
上，当然不反对夺取政权，当然不反对苏维埃政权与红军，然而
我们左派反对派和史大林派的争点到底在什么地方呢？

不但张霆同志认为"中国第三次革命以民主要求引起……
这乃是无可争辩的事实"；王文元同志他不但说"新的革命运动
虽然是一定的民主口号引起"，并且说"多半还要在这种口号之
下夺取政权"；劳他同志也说，"我们丝毫也不忽视中国革命是
以'民主要求'为开始"。我不懂得怎么同时又都会坚持"一开
始就是社会主义的性质"这类的客观估计呢？

最奇怪张霆同志说："我们即或□然的与资产阶级联合成立
克伦斯基政府。"王文元同志也说："到底在将来中国革命事变
的发展中是否会有中国式的克伦斯基政府发生？我们的回答是：
可能的，但不是必然的……谁也不能说在第三次革命中决不会
有。"劳他同志也说："在将来中国革命中要'在苏维埃基础之
上会产生一个俄国式的克伦斯基政府'，是不可能的，可能的是
麦克唐纳尔式的政府……它的存在只能是：一个很短时期……就

是向着无产阶级夺取政权的一个小的阶段。"无论是中国式的克伦斯基政府也好，麦克唐纳尔式的政府也好，总不能说它有一丝一毫社会主义的气味。只要不能绝对否认它会在将来中国革命中发生的或然性和可能性，即令是一个很短时期，是一个小的阶段，我们便不能肯定地说："第三次革命一开始就是十月即社会主义革命。"

张霆同志和王文元同志，在纲领草案的讨论中，都曾坚持要写下这样的一句："真正的国民会议只有经过武装暴动来召集。"到了举行武装暴动，则革命之发展已经不是最初阶段，而是最高阶段了。国民会议无论"真正"到如何程度，也说不上什么社会主义，这样又怎样地会说"革命一开始就是社会主义的性质"呢？

反对派肯定地说，"中国第三次革命一开始就是社会主义的性质"，是不是等于否认整个第三次中国革命是社会主义的性质呢？我以为不是的。决定革命性质的，不是引起革命开始的因素，也不在革命发展之最初阶段是怎样，也并不仅仅由于革命党所采取的路线，而是实际斗争的发展达到那一阶级的政权。革命的中心问题是政权问题，中国第三次革命将是无产阶级专政的胜利，仰还是民主专政的胜利，这是决定第三次革命性质的唯一关键。

"资产阶级的革命一开始，无产阶级就把夺取政权的问题放在自己的肩上。"这是不断革命的路线。倘然有人说，"社会主义革命一开始，无产阶级就把夺取政权的问题放在自己肩上"，这不但无所谓"不断"，而且也太滑稽了！

倘然有人说："无产阶级夺取政权的本身，就是社会主义的革命；所以夺取政权的革命暴动一开始就是社会主义的性质。"
这自然是百分之百的真理！

署名：独秀
《无产者》第十二期
1931 年 3 月 15 日

抗日救国与赤化

（一九三一年十月一日）

国民党政府对于日本暴行之"不抵抗"和"力持镇静"的政策，已为国人所厌闻了。然而一班国民党官僚和官僚御用的所谓大报（如上海申新时事报等），还时时徒其余窍中放出一种对"不抵抗"和"力持镇静"巧为辩护的论调，即是说：日本蓄有挑衅阴谋，我方若不退让，则正为彼之诡诈所动，致堕彀中。不错，世界第一等聪明的中国国民党政府，前次对于济南事变的挑衅，这是第一次未堕彀中；对于万宝山和朝鲜惨案的挑衅，又第二次未堕入其彀中；此次对于满洲事变，乃第三次未堕其彀中；将来日本在上海在南京挑衅，当然仍不至堕入其彀中；中国的领土与利权终有限制，日本的阴谋挑衅永无止期，我方永远退让，当然永远不至堕入其彀中；日本正欢迎中国这样永远不堕其彀中！

有些自以为善于取巧的高等华人，当然会赞美这种永远不堕其彀中的亡国政策，我们很呆的人，认为只有由广大的革命民众力量，绝不退让地立刻应战，持久地应战，终获得革命的胜利，否则反革命的国民党政府退让又退让，终要退让到日本帝国主义正式割取蒙满及其他地方，引起帝国主义在中国战争，瓜分全中国；此外，没有第三种前途。

中国评论记者认为："反日本帝国主义的运动，是博得中国人民欢心的最好方法，并且吸引中国到共产主义的方面；布尔扎维克化的中国，即布尔扎维克化的欧洲甚至美国的先驱。"这乃是中国民族资产阶级宁肯对日本退让而不愿反帝国主义的民众运动抬头之真正心理；由此心理出发，才会有力持镇静的政策和不堕日本挑衅之彀中的妙想。

颜惠庆对美国人说："中国目前唯有两条路可走，一、遵守国际公理，以素和平之精神与奋斗；二、迫不得已，则与共产主义的国家合作；前者非友邦各国予以正义的有力的帮助，恐难得最后的胜利，后者殊非中国人所乐为。"他也认为没有第三条路可走，这是对的，但是他所说的第一条路不是"此路不通"的路，便是引导"瓜分中国的路"，最后之胜利当然不会属于中国；他所说的第二条路，自然非中国资产阶级所乐为（他们主要是！只放出一点这样的空气，想吓帝国主义，得点帮助或让步，颜惠庆的说话，便是这种心理），中国人民是否乐为，自有事实答复颜惠庆。

过去的事实：中国的革命人民，在中国共产党领导之下，在共产主义的国家——苏联援助之下，在一九二五——二七年革命运动中，迫得帝国主义不得不增加上海租界的华董，不得不应允召集关税会议和修改税则，香港几乎变成了荒岛，无条件地收回了汉口和九江租界，这一点小小赤化的成绩，是每个中国人民都还记得的。在这一小小赤化的时期，中国只有所得，虽然很少，却毫无所失。或者只有北洋军阀失去了政权，资本家和地主失去若干历史的威权。所以，我们敢断言，赤化是全中国最大多数工农劳苦人民者乐为的，所以不乐为者只有少数的军阀、资本家和地主而已。

三民主义的国民党，正代表这班军阀、资本家和地主的利益而反对赤化，自从他屠杀赤化的工农和共产党压平革命以后，摧毁了一切民众组织，只剩下为国民党做留声机器的空洞机关；它口口声声骂人民是阿斗，骂赤化是得罪了一切帝国主义，骂赤党是危害民族之生存；它妄以代表民族利益争得民族自由与平等的党自欺欺人。实际上的效果是怎样呢？在它统治中国四五年中，它的专制腐败战乱搜括（十余万万公债，一旦跌至全部停顿无法维持时，将牵动全国金融陷于空前而不可挽救的恐慌）等一蹋泥糊涂的现象且不说，单就所谓民族利益与自由平等而论，帝国主义对中国民族之空前的压迫，如济南惨案，万宝山和朝鲜惨案，以至此次东省的惨案，连珠而至，自称代表民族利益的国民党政府，每一次不是诡称"已有办法"，而无一次不是拱手退让，还要力戒人民"镇静"、"忍辱"，还要用武力制止民众运动，视为"轨外行动"。

经过这些次鲜血的代价，按理总可以唤醒每个中国人，都能够自己认识实际危害中国民族生存的究竟是赤化还是反赤了。然而事实上，还只有工农劳苦人民是愿意赤化而不愿意亡国的，一切高等华人是宁愿亡国而不愿赤化的，此外还有一班小资产阶级的上层分子，一面还不愿意亡国，一面又害怕赤化，想找出第三条路，即是既不亡国又不赤化的中间道路。

其实，中间道路是不会有的，至多只能在某种特殊环境短期一现的。蒋介石也曾声称一面反赤，一面反帝国主义，实际是投降了帝国主义。汪精卫的武汉政府，也曾声称一面反共，一面讨蒋，结果仍是投降了蒋介石。号称反共反蒋的第三党，自谭平山脱离邓演达被捕而无形解散了。即将来还会有这一类的组织出现，亦不过是一时结社的游戏，革命运动一发展，其中左倾分子只有走向共产党，右倾的则归到国民党，很难久持其中间态度。

不但在落后的中国一班寻找中间道路的英雄，只能得到这样的结果，即英国麦克唐纳尔的所谓"工党政府"，现已屈服于保守党了，拥有德国广大劳动群众的社会民主党，亦已不能维持其中间地位，眼见它就要投降于准法西斯的白鲁宁狄克推多。

全世界已经只有两大营垒：一面是赤化的苏联，各国无产阶级及其先锋队——共产党和一切被压迫被剥削的革命民众；一面是反赤的帝国主义，各国资产阶级及其政党；此外所谓中间势力或者不存在，或者等于不存在。

单就此次抗日救国运动这一具体问题而论，也只有两条路可走：一是不怕赤化，由全国革命的工人，革命的农民，革命的兵士及一切革命的民众结合起来，建立自己的革命政府，在苏联及各国无产阶级和一切被压迫民众援助之下，对日本帝国主义作持久殊死战，以期获得最后胜利；一是服从反赤化的国民党政府之统一指挥，对日本帝国主义退让，或求救于其他帝国主义，使中国不亡于日本即瓜分于列强；此外没有第三条道路。

在这里有个问题我们必须答复，即是有人要问：主张赤化的人们，要在中国赤化些什么？要把中国怎样的赤化？那么，我们必须明白告诉你们以赤化的政纲：

㈠驱逐帝国主义驻在中国的海陆军，宣布一切不平等条约无效，无条件的取消帝国主义在中国的所有特权与利益，取消一切外债，以完成中国民族自由，国家独立与统一——反对国民党政府在和平谈判的掩盖之下，实行其对帝国主义投降。

（二）实行八小时作工制，改良工人生活与待遇——反对国民党政府及其党部干涉工会内部一切事务，反对国民党资产阶级利用"劳资一致共赴国难"和"增加生产"等口实，加紧榨取工人的血汗。

（三）没收一切地主的土地，分配给没有土地的或土地不足的农民，取消高利欠债——反对国民党政府剿杀争取土地的农民武装队（红军）。

（四）改良兵士待遇，发清欠饷，军饷公开，兵士有选举官长之权——反对国民党军阀对兵士用体罚，反对国民党军阀克扣军饷，反对国民党军阀牺牲兵士争夺地盘，反对国民党军阀用命令强迫兵士屠杀工人农民。

（五）一切工农劳动人民有集会、结社、言论、出版、罢工、抗租等完全自由，不加依据任何法律的限制——反对国民党政府的紧急治罪法，工会法，出版法，民众团体组织条例等。

（六）召集平等直接普选不记名投票的国民会议，建立代表最大多数民众的革命政权——反对军事独裁的训政的国民党政权。

（七）恢复苏联邦交，并与之缔结反帝国主义同盟——反对国民党政府勾结帝国主义。（以下有一行字辨认不清——编者注）

（八）中国境内的少数民族都有完全的自治自决权——反对

国民党政府压迫回民及内蒙并企图征服外蒙。

这一个赤化政纲，定与反赤化的国民党政纲相对立的，请问你们愿意接受哪一个？我们相信中国大多数人民是能够接受赤化政纲的，颜惠庆所谓"非中国人民所愿为"，只是代表中国的军阀、资产阶级和地主说话。

一九三一年十月一日　香港

署名：独秀

《火花》第一卷第四期

1931 年 10 月 1 日

此次抗日救国运动的康庄大路

（一九三一年十月二日）

用外交政策牵制某方面敌人，使有利于自己之斗争，有时固宜行之；然自己若没有斗争之决心与实力，专依赖外交来以敌制敌，这不但是妄想，不但是奴性，直是引虎自卫，仰仗一面敌人之保护以拒绝另一方面敌人的危险政策，菲律宾之赖依美国，朝鲜之依赖日本，便是弱小民族苦的经验。

前清不自奋斗，妄用所谓"以夷制夷"的外交政策，于一八九五年依赖俄德法三国之干涉，归还辽东，次年又遣李鸿章使俄，秘密赠送东清铁路敷设权于帝俄，缔结喀西尼条约以抗日，这便是三十六年以来中国自己提出满洲以供国际帝国主义竞争践踏之开幕。一九〇三年帝俄占领奉天，前清不知利用民愤自己奋斗，乃转而依赖日本主张公理公道，出来打抱不平，主张公理公道的日本果然出兵"为中国打抱不平"了，一九〇四年日俄开战，中国竟公然宣告中立，只暗中帮助日本的忙，其结果日本继承了帝俄在满洲一切权利有增无减，这便是二十七年以来中国自己断送满洲于日本帝国主义之开幕。其后，美国于一九〇九年以来提议"满铁"中立，日俄于一九一〇年成立《满洲协定》，日本于一九一五年利诱威迫袁世凯政府签订基于二十一条要求的

《中日条约》，日俄于一九一六年订立《秘密协约》（此密约由十月革命后苏俄新政府宣告帝政时代带侵略性质的条约一概无效，才公布于世），以至一九一七年《日美共同宣言》（即日本所称《蓝（辛）石（井）协定》）发表，中国的满洲以至全部中国，已成为国际帝国主义的竞争场与践踏场，亦即所谓东方的巴尔干。日美共同宣言，乃由于日本为抵制美国两次和帝俄所订立的《满洲协定》和《日俄密约》，都被新俄宣布无效，不得不直接与美国协商，以日本承认"门户开放"与"机会均等"和美国承认"日本在中国有特殊利益"相交换，这是两个帝国主义强盗共同宣言之全部内容。当时日本一方面大庆外交成功，一方面以承认门户开放和机会均等为美中不足，特别在南满。中国北洋派的北京政府虽然曾通牒日美及其他关系各国，不承认此宣言；而一班资产阶级的知识分子，尤其是留美学生，竟信奉"门户开放"和"机会均等"为救国的金科玉律。一九二七年以来，资产阶级的新政权，如蒋介石张学良辈，害怕以民众的革命势力对付帝国主义，仍袭用前清"以夷制夷"的外交政策，即迎合美国门户开放机会均等的野心，依赖美国帝国主义势力，来抵制日本帝国主义在满洲的侵略。因此，日本帝国主义遂亦急乘美国和英国遭遇空前的经济危机无暇和它竞争以及中国政府消灭了民众运动的机会，由万宝山和朝鲜惨案的尝试，进到突然出兵占领满洲，以便进行其新二十一条的谈判。

以上就是此次满洲事变的一切远因和近因。

一直到现在还自夸"革命政府革命外交"（蒋介石答上海请愿大学生）的国民党政府对付此次满洲事变的政策是怎样呢？

中执委会通电：一、铲除赤匪；二、努力救灾与御侮；三、党员大团结；四、全国下半旗一天志哀。

蒋介石报告：守严整之纪律服从统一之指挥，忍痛含愤，暂取逆来顺受态度，以待国际公理之判断。此时务须劝告民众，严守秩序，服从政府，尊重纪律，勿作轨外行动。

张学良饬其部下：坚忍一时听候交涉。避免与日军冲突，以维中日邦交。决持镇静态度无论日方如何压迫，始终取不抵抗主义，并对日侨予以安全保障。

张学良语北平记者：仍望国人冷静忍耐，勿生枝节。

张学良决定：对日取不抵抗主义，向世界宣布，以求公论。

邵力子语记者：中国取无抵抗态度，愈足暴露日人横暴，国际间定有公评。

王正廷语记者：致电国联，请主公道，以维国际信义。静候国联公平处决。

王正廷报告：致电日内瓦本国代表，想国联方面，当能依照盟约，处理此事。

张继语记者：须取甘地不合作主义，毋须喊口号，贴标语。

韩复榘电：请为镇静应付。

北平各要人：力持镇静，因日违国际公法，我取不抵抗主义，世界必有公判。

杭州党政当局：主张暂持镇静。

蒋作宾电外部：对日军在东北行动，仍持镇静态度。

褚民谊语记者：此种举动（指通电各国良心公平裁判）实较其他有力，因世界上公理尚存，决不能任强权霸道：电粤方及中央重复团结，开救国会议。

戴传贤报告：似此不仁不义不忠不孝的兽行，绝不能使其存留于世界，我们现在没有什么话可说，唯劝告大家努力做人。

张继演说：过去呼打倒一切帝国主义之口号……得罪了全世界，今后必拥护一个政府……实行读书，造才救国。

李石曾演说：对日强盗行为，非一朝一夕所能克服，必须以经济建设抗敌，沈阳事件吾人可证实须和平奋斗，不要感情用事。

国府通电各军：坚忍沉毅，力持镇静，取稳健团结之精神，务须避免轨外行动……保护日侨，并切实劝谕人民，务守秩序，听政府为正当之解决。

何健通电：消弭内争，力御外侮。

何成濬：主张力持镇静，听候中央交涉。

汉口官场：劝人民力持镇静，以待公理解决。

沪市执委告同志：指导民众使不致有越轨盲动的流弊。

中执委告全国学生：学生能一心一德服从指挥以为全国国民倡，则国事必有可救。外交仅应公开军事自有机密。

吴铁城诫平党部：勿唤起民众对日侨有轨外行动。

李石曾张继电粤：维持中枢即所以应付国难。

行政院电北平市府：保护日侨，并防反动分子乘机作轨外煽动。

北平军警对学生：禁止学生结队游行，校内期会由便警参加，学生演讲以三五人为限。

青岛市府电外部：力持镇静，切实保护外侨，严防反动煽惑，并与日领馆接洽，双方开诚，共同防范。

以上这些"革命政府的革命的外交政策"，可归纳为下列几点：一、对于日本任何压迫，都力持镇静态度，逆来顺受，始终取不抵抗主义，避免与日军冲突，而且还要切实保护日侨，以维中日邦交；二、一切人民须一心一德地维护，国民党政府的"革命外交政策"，听它统一之指挥，严守它力持镇静的纪律与秩序，勿感情用事，勿为越轨行动，静候国民党政府正当解决，否则以反动分子乘机煽动治罪；三、国民党政府的正当解决是：静候国际联盟公平处决和发起凯洛非战公约的美国出来干涉。照国民党政府这样的"革命外交政策"来应付此次事变，自然只有顺着这样的方式进行。

人民静候政府正当解决——政府静候国联公平处决——国联认日本行动为满意——日本更将满意地自由行动。

照常情说，凡是中国人都不能满意于这一公式；独有跑到南京向蒋介石请愿的上海大学生，对于蒋介石的训话，表示满意，这真是出乎常情以外的事；这班大学生在口头上似乎也很热心于抗日救国的运动，然而费了很大的气力跑到南京，什么表示也没有，只跟着南京的学生喊了一阵"拥护国民政府"和"中国国民党万岁"，这类口号，人民耳朵里已听得烂熟了，如果它能反日救国，满洲事变已不至发生了，并且这些口号，张学良、曹汝霖、王正廷都会喊，不必青年学生；并且这些口号，在上海也可喊，不必旷时费事地跑到南京去喊，这真是出乎常情以外的事！上海学生群众，对于这样出乎常情以外的事，如不即时加以纠正，这便是学生运动重新低落之起点，同时便是国民党政府重新制止学生运动之起点。

本来民众运动中能以坚持较久的只有工人阶级，所以国民党上海市党部极力制止工界组织抗日救国会。

报界工会说得对："四五年来，反帝国主义运动低落到地平线底下，而帝国主义的压迫侵略，不但不曾减少，反而与日俱增。"这便是此次日本帝国主义敢于横行无忌之一个重要原因，然而国民党政府，一直到现在国难临头，对于民众忍无可忍才一开始的反帝国主义运动，还想乘间伺隙，用违反革命纪律或扰乱秩序等罪名，加以制止，所以如果有人一面拥护反帝国主义的民众运动，一面又拥护国民党政府，则不啻直接向帝国主义自缚其手足！

在仅可能的对帝国主义逆来顺受仅可能的制止民众运动的国民党统治之下，此次满洲事变发展前途和关系中国民族命运如何，大致是可以预见的。

日本帝国主义此次突然出兵占据满洲，并不是冒昧从事的，它看清了列强此时不暇和它竞争，和一九一五年世界大战中一样；它看清了中国国民党资产阶级政府决不敢和它抵抗，也和一九一五年袁世凯政府一样；它看清了中国现在是反革命势力的统治，也和一九一五年一样；反帝国主义的民众运动已为国民党政府长期地普遍地压下去了，再经过万宝山案和朝鲜惨案之探试，更看清了国民党干涉与领导之下的所谓"民众运动"只是些官样文章，没有一丝一毫革命的气味，所以它才敢四顾无人地自由行动起来。它此次出兵的手段，即所谓"外交保障占领"；其目的是在获得一九一五年的二十一条更凶恶更确定的中日条约，至少在南满与东蒙，这便是年来他们所喊叫的"根本解决满蒙悬案"，换句话说，就是要获得和日韩合并五年前《日韩协定》相等的中日协定，以决定满韩合并的命运，并且，日本解散韩国军队，是由统监伊藤博文到韩后才实行的；现在日本更急进一步，满洲还没有日本的统监，而已在非战争状态的平时，驱逐解散了所有的奉军，毁坏了奉天兵工厂，夺去了：

> 大炮八十余尊
> 其他炮六百门
> 飞机二百六架
> 步枪十二万支
> 机关枪五千挺

此外还运走了张作霖所遗留的八万金条（值现洋二万五千万元），姑无论芳泽撤兵的声明是否可信，姑无论是否滑稽地撤退若干军队至满铁附属地；而最近满洲所发生的事实却明白告诉我们：日本帝国主义指派一班卖国奴宣布满洲独立，这是已经以吞并韩国的故技公然施之于满洲了！然而国民党政府外交部某一要人竟得意忘形地发表谈话："芳泽已郑重为日政府声明，立将现在东省之日本军队撤退至南满铁道附属地，此事足证军阀已受极大惩创……日军占据东省之一幕凶剧，由此将告一段落，日本军阀苦心经营之计划，竟于一星期内归于失败"（九月二十八日《新闻报》），又另一国府要人对中外记者说："距今十二日前，日本开始破坏远东和平，暴力侵占东省，当时日本国内军阀趾高气扬，目空一切，以为多年迷梦，吞并计划可实行，乃不旋踵间，已不得不在国联行政院宣告失败"（十二月二日《新闻报》），原来是日本帝国主义失败了！像这样昏聩无耻的官僚，真值得学生青年大喊"拥护"与"万岁"吗？

　　日本不完全退出占领地，不恢复事变前原状，国民党政府拒绝和它谈判吗？这是鬼都不能相信的，国民党政府只要有代表国民签字的资格，它能够拒绝新二十一条的要求到底吗？（承认满蒙独立包含在内），就是他们自己也不能相信，经过日本帝国主义的威迫与利诱，始而将要把全部至少是一部分严守外交秘密，因为"民气嚣张，一经宣布，舆论沸腾，措施益难"（曹汝霖语）；继而又会欺骗国民说："政府兢兢业业，既不敢意存挑拨；以速危机，又不敢轻言让步，自丧国权"（袁世凯派曹汝霖在参政院报告语），同时自然要求救于主张公道的国联与美国出来打抱不平，结果，恐怕还是要照济案的先例，坦然向国民宣布"不得已忍辱负重"，那时谁要反对，谁便是共产党，"如有违反革命纪律，或扰乱秩序者，政府当本其职守以制止之"！

或者有人以为我们这一类预测，未免侮辱国民党太甚；其实，国民党求救于国联与美国，固然不侮辱它自己，而侮辱中国民族则更甚了！因此且陷中国民族于最悲惨的命运！

英帝国主义因金镑奇跌，至不得不采用非常手段，取消金本位制；美国帝国主义国库岁亏十万万金元，最近又有十六家银行倒闭：他们自身无法挽救的经济恐慌，使他们很难即时和日本帝国主义在远东争衡，至于希望他们为中国打抱不平，便是等于希望国际帝国主义者自动地抛弃帝国主义，这是何等滑稽的幻想！为争夺市场和重新分配殖民地半殖民地，却是帝国主义挽救其国内经济恐慌之盲行的出路；中国的满洲问题，倘不能自己由民众的力量得到革命的解决，而依赖别的帝国主义力量来解决，则过去的"以夷制夷"政策既然重演，过去的失败历史也必然重演：不是门户开放和特殊利益相争持的美日战争，甚至扩大到世界战争，在中国做战场；便是列强阳为应援中国，阴实坐视日本新二十一条要求之进行与成立，向中国要同等的特权与利益，中国沦为列强分辖的殖民地：无论是哪一种结果，中国国民党和一班高等华人妄想求救于国联或美国，其罪恶岂只是侮辱中国民族而已！

在此次反日救国的运动中，只有"排货"和"对日宣战"这两个主张，不但是多数民众的意志，而且比较的正当；然不加以明了正确的注解和有效的方法便会归于空泛无结果，甚至走入歧途。

先说排货。第一，我们要懂得：只有站在政治斗争的利益上，以非常手段与决心行之才有意义，才有效果，即是说排货者自身必须准备极大的牺牲，长期忍受极难堪的痛苦，以期获得被排者政治的让步；若站在经济观点上，计及某种原料之损失，某种日用品之缺乏和某种工业之破坏等……则处在现今盛行分工与交换密切相关之整个的经济世界，所能排之货，只限于某国某几种商品，这乃是国际间工业竞争之经常方法，所加于被排者之打击至极有限，如此而被以排货或经济绝交之名，实属空口呼号而无实际意义的滑稽把戏。自来排货之无效与不能持久，其弊实在于此，即是计较经济上的利害得失。第二，我们要懂得，排货是商人绝对的损失，希望商人自动地排货和商人自己检查，这也是再滑稽没有的事。所以只有由工人和学生组织大规模的检查队，然后排货运动才能收实效。

再说对日宣战，希望国民党政府对日宣战，也等于希望商人自己检查日货。第一，殖民地或落后国家对帝国主义宣战，和寻常两国间的战争不同，这是一种革命战争，是需要革命的民众武装参加的，是不能抑制民众运动抬起头来的。而国民党政府宁甘受帝国主义的压迫而不愿受革命民众威胁；第二，若没有广大武装民众持久的殊死战，单靠国民党政府一点脆弱的军队，不足当日本帝国主义军队之一击，国民党丧失了军队即丧失了政权，它宁肯牺牲民族命运而不肯牺牲政权。要对日宣战，要实现民族革命战争，要获得反帝国主义战争的胜利，只有中国第三次革命复兴，以革命的民众政权（这一政权，将经过全国抗日救国会而实现或经过国民会议或苏维埃而实现，是由其组织的内容与斗争来决定的）代替反革命的国民党政权，领导全国的革命民众和兵士，抱着美国十三州独立和法国俄国大革命始终不屈不挠的精神，再加以全世界无产阶级特别是日本无产阶级全世界被压迫民族特别是朝鲜民族的帮助与声援，和日本帝国主义作持久战，同时以长期地排货，给日本资产阶级以致命的打击，即今日帝国主义在军事不曾失败，其国内经济的政治的危机，也会迫着它不得不向中国革命的民众让步。这便是我们此次抗日救国运动的康庄大道。

此外并没有别的路，在国民党资产阶级统治之下，服从它力持镇静逆来顺受的统一指挥，跟着它屈服于日本帝国主义和求救于其他帝国主义，决不是中国民族应该走的道路。

十月二日

署名：陈独秀

《火花》第一卷第三期

1931 年十月八日

两 个 路 线

——答民杰及小陈两同志

（一九三一年十一月十六日）

最近我们当中，因为讨论"抗日救国"口号的问题，发展到"革命的民众政权"口号的问题最后又发展到"中国第三次革命一开始就是社会主义"的问题，这是不是民杰及陈同志有意把问题扩大或节外生枝呢？不是的，绝对不是的，他们对于民主口号的态度根本有他们的整个路线，他们的路线是：

国民会议是资产阶级的机关。

"召集国民会议而实现民众政权"不是一种资产阶级政权。

"建立革命的民众政权"的国民会议，必然成为无产阶级在反对阶段——两个革命过渡期中走上政治斗争最可怕的绞绳！

"国家政权"不是国民会议可以建立起来的。

仁静同志和斯大林主义者一样，以为"中国第二次革命并未解决民主任务，因而第三次革命是以民主要求为开始"，因而革命初期不是社会主义革命，而是民主革命；〔这是〕仁静同志……错误百出的分析。

"动摇而且推翻资产阶级私有财产"这不是社会主义革命是什么？这"在民主口号之下"可以发动起来吗？此时民主任务

虽未完成，但政权已经转移……民主革命已经完结，再来的革命只有社会主义革命。以上是陈同志的意见。

若果说："经过"资产阶级所御用的"抗日救国会"或"国民会议"来"实现"所谓"革命的民众政权"，那么这种政权，仍旧是"资产阶级的专政"。

如果承认所谓"革命的民众政权"是"无产阶级专政"之别号，不但在目下要提出尚非其时，而且也只有列尔士的"鸡蛋哲学"之逻辑的发展才可以得到说明。

"无产阶级专政"不是靠资产阶级统治的形式之"国民会议"而"实现"，而是发生和发展于在"资产阶级专政"相对抗的革命斗争中之群众组织（如：赤色工会、贫农协会、罢工委员会等）非资产阶级所御用的机关中，只有用这些革命斗争的一切力量，来"消竭资产阶级之民主主义的源泉"，最后冲破"国民会议"，倾覆虚伪的"民主之资产阶级的统治机关之后才完成"。

由"资产阶级专政"转变为"无产阶级专政"，依马克思主义的国家学说，只有"经过暴力"……总而言之，"无产阶级专政"只有最后毁灭"国民会议"来完成，并非"经过""国民会议"来实现！以上是民杰同志的意见。

这一左倾的路线和斯大林派有一个共同点，即是鄙视国民会议的口号，至少也不把它看做是一个革命的口号，不愿意为它的实现而奋斗，有机会还要向它放冷箭，因为它只能是资产阶级的机关，它只能实现资产阶级政权，于是无产阶级若是为实现国民会议而奋斗，便无异于为巩固或改良资产阶级政权而奋斗。对于国民会议这种定命论即国民会议（或抗日救国会）定命的只能为资产阶级所御用，而不能为无产阶级所御用，自然要否定"经过国民会议来实现无产阶级专政"的说法了。那么，将经过什么来实现无产阶级专政呢？

拟陈同志的答复是："再来的革命，只有社会主义的革命。"并且引用托洛斯基同志的话"……第三次革命……将于开始时（注意——陈）就要坚决的动摇而且推翻城市及农村中资产阶级的私有财产"，他和以前王文元同志一样，只看见"开始时"这三个字，而忽略了括弧中"一九一七年十一月——一九一八年七月"这十五个字。

拟民杰同志的答复是，"无产阶级专政不是靠资产阶级统治形式之国民会议"，而是靠"赤色工会、贫农协会、罢工委员会等"，"最后冲破国民会议"。照他这样说法，我们左派反对派在一切号召工人贫农斗争中，不需要有什么总的政治口号，更不应该采用"资产阶级统治形式之国民会议"口号。这一始终未被采用的国民会议口号，大可原璧送还卡笛科；或者拿这个不用"经过暴力"的"资产阶级统治形式之国民会议"口号，只限于在反革命的阶段，在资产阶级统治之下，做做争自由的灰色运动。

在反革命的阶段只能做做灰色运动，大约一向群众宣传鼓动推翻国民党政权和以革命政权代替反革命政权，就算是逾越了反革命阶段的政治斗争之"正轨"，这种和平改良主义的倾向，陈同志和民杰同志是一样。他们当然不是无政府工国主义者，但一谈到政权问题，陈同志便谆谆地教训我们："目前是一个反革命的阶段，应是反对派对于现阶段之具体认识，亦即是目前政治斗争策略之出发点。"因此，他们的路很显明的是：在反革命的现阶段，无论采用——国民会议的口号与否，都只能做做不涉及国民党政权问题的灰色运动，在社会主义的口号下夺取政权，是将来革命阶段的事。换句话说就是国民会议的口号，至多只好用在反革命阶段做做灰色运动；革命高潮一到来，马上便是社会主义的世界，便用不着什么国民会议的口号了。我以为这样整齐划一的阶段论者忘记了一件小小的事，即是他们并没有告诉我们，革命的高潮是否会从天上掉下来？或者会有何种不可思议的力量能够替我们从反革命阶段走上革命阶段？或者他们现在还须秘而不宣，或者只有上帝知道！

和这一阶段的路线对立的，就是国际左派反对派不断革命论的路线，如托洛斯基所说：这个斗争（指国民会议斗争）本身有如一个锥子凿入有产阶级结合的中间，使其发生裂痕，并以此扩大无产阶级活动的范围。（《中国革命问题》第二集一四九页）

民主主义不尽是幻想和欺骗，而且是历史的动力。（同书一五一页）

形式的民主主义口号，不仅抓住小资产阶级群众，而且抓住广大的工人群众，使他们感觉有可能（根本上是幻想的）以自己的意志去抵制军阀、地主和资本家。无产阶级先锋队就要在这个经验之上教育群众并领导群众前进。（同书一五三页）

我们的党领导无产阶级走到专政，只是因为党以最大的毅力要求彻底地和无条件地实现民主主义口号和要求。（同书一六七页）

在某一时代，民主主义问题，将不仅吸引农民，还要吸引工人，这件事情必须在我们领导之下进行。（本年一月八日来信）

煽动工作须要宣传来完成，至少能使无产阶级的最先进分子了解，走向国民会议的道路，只有经过反对军事独裁的暴动和由民众来夺取政权的手段，才有可能。（一九二九年十二月答《我们的话》的信）

不断革命论指出落后资产阶级国家的民主任务，在我们的时代直接引到无产阶级专政，而无产阶级专政把社会主义的任务置于议事日程，这就是这个理论的中心思想（《不断革命论》一四——一五页）。

没有完成或者没有完结自己的民主革命的国家，有它自己的极重要的特点……在殖民地国家，因土地问题之尖锐，和民族压迫之不可忍受，幼稚的和人数较少的无产阶级，在民族的民主的革命基础之上，可以比在纯粹社会主义基础之上的先进国的无产阶级早些获得政权。（同书一四〇页此条及上条均依仁静同志的译文）

社会民主党的直接任务，将是完成民主革命；但取得了政权的无产阶级，不能自限于民主政纲，他将不得不跳上社会主义政策的道路。（《自传》）

苏联由民主主义行为到社会主义行为的过渡，是在无产阶级专政之下进行的。在中国，无产阶级专政之由民主主义阶段到社会主义阶段的过程，进行得将比俄国还要快些。（《告中国及全世界共产党员书》）

无产阶级先锋队，为民主口号斗争愈勇敢，坚决和会所顾惜……则在群众意识中，民主共和国和工人共和国愈快地成为一个东西。（《西班牙革命问题》）

托洛斯基同志所指示的这个路线，很明显地认为民主口号，不但在反革命阶段用得着，即在革命阶段也用得着，并且它的重要性，还是在落后国家可以经过它由反革命阶段直接走到革命阶段，我个人绝对相信这个路线是正确的。

我现在以十二万分的诚恳，要求每个同志拿出相当时间细心的把这两个路线比较研究一下，以决定赞否。因为这是我们究竟是否左派反对派的根本问题之一。此外一切词句，哪个不正确，哪个更正确些，都不是重要的问题，值不得拿革命工作的宝贵光阴来热心讨论修辞学。如果我们不决定在民族的民主的革命基础之上夺取政权，而决定须在社会主义基础之上夺取政权；如果我们不相信落后国家的民主任务可以直接引到无产阶级专政，然后由取得政权的无产阶级来踏上社会主义政策的道路，而主张一开始就是行社会主义的革命，然后再回过头来附带地解决民主任务，这种"把车子放在马前面"的办法将使中国无产阶级获得政权的时期，推迟到世界革命成功以后。因为"若说现在的中国依现有的技术与经济的基础可以用自己的力量，跳越过资本主义阶段，只有最无知识的反动的社会主义者，才能作如此想"（托洛斯基）。在我们的时代，若有人认为中国资产阶级的和平发展到了相当时期，能够准备下社会主义革命的经济基础，这便是戴季陶混进了中国左派反对派的队伍中！如果无产阶级在民族的民主的革命基础之上，例如在抗日救国或国民会议的斗争中，结成了比五卅运动中更大的力量，能够以暴力夺取政权，这时如果有人以为我们还没有苏维埃，还没有社会主义革命的经济基础，而出来主张慢点夺取政权，则这班迂腐先生，至多只能充当红色教授！

我还以为如果有人企图在这两个路线之中，东摘几个名词，西下几句批评，来建立一个折中路线，这也是徒然的，这只是表明他自己没有路线。

我认为"无产阶级在中国占民族中最少数量,它要把持政权,只有于自己的周围团结民族中最大多数人,即城市的乡村的贫农","所以在一般鼓动上使用""革命的民众政权"或"民众的革命政权"这类口号,并不与"无产阶级专政"的口号相冲突,而只是"无产阶级与贫农政权"的一种通俗说法,决不能说他是和介于资产阶级专政与无产阶级专政之间的工农民主专政这一在历史上有一定意义之术语相等。这样的通俗说法,并不如陈同志所说是我"一种新的理论上的论据";在去年十二月第七期"无产者"上,我已经提出"以全权的国民会议为最高统治机关来代替国民党的训政与军事独裁"的口号,并且我更不应拿马克思和托洛斯基的说法,冒充做我的新发明。托洛斯基所说"由民众来夺取政权"这句话,上文已经引过。"民众革命",马克思在写给 Kuyilmation 论巴黎公社的信中曾经用过,俄国的少数派也曾经认为这是马克思的一种话病,列宁曾在十月革命后出版的"国家与革命"上详加解释与辩护,他认为"大多数民众""便是贫农群众和无产阶级自由联合"(详见《国家与革命》汉译本六一——六五页)。民杰同志硬指"民众政权"即"民主专政"——"工农民主专政",于是连篇累牍地引用托洛斯基同志指斥"民主专政"的话来攻击仁静和我,这是侦探先生们栽赃捕人的办法!

十一月十六日

署名:独秀
《校内生活》第一期
1931 年 11 月 28 日

被压迫国的无产阶级
应不应领导爱国运动

（一九三一年十一月二十八日）

在此次反日运动中，我们内部由讨论抗日救国的口号，进而讨论到我们在宣传鼓动中可否使用"救国"、"爱国"这类名词。我以为名词是次要的问题，根本问题是我们在战略上应不应参加并领导爱国运动，这必须切实地讨论，必须明确地决定，否则含糊两可的概念，会把同志们送到迷宫中去。对于这一问题的讨论，我有以下的意见：

（一）一切政策与口号，若不择空间和时间一概采用或一概否拒，都是站在形式逻辑的观点上，对辩证的马克思主义加以讥讽。例如马克思、恩格尔斯和列宁，对于民族主义的运动，都曾表示过赞助或反对两种不同的态度，这已经是马克思主义的A、B、C；即布哈林后来也承认共产主义运动内不应排除民族主义运动，承认他当初对此问题反对列宁的错误。马克思、恩格尔斯和列宁都认为殖民地或被压迫的民族主义运动，是革命的，是有利于全世界无产阶级的，我们应该相信，世界革命乃是先进国的社会革命和落后国的民族革命之合流。

（二）托洛斯基同志，在他所写的中国反对派的任务中，给我们以民主民族的口号："召集国民会议""保证中国的国家独立"等，正是由上述的观点出发。如果我们否认这一出发点（被压迫国的民主民族运动是革命的），则国际左派反对派所给我们的纲领和口号，便根本成了问题；因为如果在先进国提出民主民族的口号如国民会议和国家独立等，不但是无的放矢，而且是反动的；如果我们幻想帝国主义会自动地停止对中国压迫，或者幻想中国资产阶级会自动地采用民主政制和实行反帝国主义的民族战争，则民主民族的口号对于无产阶级便没有一点革命的意义。

（三）以帝国主义对中国的关系，史大林和布哈林所得出的结论是：殖民地国家的资产阶级，因帝国主义的压迫要革命些；托洛斯基同志所得出的结论是：殖民地国家，因民族压迫之不可忍受，无产阶级在民族的民主的革命基础之上，可以比在纯粹社会主义基础之上的先进国家的无产阶级早些获得政权。这两个结论的分歧点，当然是在估量那一阶级真能够担负民族解放的任务。我们反对派当然不能同意史大林和布哈林的估量。中国两次革命对于资本主义基本利益都未有相当的满足，所以中国资产阶级，不但过去曾向左盘旋，现在也是向左盘旋（如反日排货），即将来还有不少的盘旋。但资产阶级，比有些共产主义者更知道，假如要真正实行反帝国主义的民族斗争，必然要提高革命的群众，这首先便是对于它本身的危险；因此，我们可以肯定地说，中国资产阶级已经不能担负民族解放的任务。因此，领导中国的民族运动以至完成民族解放，已经是无产阶级自己的任务，不能看做是别个阶级的任务，更不应对之加以资产阶级民族主义或爱国主义的嘲笑，这样高贵的嘲笑之结果，没有别的，只有把自己任务和民族领袖的地位拱手让诸别的阶级。

（四）我们号召领导群众斗争，除在日常环境中找出些特别活泼的口号外，必须有一个总的政治口号即政治旗帜，能够召集比较宽广的群众参加全国性的斗争，走上革命道路。这样的政治旗帜，这样的政治口号，在落后国幼稚的人数较少的无产阶级，只能采用民主民族的，而不宜于社会主义的。如果人们不能肯定的说要用社会主义的旗帜，同时又不屑于用民主民族主义的旗帜，那么，用什么旗帜呢？这必然陷于没有任何旗帜的混斗。史大林派正是这样。史大林派不是没有单个的具体的民主民族口号，不是没有指出推翻帝国主义及土地革命是中国革命的两大任务，所谓"资产阶级性的民权革命阶段"，他们更特别重视；然而他们却没有胆量明白地决定一个民主口号，做总的政治口号，做一切政治斗争的旗帜，以至于在实际战略中，拿苏维埃的口号来抵制国民会议运动，好反对世界大战反对进攻苏联来抵制抗日救国的口号。仿佛民主民族主义的口号，只应该写在纸上，说在口头，到了民主民族主义的实际运动起来时，便要从左边向它放几支冷箭。为什么会有这样颠倒错乱的事，根本是没有真实了解民主民族主义运动在被压迫国家的必然性和重要性。

（五）在此次反日运动中，有些反对派的同志，也发出鄙弃"民族主义"、"爱国运动"和"抗日救国"、"对日宣战"等口号的论调。发出这样论调的人们，若不是简单地因为不满意那些名词，而是根本上有他们极左倾的立场，是因为有"工人无祖国"，"我们不应爱资产阶级的国救资产阶级的国"，"笼统的反日和对日宣战，救国，爱国，都是资产阶级的民族主义，不是我们阶级的立场"。这一大堆理论在他们的头脑中作怪。即便他们还未曾这样痛快地完全倾倒出来，而他们当中确有或多或少或深或浅的这样意念。如果这样的立场这样的意念用在此次反日运动的战略上是完全正确的，那么我们的纲领，我们的民主要求口号，便根本成了问题，这是值得我们严重讨论的。

我们要知道马克思主义永远不是教条，无论如何正确的理论，倘不能正确地用当其时其地，都会变成不完全正确，甚至于完全不正确。"工人无祖国"，是从消极方面指出一般的事实，即是说还没有一个"国家机关"是拥护工人利益的，并不是说在任何条件之下工人都应该不要祖国；所以更须从积极方面（特别是被压迫国家）号召工人从资产阶级手中夺回它正在出卖的国家，以创造工人的祖国，在这样意义之下的救国爱国，正和资产阶级的卖国是对立的；难道被压迫国家的工人阶级不应该领导这一反外国帝国主义并且反本国资产阶级的救国爱国运动吗？难道它应该和资产阶级一样不要祖国吗？反日，对日宣战，和通常称日本是帝国主义的国家一样，都不包含日本全体人民在内，即中国资产阶级的报纸，亦不曾把反日和对日宣战解释为对日本全体人民，所谓帝国主义进攻苏联，也只是说它进攻苏联政府即无产阶级政权，并不包含苏联全体人民，至少也不包含苏联中资产阶级的成分在内。这些只是咬文嚼字的问题，实在值不得讨论。不错，"救国""爱国""民族主义"，其本质原来是资产阶级的；可是这些资产阶级的民主革命任务，也和其他民主任务一样，要由无产阶级来完成了。

在民族运动中，怎样才是我们阶级的立场，这更需要有正确的了解——马克思主义的了解而不是形式逻辑的了解，我以为应该是这样：帝国主义的国家如日本，这里的工人阶级，如果在压迫中国的反革命战争中，采用"救国"、"爱国"的口号，则是直接帮助了他们自己的资产阶级帝国主义，间接帮助了全世界的资产阶级帝国主义；直接打击了中国工人阶级的革命运动，间接打击了全世界的工人革命运动；并且更加紧了他们自己的资产阶级对他们剥削压迫，这便是离开了阶级的立场。如果中国工人阶级在努力救国爱国的民族革命斗争中，打击了日本帝国主义，不啻打击了全世界的帝国主义，特别是给在印度的英国帝国主义以威吓；不但生长了中国工人阶级解放斗争的力量与气焰，并且给了日本和朝鲜工人阶级解放斗争的机会；这完全合乎工人阶级的利益而没有离开阶级的立场。或者有人驳问：中国工人阶级努力于救国爱国运动，虽然打击了日本帝国主义，岂不也是帮助了本国的资产阶级吗？我可以引用托洛斯基同志的话来答复："民主的或民族的解放革命运动，可以给资产阶级以扩大或加深其剥削的机会；而无产阶级在革命中独立的行动，则有恐吓资产阶级并消灭其任何剥削之可能。"（《中国革命问题》第二集一一页）。我以为必须这样提出具体的事例加以分析，然后对于所谓阶级的立场，才不至陷于空洞的笼统的形式逻辑的了解。

我真不懂得，我们在此次反日本帝国主义运动中，必须咬文嚼字的向抗日救国和对日宣战的口号放几支冷箭，才算是无产阶级的立场。如果人们效史大森〔林〕派骂我们采用国民会议口号是民主主义者的口吻，来骂我们采用抗日救国口号是民族主义者；那么，只有让这班社会主义者坐在亭子间里，静候中国无产阶级在民族的民主的革命基础之上取得了政权，再请他们出来到社会主义者的元老院中去。

（六）又有些同志，一般地抽象地说来，并不根本反对民主民族的口号，可是对于某些具体的名词如"救国"、"爱国"，甚至于"民族主义"，也要放点冷箭，以为这些名词都含有毒素，这在根本观点上至少是接近于极左倾的立场，否则便是没有立场。我以为一切民主民族的口号，都多少含有点毒素，不但"民族主义"，即"民主主义"也含有毒素，例如形式的民主主义，我们不能因此便一般地反对民主主义，对于民族主义也是如此。这主要的问题不在某些口号本身是否含有毒素，而是看用在什么环境，发生什么作用，例如"救国"、"爱国"口号若用之于一九一七年的俄国，"和平"的口号若用之于现在的中国，都同样的大有毒而特有毒。国民党党部和南京官僚甚至蒋介石，都还说说反对帝国主义和民族解放；汪精卫和孙科，更是大喊民主政治；我们决不能因此便避讳这些名词。史大林派惯于拿改组派，中华革命党，新中国国民革命党，中国青年党，以至段祺瑞、阎锡山、冯玉祥、蒋介石，都赞成召集国民会议，说我们也提出国民会议的口号，便是他们的政治盟友，我们也不能因此便避讳这一口号。同样，也不能以"抗日救国""爱国""对日宣战"流行于一般资产阶级特别是"中国国家主义派"（即中国青年党）的口中，作为我们应该避讳这些名词或口号的理由。要令这一班虚伪的甚至反动的"爱国者"破产，只有在我们以具体要求领导广大群众发展剧烈的救国爱国斗争时才能够办到，决不是向救国爱国这类名词放几支冷箭可以办到的。

我们固然应该在纲领中规定总的政治口号，以为一切政治斗争的旗帜；然而仅仅这个还不够领导整个革命斗争的发展，必须在总的旗帜之下，从日常环境中随时得出特别活泼有生气的口号，才能够在实际斗争中领导群众。如果我们虽然采用了总的民主口号（国民会议），而对于日常环境中发生的特别的民主民族口号（抗日救国）加以排斥，并且这类特别的民主民族的口号随时都会发生，若随时加以排斥，则总的民主口号便变成了一个偶像！

（七）当然，在进步的工人中，对于"救国"、"爱国"这类名词，我们应有原则上的战略上的正确解释，即：不是无条件地采用，也不是无条件地否拒。这是在工人中的教育问题，而不是在一般群众中的鼓动问题。

当中国资产阶级利用爱国口号来对付苏联时，我们便宣告它是做帝国主义的走狗，是卖国而不是爱国，当它用这类口号对付蒙古时，我们便宣告它已经是帝国主义式的压迫弱小民族，而不是自卫的爱国救国；这时自卫的爱国救国口号，应该是蒙古民族的，这里没有一点矛盾，如果有人认为有矛盾，我们本来不能够强求形式逻辑的矛盾和辩证法的矛盾一致的。

（八）最后，我还有个意见。我以为民主主义固然包含了民族主义在内，而后者在中国更特别重要，在中国历史上，只有传统的民族主义运动，而没有传统的民主主义运动；在现代民族主义运动之尖锐化更远过于民主主义运动，主要的如五四、五卅运动和现在抗日救国运动，都是全国性的运动。这一传统的民族主义运动即爱国运动，不但吸引农民和城市小资产阶级的群众，并且吸引工人；"抱中国人的义气"，"反对外国人"，这是在五卅运动中从广大的工人群众里自然发生的两个普遍而有力的口号，当时确有在这样爱国口号之下涌现工人苏维埃的可能，如果党有革命的政策；并且带工人苏维埃性质而且比广州暴动中的苏维埃更有群众的省港罢工委员会，便是在民族主义运动中产生的；这些历史的经验与教训，我们不应该忽视。过去我们的错误，根本是在以阶段论代替了不断革命论，也就是把民主民族主义和社会主义，分为两个阶段的任务，两个阶段的革命，所以认为"现在是他们（指国民党）的时代，我们的时代在将来"。（鲍罗廷到中国和我第一次见面，就宣布这样的根本方针，并且说这是莫斯科的意见。）这本是一切第二国际机会主义者传统的根本观点，我们现在若不粉碎这一观点，根本便不是左派反对派；忽视旧的教训，必然铸定新的错误。在中国历史的政治的经济的条件之下，传统的民族主义运动即爱国运动，将来还不断地发生，一直到中国民族从一切帝国主义的束缚压迫之下完全解放出来。在解放斗争中，尤其是在国际帝国主义环攻中国无产阶级新政权的斗争中，"爱国"或"保卫祖国"更是号召广大群众的唯一口号。"爱国"和"民族解放"，只是同一实质而新旧不同的两个名词；旧的名词（爱国）更富于历史性，更容易在群众中流行，并且已经在群众中普遍地深入地流行着。我们对于正在群众中流行的爱国运动，应该积极地去参加领导呢还是应该消极地向它放冷箭？这是必须明白决定的问题，尤其是一般到群众中去工作的同志立待决定的问题。

所以我认为：我们应该积极地领导中国的爱国运动，应该用我们的纲领领导爱国运动而充实其内容，一直到夺取政权。我们对于爱国运动，不独不应该向它放冷箭，并且不应该只是尾巴式地参加，而应该是领导；因为完成中国民族解放，已经是中国无产阶级自己的任务，并且它在完成这一任务的斗争基础之上，可以比在纯粹社会主义基础之上的先进国家的无产阶级早些获得政权。

署名：独秀

《校内生活》第一期

1931 年 11 月 28 日

发 刊 词

（一九三一年十二月五日）

二十世纪是两种热潮的世纪，一种是广大的劳苦饥寒奴隶向一班寄生虫算账的热潮，一种是几十种被压迫民族向帝国主义算账的热潮，这两种热潮，虽是时有起伏而不是一直高腾，其结局将无物能与之抵抗，特别是两种热潮之合流，终要把全世界洗刷一新。

此次日本帝国主义无忌惮地强占了辽吉黑三省，并在中国各地示威行凶或炮击，英美法各帝国主义在巴黎会议上，无忌惮地牺牲中国见好于日本，正是他们乘着热潮还在伏流中一逞其凶焰；然而他们的凶焰，有时固然会使热潮低伏下去，有时也会使它高涨起来，今日正是中国民族的热潮和帝国主义的凶焰，开始决斗时期，在这一次决斗中，将是他们的凶焰熏涸我们的热潮，还是我们的热潮淹灭他们凶焰，这就要看我们的努力了！

我们三四万万有历史而且有文化历史革命历史的中国人，能说没有力量吗？除开少数卖国的军阀、官僚、奸商和豪绅等寄生虫；还有多数爱国的民众，只有近视的寄生虫们，只看见枪炮军舰飞机的力量，而不看见民众热潮的力量，并且他们就根本害怕，仇视这一力量，因此他们宁肯受帝国主义凶焰的薰灼——实已薰灼到他们的眉毛。

我们相信，民众热潮具有大炮飞机以上的力量；被压迫民族能够而且也只有拿这一力量来淹灭帝国主义的凶焰，淹灭它一切的敌人。

抗日救国的民众们，只有你们自己奋起的热潮是你们的根本武器，没有它，一切都是幻想！

本刊之发行，便是要为热潮做一小小纪录，也要供给热潮一点小小动力，或者为内外凶焰所毁灭，或者浮在热潮中向前发展，这就是它的命运！

未署名

《热潮》第一期

1931 年 12 月 5 日

论对日宣战与排货

（一九三一年十二月五日）

"对日宣战！""对日宣战！"这是全中国最普遍的呼声，也是对待日本帝国主义无忌惮地侵犯中国时所应有的呼声，而且应该是最后的呼声，如果连这一呼声都没有，则只表示全中国各阶级人民都是□羊似的不抵抗主义的亡国奴而已，并不表示什么高尚理想，如果有人拿什么"大同主义"，什么"打破国界"，什么"不要祖国"，什么"不爱资产阶级豪绅地主的国家"，什么"反对爱国"，什么"反对狭义的爱国和虚伪的民族主义"等等高尚的理想，来根本反对对日宣战，则只表示他的高尚理想，高尚到和从耶稣、托尔斯泰到张学良的不抵抗主义一样。

可有人认为"对日宣战"是国民党中央提出的口号，是一切反革命派别所拥护的，国民党中央胆敢提出过这样的口号吗？恐迫〔怕〕只有相反的事实吧！这只表示造谣者对于国民党中央的幻想罢了！"对日宣战"这一口号，现在广大的群众中流行着，难道群众都反革命了吗？那么，我们还有什么希望呢？你们的革命口号又是什么呢，你们主张"民众自动武装起来驱逐日本帝国主义"，武装驱逐日本帝国主义，这不是对日宣战是什么？难道他像某军校心理测验中"战而不宣"的滑稽口号一样吗？

我们不能根本反对对日宣战这一口号。反对对日宣战，即是变相的不抵抗主义，或者说是高尚理想的不抵抗主义，实际是反动的，我们只能告诉群众，对日宣战必须靠民众自己的武装力量，如黑龙江二万农民弃锄投军；黑东双阳等十余镇组民团抗日军；哈尔滨护路军二十六旅三营十连的兵士，愤日军攻黑，长官不发令救护，廿四晚击毙连排长，由司务长率领，投马占山，驻富拉尔基的二十二旅一连，也取同样行动；这就是眼前已有的实例，若向政府请愿对日宣战，也和希望国联和美国主张公道是同样的幻想：因为政府诸公无论是中央的或是地方的，都始终不会舍弃对日不抵抗政策，他们都害怕开战损失了实力，不能保持地盘——搜刮民脂民膏的地盘。

对于排货运动，我们也是不应该根本反对的，根本反对排货的人，只有敌探和奸商，他们不能算是中国人！

我们只能告诉群众，（一）单是消极的经济绝交是不能制胜的，主要的是积极地努力于政治斗争；（二）经济绝交要想收到实效。我们自己必须准备极大的牺牲，像工厂主和商人们那样计数经济上的利害得失，不肯牺牲，排货必然是一句空话；（三）因此，排货必须有学生和工人组织，大规模的检查队，严厉地充分严厉地检查，才能收效，希望商人排货，希望一般人自动地不用日货，这种办法等于没有办法，现在的排货运动，自然也得到了相当效果，然而影响还不算很大，并且排货前途已有不少的悲观现象；这正是政治斗争不进展，资本家计较经济上的得失利害和奸商反抗的力量远超过检查员的力量这三个原因。

有人认为排货要准备牺牲，即是"为了中国民族资产阶级

的利益，要中国的工农必须准备极大的牺牲"，这一句话包含了
几方面的错误，在此次抵制日货运动中能够排除资产阶级的牺牲
吗？上海的商人，正因为计算他们二三千万元的损失而主张启封
日货。中国工农是不像资产阶级不顾民族利益的；他们是准备牺
牲的，不但牺牲经济（即排货中一部分生活必需品之昂贵），而
且还准备牺牲生命，因为在被压的中国，抗日救国是中国工农民
众自己的任务，不能推诿到别人身上，不能看做是民族资产阶级
的利益，谁不肯牺牲，就请离开民族革命的战线，去做一个不抵
抗主义的高尚理想家。

署名：顽石

《热潮》第一期

1931 年 12 月 5 日

时局已到了转弯点

（一九三一年十二月十二日）

时局一般都到了转弯点，不向前进即向后退，不能够停留在现状之下了。

先看帝国主义方面。一方面，日本对于调查团决议案力持修改两点：一是不许调查团报告九月三十日理事会决议犹未实行；二是日本对于匪贼及不逞分子活动应有实行军事行动之完全自由。又对于中立区事要求与中国直接交涉，拒绝国联干预。并且表示这是日本最后的意见，而绝无让步余地。同时，又声称如果中国不将锦州之兵撤去，如果拒绝中立区之设立，则是中国不履行其约，日本政府即无法阻止日军进攻。另一方面，中国政府为民众所迫，对于中立区与锦州撤兵又有反悔之表示。国联怎么办？压迫日本吗？巴黎回声报说得最痛快："日本为抵抗苏俄之健将，法国以此原因，并为镇压殖民地之革命计，宜袒助日本。"实则具此心理者，并不只是法国，英美亦同因此心理而一致不肯得罪日本，现在他们只有更进一步一致压迫中国接受日本要求之一途，即所谓"承认日本地位"和"予日本以满意"，不能再在现状之下含糊敷衍下去了。

再看南京政府方面。反对设中立区，反对锦州撤兵，反对在

日本撤兵前开始交涉，反对日军有在中国剿匪的权利，并且反对
调查委员团之来华，这是从一般民众一直到江苏国难救济会这班
老腐败一致的意见。并且这些意见，已经日渐坚决化和普遍化，
尤其是到了北大学生来在南京示威的今天，已经不像以前用空头
支票可以搪塞过去的了，已经走到施肇基顾维钧不得不辞职的狭
巷中了。政府如果不愿公开地露骨地撕下欺骗人民的假面，只有
退出国联和对日开战；如果继续任国联接受日本的要求，其势必
须对人民取高压手段。站在人民方面，或站在帝国主义方面，它
立须选择一个，再不能在现状之下含糊敷衍下去了。我们不能幻
想政府有丝毫选择前者之可能，拘捕大批北大示威的学生，明令
禁学生集队请愿，已经是政府选择它的道路之表示。

　　或是服从政府安心当亡国奴，或是起来用自己的力量自己的
血汗来决定自己的命运，人民方面也立须选择一个。在此时局一
般都走到转弯点的当口，不向前进即向后退，决不能够含糊敷衍
地停留在现状之下了！

署名：顽石

《热潮》第二期

1931 年 12 月 12 日

"一二一七"与"三一八"

（一九三一年十二月二十日）

民国十五年三月十八日，中国的爱国青年在北京所流的血犹未干，现在民国二十年十二月十七日，爱国青年又在南京大流血，前后五六年间，就流了爱国青年两次血！奴性已深感觉早已麻木的上流绅士所统治之国家社会，有多少奴性尚未深感觉尚未完全麻木之爱国青年的血，经得起这样流法！

在蒋介石的军事独裁之下，青年学生因感亡国之痛，不避忌讳地奋起向政府呼吁出兵抗日，这种"越轨行动"即不识时务的行动，我们早知会有第二次"三一八"血案发生，然而想不到这个血案不发生于军事独裁者尚未下野之前，尚未发生于蒋介石辞职后的第三天，而发生在汪精卫一流号称反对独裁政治主张"民主政治"的陈铭枢代理行政院院长之第三天，也就是发生在汪精卫派欢呼"接触到民主政治的曙光"（《民众》三日刊第十六期第七页）的时期。所以此次血案之负政治上的责任者，固然是整个的国民党政府；而负实际执行上的责任者，不能推之于已辞职的蒋介石（事实上当然还是蒋介石从中作祟而且大大地作祟），不能推之于昏聩无权的林代主席，而应由新政权之中坚分子及过渡者代理行政院院长陈铭枢负法律上的责任。

在此次血案发生的前二日，所谓"民主政治"的新政权之主脑人物汪精卫，已开始痛骂爱国青年是"少数不良分子，欲假借对外问题以危害党国，譬诸败群之马，自无许其有存在之余地"。如果青年因爱祖国而危害党国，汪精卫便不许其存在；不许其存在，自然便是屠杀！所以此次血案，便算是汪精卫所谓"民主政治"史之光荣的第一页！

蒋介石在下野期间，自然要用所谓"民主政治"家替他做两件事：一是替他屠杀爱国民众，一是替他签订卖国条约。这两件事也可以说是一件，即前者是为后者清除障碍物。所谓"民主政治"家，已在开始替他做第一件事，第二件事将来自然也要替他做。并且，在"不危害党国"的原则之下，他们两方都愿意做这两件事。

"三一八"血案，因为是爱国学生反对安福政府对于日本舰队封锁大沽和外交团要求冯军离开天津之不抵抗而起；此次"一二一七"血案，是因为，爱国学生反对国民党政府对于日本占据东北三省和炮击天津之不抵抗而起；同是血案，而后者之起因，其严重远过于前者。

"三一八"血案，是安福政府在北京学生面前暴露其狰狞面目；"一二一七"血案，是国民党政府在全国学生面前暴露其狰狞面目；同是血案，而后者之影响，其普遍远过于前者。

"一二一七"血案死伤之数，亦远过于"三一八"。只有政府所谓"暴徒从中利用"、"反动分子主动"、"藉端暴动"的宣传，则先后一揆；政府对学生的胜利，也后先媲美。

政府虽然胜利，而"三一八"失败学生的血，曾在中国史上写了"宣告安福政府死刑"八个大字!

　　　　　　　　　　　十二月二十日

　　　　　　　　　署名:顽石

　　　　　　《热潮》第四期

　　　　　1931 年 12 月 29 日

"一二一七"与改组派及国家主义派

（一九三一年十二月二十三日）

在此次学生反日运动中，除一般学生因国事危殆而左倾外，改组派和国家主义派也都起了相当的作用，这是一个事实。我们不是无政府主义者，并不否认政党有在群众斗争中起作用的必要；问题是在某一党派在群众中所起的作用，是真正为了政治进化而斗争，或是单纯地为了它的政治地位而斗争；是在政治斗争中起了正的作用，或者是负的作用。

要认识汪精卫所领导的改组派和国家主义派在学生运动中所起的作用是怎样，首先便要查考他们的政策是怎样。

改组派的政策，在对外问题是主张"一面抵抗一面交涉"，很明显的，抵抗与交涉是难以并行不悖的，他们的真意当然是交涉而不抵抗，所谓"一面抵抗"不过是门面话。汪精卫说："现在有些人，他们说，现在观察国民党的政府，如果和日本宣战，打败了后，国民党一定要灭亡；否则如果国民党与日本讲和，则可以加国民党以卖国之罪，也是要灭亡的。在国难当前的时候，谁也不应拿外交来对付内政。"照他的说法，他当然不愿意因宣战而致国民党灭亡，只有希望国人不以外交来对付内政即是不加国民党以卖国之罪，使它能够与日本讲和，以免"危害党国"；

所以他们的覃振，更爽快坦白地说："现在对日，不应言宣战，当速改宣战而言备战。"改组派这样的对外政策，和蒋介石政府的对外政策有什么不同呢？他们的对内政策，是标榜"推倒个人独裁"和"建立民主政治"两块招牌。可是在实质上，他们所谓"推倒个人独裁"，即是以他们一部分人的独裁来代替蒋介石个人的独裁；所谓"民主政治"，乃是统治阶级内部的甚至国民党内部各派军阀官僚的民主，而不是政府对于人民的民主，也就是汪精卫所说"以均权求共治"，其对待人民之反民主的党治与训政，仍然和蒋介石政府的主张一样，照旧不动，如果有人想动它一动，便是反动，便是危害党国，便"不许其有存在之余地"，汪精卫所谓"均权共治"之具体方案，即是组设各地方的政治分会和军委会，据伍朝枢最近的表示："（一）关于设立政治分会事，为应时势需要（陈济棠、张学良的需要吧！）起见，在某区域组设分会亦无不可；（二）既有组设军事国防委员会之主张，亦为应付时势计，将来或在东北西南各成立分会。"这样的"均权共治"，不但和李石曾的"分治合作"是一个东西，并且是陈炯明的"联省自治论"之复活，这样，只有使中国的财政与经济更加分裂与削弱，更加离国家统一愈远。

汪精卫所领导的改组派，其对外对内政策，并不比蒋介石政府高明，他们要赶走蒋介石，显然不是为了政治进化而斗争，而是为了他们的政治地位，所以蒋介石下野的消息一到上海，他们即在上海学生中鼓吹"蒋已下野，学生已无赴京之必要"；所以在蒋介石宣布下野数小时以内，汪精卫即宣布"少数不良分子欲假借对外问题以危害党国，譬诸败群之马，自无许其有存在之余地"；所以在蒋介石宣布下野三日之内，陈铭枢即用刺刀来对付学生，造成"一二一七"血案，即改组派中较左的"民众三日刊"派，也认为"一二一七"血案是学生的"错误和过失"，他们对待学生运动，达到驱蒋目的之后，便看做榨过的柠檬了！学生群众必须及时认识，改组派之于学生运动，现在只能起负的作用，除非在某些地方某些权力和蒋派还有争夺时，尚需要利用一下学生运动。

国家主义派，更无所谓对外对内政策，他们曾在《民声周报》上向国民党表示："为当前的国民党打算，在这种国家危急存亡的时候，国事公诸国人，亦是减轻责任，使人民共赴国难的一个办法"，"我们希望马上有个集中全国人才，代表全国各派政见的国防政府产生"，"我们在内政上的一切政治主张，政治成见，都愿意牺牲。"很明显的，他们唯一目的就是哀求国民党放弃一党专政，容他们到所谓"国防政府"里尝一点官味。如果国民党需要减轻卖国的责任，只要国民党带他们玩，他们愿意牺牲一切政治主张，为国民党分谤。所以殴打陈蔡事件的"一二一七"血案一发生，他们认为学生运动不但超过了他们的目的，而且根本违反他们的目的，得罪了国民党；马上国家主义派所领导的上海各大学教授抗日会，一面致电慰问蔡元培，一面致电赴京示威学生，宣告"北平学生对外交部捣毁文件，又赴中央党部殴击蔡陈两先生，本会……对于此类不辨是非利害之举动，认为不当"。国家主义派所组织的上海市教育界救国会，也发出劝告学生复课书说："目前形势渐见发展，锦州中立，天津共管，直接交涉等问题，暂时或不至实现，而蒋介石氏亦知国是难巨，来日大难，而急流勇退，通电辞职矣。我青年学子，处此时机，当决然跃出漩涡，归洁其身体，约束其思想，潜修其德业……国民恬静（恬静与镇静有别乎？）精神乃可以集中……诸君今日宜勒马峻坂，返动为静（又来一个'静'！）……"这就是国家主义派对于"一二一七"血案的宣言！

日本帝国主义在中国之暴行，正在有加无已；国民党政府无论是蒋介石真下野，或是他马上就会复辟，他们的"不抵抗"、"极端避免与日本冲突"的"常轨"，他们自己是不会"逾越"的，全中国民众能够"恬静"的跟着他们当亡国奴吗？"一二一七"血案，只是民众反日运动暂时的挫败。历史是不会长久开倒车的，改组派和国家主义派之开倒车，并不能阻止爱国学生之再起而且更加猛进，只是他们自己在全国学生群众面前宣告破产！

经过了"一二一七"血案，学生运动，当然要自觉地转换其方向，即是集中其时间、精力和热忱于工人、农民和兵士方面来，只有这一新方向之转换，才能使反日运动进到更高的阶段。国家主义派所谓"反动为静"和"跃出漩涡"，这样的转换方向，只有埋葬学生运动，埋葬反日运动！

十二月二十三日

署名：三户
《热潮》第四期
1931 年 12 月 29 日

谈谈"越轨行动"

（一九三一年十二月二十六日）

在目前阶段的反日反国民党运动，声势似乎是很浩大，而在行动上还是学生孤军独战，大多数民众虽有奋起之可能，实际还并没有起来；即学生运动虽已开始左倾，而到处仍不免表现出懦弱与妥协。国民党及一班准国民党的上层社会分子对于这一小小左倾运动，却已一致大喊"越轨行动"了！究竟已经有了"越轨行动"没有呢？应该不应该有"越轨行动"呢？我们认为必须讨论一下。

一切不平等条约，在被压迫民族看来，是束缚它的锁链，在帝国主义看来，是它的合法权利，被压迫民族要废除不平等条约，已经是"越轨行动"了，若采革命的手段，宣布一切不平等条约无效，那更是大"越轨"而特"越轨"，这便是被压迫者对于压迫者叛逆的行动。中国民族要求的国家独立与自由发展其国民经济，首先必须取"越轨行动"，以脱去此锁链。五卅运动一起来，梁启超和胡适，首倡以"友谊的谈判"、"合法的外交手段"修改条约（后有二十四个字模糊，无法辨认——编者）了三四年。其结果是日本用武力占据满洲来厉行不平等条约，一切帝国主义都站在拥护不平等条约的利益上左袒日本，这是证明不平等条约决不是谈判与外交手段可以取消的，只有诉诸"越轨行动"！

日本帝国主义用武力来厉行不平等条约，占据了东北三省，炮击了天津，现时还正在向锦州进兵，向天津、北平增兵，这分明是敌兵深入国境，国家危急存亡的问题，本应用所有的武装力量，救祖国于危亡。乃国民党政府视为外交问题，用交涉来解决。虽然暂时拒绝和日本直接交涉，而视间接交涉即所谓"请求国联主张公道"和"静候国联公平处决"为不二法门，直到国联第三次行政会闭幕之后，它一切不公道的主张和不公平的处决已成为公开之秘密，国民党政府已经到了无可"请求"无可"静候"之时，其一贯的"不抵抗"、"逆来顺受"、"极端避免与日本冲突"的"镇静"政策，仍然丝毫不变，视违反其"镇静"政策者为"反动分子"，为"越轨行动"。其实，只有"越轨行动"即以武装抵抗，才有死里求生救祖国于危亡之可能；非"越轨行动"的交涉，只有断送东北三省，更进而断送全中国！

国民党政府对外政策，只知有党不知有国；其对内政策，只知有党不知有民；其已自绝于国民，自最激烈的共产党到最和平的江苏耆老团，一致认为事实；即彼党所称为国母的宋庆龄亦宣言"中国国民党早丧失其革命集团之地位"，"党不能救国利民，自取覆亡，何所顾惜"；即彼党青年亦自认"假党治之名，行专制之实，致令国民党为人所不齿"（二十七日上海日报）。然而汪精卫蒸电仍旧主张"组织政府之权属于中国国民党"，民众代表只可"为人民与政府间意志构〔沟〕通之机关"；陈铭枢则主张学生只能"在轨道内向政府贡献意见"；最客气的邹鲁，也只主张"国民救国会议""得选代表参加中央政治"；国民党政权是神圣不可侵犯的，谁要"假借对外问题以危害党国"，便是"不良分子"，便"不许其有存在之余地"。所以，学生群众一侵犯国民党党部，一喊出"打倒国民党卖国政府"，国民党便指为"越轨行动"，加以刺刀的制裁。站在国民党的立场而言，"打倒国民党政府"，自然是"越轨行动"；然站在爱国民众反日救国的立场而言，这一"越轨行动"乃是必要的。国民党认为党权应高于一切，党的利益亦高于一切，举凡国家危亡人民戮辱，概不足以使其党内权位之争减轻毫末，汪胡只知反蒋不知反日，蒋只知反汪胡冯阎不知反日，汪胡与冯阎亦只知互反而不知反日，蒋介石一面宣布下野，一面指挥"督军团"跳梁于长江流域，锦州平津之警报置之不理，一中全会一提及用武力收回失地，即来了吴稚晖、商震、刘峙等一片反对声，而党内兵争却又已箭在弦上。在这样的政权之下，"国民救国会议"除充它的装饰品外，还能够做什么？国家政权即宣战议和调兵筹饷的大权操诸这班人手里，屠杀民众的快枪刺刀及一切杀人捕人的命令与机关都握在这班人手里，怎能够容有认真的反日救国运动发生？如果有人认为在反日救国运动中，在"国民救国会议"运动中，一侵犯到国民党政权问题便是"越轨行动"；那么，只接受陈铭枢的训令"在轨道内向政府贡献意见"，名为政府的反对派，实是国民党资产阶级的尾巴；或者接受邹鲁的意见，为了"参加中央政治"去坐在国家主义派所提议的"国防政府"中与国民党共同卖国；此外还有什么"非越轨"的道路呢？

　　蔡元培在国府纪念周说："学生爱国最所欢迎，但因爱国运动而牺牲学业则损失重大，其害几与丧失领土相等，欧战时德国财政非常竭蹶，然并不停办学校，因为学生是国家的命脉……当青年时便牺牲很多光阴与事业，真是可怜可惜。"在国民党内部连年战争中，不知道破坏了若干教育经费，牺牲了若干学生的光阴与学业，蔡元培何以独对于爱国运动中的牺牲发出了可怜可惜的叹声？为爱国运动而牺牲到青年的光阴与学业，这种"越轨行动"，当然是可怜可惜，不过这一"越轨行动"也是必需的。一班老成人和老成持重的中年人，对于国难（政府卖国也包含在内）都袖手旁观，青年学生若不挺身出头干一下"越轨行动"，国民党政府卖国自然卖得更顺利些（例如：锦州撤兵，中立区，天津共管诸问题），其如祖国危亡何！犹太，印度不少大学问家，何救于他们的衰亡！青年学生在"越轨行动"中虽然牺牲不少的光阴与学业，而获得活的经验与磨炼，未必不胜过读死书，这更是新旧翰林如蔡元培辈所不能懂得的。

因封存日货和没收奸商的日货而发生了侵犯私有财产和干犯法律的问题，因此有人想出一面查货一面受法律处罚以两全的妙计，可谓滑稽之至，在保护私有财产的法律看来，没收奸商的日货以至封存日货，自然都算是侵犯了财产私有权，都算是"越轨行动"；但欲贯彻排货目的，这一"越轨行动"，自然也是必需的了。所以反日而欲避免"越轨行动"，简直是寸步难行！如果真要对日战争，一切没收日商财产，没收奸商亲日派的财产，没收卖国官僚的财产，以充军费，更需要大干其"越轨行动"！

我再老实告诉大家吧！"革命是历史的火车头"，人类史上一切革命都是"越轨行动"。可以说，没有"越轨行动"，便没有人类进化。自从我们的始祖，直立起来，以前两足为两手而劳动，一直到近代以大批机器停止了无数万万手工业农业劳动之呼吸，都是大大的"越轨行动"，英国法国一班"越轨行动"的不良分子，都曾把皇帝送上了断头台，中国的不良分子也曾推翻了清朝大皇帝，这也算得是"越轨行动"。不良分子汪精卫，也曾企图亲掷炸弹狙击清朝摄政王，这不也是"越轨行动"吗？我们应该高声大喊"越轨行动神圣"！

　　或者有人以为"越轨行动"固然产生过不少的文明，也带了许多罪恶。这是懦夫的声音！莲花是经污泥里生长出来的，文明也是从罪恶之火焰里生长出来的呵！

　　　　　　　　　　〔一九三一年〕十二月二十六日

　　　　　　　　　　　　　　　署名：顽石

　　　　　　　　　　　　　　《热潮》第五期

　　　　　　　　　　　　　　　1932 年 1 月

中国民众应该怎样救国即自救

（一九三二年一月六日）

占据满洲是日本帝国主义致命必死之争，英法美各帝国主义，各以其利害关系，都只能为见好于日本而牺牲中国，这总算得是铁一般的事实了吧！

这种铁一般的事实，不但把国民党政府及一般高等华人向国联及美国主持公道的乞怜，打得头昏脑晕！就是有些人称为满洲问题会引起帝国主义间的矛盾冲突特别是日美冲突这一死板公式，也被这种铁一般的事实打得粉碎。

一般的说来，帝国主义之自身就是由于各资本主义国家间的矛盾冲突而发生的，它一发生更增加了矛盾冲突的高度与速度，他们之间的矛盾冲突，只有随他们自身之消灭而消灭。可是帝国主义并不是今天才产生，他们之间的矛盾冲突若沿着一直线而进行，他们早已自行消灭了。世界变动不会这样简单，所以一九一四年的大战曾经酝酿了多少年才实现；第二次大战的可能性是存在着的，一般的说来，也是日益走近了的，好比人之自出生便日益走近了死亡的日期。若是毫无理由的对于随时随地任何事变之发生，都拿帝国主义间的矛盾冲突所酝酿的第二次世界大战和日美冲突所酝酿的日美战争这类前途当做现实，万应药一般的应

用，这种革命的烂〔滥〕调，这种死板的公式，将不止一次被
铁一般的事实打得粉碎。

所以在最近时期，我们还不会看见各帝国主义因满洲问题以
至中国问题，由他们之间的矛盾冲突至于战争，而只会看见他们
共同的并各〔个〕别的随日本之后尘，加紧侵略奴役中国！

日本帝国主义，认为它占领锦州后，满洲问题即入建设时
期。日本在满洲的胜利，即一切帝国主义无形瓜分中国之序幕，
亦即中国殖民地化之序幕！

中国的国民党政府对于这样的局势，将取如何的态度呢？

有许多痴人，曾伸长颈项盼望国民党宁粤统一以后，会有办
法来共赴国难；现在已经统一了，新政府已经正式成立了，有了
什么办法呢？

首先看他们的一中全会宣言有什么办法没有？宣言中的办法
是：（一）召集国难会议与国民救国会议，为的是要"人民与本
党之步骤一致"；（二）"努力肃清赤匪"，压迫工农参加生产，
认为"腹心之患甚于外敌"；（三）"应用外资"实现"总理实
业计划"！这就是所谓"国难期中救亡必要之图"！此外什么办
法也没有。在一中全会上，蒋派的文武代表一致反对主战，全会
默无一言。张学良撤兵，锦州失守，南京政府一概装作不闻
不见。

真正国民党政权，已不在南京，而在蒋介石派的九省联防，
胡汉民派的西南五省联盟及北方的冯阎联合这一鼎足三分的势
力，这也就是他们屡次所宣布的"精诚团结"；国民党所有的军
人，对外都一致反对主战，这就是他们的一中全会宣言所大喊的
"人民与本党之步骤一致"和"一致对外"；然而对内他们却准

备重新屠杀与火并，这就是他们的宣言所大喊的"腹心之患甚
于外敌"。

他们准备对内的屠杀与火并，即或因财政的困难而暂时延
缓，至于对外，他们当中的任何派别任何个人，都不会走出张学
良的不抵抗政策，他们在野时，也会说点较左的话，骂骂张学
良，并且还主张开战：一旦在朝，马上向右转，至多只说上
"备战"（如冯玉祥便是一例），因为备战与否没有人看得见，永
远是可以空言欺骗的。

他们既不主战，又不能再拖延下去，当然只有交涉，或者是
直接交涉或者乞怜于调查团间接交涉，或者是双方并进。总之，
同样是城下之盟！

不抵抗而交涉的结果，等于是战败的结果，我们是可以预见
的。和东北派接近的胡适自始就主张牺牲东北，这并不是他个人
的意见。陈友仁也自始就认为满洲问题对日本须有经济上的让
步。胡适在北平主张组织"对日让步研究委员会"，所谓让步，
大概也和陈友仁的意见无甚出入。犬养内阁也说"不要满洲只
要条约"。这可见中国政府及一切高等华人，已和日本帝国主义
心心相印了！

由中国承认袁政府二十一条的中日条约，承认段政府和蒋政
府一切密约，承认熙洽、张景惠，□式毅，所允许的一切让与契
约，解决三百余件悬案，由中国把实际的满洲送给日本，由日本
把空名的满洲交还中国，这便是犬养毅所谓"不要满洲只要条
约"。陈友仁还准备把整个的满洲的经济即实际的满洲让给日
本，在政治上再承认满洲不驻兵，所换得的条件便是日本将军队
撤退至满铁区域和由中国政府得任命双方同意的东三省长官，如

此而已。日本帝国主义所要的是实际的满洲，一时撤兵不撤兵无关重要，实际的满洲一到手，撤兵与不撤兵都随时依着它的需要而自由行动；撤兵至满铁区域，更是滑稽的事。双方同意的长官，自然非亲日派莫属，中国政府的任命，不过是一个空名，到这时，无耻的陈友仁，无耻的国民党，会拿已经办到"日本撤兵"和"收回失地"来欺骗人民，来强制人民停止一切反日运动，高谈中日亲善！其实，在这样的条件之下办到所谓"日本撤兵"，所谓"收回失地"，实质上是等于割让了满洲！

日本帝国主义从国民党手中取得实际的满洲之后，其影响于整个的中国者，不只是丧失了一部分领土与主权，不只是丧失了一部分国家建设和人民生活所需的重要原料（如煤铁木材大豆等），不只是丧失了一部分商品的市场不只是丧失了一部分移民的出路，更重要的危险是英美法等帝国主义，随着日本帝国主义之后，或迟或早的，用公开的或秘密的各种软硬形式，经过国民党政府这一"买办头"之手，取得类似日本在满洲的权益，使中国日益殖民地化，使中国民众日益供他们的奴役。中国由现在半殖民地地位（什么"次殖民地"，真是胡说乱说）降为殖民地，便是亡国！那时即仍有各派国民党的中央政府和地方政府存在，便等于是现时印度的各王公。

安心做印度王公的各派国民党，不但现时在全国范围内（上海，广州，湘潭，太原，南京）屠杀反日民众，即亡国后，他们这班小朝廷儿皇帝的党国要人，仍然是各帝国主义压制中国民众的工具，和印度各王公反对印度民众对英国的革命运动一样。

将来受亡国痛苦的，不是国民党要人和一般上层的绅商学者名流，而是下层的劳苦民众，他们是不会默然让卖国的国民党，安然的由出卖东三省以至出卖全中国的，他们是要不断的为爱护他们自己的国家为爱护他们自己的生存而起来奋斗的。只有他们的奋斗才能够决定中国的运命，也就是决定他们自己的运命。

民众奋斗的方式，应该是继续现时的反日反国民党运动，不断的加深与扩大，在反日反国民党的高潮中涌现出一个和卖国的国民党政府对抗的国民会议，这一革命的国民会议，是不能而且也不会由国民党政府召集的，它应该是全国反日民众代表自动集合的总机关，同时也是组织和领导全国民众反日斗争的总机关；它不应该是一一四八年德国高谈法律和专做决议案的法工闻克佛国民会议，它也不应该是现时印度半革命半妥协的国民大会，它应该是一七九三年法国雅谷宾党人领导的国民会议，是组织武装组织国家，以彻底反抗帝国主义，彻底肃清帝国主义的一切走狗总机关。它的国内拥护者，将是成千万成万万的工人贫农及一切被压迫被剥削的民众。它的国外同盟者，将有整个苏联和广大的印度革命民众。即这一同盟已据有东半球一半以上的土地与人民，已足与帝国主义周旋了，此外还有全世界工人和被压迫民族的声援，我们并不是孤立呵！

除了这样，我们还有什么救国即自救之道呢？

全中国的民众们！奔赴革命，或是准备当亡国奴，此外还有什么道路呢？

〔一九三二年〕一月六日

署名：顽石

《热潮》第六期

1932 年 1 月

由反日到反国民党

（一九三二年一月十七日）

　　学生运动走出了"只问外交不问内政"的迷魂阵，由反日运动走到反国民党，这本是运动发展之极自然的逻辑。

　　调动国家所养的百余万军队之权在国民党政府手里，正式征收赋税以供军饷之权也在国民党政府手里，管理全国兵工厂之权也在国民党政府手里，代表国家宣战讲和之权也在国民党政府手里，其他一切高居人民之上的权力机关：警察，法院，监狱，也都在国民党政府手里；如果真要实行反日而不是说空话，必然要利用这些物质的力量才行，决不是贴贴标语和打打通电可以济事的。

　　自九一八日军侵入国境以来，国民党政府不用它手里的一个军队去抵抗日军，而用之镇压反日民众，屠杀爱国学生和"剿赤"；不用它手里的赋税收入储为对日战争的军饷和接济反日的军队（如马占山的军队），而用做开他们党的大会，豢养鹰犬（如在上海汉口等处，除地方侦缉机关外，由国民政府及中央党部直接遍设穷治敌党的侦探机关和豢养敌党叛徒的机关如"苏俄评论社"和"光明之路社"等等），以及个人的肥私与滥费（例如蒋介石购自用飞机一架花了二十八万元）；不用它手里的军器武装民众（对上海等处的学生义勇军不发一枪一弹），而用做扩充个人私有的军队（例如扩充蒋系的宪兵以牵制陈铭枢的军队）；不用它手里代表国家的权力对日绝交宣战，而用以向国联乞怜和准备向日本订城下之盟；不用它手里的警察，法院，监狱，以惩办亲日卖国的官僚奸商和逃将，而用以逮捕审判拘禁爱国学生，日货检查员以及革命的工人与青年。

以上这些事实有如白日经天，只要有眼睛的人都能看见，叫真心要反日救国的人民，如何能够"只问外交不问内政"，如何能够只做反日运动而不反对国民党政府！

不但由反日运动走到反国民党政府是客观的必然，无论人们愿意不愿意这样做；并且，反国民党运动之发展必然和反日运动之发展成为正比例。民众反国民党运动发展之前途，亦将与国民党镇压反日运动互为因果，因为国民党愈看透了反日运动与反国民党运动之连环性，它愈要镇压反日运动，它愈镇压，民众愈要反对它。

或者有人认为这两个运动开始时虽然有它的连环性，未必长久都会连环的继续发展下去；因为国民党既然看清了这两个运动的连环性，它便会自解其连环，即停止镇压反日运动，代以努力领导反日运动，则反国民党运动和反日运动，还会并行的存在吗？

这仅是形式的假定，而不是实际。国民党不能自解这两个运动之连环性，是受了历史的社会的经济的条件之限制。

今天已是二十世纪之三十年代了，国际帝国主义已垄断了全世界的筵席，到来得太晚了的中国资产阶级，已经不能够有德意志和日本资产阶级那样的幸运，由它在推翻旧的封建统治斗争中，组织成它自己的武力和政权来统一国家而使之对外独立自主，得以自上而下的改革，自由发展国民经济。中国资产阶级这样的鸿运，最可能是太平战争时代，其次便是李鸿章时代，最后而已经难能是经过中日战争后的戊戌维新时代，其后更经过辛丑条约，它已经没有这样的运命了。辛丑条约是国际帝国主义在中国筑成了坚固的堡垒；非冲破这一堡垒，所谓"民族解放"，"国家独立与统一"，"国民经济自由发展"，都是不可能的事。这一堡垒，不是某一个独立的国家对于某一个独立的国家之关系，简直是国际帝国主义对于公共殖民地之关系，同时也是殖民地半殖民地对于宗主国之关系；所以中国民族冲破这一堡垒的斗争，已化为全世界被压迫被剥削的工农民众推翻国际资本帝国主义的斗争之一部分，即世界社会革命斗争之一部分，不能够像前世纪德意志，意大利和日本的民族解放斗争那样简单。德意志、意大利和日本的民族解放斗争是采取了这样的公式：反抗一二强邻＋摧毁国内封建制度＝民族解放。中国的民族解放斗争要想得到胜利，必须采取下面的公式：反抗国际资本帝国主义＋在资本家地主压迫下工人的农民的阶级斗争＝民族解放。为什么？乃因为前后的中国资产阶级，它为历史的等条件所限制，不能组成强大的力量，它根本没有反抗国际资本帝国主义之意志与能力——它自身的阶级利益连系于帝国主义而反于工农，成了代帝国主义压制摧残工农民众这一反帝国主义运动的伟大力量之工具，这便是代表中国资产阶级与地主利益的国民党所以只有镇压反日运动而不能领导反日运动之根本原因，也就是它不能自解反日运动和反国民党运动的连环性之根本原因。

孙中山所领导的一九一一年革命，在推翻清帝统治这一点，当然是革命的，然而整个的此次革命中，没有一点反帝国主义运动和工农民众解放运动，这两大民族解放革命的主要特点，在当时的革命纲领中竟没有一字提及，这就是那次资产阶级革命运动中之反革命性，也正是那次革命未能成功的原因。

第二次革命（一九二五——二七年）之最初阶段，国民党为了骗取苏联的帮助好打击它的政敌——北洋派，以取得中央政府的地位，不得不打出反帝国主义和扶助工农的旗帜。北伐军在胜利的半途，国民党即露出其本来面目，转过枪头来屠杀工农民众，向帝国主义投降。它妄自以为已经不需要工农民众的力量，不需要苏联的帮助，它自己已经有力量可以组织军队与政权；它妄自以为拿它的反赤军队反赤政权的资格向帝国主义纳降，必能获得若干赐予。其实，在流产式的革命中，它并未能组织成有力的军队与统一的政权，它一离开工农民众，一离开革命，立刻变成一个软弱无能的东西，它以和各派军阀官僚妥协代替了革命的统一，以向帝国主义哀求谈判代替了反帝国主义的斗争，其结果，它所遭遇的不是统一而是军阀战争，不是帝国主义的让步而是济南惨案，万宝山惨案，朝鲜华侨惨案，以至最近东北三省之占领，热河之进攻，天津青岛福建之扰害和老西开之占领。国民党政府对于帝国主义这些不断的暴行，照例是"不抵抗"，它所最得意的政绩，是一九二七年在上海、广州屠杀工人，在长沙屠杀农民，以至几年以来，继续在粤、桂、闽、湘、鄂、赣、豫、皖等省屠杀争取土地的农民，一直到最近的滔天大水灾都阻止不了它征剿农民军，空前的日本暴行都阻止不了它在上海广州湘潭太原南京屠杀反日的市民与学生。

国民党为什么这样无耻的投降帝国主义，同时又这样疯狂的屠杀民众呢？这两件事也有其必然的连环性：一切统治者，一切上层阶级特别是他们的领袖们，第一天不相信民众，第二天就要离开民众，第三天就要害怕民众，第四天就会仇视民众以至屠杀民众；它既然离开了民众，便不得不投降帝国主义，否则在空中一无所恃而不能生存了！投降了帝国主义，便不得不屠杀民众，帝国主义不允许它有中立之余地。即最欢喜找中间道路而终于不曾找着过的汪精卫，最近也承认国民党只有因宣战而灭亡或因讲和而卖国之两途，既穷于中间道路之发明，所以只有不宣战而卖国了。像这班宁可卖国以救党的人们，不用说是"民族之叛逆"；就是一班号称参加"抗日救国"运动的中等华人，奔走呼号"宁粤统一"、"汪蒋胡团结"，也算是"准叛逆"！这班"准叛逆"所奔走呼号的，不是救中国，而是救卖国的国民党！

这班"准叛逆"，即不痴心妄想国民党政府对日宣战，至少也痴心妄想它不在承认所谓五项基本原则之下和日本直接交涉。其实，这完全是"痴人说梦"！日本所谓五项基本原则，国民党政府早已实行过了，或是在行动七答复过了，外交形式上的承认不承认有多大关系呢？

第一项，日本确保中国领土完整。南京政府曾请求日本济南撤兵延缓以抵制冯玉祥；湖南湖北省政府曾请求日本炮舰轰击长沙和黄石港的"赤匪"，这不是早已承认了日本有保障中国领土之义务吗？

第二项，取缔排日排货及排日教育。"镇静"和"切实保护日侨"，国民党政府早已三令五申；最近天津及福州，都已明令禁止反日运动；上海，广州和湘潭，都枪杀过反日民众；上海法院惩罚过日货检查员；教育家竭力提倡"救国不忘读书"，

"埋头读书即是救国","科学是救国要图"这些理论,甚至由学校通知学生家属"如来校读书,不准再作爱国运动"(一月十五日《申报》本埠增刊)。这不是根本铲除了排日教育吗?

第三项,确保在中国日人居住营业旅行之自由。国民党政府既然三令五申"切实保护日侨",这些所谓在中国的日人之自由,都已经不成问题,并且事实上,在上海的日本人且有聚众示威之自由;在青岛的日本人且有聚众焚毁国民党党部和报馆及放枪示威之自由,事后,国民党的市政府还向日本人道歉;在福州的日本人且有当学生开会时撕毁标语开枪示威之权,同时因日人水户夫妇二人被杀(自杀或暗杀尚不可知),国民党的省政府对于日人各项要求:(一)将肇事学生送交日领署惩办,(二)公开谢罪,(三)取缔全省反日运动,(四)撤销反日会及一切反日机关,(五)将全市反日标语全部洗刷,(六)赔偿抚恤,已如何解决,诿为"外交秘密未便发表"。而悬赏万元购缉凶手,抚恤水户夫妇四万元,封禁东方新潮两报和禁止反日运动,则是公开的事实。这不是确保日人之自由是什么?

第四项,确认所得权利,履行条约。废除不平等条约,本来是共党的主张,国民党自一九一一年〔辛亥〕革命以来,不止一次宣布遵守条约,它只主张由合法的外交程序请求修改,并不主张根本废除;即最近否认所谓一九〇五年的中日密约十六条,也只是否认该密约之存在,而不是宣布废除,那么一旦日本政府证明其存在(如电通社十五日东京电日外务省所发表),国民党政府怎么办呢?不用说是确认日本所得权利了。

第五项,保证南满铁路之安固。国民党政府并没有胆量宣布废除一切不平等条约,则一九〇五年的十六条和一九一五年的二十一条都继续有效，这不是充分保证了南满铁路之安固吗？

所以，除了一班"准叛逆"以外，革命的民众都早已认识国民党政府根本是卖国政府，根本非推翻它便不能反日不能救国。即令它一时还不肯在外交形式上承认日本的五项基本原则，也只是一时遮掩这个事实，并不能改变这个事实。

所以，我再重复说一句，由反日运动走到反国民党，这本是运动发展之极自然的逻辑。

一月十七日

署名：顽石

《热潮》第七期

1932 年 1 月 23 日

一个紧急的政治问题

（一九三二年一月二十日）

我这篇文章的题目，是用了列宁《两个策略》第一章的标题，当时他所指的"一个紧急的政治问题"是什么呢，就是他在第一章开端所说的一段如下：

"我们目前所处的革命时期有一个问题就是召集国民大会的问题。这问题应怎样解决，意见极不一致，现在正形成三种政治倾向，即：

"（一）沙皇政府承认有召集国民大会之必要，但极不愿意这个大会成为一个全民的立宪大会，若按报纸所载关于'蒲力根委员会'的消息，似乎沙皇政府所同意的会议，是在选举的时候不准宣传自由，选举的资格必须以财产之多寡，教育程度之高低，或以狭隘的阶级制为标准。

"（二）革命的无产阶级既受社会民主派的指挥，则要求全部政权交国民立宪大会；在这种情形之下，不仅要达到普通选举权亦不仅要达到宣传之完全自由，而且要从速推翻沙皇政府，代之以临时革命的政府。

"（三）自由资产阶级，拿'立宪民主党'的首领作工具以表示自己的愿望，不要推翻沙皇政府，不主张临时政府的口号，至于怎样保证选举完全自由正确，怎样保证代表大会使之成为真正全民的代表大会，使之成为真正立宪的代表大会，这些问题的实际办法，是自由资产阶级所不主张的。实际上，自由资产阶级是现在'解放派'唯一的社会力量，它只想使沙皇与革命民众间之政权问题，尽可能的和平解决；同时，这种和平解决的结果，要使资产阶级比任何人所得的都多，而革命的民众（无产阶级与农民）比任何人所得的都少。"

列宁在分析这三种政治倾向之后，就表示多数派对于这个问题的意见是：

"现在不同了，我们现在所处的时期已是一新时期，即政治已开始恐慌和革命开始发展的时期，我们处这样时期的俄国，自然不能'仍旧贯'，'食古不化'了。

"已经开始的俄国革命，已造成一新局，这新局面就是绝大多数的民众表示绝对不能与沙皇政府相容……民众若已经表示与现政府不能相容，且觉悟到有建设新政治制度之必要，则以推翻现政府为目的的党就应当想想，拿什么政府来代替旧政府。

"要建立一'真能代表民意'的新制度，仅只叫这代表大会为立宪大会还不够，亦必使这大会有权与力来'立宪'，决议案因觉悟到这点，故不尽限于'立宪大会'之形式上的口号而且加以实际的条件，使这个大会真能执行自己的责任。这种条件的指示，使口头上的立宪大会，能成事实上的立宪大会是必要的；因为自由资产阶级（如君主立宪党）总是有意的曲解'全民立宪大会'的口号，使这口号成为口头的空话。

"'民主主义的'资产阶级，对于推翻沙皇政府的问题，总是不显明的提出来；在这时候，我们应当把这问题看做是目前第一个重要的问题"。

同时，他批评少数派对于这个问题的意见是：

"孟雪维克派和新火星派的临时大会，犯了与自由派和解放派常犯的错误。解放派常在口头上说些关于'立宪'大会的话，同时无廉耻的闭住眼睛，不看见力与权是把持在沙皇的手里，忘却了要'立宪'便要有实力来立的问题。……临时大会忘却了，政权一日在沙皇之手，任何代表的任何决议都好，都会与一八四八年德意志革命时历史上有名的佛兰克府国会的'决议'一样，只是成为一种可怜的具文……马克思在其《新莱茵报》中曾用极激烈的讽辞怒骂佛兰克府的自由主义的'解放派'，说他们只在口头上说了些好听的话语，采取了民主主义的各种'决议'，'规定了'各种自由，但在事实上却把政权放在国王的手里，自己没有组织武装实力以与受国王统治的军队力量战斗。佛兰克府的解放派还在唱空调时，国王已得了空间的时间，巩固了自己的军事力量，反革命乃得凭借实际力量把民主派及其一切好看的'决议'打得粉碎。

"临时大会派向我们提议，把今后的革命好好的分成阶段：（一）沙皇召集代表机关；（二）这个代表机关在民众威迫之下，'决定'组织立宪大会；（三）……关于第三阶段，孟雪维克派还未能商量定妥。

"关于临时革命政府和共和政体的问题，从未在决议案中找得机会说一说。

"把代表机关的'决议'叫做'革命对沙皇制度之彻底胜利'。

"临时大会在策略上所提的口号，与'立宪民主政党'即要求君主政体的资产阶级政党所提出的口号相符合……你们实际上就变为解放派的尾巴了。"

我征引这许多话，并不是说当时俄国的历史条件和目前的中国完全相同，也不是说我们现在可以采用当时俄国多数派所提的同样口号：临时革命政府与共和政体；因为中国已经过了两次资产阶级的民主革命。而是说目前的中国和当时的俄国局势有某些类似的重要点即列宁所谓"政治已开始恐慌和革命开始发展"，今天中国的多数派，在今天的国民会议斗争中，对于统治阶级，应该采取当时俄国多数派同样的态度。

一九〇四—〇五年的日俄战争，已动摇了沙皇统治的威信，并且因为战败后市场之缩小，财政之紊乱和人民购买力之降低，若不迅速清除发展资本主义的障碍，俄国大工业已不能继续生存，沙皇的专制政府若不加以资本主义的辅助，也已经不能支持下去。所以，政府以前极力反对召集的那相信限制沙皇威权对于地主资本家是不利的乡绅会议，也不得不于一九〇四年十一月召集了；以前有人一开口提起宪法便算是政治犯，在十二月的政府官报上，还禁止在公众大会上提起宪法的问题，一九〇五年正月九日（有名的"流血星期日"）沙皇用屠杀请愿工人的手段，打碎了它在群众中特别是在工人群众中最后的信仰。从此正月、二月、三月，这三个月中，工人的罢工运动和资产阶级的解放运动，知识界各种自由职业团体的活动，风起云涌的扰乱了沙皇专制制度的秩序，沙皇政府眼见不能同时敌对两种势力（工人与资产阶级），于是羁縻资产阶级以专力对付工人之召集国民会议的政策，遂在俄国史上破天荒的应运而生了；同时资产阶级的政党把宪法问题提到议事日程，已经不算是"放肆"而算是"稳健"了；并且在激进的群众中还喊出了"打倒沙皇专制政府"和"共和国"的口号。

列宁的《两个策略》是作于一九〇五年七月，他认为那时是"政治已开始恐慌和革命开始发展的时期"；认为"大多数的民众表示绝对不能与沙皇政府相容"；主张"要推翻沙皇政府"；主张"要求全部政权交国民立宪大会"；大概不能算是犯了"史大林派"的盲动主义吧！

现在中国是怎样的局势呢？

国民党政府在工人群众中的信仰，早已在一九二七年上海的"四一二"屠杀中打破了；在农民中的信仰，早已在长沙马日事变及其后这几年粤湘鄂赣等省的"剿赤"战争中以至去年大水灾中打破了；剩下来的学生群众，亦在最近南京的"一二一七"血案中，对国民党政府的信仰更是扫除得干干净净。国民党内部的连年战争，不但与民众的利益绝对不能相容，并妨碍了资产阶级的经济发展，同时就是更加掘溃了它自己的政权统一之基础；因此，所谓"党治"、"训政"、"党外无党"、"党内无派"，这些国民党的信条，不独各阶级的人民不相信，即他们自己也丧失了自信心。自"九一八"事变发生以来，国民党政府虽然不曾战败，它的不战而屈服于日本，在人民面前所丧失的威信，比俄皇政府被日打败还厉害几倍。它在宁粤统一后反而陷首都于无政府状态的今天，就是国民党要人们自己也不得不承认："中国现已至非常危险时期，汪胡蒋如不来京，一切对内对外问题均无法应付。"（居正）"中央政府成立已十数日，迄今无声无臭，无以对国民……看现在情形，似乎已成革命的退潮，渐至水尽山穷……听其沉顿下去，即将无声无息的完了。"（陈铭枢）"国事危急至此，实为本党能否负起救国责任最后一次之试验，科入京两旬，以中枢空虚，秉承无自，外交内政诸大计均无从进行，前次以全党团结救国宣示国人者，今竟无以答国人矣。"（孙科）"尤不忍见先君，艰难缔造之中国国民党与中华民国，竟日就于破碎支离不可收拾之险象。"（孙科）

全国学生的反日运动已走到反国民〔党〕运动，自南京的中央党部以至上海的市党部，北平的市党部，山西的省党部，陕西的省党部，浙江的省党部，汕头的市党部，江阴的县党部，都被学生群众捣乱了，致陈公博主张要把党部秘密起来。在北平示威团中，在追悼"一二一七"被杀学生游行示威中，都喊出"打倒国民党政府"的口号；有些激进青年的报纸（例如《上海日报》）已提出"民众政权"和"革命民众组织自己的政府"等口号。

上海各大报，除国民党的《民国日报》和《时事新报》外，一向是等于半官报的新、申、时三报，也不完全站在政府方面；至于无数的小日报和旬刊周刊，无不一致公开的攻击国民党之只顾关内争夺权位而不向外抵抗日本，国民党所奉为"国母"的宋庆龄，更是公开的发表宣言，直认国民党宁粤两方，皆依赖军阀，谄媚帝国主义，背叛民众，同为革命之罪人；并且直认"党不能救国利民，自取覆亡，何所顾惜"，国民党主张它一党专政，对政治却无办法，特别是对日问题；它如果自认无办法，便应该将政权还归人民；这已经是普遍的声音。

国民党的统治确是难以支持下去了；中间分子的势力虽然还未倾向无产阶级的政党，而对于国民党的依赖确已大大的动摇了。目前所缺欠的正是工人斗争的进展，但是我们当然不能附和史大林派闭着眼睛说些不能欺人只是自欺的大话，说中国工人斗争已经如何如何的高涨；然而据各国革命史的先例来判断，也不能否定在全国民族民主运动继续发展中，工人斗争会在最近期内缓慢的或突然的高涨起来。我们应该承认，中国的民族民主运动，正在开始而不是终结，并且距终结还很远，即令中途有暂时的顿挫，如俄国一九〇五年夏天一样；因为国内国外的条件，除了工人阶级的革命斗争奋起而复归于决定的惨败，国民党资产阶级决不能得到重新稳定的机会。

我们还应该承认，南方农民争取土地和反国民党的武装斗争，在国民党的内部战争中，特别是在最后一次蒋阎冯战争中，大规模的发展起来，已经不仅是过去大革命之余波，我们固然不能附和史大林派不待和城市工人斗争之汇合，拿孤立的农民武装队（红军）作攻打大城市（如武汉）的冒险企图；同时，也不能否认南方的武装农民已经是威胁国民党政府而为它所不能消灭的势力，并且还未继续削弱它的军事势力，如最近孙连仲二万余军队之归附"红军"，在北方开始发展的反日义勇军将又会形成包含多量农民的一种新军队。这些都是一九〇五年的俄国所没有的，都会帮助中国工人革命得到比俄国一九〇五年较有利的环境。

我们也应该承认，我们的党，固然还是很弱，而比之一九〇五年俄国的社会民主党各有其长所与短所：中国党过去在群众中是有威权的，而其历年错误的政策则为群众所失望，俄国的党则恰正相反；至于分裂的缺点则彼此相同，在政治水平上，中国党自较俄国的党为低，而在农民和军事势力方面则较强。

根据上面的分析，我们很有理由可以说，我们目前所处的时期已是一新时期，政治已开始恐慌和革命已开始发展的时期，这一□时期就是大多数民众表示不能与国民党政府相容。民众若已经表示与现政府不能相容，且觉悟到有建设新政治制度之必要，则以推翻现政府为目的的党就应当想想拿什么政府来代替现政府，而不应当企图使国民党与革命民众间之政权问题仅可能的和平解决。因此我们左派反对派应当觉悟到不仅限于"国民会议"之形式的口号，不仅予以民主任务（八小时工作制，没收土地，民族独立等）的内容，而要加以实际的条件，使这个会议真能执行它自己的责任，即真能解决民主任务而不是一句空话。这种实际条件即要求全部政权交国民会议，这才是我们的"全权的国民会议"这一口号之真实意义。

国民党政府（无论是某几派合作或蒋介石复辟）所能召集的国民会议，为要维持它的一党专政，必然尽可能的限制选举资格和宣传自由。

派别资产阶级的政团（例如正在开始形成的"宪政促进会"他的领袖是孙洪伊、张耀曾、褚辅成、罗家衡等四国会人物）他们并不要求推翻国民党政府，也不要求真正全体人民代表的国民会议由宣传完全自由和选举完全自由而产生，他们只反对国民党一党专政，他们希求恢复从前的国会，政权还是国民党的，他们只希望国民党觉悟，容许他们以人民代表名义参加政权而已。此外如第三党他们也赞成普遍选举和宣传自由，但他们未曾实际计及，如果政权仍在国民党手里，即令在他们所认为国民党最左派的手里，将怎样保证选举和宣传之完全自由，怎样保证国民会议能以成为真正民众的代表大会并有全权解决民主任务。在国民党政权之下召集的国民会议，只有资产阶级比任何人所得的都多，而革命的民众（工人与贫农）比任何人所得的都少或一无所得。

无产阶级的革命政党对于国民会议的意见，则不仅要达到普遍选举，不仅要达到宣传之完全自由，而且要从速推翻国民党政府，全部政权交国民会议，实现"革命的民众政权"。

"革命的民众政权"是什么？史大林派当然认为应该是工农民主专政的苏维埃政权，我们则认为应该是领导贫农的无产阶级专政的苏维埃政权；革命发展到一定程度，我们便向群众解释：只有无产阶级与贫农专政才真正是"革命的民众政权"。

在这个问题上，有些同志认为革命的民众政权不能表现政权的阶级性，应该径称"无产阶级专政"。同时，他们又认为目前还未到发出"无产阶级专政"这一口号的时期；因此遂认为目前在宣传鼓动上不应该涉及政权问题；又因为目前没有代替国民党政权的适当口号，遂认为不应该喊出"打倒国民党政府"的口号。

"革命的中心问题是政权问题"，可是为免得对于这一问题的概念之混乱，无出路，我以为须认明这个问题之提出应分别三种场合：（一）规定在党的纲领上，（二）群众中的宣传鼓动，（三）由党实际组织武装暴动夺取政权。（一）是不成问题，（二）目前当然不是时期，（三）则当然是必要的。特别是在目前政治已开始恐慌和革命开始发展的新时期，我们若是"仍旧贯"、"食古不化"，在群众中对国民会议的口号不加以革命的解释；不领导群众为自己所要的国民会议而斗争；不以推翻国民党政府夺取政权的路线指导群众；不告诉群众：政权握在国民党之手，任何国民会议都不能解决民主任务；则我们左派反对派所提出的"国民会议"口号，将真如列宁所骂"与立宪民主党所提的口号相符合，实际上就变为解放派的尾巴了"！

并且，目前的实际政治生活已使群众自发的喊出"打倒国民党政府"的口号，我们还是像一九二七年一样，跟在群众后面制止他们"过火"呢，还是学国民党要人的口吻责备他们"行动越轨"！？

或者有人认为俄国的一九〇五年是资产阶级的民主革命，不能和现在的中国相提并论。列宁在一九〇五年主张"全部政权交国民立宪大会"，为的是实现共和政体，我们的第三次革命，应该走俄国一九一七年十月的道路，应该主张"全部政权交苏维埃"，说这样话的人，会有好几种意见：一种是认为列宁估量一九〇五年的革命只有资产阶级政权的前途，这当然没有了解列宁并不曾简单的认为只有资产阶级政权的前途。他曾提出"工农专政"的口号充实共和政体，他又曾解释"工农专致""有其过去与将来两方面的"；至于托洛斯基和列宁意见之不同，则不必要在这里缠夹着讨论。

又一种是认为只有在资产阶级革命，实现资产阶级统治的共和政体的条件之下，才能主张"全部政权交国民会议"。那么在革命运动已开始发展国民党政权已开始动摇的今天，以至更发展更动摇的明天，同时中心城市的苏维埃还没有，组织暴动夺取政权实现第三次革命的条件还未成熟，我们以推翻现政府为目的的党，是否应该而且可以在群众中宣传鼓动推翻国民党政府呢？如何答复群众提出推翻国民党政权后拿什么代替的问题呢？如果群众问我们，在国民党政权之下召集的国民会议可以解决民主任务，还是在民众政权之下召集的国民会议可以解决民主任务，我们又如何回答呢？如果回答说：解决民主任务是将来第三次革命全部政权归到苏维埃时的事，现在的国民会议运动，只是在资产阶级政权之下做做要求宪法自由的和平运动。这样的国民会议，至多只能做些向政府要求解决民主任务的决议案，而没有权与力能够执行自己的决议。像这样的对于托同志所云"革命民主要求"和"解决国家最要问题"的国民会议口号，加非革命的解释，正是把我们自己总的政治口号降低到自由资产阶级和小资产阶级民主派的水平线□□□革命运动已开始发展中的急进的群众向后退，而不是用自己总的政治口号把一般群众提高到革命的水平线。如此，则党内党外许多革命分子指摘我们反对派的国民会议口号是落后的，便不能算是全无理由了。

或者又有一种意思，就是说，我们已经不是要求实现共和政体，而是要求实现无产阶级专政，与其创造一个争取政权的国民会议，不如创造一个争取政权的苏维埃；更直率些说，就是我们为无产阶级专政而斗争的共产党，不需要什么"国民会议"的口号，至少在革命斗争已开始发展的现在便不需要它了。这一意见表面上似乎是正确的，而实际上并不完全正确。我们认为苏维埃和国民会议并不是两个绝对不能相容的东西，我们应该为创造我们的国民会议而斗争，当然还应该为创造我们的苏维埃而斗争，只有在两个斗争过程中，看那一个真是我们的，我们才发出全部政权交那一个的口号，实现我们的"十月"。可是创造苏维埃——工业中心城市和政治中心城市的苏维埃，尚需一个时期，国民会议运动却迫在眼前了。并且即在将来的发展上，国民会议运动更富有全国性的作用之实际可能，如果我们机械的把苏维埃和国民会议对立起来，把后者加以非革命的解释，认定它只能实现资产阶级统治的共和政体，那就是认为托同志所云："在这

（全权的国民会议）口号之下，共产党前锋队就可以在自己的周围团结起工人，被压迫的城市平民以及几万万贫农等广大群众，以为反对国内外压迫者的暴动。""无产阶级在民主口号之下（土地、国民会议及其他）团结贫农于自己周围并拿联合的进攻推翻了资产阶级的军事专政，那么无产阶级取得政权的时候，就必须召集国民会议"，"苏维埃政制将受国民会议正式通过"，这些前途都是不会有的了。

此外还有一种意见，就是认为在现有的苏区以外，固然可以采用国民会议的口号，苏区内则用不着，因为那里已经有苏维埃政权。这也不很正确，即令农村中已经有了苏维埃政权，而毕竟只是农村苏维埃政权，而不是统治城市阶级的政权，尤其不是全国性的，没有城市阶级（无产阶级或资产阶级）之领导，农民的游击队不能担负大规模的集中的战术行动，以建立全国性的政府，现在显然还没有工业和政治中心城市的苏维埃可以号召全国，如何能拿现时的农村苏维埃来代替国民会议之全国性的作用。并且据托同志的估计，即无产阶级专政的苏维埃政府实现之后，召集国民会议还是必须的。现时农民运动中虽然挂上了苏维埃的招牌，而在农民意识中模糊的苏维埃口号，和我们所要创造的苏维埃还并不是一个东西，他们所真能了解的东西，苏维埃远不及国民会议，尤其是苏区以外农民，现有的苏区是不应该划疆自足的。为什么不可以提出国民会议的口号，以扩大现在散漫性地方性省份性的斗争而成为全国规模的斗争呢？或者有人以为苏区内如果采用国民会议的口号，将给富农及商人活动的机会，如果农村工人、雇农及贫民把权力拿在自己手里，是不必过于害怕富农和商人能有多大活动的；否则像现在的苏区中，富农和商人还不是有很多危险性的活动吗？

最后，还有两点必须说明一下。我所反对的对于"国民会议"口号，加以非革命的解释，乃是专指我们所要创造的"国民会议"即我们总的政治口号而言，当然不是指国民党资产阶级所召集的任何"国民会议"（许多人攻击我们左派反对派提出"国民会议"口号，特别是在革命运动开始发展的今天；他们的误解，都是由于资产阶级所召集的"国民会议"为标准，甚至以去年五月蒋介石所召集的"国民会议"为标准，这一层大家必须要弄清楚。托同志在一九二七年曾说过："组织国民会议，不经过蒋介石而经过工农苏维埃执行委员会，这才是庄重的正确方法。"如果我们所提出的总的政治口号，我们自己对它加以非革命的解释，即是以资产阶级所能召集的"国民会议"为标准，而不敢侵犯资产阶级的政权，则我们便是资产阶级的左派反对派，而不是共产主义左派反对派了，这还怪别人攻击吗）；同时也不能据此作为在没有革命运动时期拒绝参加资产阶级的"国民会议"之理由，因为只有在群众正在奔赴革命走近武装暴动时，拒绝参加行将崩溃的统治阶级所召集的"国民会议"（如俄国多数派拒绝参加第一次国会），才是正确的政策。

总之，参加统治阶级的国民会议和革命阶级所创造自己所要的"国民会议"，是两个问题而不是一个问题。

一九三二年一月二十日

署名：独秀
《火花》第一卷第七期
1932 年 1 月 28 日

我们要怎样的民主政治？

（一九三二年四月十六日）

汪精卫曾于去年十一月七日对上海各大学代表说："我们一定要以血去求民主政治的实现。"现在，今年四月二日《申报》记者也主张"以血去求民主政治的实现"，在过去现在以至将来，他们能否实行"以血去求民主政治的实现"，这是另一问题，而在怎样实现民主政治的方法这一点上，我们完全赞成他们的主张："以血去求民主政治的实现。"现在所必须讨论的是"要怎样的民主政治"这一问题。

汪精卫所要的民主政治，即是他所解释的"以均权求共治"。究竟谁与谁"均"，谁与谁"共"，汪精卫已在事实上答复了这一问题。广东的陈济棠不与他"均"，不与他"共"，使他奋然跑到南京去与蒋介石"均"，求与蒋介石"共"，蒋介石恢复了事实上海陆空军总司令的地位，汪精卫也荣任了行政院院长。蒋派仍旧盘据了中央政府的陆财两部，汪派也分得了实铁两部，湖北、安徽两个省政府的主席仍旧属于蒋派，汪派也分得了几个省委，这虽然算不得是"三一三十一，逢三进一"，而比之在陈济棠所统治的广东，汪派已经是扬眉吐气了。他们所准备召集的什么"国民代表会"，尽人皆知只是国民党政府的谘议机关。这样的民主政治，不但不是我们所要的民主政治，谁也知道即和欧美资产阶级现行的民主政治还相去很远。欧美号称民主政治的国家，毕竟形式上总有一个普选的人民代表机关，毕竟表面上总有相当的集会结社（政党包括在内）出版言论信仰之自由，他毕竟比中世纪的政制有了高度发展。

同时，代表各上层阶级的其他政治集团，如国民党内胡汉民、孙科派，如国民党外的国家主义派，安福系、旧直系，以江浙地方党为中坚的上海各团体救国联合会派，他们眼见蒋汪两派这样的均权共治而轮不到他们自己，于是也提出"民主政治"的口号，求与蒋汪"均"，求与蒋汪"共"。胡孙之对付蒋汪，主要方法是诉诸军事阴谋（如东南自卫军之类），其他各派则诉诸国难会议的争持，胡汉民对于党治训政制度还没有明确的表示，他为了拉拢各派，已表示"各党（保皇党及共产党除外）并存"的意见，此外他并没有比蒋汪更"民主"的主张。包括上述国家主义派之上海，北方及广东三方面的国难会议会员，有他们共同的要求：（一）结束党治，制定民主主义宪法，实行宪政；（二）不分党派，组织国难政府；（三）在国难会议前宣布"各党并存"（他们有时声明是"与党并存"，当然革命的政治是除外的），他们现时可总称为"国难会议派"。此派的民主政治，是希图恢复以前的国会制度（汪精卫讥为"欲返民国十二年以前有名无实之宪政"），建立国难政府，他们与国民党均权共治，得到比顾维钧、罗文干较体面的地位；他们不敢也不愿提出普选的会议和任何党派之政治上的自由。这样的民主政治，即和欧美资产阶级国家现行的民主政治也还相去很远。

民主政治之本义是说国家的政治由大多数人民管理，不但干脆的少数人均权共治不是民主政治，即在欧美资产阶级国家，虽然表面上有了相当的集会结社出版言论信仰之自由，虽然形式上有了普选的人民代表的议会，虽然比之中世纪的政制有了高度发展，也仍然是不彻底的虚伪的民主政治。为资本主义狭窄框子所限制的民主政治，实际上只能是利于富有阶级少数人的民主政治。

《申报》记者（我们并不能认为他真是代表中国资产阶级的意见）说："我们所要求的民主政治，不是'均权'的民主，不是'党'的民主，也不是现在西欧的'伪'民主，因为那些根本都是虚伪的，是欺骗大多数人民的一种更巧妙的说谎。我们所要求的是'真'的民主政治，是以绝大多数人民为基础的民主政治。"他又说："我们认为大多数人民，才是国家的主人，社会的主人，主人应该有处理自己的事情的绝对权力。假如政治而为少数人独裁，处于主人地位的大多数人民反不能过问政治，甚至生存的自由都为彼辈所操持，人民不得不走上'以血去求民主政府之产出'的路上去。"

离开了实际的政治组织和由那些人来掌握国家的权力这样一针见血的问题，什么"以大多数人民为基础"，什么"人民是国家的主人"，这类话都空洞而无实际意义。从孙中山到蒋介石都自认国民党的政权是以绝大多数人民为基础，都承认人民是国家的主人，只以这个基础，这个主人是阿斗，国民党不得不尽训政的义务；即袁世凯也承认主权在民，只以人民程度不够，他不得不尽行使政权的义务。大多数人民是些什么人，怎样他们才能够有处理自己的事情的绝对权力，何以西欧各国是"伪"民主，怎样才是"真"的民主政治，对于这些问题，这位记者都陈义含糊，没有一点明白的说明，或者是有意含糊（这样的含糊还不免触动了汪精卫的盛怒，电责史量才）？

由大多数人民管理国政是民主政治之本义，而军队、警察、法庭、监狱等一切国家权利机关，都掌握在代表极少数人资产阶级的政府手里，占全国人口大多数的工农劳苦人民，选举若干代表到议会里，有多少直接管理国权的作用？

选举自由也是民主政治之一例，而占全国人口最少数的资产阶级，它有广大金钱做选举运动费，如宣传费，广告费，甚至贿买投票，它有优越地位如企业主或明或暗的强迫被雇者之投票，它还有它的政府用官权监督干涉选举，如此则大多数工农劳苦人民能有多少选举自由？

集会自由也是民主政治之一例，而除了资产阶级的政府借故干涉外，大多数工农劳苦人民，有多少闲裕时间能够像有闲阶级自由集会？又有多少公私建筑供他们自由集会？

出版自由也是民主政治之一例，而最好的印刷机器，巨量的纸和油墨，都在资本家手中，伟大设备的日报和杂志也在资本家手中，即令它不直接用法律干涉言论，它广有金钱可用经济压迫操纵著作家，雇御用的学者做它的喉舌，所谓出版自由，乃资本家收买新闻纸和制造所谓舆论之自由，对于大多数工农劳苦人民，只是写在宪法上的一句好听的空话而已。

大多数工农劳苦人民被榨取被统治于少数榨取阶级的社会中，在被榨取者起来推翻榨取者之统治解除资本的桎梏以前，任何民主政治的国家，即欧洲和美洲最进步的共和国，所谓大多数人民的自由，所谓民主政治，都不过是遮掩资产阶级少数人专政之一种民主主义的形式，以别于赤裸裸的军事专政而已。西欧各国"伪"民主之真相即在于此。

落后的中国资产阶级，在城市，它的运命完全握〔在〕外国帝国主义的堂中：幼稚的工业虽然因企图对外竞争有时向左盘旋，而其渴望外资，终于决定了它向左盘旋的程度；至于还有巨大势力的商业和高利贷资本，更不得不仰鼻息于数十万万元在华外国银行资本和托命于外货输入原料输出，民族斗争无论是排货或战争，对于他们简直都是致命的打击。在乡村，中国已无与资产阶级对立的封建地主阶级，中国的资产阶级和地主，已无直接冲突（如土地买卖和雇佣劳工之自由），而有共同利害（如城市资本家土地化：购买土地，抵押土地；私有财产权之拥护等）。所以，中国的资产阶级自始即不需要拿民主旗帜，激起大多数人民来帮助它向外国帝国主义和国内地主阶级斗争，它并不敢轻于采用西欧各国的"伪"民主即民主政治的形式统治中国，因为它恐怕弄假成真，恐怕因此激起被它榨取被它统治和它站在敌对地位的大多数工农劳苦人民，侵犯到它的利益，它终于要依赖军人势力，用枪尖镇压大多数工农劳苦人民，以维持它及它的国内外同盟者（帝国主义及地主）对于中国大多数人民之榨取与统治。所以，资产阶级的在野派，尤其是手中没有多少枪杆的派别，往往拼命冒险提出空洞的民主政治口号，做他们向在朝派要求均权共治的武器（如过去的汪精卫、李烈钧等和现在的国难会议派）一旦在朝，连他们的民主政治都石沉大海了。

中国的资产阶级因为太落后了，不但害怕"真"的民主政治，并且害怕像欧美各国的"伪"民主即形式的民主。它害怕民主主义，不减于害怕社会主义，或者更甚些，因为前者比后者更现实些。

城市小资产阶级，知识分子，学生，第三党，他们的利益不像大资产阶级牢系在帝国主义脚下，他们有倾向欧美的"伪"民主即民主政治形式之可能。他们在帮助大资产阶级打败了无产阶级（一九二七年）之后，受了大资产阶级的欺骗，未得到任何利益，而且深受着军事专政的压迫，于是又开始左倾，感觉到民主政治的形式是有利于他们向代表大资产阶级利益的政府要求之旗帜，企图组成反对现政府之各种各样的政治集团，以向大资产阶级争取他们的利益。现时，他们虽然还未能组成独立的政治集团（第三党还自称是"国民党革命行动委员会"），而已在酝酿和开始萌芽。他们会提出普选的"议会制度"之要求，他们当中（如第三党）已有普选的国民会议口号；他们的"伪"民主，较之大资产阶级各派的"均权共治"，固然进了一步，可是他们替大资产阶级欺骗民众的面貌也进了一步，他们为了欺骗民众，不但会提出形式的民主口号，有时还会高喊几声社会主义。一到民众斗争激烈化的时候，这般中间地位的分子（严格说，本是资产阶级之一部分），其中最下层在经济上濒于破产者，固然一部分在政治上有可能走向无产方面，而其上层或仍旧抛弃其"伪"民主，干脆的投降于大资产阶级的军事专政，而拥抱着大资产阶级反对无产阶级（在过去一九二七年革命中就是这样）；或者用他们的名义拿出"伪"民主的面具，来欺骗群众，替大资产阶级维持垂死的运命（如一九一七年俄国克伦斯基政府和一九一八年德国爱尔白政府）。

忠实于所谓"适合大多数人民之利益之民主政治"运动者，只有工人贫农一切劳苦大众。他们自身即是全国人民之大多数，他为实现彻底的民主政治而斗争，即是为他们自身的解放而斗争。《申报》记者提出"建立适合大多数人民之利益之民主政治"的主张（四月十二日《申报》时评），而未说及由什么人来建立这样的民主政治，若认为榨取阶级的少数人可以建立适合被榨取者（工人贫农一切劳苦人民）大多数人民之利益的民主政治，这不是欺骗便是幻想。

在国内外恶势力双重压迫之下的工人贫农一切劳苦大众，他们对于实现民主政治的要求，比任何人都迫切。他们毫不犹豫的要努力于实现民主政治形式（直接普选的国民会议或国民立宪大会）的斗争，而且要为充实其内容而斗争，即是实现选举和宣传之实际自由，以及排除国内外一切恶势力相结托的压迫与榨取，主要的是推翻帝国主义对于中国海关、银行、工厂、矿山、交通机关、商业机关等经济命脉之控制，实行八小时工作制和彻底解决土地问题，以开辟整个的中国经济自由发展的道路，以挽救大多数人民破产，失业，饥饿，自杀和堕落的悲惨运命。这就是我们所要的民主政治——"真"的民主政治。

"真"的民主政治和"伪"的民主政治之区别乃在：前者是利于被榨取者大多数人的民主政治，后者是利于榨取者极少数人的民主政治。前者比后者，显然有新的高度发展；而和中国资产阶级各派"均权政治"的民主，更无共同之点。

"真"的民主政治，决不是和平方法可以实现的，只有工人贫农一切劳苦大众以血来推翻整个的榨取阶级，实现立法权力和执行权力合一化的苏维埃政制，才能够表现出来。这样的民主政治，是民主主义在历史上发展到今天的最新最高阶段，也是一切政制在历史上发展到今天的最高最后形式。在一定意义上，我们共产主义者，本是最忠诚最彻底的民主主义者。如果有人拿欧美现行的"伪"民主即形式的民主做标准，来根本鄙弃民主主义和民主政治，这是没有理由的。"德谟克拉西在工人阶级反对资本家的解放争斗中是有极伟大意义的，但是德谟克拉西却决不是一个不可超越的界限，它只是从封建到资本主义，从资本主义到共产主义的进化过程中的阶段之一。"（列宁《国家与革命》汉译文一六六页）

署名：陈独秀

《火花》第一卷第九期

1932 年 4 月 16 日

论国民会议口号

（一九三二年九月一日）

民主主义制度，远在氏族社会即发生了，其精义即大众管理大众的事，那时国家制度还未发生，酋长和军事首领的权力都很有限，一切决定于"民会"（希腊的 agora，罗马的 Comitiacuria-ta）。所以后来资产阶级，无论在欧洲或亚洲，都一致或多或少或久或暂的拿民主主义做他们反对君主或贵族专制的旗帜。共产国际第一次大会曾宣布："民主主义的形态，在几千年的经过中。自古代发生萌芽，其后每次由一阶级交代到另一阶级，都有不可避免的必然改变。""在古代希腊共和国，在中世纪的诸都市，在资本主义发达的国家，民主主义都有不同的形态和不同的程度。""资产阶级的议会制度，资产阶级的民主主义，比较中世纪，不用说是高度发展的制度，但在无产阶级革命时期，不可避免的要求从根本改变。"我们可以在这些说话中得到两个结论：一是民主主义的思想，由古代社会传到阶级社会，它也和别的事物一样，要受阶级的影响，而不能成为超阶级的怪物；一是资产阶级的民主主义，在无产阶级的民主主义面前，它是狭小的，而比之中世纪制度，则是高度发展的，是进步的。所以，列宁有理由可以说："民主主义在工人阶级反对资本家的解放斗争中是有极伟大意义的。""在工人阶级夺取整个政权的斗争还未成为当面问题以前，我们必须利用资产阶级的民主主义形式。""甚至在苏维埃共和国胜利前几个星期，甚至在这个胜利之后，参加资产阶级的民主主义议会这件事，不仅不妨害革命的无产阶级，而且帮助无产阶级了。"所以托洛茨基有理由可以说："在一定的时期，民主主义口号不仅是幻想和欺骗，而且是历史的动力。"所以，我们也有理由可以说：我们反对资产阶级的民主主义，只有当资产阶级在无产阶级的统治之下，拾起来他们已经破产的民主主义（资产阶级的）来非难无产阶级专政，来企图恢复资产阶级政权的时候（正如列宁写《无产阶级革命与叛徒考茨基》那本小册子的时候）；在资产阶级的统治之下，特别是在反革命反民主主义的资产阶级军事专政的统治之下，如果有人反对或鄙薄资产阶级的民主主义（如于右任）这不是马克思主义而是法西斯主义，这不是反对资产阶级而是帮助资产阶级更凶横的更揭开假面的迫害无产阶级。

国民会议或国民立宪会议，是形式的民主主义即资产阶级的民主主义之政治的表现。在反革命反民主主义的资产阶级国民党取得了政权而资产阶级民主任务并未完成的中国，这里的资产阶级的民主主义任务，今后只有由无产阶级来完成了。中国无产阶级为了这一目的，提出最彻底民主主义的国民会议做总的政治口号，在实现这一口号的斗争中，动摇、推翻资产阶级，由无产阶级专政政权，来彻底完成资产阶级的民主任务，这应该是中国无产阶级政党——中国共产党领导中国革命之整个的战略。

这一战略，在无政府党人当然不能赞成，他们根本对于资产阶级的民主政制之态度，和马克思主义者已争论了半世纪以上。

如今自命为马克思主义者（实际上是半巴枯宁主义者）的史大林派，也居然非难这一战略，他们把资产阶级的民主主义和资产阶级的政权，当做是永远不可分离的一个东西，于是他们一般的骂提出国民会议（即资产阶级的民主主义议会）口号的人都是拥护资产阶级拥护国民党政权的人；其实，恰恰相反，反革命的国民党资产阶级的军阀政府，即对于他们自己阶级的民主主义也害怕得了不得，无产阶级对于民主的国民会议斗争愈彻底愈坚决，小资产阶级的群众愈团结于无产阶级的周围，资产阶级专政愈加动摇。他们认为直接普选不记名投票的国民会议，实际上只能够是地主资产阶级专政的"民主的装饰"，愈走到东方愈卑贱的资产阶级，并且还有地主，都竟能够拿"直接普选不记名投票的国民会议"做他们专政的"装饰"吗？史大林派现在对于中国的地主和资产阶级还有这样的幻想，这和他们从前幻想国民党可以领导中国的国民革命，幻想汪精卫可以做土地革命的领袖，其荒谬的程度相差几许呢？他们认为并且说是"列宁认为：社会民主主义的（即共产主义的）无产阶级的口号，不是国民会议"；他们完全忘记了列宁在十月革命胜利后所写的十九条《立宪会议提纲》之第一条，开口第一句便是"立宪会议召集的要求，列入革命的社会民主党的政纲中，是完全应当的，因为在资产阶级共和国内的立宪会议是民主主义的最高形式"。他们又反对我们"单独"的提出国民会议的口号；其实我们自始就是"国民立宪会议"，"实行八小时工作制"，"没收土地"和"保证中国的国家独立"这四个革命民主要求的口号同时提出的；并且是以后三个口号充实国民会议的内容。他们理屈词穷了，于是异想天开的引用列宁在解散立宪会议后驳斥一切马克思主义的叛徒（特别是考茨基）拥护资产阶级的民主主义，拥护资产阶级的立宪会议以反对无产阶级专政政权的说话，来反对现在的中国在反革命反民主的国民党资产阶级军事专政之下提出民主的国民会议的口号，这完全"文不对题"，并且混乱了阶级的立场！

"企图以这个口号（按即指'国民会议'口号——作者）来组织一切地主资产阶级的分子，来反对中国的苏维埃政权与苏维埃运动。"粗暴而不忠实的半巴枯宁主义的史大林派对于我们这样无端的毁骂，是不值识者一笑的，如果有人说，"国民会议"自然是资产阶级民主主义的口号，它是否为革命的口号，要看它对于资产阶级政权的态度是怎样；这就是说，如果认为采用"国民会议"的口号，只是反对军事独裁和力争在现政权之下的议会制度与和平发展，这便是自由派改良主义的企图；如果认为采用"国民会议"的口号，不仅是反对军事独裁，不仅是为议会制度斗争，并且力争武装暴动根本推翻资产阶级政权的前途，这才是无产阶级革命主义的策略，我以为这种说法是完全正确的。史大林主义者以及一切反对国民会议口号的人们，也只有在这样观察分析的方法之下评定我们的策略是否正确，才是妥当的。

托洛斯基同志告诉我们："国际第六次大会否决过渡的革命民主口号，陷中国共产党于无口号的状态，因此使它不能在反革命时代进行动员群众的工作。""共产党能够而且应该提出：以普遍的平等的直接的和无记名的选举权为基础之全权的立宪会议口号，在这个口号的鼓动过程中，共产党自然要向群众解释，说这个立宪会议不一定能够召集成功，如果召集成功了，倘若物质的权力仍在国民党军阀手里时候，这个立宪会议仍是没有力量的。由此，我们又有重新提出武装工农口号之可能。""'国民会议'（或'立宪会议'）口号，是与'八小时工作制'、'没收土地'和'中国民族完全独立'等口号有密切关系的。在这些口号里，就反映出中国革命发展中之民主主义的阶段。在国际政治上，共产党将要求联合苏联。正确的结合这些口号，各个口号之恰合时机的提出，共产党就能够从地底下走出来，结合群众，争取群众的信仰并以此促进建立苏维埃和直接夺取政权斗争之时代，迅速的到来。""至少要使无产阶级的最先进分子了解，走向国民会议的道路，只有经过反对军事独裁的暴动和由民众来夺取政权的手段，才有可能。""在这个口号（'全权的国民会议'）之下，共产党先锋队就可以在自己的周围团结起工人，被压迫城市平民以及几万万贫农等广大群众，以为反对国内外压迫者之暴动。"这还不明显吗？除非无政府主义者和半无政府主义者信口雌黄，托洛斯基同志的这些指示，对于资产阶级的民主主义议会即国民会议这一口号之运用，和自由派的改良主义岂非根本不同吗？

采用同一"国民会议"口号而政治路线根本不同，这也并不自今日始，以前列宁在已有革命高潮的一九〇五年，和少数派甚至自由资产阶级都采用"国民立宪会议"的口号，而政治路线则根本不同：前者是主张的民众武装暴动，推翻沙皇政府，建立革命政府，来实现这一口号；后者则希图在沙皇政权之下，实现立宪大会，在没有革命高潮的一九〇七年，列宁和少数派都主张要利用那个"六月三日的议会制度"；但少数派的政治路线是抓住议会的行动而抛弃革命的行动，列宁则是利用议会行动来帮助革命的任务。所以，我们左派反对派对于国民会议这一口号，不但向极左和无政府主义者半无政府者有斗争；同时，向右和少数派改良主义者也有斗争。

在我们左派反对派的内部，当然没有无政府主义者和半无政府主义者根本反对国民会议口号，因为它是资产阶级的民主主义。所谓"公开的改良主义者"，现在也已经没有了；而所谓"形式的革命者"即承认由民主主义"过渡到社会主义时，必须用革命的暴力"者，则恐怕还非常之多，只在意识上有明了与模糊之分。托洛斯基认为："这两种意见都是把民主主义和社会主义，对于全世界人民和各国，看为社会发展中的两个阶段；不仅是完全分开的，而且相隔得很远。"这即是说，"形式的革命者"和"公开的改良主义者"，在根本上同样是阶段论的错误。在这样阶段论的观点上，自然把民主主义看成是和社会主义不能同时并存的东西；自然把资产阶级的民主主义看成永远是和资产阶级的政权不可分离的东西；也自然把国民会议的口号看成是用不着革命暴力的，而只是在两个革命过渡时期，在资产阶级政权之下，做做和平的合法运动即争取部分的民主主义要求如出版集会等自由，如此而已。这种形式的革命者（如民杰、小陈、劳他等同志），无论他们对于未来的阶段有"武装暴动"、"无产阶级专政"、"一开始就是社会主义的革命"等等革命的口号（正因如此他们和公开的改良主义者不同），而对于两个革命间现阶段过渡的革命民主口号"国民会议"，其认识却与改良主义者没有两样，也就如托同志预料史大林主义者的话"跟在小资产阶级民主政党之尾巴后面，将民主口号加以非革命的和妥协的解释"。所以他们和史大林主义者同声相应的反对"召集国民会议，实现民众政权"（仁静）、"经过国民会议来实现无产阶级专政"（独秀）这一类说法。这是把托洛斯基同志所指示："落后资产阶级国家的民主任务（国民会议，当然是资产阶级的民主任务之一——独秀），在我们的时代直接的引到无产阶级专政。"这一中国革命之不断性，完全截断了！或者他们误会我们认为"无产阶级的政权可以由民主的国民会议选举来实现"，这便是天大的笑话！如果真有这种误会，也只是由于他们"用不着经过革命的暴力来实现国民会议"这一和平观点出发的。"经过要求实现彻底民主主义的国民会议而举行的武装暴动，来实现无产阶级的政权，同时也实现了彻底民主主义的国民会议。"这就是我们的观点。和平的实现无产阶级的政权，不但经过国民会议不可能，即经过苏维埃，经过工农民主专政也都不可能。

左派反对派对为什么在这一问题上和史大林主义者走上了一条道路？这是同样犯了阶段论的错误之故，他们有了阶段论的成见，所以不能了解"经过国民会议来实现无产阶级专政"的真实意义，而认为只有"冲破"、"毁灭"国民会议（民傑同志）或"赶走"国民会议（劳他同志）来实现无产阶级专政。托洛斯基同志说："我们的党领导无产阶级走到专政，只是因为党以最大的毅力，要求彻底的和无条件的实现民主主义的口号和要求。""照一切资产阶级革命，尤其民族解放革命经验所证明，伞体人民代表政制之思想，乃是最简单的最基本的最能够号召真正广大群众的思想。占统治势力的资产阶级愈加抑制'全体人民的'要求，刚无产阶级先锋队就愈加团结于我们旗帜之下，而人民群众也愈加团结于无产阶级先锋队的周围，同时战胜资产阶级国家之真正胜利的政治条件也就愈加成熟了。"在托同志这些指示中，对于民主主义的政制，只有要求实现，而不是"冲

破"、"毁灭"和"赶走"。且以十月革命的经验，并不是"冲
破"、"毁灭"、"赶走"了立宪会议才实现无产阶级专政，而是
实现了无产阶级专政才召集立宪会议，托同志在预测中国革命前
途中也是说："如果无产阶级在民主口号之下（土地、国民会议
及其他）……取得政权的时候，就必须召集国民会议……即苏
维埃政制接受国民会议正式通过。"也不曾有"冲破"、"毁灭"、
"赶走"国民会议来实现无产阶级专政这样的说法，如果说，
"冲破"、"毁灭"和"赶走"是对于具体的资产阶级政府所召
集的御用的国民会议或是指无产阶级专政实现后议会制度的最终
运命而言，则在我们此时所争辩的革命策略上没有一点重要的
意义。

此外，如赤声同志说："争取中国民族完全独立与土地革
命，是要在第三次革命中求得彻底解决的。国民会议的口号，在
目前应取的策略是，使共产党能够从地底下走出来，结合群
众……"晴光同志反对他这样的说法，而自己却也摇摆在"解
决中国根本问题的国民会议"和"一切中国根本问题是不能在
国民会议中解决的"。这两种说法之间。这些说法，也是由阶段
论出发而更加混乱。其实，"国民会议"、"民族独立"、"土地革
命"都同样是资产阶级的民主主义任务之一，不是其中何者现
在能够解决，何者要到第三次革命才得解决，也不是任何国民会
议都不能够解决"民族独立"、"土地革命"等问题，而是反革
命反民主主义的国民党资产阶级政权，不能够召集解决"民族
独立"和"土地革命"这些民主任务的国民会议。

刘仁静同志，因为反对阶段论者对国民会议口号加以非革命
的解释，而又走到另一种错误，即是他所谓"国民会议是无产

阶级专政之通俗公式"和"我们所要求的国民会议与苏维埃政权是一个东西",如果认为这只是由于说法不同,其真实意义即等于他自己所说:"真正的国民会议必与无产阶级专政之实现同时。"或竟如他自己的解释:"我从前说过的国民会议是无产阶级专政的通俗公式,本是我所重的只是无产阶级用国民会议口号夺取政权运动的意义。"如此则我们之间似乎不必有所争论了。但问题不是如此简单,根本的争点,还是仁静同志根据国民会议和无产阶级专政的苏维埃政权最初期所要解决的同是资产阶级的民主任务,遂不承认二者之间有阶级性的分歧,难道二者都是资产阶级民主主义的吗?由无产阶级的动力及其和各阶级的关系之变化所形成的政权之阶级性,是不能拿其最初期所要解决的直接任务来混淆的。这本是极浅近的道理。我不相信仁静同志会把无产阶级专政的苏维埃政权看成是资产阶级的民主主义。难道二者都不是资产阶级民主主义的吗?如果我们把资产阶级的民主主义和资产阶级的政权,当做是永远不可分离的一个东西,因此认为任何国民会议既然都没有超过资产阶级民主主义的范围,则无产阶级在国民会议口号之下的斗争,只能实现资产阶级统治的政权:这当然是阶段论的错误见解。然而也决不应该因为是在无产阶级政权之下召集的国民会议,遂否认其资产阶级的民主主义性,这样的否认同样是由"资产阶级的民主主义和资产阶级政权不可分离"这一观点出发的。在反革命反民主主义的国民党资产阶级统治之下的中国,这里的资产阶级的民主主义任务,虽然国民会议,又如民族独立和土地革命等,都带有浓厚的反资产阶级反军事独裁的性质,但这只可以作为一种理由,来假定将来中国无产阶级专政之民主阶段能够很快的过渡到社会主义阶段;

如果有人因此便认为这些任务都是社会主义的，而不是资产阶级民主主义的，这完全不是马克思主义的见解。不赞成"第三次中国革命一开始就是社会主义的革命"这种说法的仁静同志，他当然又会把"国民会议"、"民族独立"和"土地革命"这些明明白白的民主任务，看做是社会主义的任务。仁静同志大概会有第三种说法，即二者都只是"秃头的"民主主义，而没有阶级性的分歧。仁静同志虽然没有这样明白的说法，在我的认识中，他确是常常讨厌在民主主义上加用"资产阶级的"这个形容词，好像他还有"民主主义不是资产阶级的"（大意如此）这种说法，他最近又发明了他所了解的民主口号之内容，不是资产阶级的民主主义而是农民的民主主义，其实，中国资产阶级不是民主主义的是一件事，历史上资产阶级的民主主义制度之存在又是一件事，所有马克思主义的文献上所谓"民主制度"、"民主任务"、"民主口号"无一不是指资产阶级的民主主义；我们不能想象：在阶级社会里会有超阶级的民主主义；我们也不能想象：在现代社会，除资产阶级的民主主义和无产阶级的民主主义，还会有其他民主主义。仁静同志千方百计的否认、避讳国民会议是资产阶级的民主主义口号，在这一点上，他和史大林派及小陈同志等，根本都同样有"资产阶级的民主主义和资产阶级政权不可分离"的观点，虽然发表出来的形式各有不同，有时还正相反对。

我们为什么要力持二者之间有阶级的分歧呢？这并不是名词或单纯的组织形式问题之争，而是因为二者各有不同的内容，即是：国民会议即使在无产阶级政权之下召集的国民会议，它也不能排除对小资产阶级群众特别是农民的妥协（不如此便没有召集国民会议之必要了），它并未能公然剥夺榨取阶级参加的权利（普选制），即未能完全走出榨取者的民主主义范围；它只能解决民主任务（是因为在无产阶级政权之下）。无产阶级的苏维埃政权，是被榨取者大众的民主主义，它比之榨取阶级的民主主义，在形态上有更高的发展，在性质上有根本的改变；它和农民的关系，开始确定一种新的形式，即中农除外，连贫农亦须"归纳于无产阶级专政的铁的纪律范围之内"的工农联合；它不仅能够解决民主任务，而且还能够保证最健全地转到社会主义去的唯一形式（列宁）。如果国民会议和苏维埃政权是一个东西，而没有在阶级意义上的和历史意义上的任何差别；那么托洛斯基同志只不过在这两个异名同实的口号当中，挑选一个较灰色的告诉我们；这就是革命过渡的革命民主口号！这也未免太过儿戏了吧？

或者会有人说，我们无产阶级的党采用资产阶级的民主主义口号，岂不是企图和资产阶级妥协吗？我们回答说，否，中国资产阶级是害怕民主主义的，我们采用资产阶级的民主口号，不是和资产阶级妥协，而是对小资产阶级群众特别是农民的妥协，据托洛斯基同志的意见："关于形式的民主主义之政治的问题，在我们看来，不仅是对于小资产阶级群众关系的问题，而且是对于尚未达到革命的阶级意识之工人群众关系的问题。"这几句话是对的，不但农民，即大部分工人，亦不能预先见到无产阶级苏维埃的民主主义之伟大，他们所见到的是对于资产阶级的民主主义之幻想（所谓小资产阶级的民主主义，即是他们对于资产阶级的民主主义有高度幻想的表现，并不是在资产阶级的民主主义以外，特别还有什么小资产阶级的民主主义或农民的民主主义）。

特别是农民，不有对于这个幻想之活的斗争经验来证明，他们是不会先天的赞成无产阶级专政的。

此外还有什么理由，我们必须否认避讳国民会议是资产阶级的民主主义口号呢？难道采用了资产阶级的民主口号，便不能进行反资产阶级的民主斗争吗？难道在历史上（特别是法兰西革命史）民众不曾为了实现民主要求口号而举行过反资产阶级政权的武装暴动吗？不但"国民会议"，即"民族独立"、"没收土地"和"八小时工作制"这些口号，也没有一个超过了资产阶级民主主义的范围，难道我们也要一一加以否认、避讳吗？

以前曾有些人避讳"民主主义"这个名词，恐怕沾染了机会主义，而以"德谟克拉西"代之，又有人避讳"资产阶级的民主任务"，想代以秃头的"民主任务"；这都是掩耳盗铃！我们不要继续做这样无意识的事吧！应该牢牢记住托同志指示给我们的话："在民主口号之下进行强有力的鼓动。如果我们在这方面站在主动者的地位，那么史大林官僚派将落伍退后，而布尔塞维克列宁派将于短时期中变成巨大的政治力量。"

我们对于普选的全权的国民会议等民主口号，从来不曾站在主动者的地位进行强有力的鼓动，怠工的主要原因，恐怕还是由于我们各个人或多或少的受了史大林官僚派宣传和辱骂的影响，不自觉的在思想上跟在它后面鄙薄国民会议是资产阶级的民主主义口号这一心理上的暗礁。仁静同志不严正的驳斥史大林主义者抄袭巴枯宁派在第一国际时代鄙薄而且诬蔑资产阶级的民主要求口号之反马克思主义的老调，反而自己很腼腆的急忙否认避讳国民会议是资产阶级民主主义的口号，这便是一个明显的例证。他仿佛以为必须把国民会议口号当做与无产阶级专政的苏维埃政权是没有分别的一个东西，我们方可采用，如果我们采用资产阶级的民主口号，便是丢了左派反对派的脸！

对民主口号这样鄙薄而怠工（和对于爱国运动鄙薄而怠工一样）的状况，还能任它继续下去吗？我们必须有个坚决的迅速的改变！

九月一日

署名：独秀
《校内生活》第四期
1932 年 10 月 1 日

谁能救中国？怎样救中国？

（一九三二年十一月十七日）

在国际帝国主义榨取束缚之下的中国经济，大工业之发展，赶不上农业及手工业破坏之速度，并且资本主义的大工业发展之本身也带有破坏农业及手工业的作用，这样的农村经济和城市经济之剪刀式的发展，便是农业国的中国农村破产及其影响到一般经济不安之根本原因。年来世界经济恐慌，空前大水灾，日本帝国主义武装蹂躏中国南北经济中心的区域，这三件事先后并发，更使整个的中国国民经济陷于空前大破产：不但农村并且城市，不但小城市并且大城市，最大城市如汉口，甚至全国经济中心的上海，都有朝不保夕之势；不但工人与贫农，即中等农民和城市中小商人，中小学教员，各机关小职员，这些占全国绝对最大多数的人民，都在破产、失业、借债、饥饿中度日。

谁都知道，不但是恢复并且要提高国民经济，中国才有救；因为只是经济恢复，或一时的部分的活跃，根本还并不能救中国。但谁来提高中国经济和怎样提高国民经济以救中国，乃是问题的中心所在。

由外国帝国主义来提高中国的经济吗？不用说这是使中国更直接的殖民地化，是救中国的反面。并且，由帝国主义势力来发展中国经济，其结果不是提高了中国国民经济，而是肥了外国的财政资本家和中国的少数买办及半买办的企业家，大多数人民仍旧陷于颠连困苦和饥饿，印度和朝鲜便是榜样。帝国主义间相互争夺战争更要变中国为废墟。

由中国人自己来提高中国之经济以复兴中国吗？"在资本主义关系统治着的社会，两个力量决定一切。"即是：或由资产阶级的革命来复兴中国（俄罗斯的道路）。更具体些说，或由代表中国资产阶级的国民党，或由代表中国无产阶级的共产党，来担负提高国民经济以复兴中国之伟大而艰难的责任。政党是代表阶级的意识与力量之最高表现，中国现时只有这两大政党，即将来也只会有这两大政党，别的党派在政治上只能立在附属地位，并且有终于要融解于这两大政党之中，其中间作用与地位，只能是最短时期的，甚至只是名义上的。

代表资产阶级地主的国民党能否复兴中国呢？我们可以断然的回答一个"否"字。

提高国民经济以复兴中国，有三个根本的必要条件：（一）必须推翻帝国主义对于中国海关，银行，工厂，矿山，交通机关，商业机关等的经济命脉之榨制；因为这是中国经济自由发展的道路上唯一的最大障碍物。（二）必须无条件的从不生产的地主手中，没收所有土地，交给生产劳动的农民；因为在生产技术落后的小农国家，如果大部分耕地所有权独占在不经营农业而出租土地的地主手中，他们用非资本主义的形态，榨取土地产物之大部分，就是说，他们不只是榨取了严格意义的地租即超过普通利润及工资以外的剩余，并且榨取了农民由劳动所应得的工资之一部分；其结果，农民把大地部分再生产所必需的费用（甚至农民一部分生活费也包含在内），都在非资本主义的租佃制度之下牺牲干净，这不但阻塞了农业经济发展的道路，而且因之农民贫困，农业衰退，土地荒芜，农村破产，都是相因必至的现象。（三）必须实现合于大多数人民利益的民主政治，使大多数人民都有自由，在生活的火焰中自动的创造经济，创造政治，方能根本肃清闻名世界的 Mandarin（中国官僚）这一臭虫窝。

这三件事是提高国民经济以复兴中国的必要条件，同时也是中国资本主义及资产阶级发展的必要条件，代表中国资产阶级的国民党，为什么不为它的利益而办到这三件事呢？这是因为它的利益根本是与外国帝国主义和本国地主利益相连的，它自身则是军阀官僚的集团，它不但不愿也决不能办到这三件事，所以中国资产阶级的革命任务只有无产阶级来完成，这不仅仅是理论的推断，而已是众人目睹的事实。国民党政府对帝国主义的态度及它与帝国主义的关系是怎样，当它宣布对俄绝交时，美报《密勒评论》曾有这样的描写：中国之封闭俄领署及要求俄员离境，此种姿势显然表示中国领袖今日之目光向于何方，诚如郭泰祺氏上星期在美国大学同学会席上所说，中国已决定于其将来发展中国追随"盎格鲁撒避之途径"，此其意味即彼愿与美英为友而接受彼等之赞助是也。中国已利用苏俄之赞助而成其革命之主要部分即克服长江流域及传播国民党主义于全国是；但今以俄共党欲包揽中国之革命，中国之民族性及保守性遂大显其本能，而与俄人决裂，中国乃相信西方列强尤其英美已准备与中国讨论条约问题，假使列强于此，能急起应和，勿再断断于法律理由，稽延时日，则西方制度在中国之前途当颇为光明。但此种新局面必须以绝对平等给予中国为基础，质言之，必须修改条约，使中国满意，而放弃外人在中国领土即租借地之管理权是已，此乃中国抛弃共产主义应得之代价，若列强而果贤明者，应速承认之，勉力与国民党之中国结好，与之合作而造成一新中国。

但国民党政府之"目光向于何方"是充分表示了，而所得的代价，不是"修改条约"和"放弃外人在中国领土"，却是扩大不平等条约，扩大外人在中国的领土，扩大租界和租界管理权。在眼前的中日战争中，国民党的政府不但不曾援助向日本帝国主义长期抵抗的黑龙江、吉林军队及义勇军，不但不曾援助抗日的十九路军，而且密令"上海北平及全国各业之中国当局，解散一切反日抵货团体。并禁止检查日物。"（路透社五月六日北平电）并且造出"反日即是卖国"的妙论（最近蒋介石在南京军校论说）。国民党政府的军队枪炮和飞机炸弹，不是用以抵抗侵占中国土地在中国杀人放火的帝国主义军队，而是用以屠杀中国农民的。它对于农民为饥饿而争取土地的要求，始终只以"派兵剿赤"答复之，它始终不曾考虑一下，在农民国而有了广泛的农民暴动，这决不是简单的什么赤化问题；在民主共和国而有要求土地的农民暴动，这不是拥护旧制度的农民暴动可比。至于国民党的军阀之横征暴敛和官僚之黑暗贪污，比之前清北洋时代更是肆无忌惮；这班飞蝗横行全国的国民党军阀官僚，不但以搜括行贿晏安淫靡，腐烂中国，而且公然奖励鸦片，以毒杀中国。

以这样的国民党来担负提高国民经济以复兴中国的大任务，就是他们当中稍有知觉的青年党员也不敢自信了。如果有人以"走资本主义的道路"非难国民党，这是一种大过奢侈的说法；其实〔国〕民党的罪恶，还不是走资本主义的道路，反而正是它是投降帝国主义，镇压农民的土地斗争和军阀官僚之横行，破坏了提高中国经济的三个条件，阻塞了资本主义发展的道路。孙科、陈公博辈所谓发展国家资本主义，所谓四年计划，都等于伍廷芳之说鬼。在国际一般物价还正在向下低落的今天，在中国资产阶级政权也没有像一九二八—三〇年相当统一与稳定的今天，连中国资产阶级企图利用外资以实现暂时的经济活跃，目前也还没有可能。

最近胡汉民发表关于国民党的问题之谈话，他认为：近顷"外交之丧权辱国，政治现象之日趋恶劣，国亡无日"，不能"归咎于党治"，"盖五年以来，所厉行不改且有加无已者，实为民国以来相承一贯的所谓军阀之治，而未尝有所谓党治"。试问国民党据政五年，还仍旧是军阀之治，它竟能容忍所谓"以军权而于一切之故，形成以军驭政，以政握党之现象"。这样吃饭睡觉不问事的党，它在政治上的作用已等于零，还有存在的价值吗？胡汉民并且公然承认以下的事变："自十七年后，各省北洋武力虽被打破，而人民仍被武力所统治则如故，二十年来所造成军阀政治之环境仍如故，即自袁世凯以来相承一贯之所谓军阀统治，亦遂继续如故。"党员"沉醉于'有枪斯有权'之谬说，甘心为军人之附属品"。"人民自由权利横被摧残。""我人只见借党营私之个人，而不见有献身革命之同志，所谓党员者或一切取给于党，以党的寄生，或倚党而作恶行奸，于党为蟊贼狡黠之魁，正乐得此辈供其指使。"这样无恶不作的党，人民尚能容它存在吗？胡汉民为了一时快意，痛快淋漓的攻击蒋介石而不自觉的把整个的国民党之罪恶供认出来了。五年以来，在国民党党治之下所励行的一切摧残人民自由权利的法令，哪一件不是胡汉民一派的立法院所制定？他有什么理由什么脸面可以反对蒋介石的"军阀之治"？

又如宋庆龄骂倒了国民党中无论哪一派，这当然等于骂倒了整个的国民党，她并且宣称不怀疑国民党已经给全国人民所唾弃，所蔑视，所憎恶，然而她同时却又说："中山先生的三民主义就从来没有在哪一天实行过。"孙中山的三民主义能够救中国吗？孙中山以国际资本开发中国实业的计划，显然是主张由外国帝国主义来复兴中国经济；因为一直到现在，还只有帝国主义国家的国际而没有社会主义国家的国际。孙中山在世所领导的党，不只一次宣布他们的革命政府将遵守一切国际条约，决不侵犯列强在华权益；不只一次希求由列强承认他们的政府来打击北洋派；他并且公然替帝国主义威吓中国民族，说："中国假若和日本绝交，日本在十天以内，便可以亡中国。""中美绝交，在一个月之后，美国便可以亡中国。""法国也和英国一样，最多不过两个月，便可以亡中国。"（民族主义第五讲）这就是孙中山的民族主义，也就是今天的国民党政府向国际帝国主义投降，向日本帝国主义不抵抗之理论的根据。"四万万人都是像阿斗"，"这些阿斗当然应该欢迎诸葛亮来管理政事"。"人民都是不知不觉的多，我们先知先觉的人，便要为他们指导引他们上轨道。""我们应该造成民权，交到人民。"（民权主义第五讲）把人民看做"是很庸愚的"阿斗，把国民党看做是"万能"的诸葛亮，把管理政事的"治权"交给先知先觉的国民党，把名义上的"政权"奉诸不知不觉的人民，把人民在政治上法律上的自由看成"放荡不羁"和"一盘散沙"而加以掊击，这就是孙中山的民权主义，就是今天的国民党政府以军阀官僚的权威压倒民权摧残人民自由权利之理论的根据。"你们更要联络全体的农民来同政府合作，慢慢商量来解决农民同地主的办法，农民可以得到益，地主不致受损失，这种方法，可以说是和平解决。"（民国十三年八月二十日孙中山在广州农民运动讲习所的训词）宣布阶级和平，用不着阶级斗争，反对所谓"大贫"的工农，向所谓"小贫"的地主资本家斗争，教成千万成万万饥饿垂死的农民，等候着国民党政府和地主慢慢商量；等候着国民党政府规定地价几十年后把涨高的地价归公的办法，来平均地权（民生主义第二讲）；这就是孙中山的民生主义，也就是今天的国民党政府镇压农民土地斗争之理论的根据。

这样的三民主义，谁要说广州政府，武汉政府，南京政府，不曾实行过孙中山的三民主义，谁就不曾认真研究过三民主义的内容究竟是什么。

这样的三民主义，这样的国民党，能够提高国民经济以救中国吗？

代表资产阶级及地主利益的国民党既不能够提高经济以复兴中国；别派资产阶级以及小资产阶级的党派，其能力当更在国民党之下，那么，提高经济以救中国的责任，只有放在代表无产阶级及贫农利益的共产党双肩之上了。

中国共产党所代表的阶级利益，是和帝国主义、资产阶级、地主、军阀官僚，立在绝对相反的地位，它是在最近十余年来反军阀反帝国主义反资产阶级反地主之不断的流血斗争中生长起来的。中国共产党之排除帝国主义在中国的势力和没收地主的土地给农民，已经不是仅仅写在政纲上的白纸黑字，已经在它所领导的农村苏维埃区域见诸实行；虽然还没有统一中国的苏维埃政权来解决整个的帝国主义及土地问题。中国共产党所主张的苏维埃政制，已经不是乌托邦而有了俄国的经验，似不但是走社会主义道路的保障，同时也是空前的最高度的民主主义政制；任何资产阶级小资产阶级政权所不能召集的彻底民主的国民会议，只有它能够召集。苏维埃不仅是整个的无产阶级联合机关，而且是一种广大而富于伸缩性的组织形式，一切觉醒起来，反资产阶级反地主的城乡被榨取的劳苦民众，都能够参加进去。苏维埃政权不是由少数人在上面统治民众，而是由民众从下创设起来的政权，除了游手好闲靠榨取他人血汗以生活的社会寄生虫，都有参加这一政权的公民权利，它废除了立法权和执行权无益而有害的分立，它撤去了人民和政府间的障壁，它引进了广大民众直接参加国家的政治及经济之管理，它废除了以官吏为职业的特权阶层，它扫清了国会及地方议会等猪圈，它实现了直接选举一切公务人员和随时撤换的彻底民权。

在共产党领导的苏维埃政权之下，有充分的保证，能够实现提高国民经济以复兴中国的三个根本条件：推翻帝国主义之控制，解放农民和肃清官僚制度，所以只有她能担负得起复兴中国的大责任；所以苏联五年计划之初步的成功，已在事实上表示社会主义的经济方法之优点与伟大力量非资本主义所可企及。

我们这样的主张，并非根据党派的成见，而是根据理论与经验，而且还要诉诸被榨取的大众之政治好恶，必须由大众在实际的政治斗争中，特别是在民主的国民会议要求的斗争中，认识我们的主张之优点与需要，蜂起拥护我们的主张，这才谈得自下而上创设大多数民众直接参加的苏维埃政权。真正苏维埃政权，是大多数民众的政权，必须由大多数民众自己创造起来，决不能由少数人创成交给民众，少数人用民众的名义宣布的苏维埃政权，是经不起困苦艰难的斗争之试验的。

现时代表资产阶级及地主的国民党政权，它不但不能担负提高国民经济以复兴中国的大责，它还正在极力为帝国主义服务，为帝国主义剿灭能够复兴中国的共产党。日军从吴淞撤退时，日本军官举杯向中国接管人员演说："自此以后，愿中日两国共同合作，以扑灭共产党。"不几日，十九路军果然被调到福建"剿共"去了！这不但表示这一件事中日政府早有了秘密协定，并且是国民党政府向一切帝国主义表示其"目光向何方"。

为帝国主义服务，为帝国主义屠杀工农民众屠杀共产党的国民党政权存在一天，它的政绩，只有破坏国民经济，扩大延长人民的饥饿，而不能提高经济。

中国的民众必须选择自己的道路，或株守在资产阶级的国民党政权之下，走向破产，饥饿，灭亡的死巷，或与无产阶级的共产党革命合作，走向复兴中国的大道！别的道路是没有的了！

我们的道路上也有两个困难，这是不应该对民众掩蔽的。第一个困难而且是很大的困难，便是国际帝国主义向中国彻底反帝国主义的新政权之围攻。但我们只应以最革命的阶级——无产阶级——的力量以及全国广大的劳苦民众的力量，最后还要结合全世界革命的力量，以克服此困难，而不应企图避免此困难。因为这一困难的斗争，几乎是中国革命之全内容，也就是提高中国国民经济之根本的根本条件。国民党资产阶级，正因为企图避免此困难，而屠杀革命的工农和共产党，而对苏联绝交，而投降帝国主义，而背叛革命，而断送了复兴中国的机会。我们的党——中国共产党——领导者史大林派的错误政策足以延迟革命甚至绞杀革命，也和别国共产党中央史大林派一样，他们在中国所做的错误摆在眼前的如：用命令主义和玩弄政治总罢工，在客观上是不断的破坏了城市工人运动复兴的萌芽；过分的估量农民在革命中的作用，企图以农民来代替工人的领导，并且连党自身也有农民意识化的危险；把发动民众引导民众到革命道路之彻底民主的国民会议斗争，看做是改良派的合法主义议会主义而加以鄙弃；党的这些错误政策，当然也是我们的道路上一个困难。但共产党是全无产阶级自己的先锋队，并且是全民族的领袖，革命的民众不应该因为党的领导者之错误而根本反对它，而是应该积极纠正党的领导机关之错误，甚至于改造党，以除我们道路上的困难，这正是我们左派反对派的立场。

署名：独秀

《先锋》第五期

1932 年 11 月 17 日

辩 诉 状

（一九三三年二月二十日）

予行年五十有五矣，弱冠以来，反抗帝制，反抗北洋军阀，反抗封建思想，反抗帝国主义，奔走呼号，以谋改造中国者，于今三十余年。前半期，即"五四"以前的运动，专在知识分子方面；后半期，乃转向工农劳苦人民方面。盖以大战后，世界革命大势及国内状况所明示，使予不得不有此转变也。

半殖民地的中国，经济落后的中国，外困于国际资本帝国主义，内困于军阀官僚。欲求民族解放，民主政治之成功，决非懦弱的妥协的上层剥削阶级全躯保妻子之徒，能实行以血购自由的大业。并且彼等畏憎其素所践踏的下层民众之奋起，甚于畏憎帝国主义与军阀官僚。因此，彼等亦不欲成此大业。只有最受压迫最革命的工农劳苦人民和全世界反帝国主义反军阀官僚的无产阶级势力，联合一气，以革命怒潮，对外排除帝国主义的宰制，对内扫荡军阀官僚的压迫；然后中国的民族解放，国家独立与统一，发展经济，提高一般人民的生活，始可得而期。工农劳苦人民一般的斗争，与中国民族解放的斗争，势已合流并进，而不可分离。此即予于"五四"运动以后开始组织中国共产党之原因也。

共产党之终极目的，自然是实现无剥削无阶级人人"各尽所能各取所需"的自由社会。即是：一切生产工具收归社会公有，由社会公共机关，依民众之需要计生产消费之均衡，实行有计划的生产与分配，使社会的物质生产力较今日财产私有自由竞争的资本主义社会有高度发展，使社会物质力量日渐达到足够各取所需的程度。所以共产主义，在经济学上是一种比资本主义更高度发展的生产制，犹之资本主义较高于封建生产制也。此决非世俗所认为简单的各个穷人夺取各个富人财产之意义。此种生产制，决非我等之空想。经济落后的俄国，已有初步尝试；而获得初步成功。全世界所有资本主义生产制的国家无不陷于经济恐慌的深渊，独苏联日即繁荣。此新的生产制之明效大验，众人之所周知也。

中国推翻帝制的革命，先于苏联者七年。今日二者之荣枯，几不可比拟，其故可深长思矣。或谓共产主义不适宜于中国，是妄言也。此一终极目的，固非旦夕所能完成，亦非"和平"所能实现。为实现此目的而清除道路，中国共产党目前的任务：

一曰：反抗帝国主义以完成中国独立。盖以中国的海关、矿山、工厂、金融、交通等经济命脉，都是直接间接宰制于帝国主义之手，非采取革命行动，击碎此等宰制吾人之镣锁，中国民族工业将无发展之可能。列强的海陆空军威吓着全国大都市，日本更以武力强占了中国领土五分之一，此而不加抵抗，或空言欺骗，均与卖国同科，尚何"民族主义"之足云。

一曰：反抗军阀官僚，以实现国家统一。盖以军阀官僚自由发动他们的内部战争以破坏经济，自由增加苛捐杂税和发行公债以饱私囊，自由制定法律以剥夺人民的自由权利，自由任用私人以黜抑人材、毁坏政治效率，甚至自由勒种鸦片、贩卖鸦片以毒害人民。军阀官僚政治不彻底肃清，所谓国家统一，所谓民力伸张，一切都无从谈起。国家不统一，民力不伸张，国外帝国主义之宰制不推翻，国内的军阀官僚之毒害不扫除，即所谓独立的发展资本主义经济，亦属梦呓。中国终于是半殖民地，终于落后而已。

一曰：改善工农生活。盖以近代产业工人及其所领导的农民，是反抗帝国主义的主要力量。资本家地主及其政府，在物质上精神上抑压工农，即不啻为帝国主义挫折中国民族解放斗争的锋刃。在农业的中国，农民之衰落几等于民族之危亡。倘不没收地主的土地，归诸贫农，农民终岁勤劳只以供地主之剥削，则不独无以挽回农业之就衰及农村之破产，而且农民购买力日弱，直接影响到城市工商业。即令能由城市输资设立农村借贷机关，亦不过向农民增加一种剥削机关而已。

一曰：实现彻底的民主的国民立宪会议。盖以贤人政治及保育政策，已不适于近代国家，更不能存在于民主共和国。北洋军阀既废，代之者只应是人民的〔权力〕，若仍尚贤人与保育，则谁是贤人，堪任师权力保，伊何标准，北洋军阀亦得而尸之。况当外患空前的今日，人民无组织，即无能力，无政治自由，即无责任心，亦不应课以责任。若不立即实现全国人民的集会、结社、言论、出版等完全自由，实现普选的全权的国民立宪会议，以制裁卖国残民的军阀官僚，一切政权归诸人民，集合全国人民的力量以解决全国危急问题，其何以立国于今日！

凡此为中国民族利益，为占全国人口大多数的劳苦人民的利益而奋斗之大纲，予以前和现在都愿意公告全中国，以征求全国大多数人民之赞否。共产党是代表无产阶级及一切被剥削被压迫人民的政党，它的成功，是要靠多数人民之拥护，而不尚少数的英雄主义，更非阴谋分子的集团。予前之所行所为，即此物此志，现在及将来之所思所作，亦此物此志，"鞠躬尽瘁，死而后已"！一息尚存，予不忍眼见全国人民辗转悲号于外国帝国主义及本国专制者两重枪尖之下，而不为之挺身奋斗也。

今者国民党政府因予始终尽瘁于革命之故，而加以逮捕，并令其检察官向法院控予"危害民国"及"叛国"之罪，予不但绝对不能承认，而且政府之所控者，恰恰与予所思所行者相反。国者何？土地、人民、主权之总和也，此近代资产阶级国法学者之通论，非所谓"共产邪说"也，故所谓亡国者，恒指外族人据其土地、人民、主权而言，本国某一党派推翻某一党派的政权而代之，不得谓之"亡国"。"叛国"者何？平时外患罪，战时外患罪，泄露秘密罪，此等叛国罪状，刑法上均有具体说明，断不容以抽象名辞漫然影射者也。若认为政府与国家无分，掌握政权者即国家，则法王路易十四"朕即国家"之说，即不必为近代国法学者所摈弃矣。若认为在野党反抗不忠于国家或侵害人民自由权利的政府党，而主张推翻其政权，即属"叛国"，则古今中外的革命政党，无一非曾经"叛国"，即国民党亦曾"叛国"矣。袁世凯曾称孙、黄为"国贼"，岂笃论乎？！民国者何？民主共和国之谓也，亦即别于君主专制国之称。欧洲各国推翻专制者，流血以争民主，其内容无他，即力争宪法上集会、结社、言论、出版、信仰之自由权利，及实行不参政不纳税之信条已耳。此不但民主共和国如此，即在民主政治的君主国亦如此，"危害民国"者何？共和政府剥夺人民之自由，剥夺人民之参政权，乃由共和到帝制之先声，罗马历史，十九世纪法兰西及中华民国初年的历史均遗同样之教训于吾人。即或不然，人民无权利无自由，大小无冠之王，到处擅作威福，法律只以制裁小民，文武高等官吏，则在议亲议贵之列，是以共和其名而专制其实矣。倘实失而存其名，则军阀之魁，民众之敌，亦得以"三造共和"自诩，妄人抑或以"共和元勋"称之，其实毁坏民权，罪即类于复辟，以其危害民主共和国之实质也。若认为力争人民的集会、结社、言论、出版、信仰等自由权利，力争实现彻底民主的国民立宪会议以裁判军阀官僚是"危害民国"，则不知所谓民国者，应作何解释？

国民党竭全国人力膏脂以养兵，拥全国军队以搜括人民杀戮异己，对日本侵占国土，始终无诚意抵抗，且制止人民抵抗，摧毁人民组织，钳制人民口舌，使之"镇静"，使之"沉着应付"，即使之驯羊般在国民党指挥之下，向帝国主义屈服，宁至全国沦亡，亦不容人有异词，家有异说，而予则主张由人民自己扩大组织与武装，对帝国主义进行民族解放战争，以解决东北问题，以完成国家独立，试问谁为"叛国"！

国民党政府，以党部代替议会，以训政代理民权，以特别法（如危害民国紧急治罪法及出版法）代替刑法，以军法逮捕审判枪杀普通人民，以刺刀削去了人民的自由权利，高居人民之上，视自己为诸葛亮与伊尹，斥人民为阿斗与太甲，日本帝国主义，方挟"以力服人"之政策对付吾国，同时国民党已挟同样之态度以压吾民，最近竟公然以"背叛党国"之罪枪决新闻记者闻矣。而予则力争表示民主共和国实质的人民自由权力，力争实现普选全权的国民立宪会议，力争民主扩大到它的历史最高阶段；

予现在及将来都无篡夺民国为"党国"之企图。试问谁为"危害民国"？故予曰政府之所控者恰恰与予所思所行相反也。

若认为一为共产党人即属犯罪行为，则欧美民主国家若法若英若瑞士等几无此事，各国共产党人莫不有集会、出版、参加选举之自由权利，与一般人民无异，若认为人民反对政府或政府中某一个人，即为有罪，则只远在二千年前周厉王有监谤之巫，秦始皇有巷议之禁，偶语之刑，汉武帝更有腹诽之罚，彼时固无所谓言论自由也。而廿世纪之民主共和国，似乎不应有此怪现象。若认为宣传共产主义，即"宣传与三民主义不相容之主义"，即为"危害民国"（如《危害民国紧急治罪法》第六条）此直是欧洲中世纪宗教法庭迫害异教徒与科学家的把戏，彼时固无公认之信仰与自由也。而今日之民国绝不容有此，民国而若容有此，则不啻为日本帝国主义证明其"中国非近代国家"之说之非诬。

总之，予生平言论行动，无不光明磊落，无不可以公告国人，予固无罪，罪在拥护中国民族利益，拥护大多数劳苦人民之故而开罪于国民党已耳。昔之"法利赛"不仇视罗马，而仇视为犹太人之自由奋斗的"热狂党"，今之国民党所仇视者，非帝国主义，非军阀官僚，乃彻底反对帝国主义、反对军阀官僚、始终努力于最彻底的民族民主革命的共产党人。日本帝国主义方夺取山海关，急攻热河，而国民党之军队，却向江西集中，其对待共产党人也，杀之囚之，犹以为未足，更师袁世凯之故智，威迫利诱，使之自首告密，此并不〔能〕消灭真正共产主义者，只以破灭廉耻导国人耳。彼等此时有权在手，迫害异己之事，固优为之，予唯有为民族为民众忍受一切牺牲，以待天下后世之评判。若于强权之外，复假所谓法律以人人罪，诬予以"叛国"

及"危害民国";则予一分钟呼吸未停,亦必高声抗议:法院若不完全听命于特殊势力,若尚思对内对外维持若干司法独立之颜面,即应毫不犹疑的宣告予之无罪,并判令政府赔偿予在拘押期内之经济上的健康上的损失!

民国二十二年二月二十日　陈独秀

转自《陈独秀著作选编》第五卷,
上海人民出版社 2010 年版

上 诉 状

（一九三三年六月十五日）

五月二十七日奉读贵院判决书，所据理由颇露布予等政治主张，使之有目共睹，其是非当否，正如日月经天，江河行地，无待废辞众应瞭然矣。惟是，贵院亦自宣称："该反对派尚无实行暴动之准备。"仅据予等政治主张而判谓"危害民国及叛国毫无疑义"，而判以徒刑十三年、褫夺公权十五年；似此显有疑意之判决，关系予等罪状之事小，侵害思想、言论自由，阻抑民主政治实现之事大，故不得不将不服判决之理由为贵院缕晰陈之。政府即国家，与夫行使中央统治权者即统治权、即国家之说，贵院亦知其乖谬过于显明，不便公然采用，乃苦心文饰，易以国民党国民政府为建设中华民国之领导机关之义；其词虽与前说异形，而含义所趋仍在与前说同质，其不能据此构成予等叛国之罪，亦复无殊法王路易十四自称"朕即国家"，其意亦以身致法国富强之巨任丰功自许，反之者即目为叛国。清朝以为中国开辟疆土自夸，中国士大夫亦以"我国家深仁厚泽"颂之，反之者即罪以叛逆；"保中国不保大清"，即爱新觉罗氏穷治康、梁之唯一罪状。自古帝王无论创业继统，悉如梨洲所讥"视天下为莫大之产业"，"以我之大私为天下之公"，此辈专制独夫，其家天下之谬见固已无足申论。独是国民党革命，正为颠覆帝制，标榜建立民国而起，帝政仆而仍继前轨，弃"天下为公"之说，以民国为一党一人之私产，目反之者为叛国，岂其以万世一系之天赋特权自居乎！此于建设民国之约言岂不显然背叛乎！视建设中华民国者之自身即为国家，犹之视建筑房屋之匠人即为建筑物，谓反对建设民国者之自身即为根本推翻民国，亦犹之主张更易匠人即等于毁坏建筑。世间滑稽之论，宁有过于此者乎！再衡以建设中华民国之现状，无冠之王遍于宇内，田赋附加增逾正额十倍以至数十倍，新税名目多至难以悉数，贪夫盈廷，饿殍载道，农夫辍耕于田亩，工贾咨嗟于市廛，鸦片官营已为公开之秘密，士流动色相戒莫谈国事，青年出言偶激辄遭骈戮，民国景象固应如是乎？此即判词所谓"中华民国建设之基础"乎？六年以来内战大小十余次，破坏铁路车辆七千有余，增加内债十余万万。最近更由政府借入美国农产品价值二万万元，即以加速农村之破产，又阴增人民对于未来内战军费之负担，此即判词所谓"于训政时期以内指导人民为革命建设之进行"乎？前年不战而断送东北三省，今年不战放弃热河及平、津以东，南渡之局已重见于今日，崖山之迫亦难免于方来。政府复纵百万虎狼于民间，所谓抗日捐，所谓救国公债，所谓防空捐、飞机捐，成为强征暴敛之最新名词，人民之爱国心渐为迫于暴政苛征之惨痛心情所排而去。瞻念前途令人不寒而栗。此即判词所谓"从事于建设中华民国之领导机关"之所应从事者乎？以予等反对如此建设中华民国之领导机关，而谓为"乘日本之侵略，妄诋政府不抵抗"，而诬为"将中华民国之建设从根本上推翻"，而判以"危害民国及叛国"之罪，"莫须有"三字其何以服天下后世。"图谋变更国体"，亦为贵院判词指责予等危害民国及叛国之一要点。夫所谓国体其大要有三：曰君主，曰贵族，曰民主共和。由民主共和而改为帝制，或前王复辟，如袁世凯与张勋之所为，固为变更国体；由帝制而民主共和如国民党之所为，虽视前者顺逆不同，而变更国体则一也。民主共和已达改制之极则，过此便无国家改制之可言。世界政论已无于民主共和之外别标新制，即根本已无变更国体之要求者，只在采用若何方法或和平进化或革命斗争，以达到巩固共和发展民主为歧点耳。是以十月革命后之新俄，国体仍属社会主义苏俄联邦共和国也。苏维埃并非新奇怪物，只"工农兵会议"之翻译名词而已，其不独与民主共和无忤，且因而巩固之发展之。先于苏维埃俄国而共和之中国，恢复帝制者二次，至今仍徒有共和民主之名。后于苏维埃俄国而共和之德国，年来帝制复活运动已公然行之国中，魏马宪法不绝如缕。独苏俄共和国日臻巩固，此非世界共见共闻之事乎。以言民主，其一即由大多数人民管理政治，亦即由大多数人民代表政制行使国家统治权，此乃君主一人统治及贵族少数人统治之对称也。是以自英人边沁著作以迄最近美国大总统罗斯福和平申请书，悉以所谓"为大多数人民谋最大幸福"一语相标榜；但以何阶级人民占全国大多数，资产阶级政论家自来避而不言，以自君主贵族衰亡以来，财产权以至统治权悉操诸极少数人资产阶级之手，彼单所标榜之民主政治，虽与君主或贵族专制有别，而仍不越统治者资产阶级之狭小范围，所谓大多数人民幸福等诸空头支票。惟自占人民大多数之工人、贫农苏维埃政权成立以来，始获睹真正大多数人民统治之实现；在此政权统治之下，大多数人民幸福始庶几可得可期，亦惟有经过此政权，始有达到全民福利之途径。盖以任何优良之社会制度，只能使人人为生产者（工人或农民），不能使人人为剥削者（资本家或地主），苏维埃政权正为消灭剥削制度之工具，人剥削人之制度消灭，始有全民福利之可言。即以欧美资产阶级所标榜之民主国家而论，所谓民主，虽实际只限于狭小范围，而其统治者亦不敢公然躬自撕毁其民主之假面，不得不以普选议会之名，掩饰其专政。是以目组织共产党，宣传社会主义、共产主义、苏维埃政制为违背民主共和，为危害国家，为叛国者，在欧美标榜民主之国家实属罕闻之事；即在君主立宪之英国，不独二百余年来无人目所谓"王之反对党"为叛逆，即今之共产党亦不被认为犯罪集团，其公布政纲、竞争选举、列席国会与法、德诸国无异。两月前独立工党集会时，党魁其高呼打倒现政府，高呼推翻资本主义制度，亦不曾以图谋变更国体，危害民主政治及叛国被控于法庭。统治英国之资产阶级何以如此宽容，以不便自毁其民主之假面。故"特克诺克拉西"运动方轰行于美国，近复延及法兰西，其公然拮〔抨〕击资本主义及私产制度，主张根本取消之，主张组织技术家苏维埃，以实现技术家之统治，主张以"能力证券"代替金银货币，其论旨、其方策虽为左方之共产主义者及右方之资本主义者所夹击，然不闻美、法政府曾以推翻现行制度、图谋变更国体、危害共和民国及叛国罪之，美、法之统治者何以如此宽容，亦以不便自毁其民主之假面。故独至东方民国之统治者仅此民主假面亦不惜躬自毁也，即此一点，已充分说明危害民国者乃所谓建设民国之领导机关之自身而非他人也。欧人有言曰："民主政治不适用于野蛮民族"，吾人深吟此语宁不痛心！此予等所以主张继续革命，实现苏维埃政权，以完成第一次、第二次革命所未完成之民主任务所由来也。贵院判词谓予等主张苏维埃政制为变更国体，为危害民国，实属无稽。盖以苏维埃政制并与民主共和无忤，在民国而图谋变更国体仅只恢复帝制之一途，由北京政府而国民政府，由国民政府而苏维埃政府，均民主政治发展之必然趋势，根本与国体问题不相牵涉也。北京政府由北洋各派相继行使中华民国中央统治权者十余年，吾人能谓十六年北伐战争为变更国体，为危害民国乎？复次，贵院判词又以"中华民国为民主国家，其主权寄于全民，故凡属中华民国国民无男女、种族、宗教、阶级之区别，在法律上一律平等"；而在苏维埃国家，则主权仅寄于工农阶级，除此特殊阶级以外之人，皆无参政权。两种制度"显然为两种国体"为言，予等于此则益有说焉。吾人第一须知民主之定义，即为由大多数人民管理即统治国家，无所谓全民主治之说，所谓"全民主治"或"全民统治"及"全民政治"者，皆不合逻辑之言，近代统治国家之资产阶级用以欺骗人民者也。最新之工农苏维埃政制，乃民主制之最后最高阶级，亦仅只达到以大多数人民统治国家已耳。过此以往，必待剥削制度消灭，因之阶级消灭，统治者与被统治者之界限消灭，夫然后乃有真正全民平等之一境。谓阶级存在而全民得以平等者，非有意欺世亦自为童稚。剥削阶级因有被剥削而存在，统治者乃对于被统治而言，既无被统治者则全民政治所统治者何人？所以剥削制度及统治、被统治阶级既已消灭，全民平等之社会既已出现，则所谓国家统治权及一切政制悉成为历史上过去名词矣。故曰"全民主治（全民统治）（全民政治）"皆不合逻辑之诳言也。吾人第二须知主张苏维埃政制之共产党人，固不屑以全民统治之妄语欺世欺人，而并世英、美、法、德等号为民主之国家，其实际无一非资产阶级专政，所谓民主更无不限于其阶级之狭小范围，占人民大多数之工农劳苦贫民，胥隶属于被统治者之地位。至于在数十万国民党员统治下之中华民国四万万人民，益复被谥为阿斗，更明明无参政之权，兹忽为之曰全民，未免过于揶揄；判词谓为"全民主治"不知置国民政府现行之"党治"及"训政"制度于何地？谓予等图谋变更"全民主治之中华民国国体"，更属无的而放矢矣。夫"主权"及"统治权"，乃英、法、德文"权威伦特"一语之异议，后一译名视前者较有实际意义。所谓"主权在民"，所谓"主权属于人民全体"，所谓"主权寄于全民"，其空洞无实权，以视清代加头品顶戴、赏穿黄马褂尤过之，以故虽袁世凯以至曹锟，亦并不惜承认"主权在民"之说，盖以主权而不行使，仅只在之、属之、寄之之虚名，实际统治者固不惜慷慨奉送也。倘责以应由大多数人民行使统治权，则必闻而大骇矣。"由中国国民党代表大会行使中央统治权，大会闭会时由国民党中央执行委员会行使之。"此非赫然载在国民政府所须颁布之约法者乎？即宋财长最近在美国人面前之饰词，亦仅云"中国政府之后盾筑在强固之中产阶级"，奈何贵院判词竟以所谓"主权寄于全民"与"全民政治"为之遮饰耶！吾辈无欺之共产党人，固尝提出由无产阶级、贫农专政之苏维埃政制之主张，以诉诸人民公意，此一政制特为对待剥削阶级少数人，以专政以实现被剥削者大多数人民行使统治权之真正民主国家者也。持试此以与现行政制两两相较，孰为合于民主制度，孰为危害民国，尚希贵院平心静气一思之。贵院判词当有最后之一盾，即现行法律是也。兹姑退一步而在法言法，按之现行刑法，关于平时外患罪、战时外患罪、泄露秘密罪，均有具体说明：关于内乱罪，乃

以"意图非法之方法颠覆政府、僭窃土地或紊乱国宪而着手实
行者"为条件，予等固未有此判词亦未援侵此条文。再退一步
而言危害民国紧急治罪法，此法第六条第二款所谓"叛国之宣
传"，何谓叛国并无定义，稽之此法全文亦无反对国民党、国民
政府，即为危害民国及叛国之明文规定。贵院判词所援用者何为
"按诸危害民国紧急治罪法第二条第二款之立法精神"，贵院仅
知揣摸该法之"立法精神"，而忘却民主国家所应尊重之思想、
言论自由精神，而且于法律明文之外揣摸"精神"，此种神秘方
法，在法言法者固应如是乎？依上所述，予等认为贵院判词于理
于法两具无当，此即所以不服判决要求上诉之理由也。

陈独秀　六月十五日

《法治周报》第一卷第三十三期

1933 年 8 月 13 日

再 抗 辩 书

（一九三三年七月七日）

　　为提出抗辩事，顷奉读高等法院检察官六月二十二日上诉答辩书，对于予等六月十五日上诉书所陈各种重大事实与理由，一概抹然，置之不理，并未根据法理法文及民主政制之原则，逐点驳答，只仍旧重复前此起诉书及判决书中若干说法，并以"核阅上诉理由书意旨，牵引他国之政制，图卸罪责，其理由自不成立"及"上诉意旨强为曲解，殊难认为有理由"等简单空洞而武断之词句了之。此绝不成其为答辩也，予等尚不欲遽以"不以法不以理只以权力"之说，轻蔑高等法院及最高法院故提出再抗辩书如左文。

　　检察官答辩书之主要点有二，一曰："核阅上诉理由书，谓英美法诸国对于共产党行动未认为危害国家，何以中国独异云云，殊不知一国有一国之政制，未可强为比拟。"按中国固有政制，君主专制行之数千年，辛亥革命，改建民主共和，其为取法法美政制，应无辩争之余地，并世各国政制，固非一端，辛亥改革，自系择善而从，予等主张，亦复如是，上诉书征引英美法诸国政象，并非盲效某一国家，乃以明民主政制之通则，倘并此而亦目为"强为比拟"充其义必至认为"民主政制不适用于野蛮民族"。袁世凯以至古德诺筹安会诸人正以"中国有特别国情"、"人民程度不够"之说，毁坏民主共和，为此说者正为危害民国之罪魁，甚望今人勿复拾此牙秽矣，即不以择用别国善良政制之见地而言，孟子古之圣贤也，曾谓"民为贵，社稷为重，君为轻"，黄黎洲中国之名儒也，亦曾讥君主政制"视天下为莫大之产业"，"凡天下之无地而得安宁者，为有君也"。此岂可谓为出于旁行典籍或强为比拟别国政制也耶。一曰："即以打倒三民主义，颠覆国民党、国民政府为目的，即为危害中华民国。"按行使国家统治权之政府或人物、与所统治之国家、三者界义各别，正不必旁征欧美学说。上举孟子梨洲之言，即已显示三者之非一物，倘强认三者为一物，谓国民党国民政府即国家试问在未有三民主义之国民党以前在未有国民政府以前，中国乃一未有国家组织之部落社会乎，或谓前此已有国家，国民党颠覆满清政府及北洋政府，亦为叛国乎，此固皆常识所不许也，故即现行之约法及危害民国紧急治罪法，亦不敢悍然有国民党国民政府即国家以及颠覆国民党国民政府即为叛国或危害中华民国之规定，今高等法院检察官竟公然作此警人之解释，在近代国法学界、在中国司法界，皆属空前之壮举，奈陷国民党国民政府如梨洲之所讥何。

上举二点，关系于中国民主政制之进退存亡者，至巨且急，不得不向贵院再贡一言，贵院如认为"牵引"认为"曲解"，亦应依据法理政制，详示以曲解之所以及不应牵引之正当理由，斯折狱之道也。

陈独秀

〔一九三三年〕七月七日

附信封：上海法界亚尔培路三三一号国立中央研究院通信处确交
　　　蔡孑民院长台启，仲缄，七月廿二。邮戳为上海，廿二
　　　年七月廿三日十二时。

　　（注：此件为手抄件）

转自《陈独秀著作选编》第五卷，

上海人民出版社 2010 年版

中国的一日

（一九三六年九月）

朋友嘱我为《中国的一日》写点感想，在这天，我没有什么感想，且就本地风光，即就《中国的一日》这个题目，说几句话吧。

《中国的一日》似乎是模仿《世界的一日》而作的。在阶级的社会里，一个国际主义者的头脑中所谓世界，只有两个横断的世界，没有整个的世界；在这两个横断的世界之斗争中，若有人企图把所谓整个的世界这一抽象观念，来掩盖两个横断的世界之存在，而和缓其斗争，这是反动的观点，若有人把整个的世界纵断成不相依赖的无数世界，幻想在纵断的各别世界中，完成人类的理想，而不把国际间两个横断的世界之斗争看成个别的纵断世界中斗争胜利之锁钥，这也是反动的观点。在一个国家中，也是这样，也只有两个或两个以上横断的社会之存在，抽象的整个国家是不存在的。这两个或两个以上横断的社会，利害不同，取舍各异，如果有人相信这利害根本不同的横断世界及横断社会，可以合作，可以一致，这不是痴子，便是骗子。痴子犹可恕也，骗子不可恕矣！

整个的国家，永远是不存在的；整个的世界，只有在阶级消灭以后才会出现。凡是读《中国的一日》以至读《世界的一日》的人们，应该很客观的想想这个问题，不要做痴子，而受骗子的骗！

署名：陈独秀

转自茅盾主编：《中国的一日》

1936 年 9 月

致《申报》馆编辑部

（一九三七年八月二十五日）

鄙人辛苦狱中，于今五载。兹读政府明令，谓我爱国情殷，深自悔悟。爱国诚未敢自夸，悔悟则不知所指。前此法院科我之罪，诬以叛国。夫叛国之罪，律有明文，外患罪与内乱罪是也。通敌之嫌，至今未闻有人加诸鄙人之身者，是外患罪之当然不能构成。迩年以来，国内称兵据地或企图称兵据地之行为，每役均于鄙人无与，是内乱罪亦无由周内；无罪而科以刑，是谓冤狱。我本无罪，悔悟失其对象，罗织冤狱，悔悟应属他人。鄙人今日固不暇要求冤狱之赔偿，亦希望社会人士，尤其是新闻界勿加我以难堪之诬蔑也。以诬蔑手段摧毁他人人格，与自身不顾人格，在客观上均足以培养汉奸，此非吾人今日正所痛心之事乎！远近人士或有以鄙人出狱感想见询者，益以日来都中有数报所载鄙人言行，皆毫无风影。特发表此书面谈话，以免与新闻界诸君面谈时口耳之间有所讹误。

陈独秀（章）

〔一九三七年〕八月廿五日

转自《陈独秀著作选编》第五卷，上海人民出版社 2010 年版

孔子与中国

（一九三七年十月一日）

尼采说得对："经评定价值始有价值；不评定价值，则此生存之有壳果，将空无所有。"所有绝对的或相当的崇拜孔子的人们，倘若不愿孔子成为空无所有的东西，便不应该反对我们对孔子重新评定价值。

在现代知识的评定之下，孔子有没有价值？我敢肯定的说有。

孔子的第一价值是非宗教迷信的态度：自上古以至东周，先民宗教神话之传说，见之战国诸子及纬书者，多至不可殚述，孔子一概摈弃之，其设教惟德行、言语、政事、文学四科（见《论语·先进》），又"子以四教，文、行、忠、信。"（见《论语·述而》）其对于天道鬼神的态度，见诸《论语》者：

子贡曰：夫子之文章，可得而闻也；夫子之言性与天道，不可得而闻也已矣（《公冶长》）。

子疾病，子路请祷。子曰：有诸？子路对曰：有之，诔曰：祷尔于上下神祇，子曰：丘之祷久矣（《述而》）。

季路问事鬼神，子曰：未能事人，焉能事鬼？曰：敢问死，曰：未知生，焉知死（《先进》）！

子不语怪力乱神（《述而》）。

非其鬼而祭之，谄也（《为政》）。

祭如在，祭神如神在（《八佾》）。

获罪于天，无所祷也（《八佾》）。

务民之义，敬鬼神而远之，可谓知矣（《雍也》）。

重人事而远鬼神，此孔墨之不同也，孔子之言鬼神，义在以祭享。为治天下之本，故《祭义》说："建国之神位，右社稷而左宗庙。"《祭统》说："凡治人之道，莫急于礼；礼有五经，莫重于祭。"至于鬼神之果有或无，则视为不可知之事，而非所深究；孔子之言天命，乃悬拟一道德上至高无上之鹄的，以制躬行，至于天地之始万物之母，则非所容心，此孔子之异于道家也。不但孔子如此，在儒道未混合以前，孔子的嫡派大儒如孟子如荀子，亦力唱仁义礼乐而不言天鬼，至战国之末，不知何人，糅合儒道二家之说，作《中庸》（《中庸》言华岳，又说："生乎今之世，反古之道，如此者裁及其身者也。"又说："今天下车同轨，书同文。"这明明是和李斯辈同时代人的口气，决非孟子之前东鲁子思所作），始盛称鬼神之德与天道，于是孔子之面目一变；汉初传《周易》者，取阴阳家《系辞》归之孔子，大谈其阴阳不测之谓神，大谈其幽明之故，死生之说，大谈其精气游魂鬼神之情状，大谈其极数知来，极深研几，探赜索隐，钩深致远（《中庸》犹说："素隐行怪，后世有述焉，吾弗为之矣。"犹说："道不远人，人之为道而远人，不可以为道。"），大谈其河出图，洛出书（《论语》："凤鸟不至，河不出图。"之说，大约亦此时窜入，崔述已辨此非孔子之言。《春秋纬》有"龙负河图，龟具洛书"之说，可证为阴阳家言），于是孔子之面目乃再变；董仲舒号为西汉大儒，实是方士，成、哀以后，谶纬大兴，刘氏父子著书，皆兼采儒与阴阳二家之说，班固、许慎承其谬，于是孔子之面目乃三变；东汉诸帝，笃信谶纬，无耻儒生，靡然从之，白虎观讲议诸人，都是桓谭、王充所讥的俗儒，班固所纂集的《白虎通德论》，侈言三纲、六纪、五行、灾变，可说是集儒道糟粕之大成，然而桓谭还公言反谶，几以非圣无法的罪名见诛于光武，郑兴亦不善谶，乃以逊辞仅免，王充著《论衡》力辟神怪，贱儒贾逵以附和谶纬取媚民贼，亦尚言"五经家皆无证图谶明刘氏为尧后者"，到郑玄，他早年师事第五元，本是习京氏《易》、公羊《春秋》的，故晚年笃信谶纬，博采纬书神怪之言以注《毛诗》、《周礼》、《论语》、《孝经》、《礼记》、《尚书大传》等，至此孔子之面目乃四变，而与阴阳家正式联宗矣。从此贾逵、郑玄之学日显，桓谭、王充之说日微，影响于中国之学术思想不为小也。

孔子的第二价值是建立君、父、夫三权一体的礼教。这一价值，在二千年后的今天固然一文不值，并且在历史上造过无穷的罪恶，然而在孔子立教的当时，也有它相当的价值。中国的社会到了春秋时代，君权、父权、夫权虽早已确定，但并不像孔子特别提倡礼教，以后的后世那样尊严，特别是君权更不像后世那样神圣不可侵犯，而三权一体的礼教，虽有它的连环性，尊君却是主要目的；这是因为自周平王东迁以后，王室渐陵夷，各诸侯国中的商业都日渐发达，景王之前，已行用金属货币（见《周语》及《汉书·食货志》）。郑桓公东迁新郑，与商人立"无强贾"、"毋匄夺"的盟誓（见昭十六年《左传》）。齐擅鱼盐之利，"人物归之，襁至而辐辏，故齐冠带衣履天下"（见《史记·货殖传》）。"管仲相桓公，通轻重之权，曰：岁有凶穰，故谷有贵贱，令有缓急，故物有轻重。人君不理，则畜贾游于市，乘民之不给，百倍其本矣。故万乘之国必有万金之贾，千乘之国必有千金之贾者，利有所并也。"（见《汉书·食货志》）"桓公曰：四郊之民贫，商贾之民富，寡人欲杀商贾之民以益四郊之民，为之奈何。"（见《管子·轻重篇》）"及周室衰，……士庶人莫不离制而弃本，稼穑之民少，商旅之民多，谷不足而货有余。"（见《汉书·货殖传》）由此可见当时的商业，已经动摇了闭关自给的封建农业经济之基础，由经济的兼并，开始了政治的兼并，为封建制度掘下了坟墓，为统一政权开辟了道路，同时也产生了孔子的政治思想。春秋之末，商旅之势益盛，即孔门的子贡亦"废著（《汉书》作"发贮"）鬻财于曹鲁之间，……结驷连骑，束帛之币以聘享诸侯。所至国君无不分庭与之抗礼"（见《史记·货殖传》）。是为战国白圭、计然、猗顿之先驱，这便是司马迁所谓"无秩禄之奉爵邑之入，而乐与之比者，命曰'素封'"，"素封"势力愈盛，封建制度愈动摇，遂至诸侯亦日渐陵夷，大夫陪臣挟"素封"之势力，政权乃以次下移。孔子生当此时，已预见封建颓势将无可挽救，当时的社会又无由封建走向民主之可能（欧洲的中世纪之末，封建陵夷以后，亦非直接走向民主，中间曾经过王政复兴君主专制的时代，Machiavelli 的君主大权主义，正是这一时代的产物），于是乃在封建的躯壳中抽出它的精髓，即所谓尊卑长幼之节，以为君臣之义，父子之恩，夫妇之别普遍而简单的礼教，来代替那"王臣公、公臣大夫、大夫臣士、士臣皂、皂臣舆、舆臣隶、隶臣僚、僚臣仆、仆臣台"（见昭七年《左传》）的十等制，冀图在"礼"的大帽子

之下，不但在朝廷有君臣之礼，并且在整个社会复父子、夫妻等
尊卑之礼，拿这样的连环法宝，来束缚压倒那封建诸侯大夫以至
陪臣，使他们认识到君臣之义，无所逃于天地之间，以维持那日
就离析分崩的社会。所以孔门的礼教即孔门的政治思想，其内
容是：

孔子曰：天下有道，则礼乐征伐自天子出；天下无道，则礼
乐征伐自诸侯出。自诸侯出，盖十世希不失矣；自大夫出，五世
希不失矣；陪臣执国命，三世希不失矣。天下有道，则政不在大
夫；天下有道，则庶人不议（《论语·季氏》）。

孔子曰：如有用我者，吾其为东周乎（《论语·阳货》）。

齐景公问政于孔子，孔子对曰：君君、臣臣、父父、子子
（《论语·颜渊》）。

子曰：《书》云：孝乎惟孝，友于兄弟，施于有政，是亦为
政也。奚其为为政（《论语·为政》）？

有子曰：其为人也孝悌而好犯上者鲜矣；不好犯上而好作乱
者未之有也（《论语·学而》）。

子路曰：不仕无义，长幼之节不可废也，君臣之义如之何其
可废也，欲洁其身而乱大伦，君子之仕也，行其义也（《论语·
微子》）。

孔子曰：安土治民，莫善于礼。故朝觐之礼所以明君臣之义
也，聘问之礼所以使诸侯相尊敬也，丧祭之礼所以明臣子之恩
也，乡饮酒之礼所以明长幼之序也，婚姻之礼所以明男女之别
也，夫礼禁乱之所由生，犹防止水之所自来也。……故婚姻之礼
废，则夫妇之道苦而淫辟之罪多矣，……聘觐之礼废，则君臣之
位失，诸侯之行恶，而倍畔侵陵之败起矣（《礼记·经解》）。

子云：天无二日，土无二王，家无二主，尊无二上，示民有君臣之别也（《礼记·坊记》）。

君臣上下父子兄弟，非礼不定。（《礼记·曲礼》）

是故礼者，君之大柄也，……所以治政安君也，故政不正则君位危，君位危则大臣倍，小臣窃，刑肃而俗敝。……故唯圣人为知礼之不可以已也，故坏国、丧家、亡人，必先去其礼。（《礼记·礼运》）

哀公问于孔子曰：大礼何如，君子之言礼何其尊也。孔子曰：丘闻之，民之所由生，礼为大，非礼无以节事天地之神也，非礼无以辨君臣上下长幼之位也，非礼无以别男女父子兄弟之亲婚姻疏数之交也。（《礼记·哀公问》）

公曰：敢问为政如之何。孔子对曰：夫妇别，父子亲，君臣严，三者正则庶物从之矣。（《礼记·哀公问》，《大戴礼·哀公问》"庶物"作"庶民"）

是故君子之教也，外则教之以尊其君长，内则教之以孝于其亲，是故明君在上则诸臣服从，崇事宗庙社稷则子孙顺孝，尽其道，端其义，而教生焉。（《礼记·祭统》）

曾子曰：忠者，其孝之本与。（《大戴礼·曾子本孝》）

曾子曰：君子立孝，其忠之用，礼之贵。……君子之孝也，忠爱以敬，反是乱也。（《大戴礼·曾子立孝》）

天无二日，国无二君，家无二尊，以治之也。（《大戴礼·本命》）

女子者，言如男子之教而长其义理者也，故谓之妇人，妇人伏于人也，是故无专制之义，有三从之道，在家从父，适人从夫，夫死从子，无所敢自遂也。（《大戴礼·本命》）

出乎大门而先，男帅女，女从男，夫妇之义由此始也；妇人，从人者也，幼从父兄，嫁从夫，夫死从子。（《礼记·郊特牲》）

男先于女，刚柔之义也，天先乎地，君先乎臣，其义一也。（《礼记·郊特牲》）

仲尼曰：……父子君臣长幼之道得而国治。……父子君臣长幼之道合，德音之致，礼之大者也。（《礼记·文王世子》）

不但孔子自己及他的及门弟子是这样，孔子之后，孔子的嫡派大儒孟子、荀子，他们的思想，无论对于天鬼，对于礼教，都是孔子的继承者。

齐宣王问曰：齐桓、晋文之事可得闻乎。孟子对曰：仲尼之徒无道桓文之事者，是以后世无传焉，臣未之闻也，无已则王乎。（《孟子·梁惠王》）

学则三代共之，皆所以明人伦也。人伦明于上，小民亲于下，有王者起，必来取法，是为王者师也。（《孟子·滕文公》）

当尧之时，……使契为司徒，教以人伦，父子有亲，君臣有义，夫妇有别，长幼有序，朋友有信。（《孟子·滕文公》）

子未学礼乎，丈夫之冠也父命之，女子之嫁也，母命之，往送之门，戒之曰：往之女家，必敬必戒，无违夫子，以顺为正者，妾妇之道也。（同上）

世衰道微，邪说暴行有作，臣弑其君者有之，子弑其父者有之，孔子惧，作《春秋》，《春秋》，天子之事也。……杨氏为我，是无君也，墨氏兼爱，是无父也。无父无君，是禽兽也。……昔者禹抑洪水而天下平，周公兼夷狄驱猛兽而百姓宁，孔子成《春秋》而乱臣贼子惧。（《孟子·滕文公》）

君仁莫不仁，君义莫不义，君正莫不正，一正君而国定矣。（《孟子·离娄》）

礼有三本：天地者生之本也，先祖者类之本也，君师者治之本也。无天地恶生，无先祖恶出，无君师恶治，三者偏亡焉无安人。（《荀子·礼论篇》，《大戴礼·礼三本》，"生之本"作"性之本"，"恶"作"焉"，"尤安人"作"无安之人"，后世天地君亲师并祀，即始于此。）

君之丧，所以取三年，何也。曰：君者，治辨之主也。……彼君者（依俞樾说"君"下删"子"字），固有为民父母之说焉，父能生之，不能养之；母能养之，不能教诲之；君者已能食之矣，又善教诲之者也。三年毕矣哉。（《荀子·礼论篇》）

上无君师，下无父子，夫是之谓至乱，君臣父子兄弟夫妇，始则终，终则始，与天地同理，与万世同久，夫是之谓大本。（《荀子·王制篇》）

故人道莫不有辨，辨莫大于分，分莫大于礼，礼莫大于圣王，……欲观圣王之迹，则于其粲然者矣，后王是也。彼后王者，天下之君也。舍后王而道上古，譬之是犹舍己之君而事人之君也。（《荀子·非相篇》）

故古者圣人，以人之性恶，似为偏险而不正，悖乱而不治，故为之立君上之埶以临之，明礼义以化之，起法正以治之，重刑罚以禁之，使天下皆出于治，合于善也；……今当试去君上之埶，无礼义之化，去法正之治，无刑罚之禁，倚而观天下民人之相与也；若是，则夫强者害弱而夺之，众者暴寡而哗之，天下之悖乱而相亡，不待顷矣。（《荀子·性恶篇》）

天子无妻，告人无匹也（杨注云：告，言也；妻者，齐也；

天子尊无与二，故无匹也）。四海之内无客礼，告无适也（杨注
云：适读为敌。《礼记》曰：天子无客礼，莫敢为主焉）。……
圣王在上，分义行乎下，则士大夫无流淫之行，百官吏人无怠慢
之事，众庶百姓无奸怪之俗，无盗贼之罪，莫敢犯上之禁。
（《荀子·君子篇》）

　　这一君尊臣卑，父尊子卑、男尊女卑三权一体的礼教，创始
者是孔子，实行者是韩非、李斯（韩非、李斯都是荀子的及门
弟子，法家本是儒家的支流，法家的法即儒家的礼，名虽不同，
其君尊臣卑、父尊子卑、男尊女卑之义则同，故荀子说："礼
者，法之大分，类之纲纪也。"司马迁谓韩非"归本于黄老"，
真是牛头不对马嘴的胡说，这是由于他不懂得尊礼法与反礼法乃
是儒法与黄老根本不同的中心点）。孔子是中国的 Machiavelli，
也就是韩非、李斯的先驱，世人尊孔子而薄韩非、李斯，真是二
千年来一大冤案。历代民贼每每轻视儒者（例如汉朝的高祖和
宣帝），然而仍旧要尊奉孔子，正是因为孔子尊君的礼教是有利
于他们的东西，孔子之所以称为万世师表，其原因亦正在此。近
世有人见尊君尊父尊夫之弊，而欲为孔子回护者，妄谓"三纲"
之说盛倡于宋儒，非孔子之教，而不知董仲舒造《春秋繁露》，
班固纂《白虎通德论》，马融注《论语》，都有"三纲"之说，
岂可独罪宋儒，孔子、孟子、荀子虽然未说"三纲"这一名词，
而其立教的实质不是"三纲"是什么呢？在孔子积极的教义中，
若除去"三纲"的礼教，剩下来的只是些仁、恕、忠、信等美
德，那末，孔子和历代一班笃行好学的君子，有什么不同呢？他
积极建立起来他所独有的伦理政治学说之体系是什么呢？周末封
建动摇，社会的飓风将至，故百家立说，于治世之术都有积极的

独特主张，小国寡民，无为而治，这是黄老的主张；兼爱、非攻、明鬼、非命，这是墨家的主张；尚法、好作，这是慎到田骈的主张；不法先王，不是礼义，这是惠施、邓析的主张；并耕、尽地力，这是农家的主张；儒家的独特主张是什么呢？除去"三纲"的礼教，他没有任何主张，孔子只不过是一个笃行好学的君子而已，人们凭什么奉他为万世师表呢？我向来反对拿二千年前孔子的礼教，来支配现代人的思想行为，却从来不曾认为孔子的伦理政治学说在他的时代也没有价值；人们倘若因为孔子的学说在现代无价值，遂极力掩蔽孔子的本来面目，力将孔子的教义现代化，甚至称孔教为"共和国魂"，这种诬罔孔子的孔子之徒，较之康有为更糊涂百倍。

《周礼·天官大宰》：师以贤得民，儒以道得民，吏以治得民。郑玄注云：师，诸侯师氏，有德行以教民者；儒，诸侯保氏，有六艺以教民者；吏，小吏在乡邑者；《地官大司徒》：联师儒。郑玄注云：师儒，乡里教以道艺者；是周之儒者，其地位与乡邑小吏同，其专职是礼、乐、射、御、书、数的六艺、贤属师，治属吏，非儒者之事，儒者所教的礼，当然说不上吉、凶、宾、军、嘉全部的礼，不过士民所需凶礼中的丧吊，嘉礼中的昏冠之礼节仪文而已，更说不上治术；若有人把孔门的礼教和孔子以前儒者所教六艺的礼并为一谈，便是天大的错误？孔子说："礼云礼云，玉帛云乎哉。"礼之所尊，尊其义也，失其义，陈其数，祝史之事也（《礼记·郊特牲》）。孔子对子夏说，"汝为君子儒，毋为小人儒。"（此所谓君子小人，与"小人哉樊须也"之小人同义，彼谓稼圃为小遭末艺，非治国平天下的大道，此谓小人儒为习于礼、乐、射、御、书、数的小儒，非以礼教治国安民的君子儒）这正是说礼之义不在礼节仪文之末，君子儒不以六艺多能为贵，所以孔子以后的礼和儒，都有特殊的意义，儒是以礼治国的人，礼是君权、父权、夫权三纲一体的治国之道，而不是礼节仪文之末。不懂得这个，便不懂得孔子。

科学与民主，是人类社会进步之两大主要动力，孔子不言神怪，是近于科学的。孔子的礼教，是反民主的，人们把不言神怪的孔子打入了冷宫，把建立礼教的孔子尊为万世师表，中国人活该倒霉！

请看近数十年的历史，每逢民主运动失败一次，反动潮流便高涨一次；同时孔子便被人高抬一次，这是何等自然的逻辑！帝制虽然两次倒台，然而袁世凯和徐世昌的走狗，却先后昌言民国的大总统就是君，忠于大总统就是忠于君；善哉，善哉！原来中国的共和，是实君共和，还没有做到虚君共和！民国初年，女权运动的人们，竟认为夫妻平等，无伤于君父二纲；美哉，美哉！原来孔子三纲一体的礼教，是可以肢解的！这些新发明，真是中国人特有的天才。

孔子的礼教，真能够支配现代人的思想行为吗？就是一班主张尊孔的人们，也未必能作肯定的答复吧！礼教明明告诉我们：君臣大伦不可废，无君便是禽兽；然而许多主张尊孔的人，居然两次推翻帝制，把皇帝赶出皇宫，律以礼教，这当然是犯上作乱；一面犯上作乱，一面又力倡祀孔，这是何等滑稽的事！礼教明明告诉我们：天下有道则庶人不议；然而许多主张尊孔的人，居然身为议员，在国会中大议而特议！礼教明明告诉我们："妇人，从人者也，幼从父兄，嫁从夫，夫死从子"；然而许多主张尊孔的人，居然大倡其女权，大倡其男女平等；这不是反了吗！

礼教明明告诉我们："信、妇德也，一与之齐，终身不改，故夫死不嫁。"（《礼记·郊特牲》）然而有些主张尊孔的人，自己竟和寡妇结婚。礼教明明告诉我们："生事之以礼，死葬之以礼，祭之以礼。"（《论语·为政》）"父母在，朝夕恒食，子妇佐馂，既食恒馂。""非馂莫之敢饮食"。"子事父母，鸡初明……妇事舅姑，如事父母，鸡初鸣……以适父母舅姑之所，下气怡声，问衣、燠、寒、疾、痛、苛、痒，而敬抑搔之……枣栗饴蜜以甘之，堇、荁、枌、榆、免、薧，滫瀡以滑之，脂膏以膏之，父母舅姑必尝之而后退。"（《礼记·内则》）然而主张尊孔的人，都这样孝敬父母吗？非父母舅姑之馂余不敢饮食吗？有此还要离开父母舅姑组织小家庭哩。礼教明明告诉我们："男不言内，女不言外"，"内言不出，外言不入。""女子出门，必拥蔽其面。""七年，男女不同席，不共食。"（《内则》）"男女非有行媒不相知名。""男女不杂坐。"（《曲礼》）然而尊孔的人，能够愿意千百万女工一齐离开工厂，回到家庭，使之内言不出吗？能禁止男女同学吗？他们宴会时不邀请女客同席杂坐共食吗？他们岂不常常和女朋友互换名片，社交公开吗？不但女子出门不蔽面，大家还要恭维学习美人鱼哩。礼教明明告诉我们："男女授受不亲。"（《孟子》、《礼记》）"非祭非丧，不相授器，其相授，则女受以篚，其无篚，则皆坐奠之而后取之。"（《礼记·内则》）然而尊孔的人，不但男女授受可亲，而且以握手为礼，搂腰跳舞，而且男子生病会请女医诊脉，女子产儿会请男医收生，孔子若活到现在，看见这些现象，岂不要气炸了肺吗？这班尊孔的人们，大约嘴里虽不说，心里却也明白二千年前的孔子礼教，已经不能支配现代人的思想行为了，所以只好通融办理；独至一件与他们权威有碍的事，还是不能通融，还得仰仗孔子的威灵，来压服一班犯上作乱的禽兽，至于他们自己曾否犯上作乱，这本糊涂账，一时也就难算了。孔子的"三纲"礼教所教训我们的三件事：一是"事君，可贵、可贱、可富、可贫、可生、可杀，而不可使为乱"（《礼记·表记》）；一是"父母怒，不悦而挞之流血，不敢疾怨，起敬起孝"（《礼记·内则》）；一是"寡妇不夜哭"（郑注云：嫌思人道），"妇人疾，问之不问其疾"（郑注云：嫌媚，略之也，问增损而已）；"寡妇之子，不有见焉，则弗友也"（均见《礼记·坊记》）。今之尊孔者，对于第二、第三教训，未必接受，对于第一个教训，到有点正合孤意了，他们之所以尊孔，中心问题即在此；汉之高帝宣帝以及历朝民贼，并不重视儒生，而祀孔典礼，则历久而愈隆，其中心问题亦即在此；孔子立教之本身，其中心问题亦即在此，此孔子之所以被尊为万世师表也。如果孔子永久是万世师表，中国民族将不免万世倒霉，将一直倒霉到孔子之徒都公认外国统监就是君，忠于统监就是忠于君，那时万世师表的孔子，仍旧是万世师表，"三月无君则皇皇如也"的孔子之徒，只要能过事君的瘾，盗贼夷狄都无所择，冯道、姚枢、许衡、李光地、曾国藩、郑孝胥、罗振玉等，正是他们的典型人物。

人类社会之进步，虽不幸而有一时的曲折，甚至于一时的倒退，然而只要不是过于近视的人，便不能否认历史的大流，终于是沿着人权民主运动的总方向前进的。如果我们不甘永远落后，便不应该乘着法西斯特的一时逆流，大开其倒车，使中国的进步再延迟数十年呀！不幸得很，中国经过了两次民主革命，而进步党人所号召的"贤人政治"，"东方文化"，袁世凯、徐世昌所提倡的"特别国情","固有道德",还成为有力的主张；所谓"贤人政治",所谓"东方文化",所谓"特别国情",所谓"固有道德"哪一样不是孔子的礼教在作祟呢？哪一样不是和人权民主背道而驰呢？

人们如果定要尊孔,也应该在孔子不言神怪的方面加以发挥,不可再提倡阻害人权民主运动,助长官僚气焰的礼教了！

不塞不流,不止不行,孔子的礼教不废,人权民主自然不能不是犯上作乱的邪说；人权民主运动不高涨,束手束足意气销沉安分守己的奴才,那会有万众一心反抗强邻的朝气。在这样的政治环境之下,只能够产生冯道、姚枢、许衡、李光地、曾国藩、郑孝胥、罗振玉,而不能够产生马拉、但顿、罗伯士比尔。幸运的是万世师表的孔子,倒霉的是全中国人民！

署名：陈独秀

《东方杂志》第三十四卷第十八、十九号

1937 年 10 月 1 日

从第一双十到第廿六双十

（一九三七年十月二日）

我们每年双十节都不能不回想到廿六年前的双十。

廿六年前双十，是中国整个的民族革命战争时代之开幕；这一革命战争，在本质上，是对内推翻满族的统治，对外推翻帝国主义的宰割，在社会的动象上，后者尤重于前者，辛亥以前的收回权利运动，正是这一意义之表现。

不幸辛亥革命的结果，仅仅推翻了满族的统治，丝毫没有侵犯到帝国主义在华的权利，因此没有解决中华民国立国的根本问题之一：国家独立与统一。第二次革命——北伐战争，推翻了北洋军阀的统治，也不曾解决这一问题。

一直到廿六年后双十节的今天，才动手来解决这一问题，即是直接与帝国主义者武装冲突。此次抗日战争，其对象虽然是日本帝国主义，而其含义及历史发展的前途，乃是推翻一切帝国主义的宰割，完成国家独立与统一，所以此次抗日战争，不是两个帝国主义间争夺殖民地的战争，而是被压迫民族反抗帝国主义的革命战争。即令由这一战争做了国际帝国主义战争的导火线，而在远东方面，只要中国政府始终联合苏联对日作战，仍然不会失掉革命的意义。一个革命家，难道不应该站在联合中国和苏联的人民以至朝鲜、日本的人民来推翻日本帝国主义的观点上，赞助这一战争吗？

此次抗日战争，是第一次革命（辛亥革命）、第二次革命（北伐战争）之继续完成，谁对于抗日战争怠工，便是不愿意中国革命事业之继续前进；谁害怕革命震动，便不配抗日，要脸的只好追踪苗大哥逃到川、云、贵的深山中去，不要脸的终于要跪在日本帝国主义者面前！

中国抗日战争，无论是何人何党所领导，任何人任何党派都应该一致赞助；无论政府在抗战中有何错误，甚至根本的错误，都不能作为人们消极的理由，消极不能解决任何问题，消极是革命内在的敌人！

左倾的人们，以左倾的词句掩盖他们的消极，和右倾的人们害怕革命震动，害怕民众起来，同样会葬送有世界革命意义的抗日战争！

今年第廿六双十节，我们并不须有别的纪念庆祝的仪式，前线上忠勇战士对敌人所发的炮声，便是我们的纪念、庆祝。只要我们除去左倾或右倾的错误，使抗日战争得到最后胜利，则第廿六双十的价值，在历史上要超过第一双十多少倍。

双十节前八日，写于武昌

署名：陈独秀

《宇宙风》第四十九期
1937 年 10 月 16 日

抗日战争之意义

——十月六日在武昌华中大学讲演

（一九三七年十月六日）

全国要求的抗日战争已经开始了。为什么要抗战？一般的说法，是因为日本欺压我们太厉害。这话固然不错，可是，未免过于肤浅了，一般民众尤其是知识分子，应该明了更深一点的意义，抗战不是基于一时的感情，而有深长的历史意义。

十九世纪之末，西欧资本主义发展到最高阶段——帝国主义，各资本主义的先进国家，挟着工业与科学，企图掠夺征服全世界，做他们的殖民地；在这一时期，全世界的各民族，能够自动的发展工业与科学以适应环境的便兴旺起来，否则不免日渐衰败下去，这是近代史的一般规律。

资本主义在东方发达较晚，因之产业、生活、文化遂比较落后，大部分都变成了帝国主义的殖民地，供他们的奴役，在东方后起的资本主义，因为各国发展不平衡，强弱遂至不同，现在单就中国和日本两国说：日本在德川时代，盛行过守旧和攘夷运动，可是他们幸运得很，在守旧攘夷运动中，社会上有力分子，受了由欧美留学回国者奔走号召的影响，渐渐感觉到守旧攘夷不是办法，由此一变而为明治维新运动，全国上下疯狂的崇尚工业与科学，从那时一直到现在，六七十年，工业与科学很顺利地发展着，未曾一次遇到反动势力的阻碍，所以才有今日的强盛。中国怎样呢？中国提倡科学与工业也略与日本明治维新同时，第一次改革便是李鸿章采用西法以富国强兵的企图，不幸当时民间没有援助，留学欧美回国的学生也没有发挥一点力量，李鸿章的一切设施计划，都受了守旧的清廷之阻碍而失败，使中国改革的头一炮便没有响，因此收得了甲午年对日本战败的后果。

因战败的刺激，产生了戊戌维新运动；康梁所领导的戊戌维新运动，其动力是出于民间的知识分子，其理想是输入西学以振兴工业，改革行政制度，一时震动了全国，其意义大于李鸿章时代之改革。这一运动若一直顺利的发展到现在，即令只是一个君主立宪的国家，而工业与科学之发达，国力之强盛，是不会在日本之下的，不幸这次改革，又被清廷守旧的太后派所摧残而失败，这第二次改革失败，遂酿成了庚子拳匪事变，八国联军占领首都的后果。

庚子战败后，中国更加陷入了帝国主义宰割的深渊中，赔款连息九万五千万，这样大的数目，在现在还足惊人，在那时的国计民生上更是不可承受的打击。这还是小事，最致中国死命的是：在以前的协定关税和领事裁判权之外，又加上全国重要的铁路矿山权，内河航行权，在中国境内开办工厂权，和北京、天津、汉口、上海驻兵权。这些帝国主义在中国的特权，无一不是破坏中国的主权，辛丑条约可以说是不平等条约中最不平等的条约，此后中国陷入半独立国家的悲境，较庚子以前更加明显了，因此国计民生日增困苦。清廷之无能而又横暴，很明白的摆在人民面前，排满革命论逐渐抬头，君主立宪论逐渐失势，于是乃有孙黄领导的辛亥革命。以辛亥革命的朝气，本有收回主权，完成国家独立与统一，以发展工业与科学的希望，不幸又遇到以袁世凯为首领的北洋军阀之反动，一切都趋向复古，此次革命在推翻满清帝制是成了功，在完成国家独立以致富强的大改革又失败了，因此酿成了日本帝国主义二十一条要求，袁世凯称帝，清帝复辟，南北战争等不断灾难的后果。

中国的民族工业，在欧战中有了一点发展，又加以俄国革命之刺激，革命党之努力及工农之奋起，于是乃有轰动全国的北伐战争运动，以此次运动的朝气，本有可能完成辛亥革命所未完成的任务，不幸又以帝国主义的威胁利诱而失败了，因此酿成了"九一八"的后果。

在此六七十年中，日本的工业与科学，一直顺利地发展着，资本主义已达到高度，中国每一次改革，都为反动势力所破坏，资本主义至今犹停滞在最初阶段，戊戌维新时代张之洞"中学为体西学为用"的反动理论，经过袁世凯反动时代梁启超的渲染，至今犹支配着知识分子的头脑，至今还有人认为东方的精神文化胜过西方的物质文明，认为大刀队能够抵抗敌人的机关枪和大炮，这就是中日强弱之所由分，也就是一般恐日病者主和派（实际是投降派）之理论及事实的根据。

因"九一八"的刺激，反日空气弥漫了全中国，政府也有了二三年军事上的努力，于是乃有今日的抗日战争。

此次抗日战争，不是基于一时的感情，也不是由于民族的复仇，更不是为了正义、人道、和平，这些好听的空洞名词，而是被压迫的民族反抗帝国主义压迫束缚的革命战争。战争之对象，虽然只是日本帝国主义，亦仅仅是日本帝国主义者而不是日本人民，因为压迫束缚我们的，亦非日本人民，而是帝国主义的日本军阀政府；战争之历史的意义，乃是脱离帝国主义之压迫与束缚，以完成中国独立与统一，由半殖民地的工业进到民族工业，使中国的政治经济获得不断的自由发展之机会。

每个民族之国家独立与统一，必须实现经济独立与统一，始能完成，而经济落后的国家，尤必须力争关税自主，采用保护政策，本国的幼稚工业才能够和资本主义先进国的工业品竞争，自由贸易政策，在工业有高度发展的国家，有大量的商品输出并且农产品不足，才能适用，中国幼稚的民族工业，如纺织、人造丝、火柴、肥皂、面粉、纸烟、水泥等，正因为处于半独立国家的地位，不但不能对于上举各项工业品施行关税保护政策（现时海关增税的，仅仅是少数的奢侈品，虽然增多一点政府财政的收入，而于保护上举各项工业无所裨益），抵制倾销，而且各国还有在中国境内设厂，航行的特权，此种状况不改变，依资本竞争的规律，中国的民族工业，便永远不能抬头，这是中国需要反帝国主义的国民革命之基本原因。

前年日本广田对王正廷大使说："中国是农业国，日本是工业国，两国间各以所有易其所无，携手合作，共存共荣，岂不甚好，中国何必要反日呢？"我们的答复是：我们所以反日，正因为也要做工业国，不甘心做别国的农奴，专为他们生产原料。今日日军之大炮飞机向我们轰炸，也正是要屈服我们做他们的农奴。

此次对日战争，乃六七十年来改革与革命的大运动之继续，第一次李鸿章改革，第二次戊戌维新，第三次辛亥革命，第四次北伐运动，今日的抗战乃是第五次，到了对帝国主义武装冲突阶段，也就是民族解放运动的最尖锐阶段。

两个帝国主义间争夺殖民地的战争，两方面国家中社会主义者，都应该各自反对其本国的侵略战争，使之失败，因为这种战争只有牺牲人民，而没有进步的意义；殖民地半殖民地反抗帝国主义侵略的战争，被侵略国的人民，抬起头来打倒掠夺他们的强盗，乃是人类一种进步的战争，侵略国的社会主义者，固然应该起来反对其本国政府，而被侵略国的社会主义者，则应援助其本国政府，使之获得胜利，此种胜利，不但使本国脱离殖民地半殖民地的地位，并且使被侵略国的被压迫人民也得到解放的机会，因此，此次中国抗日战争，我们不能看做南京政府和东京政府的战争，而是被侵略的中国人民对于侵略的日帝国主义战争，全中国人民都应该拿出力量来援助抗日战争，除非甘心做汉奸。

此次抗日战争有严重的意义，决不可当做儿戏，战胜了，不但解除了日本帝国主义的压迫与束缚，并且使别的工业先进国亦不能够再继续强迫中国人做他们的农奴，根据历史的经验，以前德意志、意大利、日本、土耳其都是经过对外战胜，循外交途径，收回了独立国家所必需的主权，脱离了半独立国的地位，在中国，德俄两国的特权已经放弃，法、美、意、比等国与我关系较小，唯英国在华势力与日本不相上下，然英人素来持重，近年对外政策又日趋保守非以前的英国可比，聪明的美国人，比较日本更懂得中国国民要求解放运动的意义与力量，未必肯蹈日本一味蛮干而失败的前辙，如果中国抗日战争得到胜利，列强在中国的特权，或者不必经过战争，而循外交途径，以次收回，这是一种比较温和的办法，然而绝对不是幻想。

如果此次战败，只有亡国为奴。所以此次战争，乃是中国人或为自由民或为奴隶之关键，每一个中国人对于抗战怠工，不尽他所能尽的力量，事实上是帮助了敌人，即是消极的无形的汉奸！

有人以为中国如是之大，不至灭亡，殊不知日本帝国主义者灭亡中国，并非采取直接管理全中国的笨法子，乃是以分化手段，在南北制造各种名义的政治组织，利用亲日派做傀儡，间接统治中国，把不愿充当傀儡的人们赶到川云贵山中和苗大哥作伴，这不是亡国是什么？日本帝国主义者，即对于各种傀儡的组织，也利于他们分立，更易于由他摆布，并不容许他们统一和力量强大起来，近日谣传溥仪将迁北平。余不信会有此事，因为日本的政策不愿以一个傀儡的组织统治全中国。

假使民众不起来，政府的军事势力始终陷于孤立的地位，不得已中途屈服，放弃华北，这种南方暂时偏安的局面，也会日趋于全中国灭亡之路。

投降派唯一的理论及事实之根据，是中国在军事的经济的力量上都非日本之敌，他们不懂得日本不能用全部力量对中国战争，他们更不懂得中国抗日战争，是民族解放的革命战争，不能仅仅拿两方政府手中的军事和经济力量来估计最后的胜负，中国政府手中的军力和财力之弱点，是可以由全国民众之奋起及全世界革命的国家革命的民众（日本的民众也在内）之援助来补充的，如果我们忽视了这两种力量之补充，不但投降派振振有词，即主战派将来也会动摇，所以我们在抗日战争中，首先必须深刻地了解抗战之真实意义，才会有始终坚决不饶的意志。

陈独秀:《抗日战争之意义》

亚东图书馆 1937 年 11 月印行

我们要得到怎样的胜利
及怎样得到胜利

—— （一九三七年）十月十五日
在汉口青年会讲演

（一九三七年十月十五日）

我今天要讲的是："我们要得到怎样的胜利及怎样得到胜利"这个题目。

现在有许多人都在说："我们对日战争，要得最后的胜利，"并且说，"最后的胜利必属于我们。"但是我们要得到怎样的胜利，怎样的胜利才是最后的胜利呢？同时，怎样才能得到胜利呢？这一点，我们应当具体的说明，仅仅抽象的说说胜利，那是过于空洞的。

今天有很多人都在骂"和"，以为和就是投降，其实一个国家打仗，有战必有和，说和并不是一件坏事情，只看怎样的和法。如果是屈服的和，那是投降；如果是对等的和，那是可以的。民族战争，和是可以，投降则不可。

前几天我在华中大学曾经讲过此次抗战意义，今天当然已经用不着再说这一方面的话，不过我当时有一个结论是不能不提一提的：我说这一次抗日不是感情的，复仇的，而是求中国在国际上、经济上脱离半独立的地位，得到完全独立的地位。不然，则我们是奴隶的生存。我们必须经济能自由发展，不受外国任何势力的宰制。这才是我们战争的意义，才是我们战争的目的。

我们的胜利，是不是要割取日本的土地呢？不是。我们是一个被侵略的国家，我们的第一个目的，只要他交还侵略去的土地；是不是要他赔款呢？不是。因为赔款是负担在日本人民的身上。我们不是侵略国，我们不要使敌国人民负担加重，我们只要日本把在华侵略去的权利交还。这些权利是什么？如租界、如关税协定、如领判权、铁路矿山权、内河航行权、在中国驻兵和开办工厂等等，我们只要这些权利交还我们。因为有上述几种特权存在，在政治上经济上都不能称为自主的国家，中国就永远做他们的农奴，他们就永远做了我们民族工业的主人。我们这一次的战争，是要争取民族工业的主权，要自己起来做主人。所以，这一战争不是感情的，复仇的。我们并不要日本割地赔款，我们只要交还我们的主权，把在中国侵略去的交还我们，这就是我们最后的胜利。并且也只有这样才算是最后的胜利，不应该存苟且的心理，以为日本能够停战撤兵至多做到交还失地，就算我们的最后胜利；这便和以前一样，排满只限于清帝退位，讨袁只限于取消帝制，迷惑于苟且成功的心理，极力降低要求，缩短战线，自以为是稳健的战略，结果仍旧是失败。这种最后的胜利，是不容易得到的，我们要达到这个目的，必须能够支持长时期的抗战。现在有一班中国必胜论者，很轻率的说日本已经陷入了经济崩溃的境地，这一句话显然是毫无根据的乐观，是自己欺骗自己，在事实上，一个短时期内即一年半甚至二年，无论在经济上在军事上，我们是摧毁不了她的，我们须要能够持久的和她抗争，至少是二年。甚至是十年，二十年，三十年都可以。这样的长期战争，在现代当然不可能，但我们要想得到最后的胜利，必需有虽三十年也不愿意做奴隶而要做主人的决心，纵然中间经过惨败甚至一时的屈服。

现在有一件事，就是远东会议。也许有很多的人希望这一个会议可以帮助中国得到胜利，如果真是这样希望，那就非常错误。就是我个人的意见，远东会议能够不增加中国的困难，就已经是很好的了。虽然目前我们还不知道远东会议会有什么结果，但我们从历史上观察远东会议的来源，也就可以知道一半。自从英帝国会议以后，澳大利代表就提出了太平洋会议，日本表示相当赞成，美国不理，其目的就可以想见了。澳大利对于远东问题，有一个目的，想拿中国问题满足日本，只要日本不干涉她，她自己得到安全就够了。这是过去的情形，现在呢？现在国联的机构以内，给日本以经济制裁的空气非常浓厚，连加拿大都赞成了，但是英国在意、阿战争中已经有了经验，经济制裁以后，倘不进一步加以武装制裁，经济制裁必然要失败的，武装制裁，又非所愿，只得赞成远东会议来和缓经济制裁的空气，来安定她自身，表面上虽说希望两者并而为一，实则只想玩玩远东会议而已。再说远东会议会有什么结果呢？只要看看到会的成分便知道了，如丹麦、比利时、葡萄牙、瑞典、挪威，一向是跟着英国走的；法与苏会同情于中国，但终局也不能走出英国的范围；美国的算盘打得很精，她和日本剧烈的冲突还在明天，今天值不得一战，不妨流点他人的血，自己向中、日两方面卖卖军火，这便是美国孤立派和和平主义者的真实意旨，罗斯福现在虽然走进一步，也不过为了他自己将来选举票，敷衍少数主战派一下，决不会抛弃和平派而走到英国前面；德、意两国呢？意大利对日本当然很同情，德国不能公开的帮助中国，也不会帮助日本，德助日以欧洲方面为限，在经济上她不愿失去中国市场，她或者中立，或者不参加会议，如此看来，除德、意别有自己的立场，其余都要或迟或早唯英国马首是瞻。所以决定远东会议之前途的还是英国。英国呢？大概还不外是折中、调解和承认既成事实这些老办法。如此则远东会议便无疾而终了，我们对它能有什么别的希望呢？那么我们是不是对于国际的援助一点希望没有呢？这到不尽然。我们在客观情形明了以后，应该断然抛弃对国联对"九国公约"国任何集体制裁的幻想，并且应该抛弃什么和平阵线侵略阵线这一虚构的公式，努力在外交上尽可能的向各别国家获得军火的接济，如苏联、美国、德国和捷克。所谓外国军火之接济，决不仅仅是寻常小量的补充，而是大量的接济，而是要看做我们得到胜利的因素之一。说到这里，或者会有人出来反对所谓"唯武器论"，我以为"唯武器论"，在人类社会进化史上是无可非难的，因为用弓箭刀矛的人战胜了用石头的，用来福枪的人又战胜了用弓箭刀矛的，用飞机大炮的人将来也会战胜用来福枪的，武器并不能简单看做武器，它是每一时代每一民族一般文化发展的象征；即在实际战争上，"唯武器论"在一定限度上也是正确的，因为只有武器的数量质量约略相等的条件之下，兵数众多和作战勇敢才有决定最后胜负的作用。如果我们盲目的反对"唯武器论"，那只好痴心妄想精神可以战胜物质，希望大刀队可以抵抗飞机大炮，仿佛标语、祈祷、歌咏，可以打退敌人，这都等于用符咒治病，病人只有倒霉！

日本比起我们来，已经是工业国家，军火尚须不断的从外国补充，战时更不用说，中国是农业商业国家，军火几乎全部依赖外国，如果打算继续抗战二年，就是说二年以内不向日本屈服，便不是宣传大话所可济事，要能够从外国获得四十八万万元的军火才行。单是飞机一项，二年内陆续补充一千架，平均每架以三十万元计，就要三万万元，大炮及大炮的子弹的价钱那就更可观了。

如果我们有了军火，那就可以拿兵数众多和作战勇敢来决定胜负了。日本对中国作战，只能出兵四十万，我们的军队以训练上的缺点，应该用一百二十万兵来对付，一百二十万兵的给养及被服药品之补充，官兵每人每月平均以三十元计，二年共需八万万六千四百万元，此外尚需巨额的运输费，连军火，二年战费当在六十万万元以上。以半年计至少要用十五万万元，日本预计半年战费要二十五万万元，我们不能再少过十五万万元了。假定在此半年中，能够得到五万万元的军火借款，尚需筹得现款十万万元，才能够支持半年，若准备支持一年，还要加多十五万万元，合共二十五万万元，只抵得日本半年的战费，似乎不能再少了。现在政府发行的救国公债只五万万元，实在太少，第一批救国公债，最少要二十万万元，而且最好是一半现金，一半法币。现在集中在政府手中的现金虽很多，但为了维持外汇的平衡，当然不能多量动用，近代的战争，谁不能维持外汇的平衡，谁就踏上了失败的道路，日本对于中国的全面抗战，倘然不能攻取中国多少地方，从她占领的中国地方获得大批战费，恐怕不到二年，外汇的平衡便不能维持了。我们在此二年中，将怎样维持外汇的平衡呢？外国借款当然希望很小，只有陆续从国内筹出三四十万万现金。怎样筹法呢？我们要知道现金在人民身上，政府无法没收，要靠人民用救国公债的形式拿出，如果说不能不用强迫力，大部分是要用民众的强迫力，单靠政府的强迫征收，那是不行的。如果人民能够拿出二三十万万现金充战费，这才真是财力的全国动员，这件事不仅仅是物质上的，也是精神上的，因为这一消息传出后，日本绝不好再说：对日抗战的是中国政府而不是中国人民。

这是财力问题，再有人力的问题。日本打中国，可以出到四十万兵，中国的军队，除了中央军、两广军、川军，其他军队战斗力是有限的。中央、两广、四川军合拢来，大概有八十万，全中国也许有二百万兵，但可打的则只有这八十万，这八十万可超过日本一倍。但现在的战争，日本不但是机械化厉害，就是军队的训练也好过我们，所以拿八十万对四十万，还没有胜利的把握，我们最少要一百二十万，三人打他一个，这样我们就要大大的补充，照现在征兵办法，似乎不会有多大效果。中国习惯怕当兵，强迫征兵，还会偾事，必须要使民众了解民族解放战争的意义，自动的起来参加战争才行。民众如果蜂涌〔拥〕起来，武装起来，自愿的参加战争，那么，不但正规军之补充不成问题，并且还有大量的游击队，辅助正规军作战，这才真是人力的全国动员。人力的全国动员和财力的全国动员一样，都需要民众自动，靠政府的强派，是不会有多大成绩的，譬如小孩子读书，靠父兄强迫是不行的。强迫征兵和强派公债一样，不但不会有多大成绩，倘贪官污吏、土劣、保甲长等，视为发财机会，借着征兵派债，肆行敲诈，那更要大糟而特糟。政府若赶快发动广大民众，来动员全国的财力和人力，上说的毛病，自然是不会发生的。这回上海战争，军人的确尽了他们的力量，他们当中竟有接了撤退命令还不肯退的，这种英勇的牺牲，是值得敬佩的。但后方民众还不曾起来，所谓"全民抗战"，还是未曾实现的宣传口号。现在单看看武汉，大家还在睡觉，不仅是随便的睡觉，还是吃了鸦片烟的沉睡！救国公债，湖北省只摊派一百三十万，数目并不算多，现在连五分之一还未收齐，而武汉商人还在斤斤较量摊派数目太多，这真不成话说！政府应该立即决心发动民众，使民众蜂涌〔拥〕起来，疯狂起来，热心抗战，要做到政府征兵一万，报名的有二万，公债发行五万万，人民拿出十万万，真正做到有力者出力，有钱者出钱并出力，则抗战的胜利才会有把握。所以我认为胜利的因素是：

第一，从国外得到大量军火之接济。

第二，全国民众蜂涌〔拥〕起来，做到全国财力人力之动员。

再加上政府军队的力量，这才能够保证最后的胜利属于我们，这三样好比一张桌子的三只脚，缺少了一只，甚至两只，漫说胜利，就是曲线的失败，也是很难想象的事。此次中、日战争，不是两个国家军备约略相等的战争，而是军备贫弱的中国民族，反抗军备强大的日本帝国主义战争，只有依赖外国大量军火及国内广大民众的力量，才不会使政府军队因孤立而失败，这两种力量，又恰好是敌人所得不着的。

我们要得到胜利，必须在具体办法上指出怎样才能得到胜利；倘空口高喊"最后的胜利必属于我们"，便等于一种咒语，这种咒语，打毁不倒敌人，帮助不了自己！

陈独秀：《我对于抗战的意见》

亚东图书馆 1938 年 2 月印行

打倒消极先生

（一九三七年十一月八日）

各方面的消极态度不改变，会形成抗战的致命伤。

在民族解放的抗战中，人人都应该积极的参加抗战工作，不应该消极的避难，尤其是青年男女。

政府及党部应该积极的发动民众，增加抗战的力量，不应该消极的防止民众运动越轨，官僚派心目中不越轨的民众运动，乃是一种仪仗，在抗战中不能够发挥群众的自动的真实力量。

政府在财政上，应该积极的强迫富裕的官商拿出钱来；不应该消极的采取紧缩政策，裁人减薪，造成社会恐慌，甚至制造一部分汉奸。

政府在处置汉奸的问题上，应该积极的从政治上经济上杜绝汉奸所以普遍发展的根源；消极的惩罚是不够的。

在商业上，应该积极的谋货币百物之流通；不应该消极的限制人民向银行提取存款和阻碍内地米谷买卖，致商业停滞，造成经济恐慌。为了防止资本逃走和米粮资敌，只有在最后出口地方，由政府严行统制和检查。

在军事上，应该积极的向敌人弱点进攻；不应该消极的防守应战，使敌人得以自由移动集合其优势军力，将我们的防地陆续各个击破。

商人应该积极的要求政府筹款发展生产；不应该消极的力图减少救国公债之负担。

工厂主应该积极的增加工资，减少工作时间，以培养工人的工作技术与劳动力；不应该消极的减资加时，以削弱工人的劳动力，削弱生产。

农民应该积极的抵抗土劣之压迫；不应该因为愤恨土劣据区保甲长之地位鱼肉农民，而对于参加抗战取消极态度。

学校应该积极的改变课程，以适合战时的需要；不应该消极的迁移到边远地方，简单的避免敌机轰炸。

对于伤兵，应该积极的改良其生活与教育，并帮助其组织与活动；不应该消极的防止他们捣乱。

对于伤兵之救济与慰劳，应该积极的号召社会团体群起参加工作；不应该因为顾虑汉奸从中活动，而消极的加以阻止或限制。

对于地方各级政府，应该积极的改造加强；不应该消极的维持现状。

一切不反对抗日战争的人们，不应该因为怀疑政府抗战的决心而取消极的旁观态度，应该积极的参加抗战工作，以加强政府抗战之决心。

消极态度是抗日战争之致命伤，我们要战胜敌人，首先必须战胜我们自己的消极态度。

署名：陈独秀

《民族战线》创刊号

1937 年 11 月 8 日

"言和即为汉奸！"

（一九三七年十一月九日）

战胜而言和，乃停止军事行动而收得战胜之果实；不胜而言和，这不是和，而是妥协、屈服、投降！敌军一天在我国领土之内，一天都不能言和；如此而言和，不能不说是汉奸卖国行为！

前几天外报盛传中日言和停战，全国人心大为不安；幸而外部发出辟谣的消息，并且中国负责当局告合众社记者，谓"于今日而与日本言和，即为汉奸"，从此以后，我们应该相信政府确有抗战到底的决心，是不会中途妥协的了。政府曾昭告全中国人及全世界上的人，"中途妥协，即是千古罪人"，言犹在耳，忠岂忘心，人民不应该再怀疑政府了。

此时不但全部言和是妥协、屈服、投降，就是上海局部停战言和，也是一样！其理由有七：

一、全面抗战，是既定的国策，一旦局部言和，是明明破坏了国策，政府的威信失坠，在内政上会发生极大危机。

二、在军事上使敌人得缩短战线，专力于其真正目的地之华北，以减少其军力和物力之消耗。

三、上海左近一天在战争状态中，不啻一天为中国关税之天然壁垒，国内工业一天有发展的机会；一旦停战，上海所有的工厂都毁尽了，外国工业品（连日本的工业品也在内）便如潮涌入，无法阻拦。

四、战争是工业国出超国致命的威胁，农业手工业入超国的中国在这方面便反而有益无损，在三个月的战争中，中国的入超显然是停止了；一旦停战，外货涌入，入超必然较战前更为可怕，因为入超增加，法币的准备金必然减少，法币一旦动摇，全国经济大恐慌便随之到来。

五、民族抗战，正是提高国民精神上之最有力的兴奋剂，一旦妥协屈服言和，由失望而悲观，国民道德之向下坠落，必一日千丈，强项者自杀，卑怯者沉溺于烟、赌、娼，也是一种自杀，如此可悲的现象，必然普遍于全社会，而无可救药，这是我们可以预见的。

六、妥协、屈服、投降之后，在落后分子中，愈益加强他们认为日本必然兴盛，中国必然倒霉的信念，一班趋炎附势无耻投机分子，现在犹未正式加入汉奸团体者，必然潮水似的奔赴汉奸这条道路。他们如果有顺利的政治环境，还会公然形成政治集团，如朝鲜的"一进会"。

七、南宋偏安的局面，现代已经做不到了，日本兵占据华北后，不久军事工作一完成，华北伪国或所谓华北自治一出现，中国的工商业的国内市场丧失了一半，南方将如何存在呢？况且日本军至多停一二年必然还要南下，以达到她原来以华北为"自治区"，以华南为"亲善区"的计划，那时人心已去，政府即欲抗战，更加无人愿意出钱出力了！

政府要抗战到底，人民要援助政府使政府能够抗战到底，现在还是时候；"巧妇不能为无米之炊"，人民要政府抗战到底，必须赶快有钱者出钱，有力者出力，使政府能够抗战到底。

全国文武大员，必须首先认购巨额救国公债，以为人民之倡；富商大贾们，也应该激发天良，掏掏荷包。像汉口这样一个最大的国内市场，纱业商人担认区区百五十万元公债，还要丑表功，并且实际还未缴纳；全武昌商界只认购七万元，已经不成话说，而且至今尚未缴齐！此等"贻误戎机"之徒，此种犹太商人，应该由政府及民众加以严厉的惩罚！不然还谈什么"有钱者出钱"的废话！当真只应该令无钱者出钱吗？

农村中城市中有力的壮丁，都应该不待政府之征召，而自动的依职业组织起来，武装起来，保卫地方，并且杀到前敌。或者有人怀疑政府不许民众自动的组织起来，武装起来，我以为这是过虑，难道政府不许人民抗敌救国吗？并且民众自动的组织起来，武装起来，参加抗战，也可免去政府下级人员及保甲长办理强迫兵役的许多流弊。

人民如果真能做到"有钱者出钱，有力者出力"这两句话，我相信政府更能够抗战到底，不会中途妥协而言和，因为政府自己已经公告天下："言和即为汉奸！"

言和固然是汉奸，即这几天言和谣言所传播的空气，已经足以灰前方将士及后方人民之心，助长汉奸的气焰；倘此种空气不澄清一下，还会令北方本来动摇之将领更加动摇，发生保存实力的企图，甚至会有像阿比西利亚酋长的那种怪物出现。

要澄清这种恶空气，政府最高当局应该下一决心，将政府阁员中妥协动摇分子立时除去，而代以坚定主战的人物，则谣言不辟而息矣。一次行动，胜过千万次宣言。

十一月九日

陈独秀：《怎样使有钱者出钱有力者出力》

亚东图书馆 1937 年 12 月印行

实 庵 自 传

（一九三七年十一月十一日、十一月二十一日、十二月一日）

第一章　没有父亲的孩子

休谟的自传开口便说："一个人写自己的生平时，如果说的太多了，总是免不了虚荣的，所以我的自传要力求简短，人们或者认为我自己之擅写自己的生平，那正是一种虚荣；不过这篇叙述文字所包含的东西，除了关于我自己著作的记载而外，很少有别的，我的一生也差不多是消耗在文字生涯中，至于我大部分著作之初次成功，也并不足为虚荣的对象。"几年以来，许多朋友极力劝我写自传，我迟迟不写者，并不是因为避免什么虚荣；现在开始写一点，也不是因为什么虚荣；休谟的一生差不多是消耗在文字生涯中，我的一生差不多是消耗在政治生涯中，至于我大部分政治生涯之失败，也并不足为虚荣的对象。我现在写这本自传，关于我个人的事，打算照休谟的话"力求简短"，主要的是把我一生所见所闻的政治及社会思想之变动，尽我所记忆的描写出来，作为现代青年一种活的经验，不力求简短，也不滥钞不大有生气的政治经济材料，以夸张篇幅。

写自传的人，照例都从幼年时代说起，可是我幼年时代的事，几乎完全记忆不清了。佛兰克林的自传，一开始便说："我向来喜欢搜集先人一切琐碎的遗事，你们当能忆及和我同住英格兰时，遍访亲戚故旧，我之长途跋涉，目的正在此。"我现在不能够这样做，也不愿意这样做，只略略写出在幼年时代印象较深的几件事而已。

第一件事：我自幼便是一个没有父亲的孩子。

民国十年（一九二一）我在广东时，有一次宴会席上，陈炯明正正经经的问我："外间说你组织什么'讨父团'，真有此事吗？"我也正正经经的回答道："我的儿子有资格组织这一团体，我连参加的资格也没有，因为我自幼便是一个没有父亲的孩子。"当时在座的人们，有的听了我的话，呵呵大笑，有的睁大着眼睛看着我，仿佛不明白我说些什么，或者因为言语不通，或者以为答非所问。

我出世几个月，我的父亲便死了，真的，我自幼便是一个没有父亲的孩子。我记得我幼时家住在安徽省怀宁县城里，我记得家中有一个严厉的祖父，一个能干而慈爱的母亲，一个阿弥陀佛的大哥。

亲戚本家都绰号我的这位祖父为"白胡爹爹"，孩子们哭时，一说白胡爹爹来了，便停声不敢哭，这位白胡爹爹的严厉可怕便可想见了。这位白胡爹爹有两种怪脾气：一是好洁，一是好静。家中有一角地方有一件桌椅没扫抹干净，我的母亲，我的大姊，便要倒大霉。他不许家中人走起路来有脚步声，我的二姊年幼不知利害，为了走路有时有脚步声，也不知挨过多少次毒打，便是我们的外祖母到我们家里来，如果不是从他眼前经过，都不得不捏手捏脚的像做贼的一般走路，因为恐怕他三不知的骂起来，倒不好出头承认是她的脚步声。我那时心中老是有一个不可解的疑问：这位好洁好静的祖父，他是抽鸦片烟的，在家里开灯不算数，还时常要到街上极龌龊而嘈杂的烟馆去抽烟，才算过瘾，那时他好洁好静的脾气哪里去了呢？这一疑问直到半个世纪以后的今天，我才有了解答。第一个解答是人有好群性，就是抽大烟，也得集体的抽起来才有趣；然而这一解答还不免浅薄，更精微奥妙的解答，是烧烟泡的艺术之相互欣赏，大家的全意识都沉没在相互欣赏这一艺术的世界，这一艺术世界之外的一切一切都忘怀了。我这样的解答，别人或者都以为我在说笑话，恐怕只有我的朋友刘叔雅才懂得这个哲学。

我从六岁到八九岁，都是这位祖父教我读书。我从小有点小聪明，可是这点小聪明却害苦了我。我大哥的读书，他从来不大注意，独独看中了我，恨不得我一年之中把《四书》、《五经》都读完，他才称意，《四书》、《诗经》还罢了，我最怕的是《左传》，幸亏这位祖父或者还不知道"三礼"的重要，否则会送掉我的小性命。我背书背不出，使他生气动手打，还是小事；使他最生气，气得怒目切齿几乎发狂令人可怕的，是我无论挨了如何毒打，总一声不哭，他不只一次愤怒而伤感的骂道："这个小东西，将来长大成人，必定是一个杀人不眨眼的凶恶强盗，真是家门不幸！"我的母亲为此不知流了多少眼泪，可是母亲对我并不像祖父那样悲观，总是用好言劝勉我，说道："小儿，你务必好好用心读书，将来书读好了，中个举人替你父亲争口气，你的父亲读书一生，未曾考中举人，是他生前一桩恨事！"我见了母亲流泪，倒哭出来了，母亲一面替我揩眼泪，一面责备我道："你这孩子真淘气，爹爹那样打你，你不哭，现在倒无端的哭了！"母亲的眼泪，比祖父的板子，着实有威权，一直到现在，我还是不怕打，不怕杀，只怕人对我哭，尤其妇人哭，母亲的眼泪，是叫我用功读书之强有力的命令。我们知道打着不哭的孩子很多，后来虽不定有出息，也不定做强盗。祖父对我的预料，显然不符合，我后来并没有做强盗，并且最厌恶杀人。我以为现时代还不能免的战争，即令是革命战争中的杀人，也是残忍的野蛮的事，然而战争还有进步的作用；其余的杀人，如政治的暗杀，法律的宣告死刑，只有助长人们的残忍与野蛮性，没有一点好影响，别的杀人更不用说了。

父亲的性格，我不大知道。母亲之为人，很能干而疏财仗义，好打抱不平，亲戚本家都称她为女丈夫；其实她本质还是一个老好人，往往优容奸恶，缺乏严肃坚决的态度。据我所记忆的有两件事，可以充分表现出她这一弱点。

有一位我祖父辈的本家，是我们族里的族长，怀宁话称为"户尊"，在渌水乡地方上是一位颇有点名望的绅董，算得一位小小的社会栋梁。我的母亲很尊敬他，我们小辈更不用说了。有一年（大约是光绪十二年前后），大水冲破了广济圩，全渌水乡（怀宁东乡）都淹没了，这位族长哭丧着脸向我母亲诉说乡民的苦痛之后，接着借钱救济他的家属，我母亲对他十分恭敬，然而借钱的事却终于不曾答应。族长去后，我对母亲说："我们家里虽然穷，总比淹水的人家好些，何以一个钱不借给他呢？"母亲皱着眉头一言不发。我知道母亲的脾气，她不愿说的话，你再问也是枉然，我只在心中纳闷道：母亲时常当衣借钱济人之急，又时常教训我们，不要看不起穷人，不许骂叫花子，为什么今天不肯借钱给淹水的本家而且她一向尊敬的族长呢？事隔五六年，我才从许多人口中渐渐知道了这位族长的为人：族中及乡邻有争执的事，总得请他判断是非曲直，他于是非曲直的判断，很公平的不分亲疏，一概以所得鸡、米、烟土或老本洋多少为标准，因此有时他的亲戚本家会败诉，外人反而胜利，乡间人都称赞这位绅董公正无私！他还有一件事值得舆论称赞，就是每逢修圩放赈，他比任何人都热心，无论严寒酷暑，都忙着为大众奔波尽义务，凡他所督修的圩工，比别人所担任一段都更不坚固，大概他认为如果认真按照原定的工料做好，于他已是一种损失，失了将米放赈的机会，又是一种损失，这未免自己太对不住自己了！至此我才明白母亲皱眉不语的缘故，是因为她已经深知这位族长之为人，然而她仍旧恭敬他，这岂不是她的弱点吗？

　　还有这族长手下用的一位户差（户差的职务，是奉行族长命令，逮捕族中不法子孙到祠堂处罚），同时又是一位阴差（阎王的差人），他常常到我们家里来，说他在阴间会见了我们的祖先，我们的祖先没有钱用，托他来要钱买钱纸银锭烧给他们，我的母亲很恭敬的款待他，并且给钱托他代买钱纸银锭，不用说那钱纸银锭是烧给这位当阴差的先生了，这位阴差去后，母亲对我们总是表示不信任他的鬼话。有一天他又来到我们家里过阴，大张开嘴打了一个呵欠，直挺挺的倒在床上，口中喃喃说胡话，谁也听不清楚他说些什么，大概是鄱都城的土话罢！是我气他不过，跑去约了同屋及近邻十多个孩子，从前后门奔进来，同声大喊某处失了火，这位阴差先生顿时停止了声响，急忙打了一个小小呵欠便回到阳间来了，闭着眼睛问道："这边有了火烛了罢？"

我的母亲站在床边微笑的答道："是的！"他接着说："这可不错罢，我在那边就知道了。"我在旁边弯着腰，缩着颈脖子，用小手捂着嘴，几乎要大笑出来，母亲拿起鸡毛帚子将我赶走的很远，强忍着笑，骂道："你这班小鬼！"但她还是恭恭敬敬用酒肉款待这位阴差爹爹，并且送钱托他买钱纸银锭，这便是我母亲优容奸恶之又一事实。

有人称赞我疾恶如仇，有人批评我性情暴躁，其实我性情暴躁则有之，疾恶如仇则不尽然，在这方面，我和我的母亲同样缺乏严肃坚决的态度，有时简直是优容奸恶，因此误过多少大事，上过多少恶当，至今虽然深知之，还未必痛改之，其主要原因固然由于政治上之不严肃，不坚决，而母亲的性格之遗传，也有影响罢。

幸而我母亲崇重科举的思想，我始终没有受到影响。这件事我们当然不应该苛责前一辈的人，尤其是不曾受过新旧任何教育的妇人。

因为在那一时代的社会，科举不仅仅是一个虚荣，实已支配了全社会一般人的实际生活，有了功名才能做大官（那时捐班出身的官，人们还不大瞧得起，而且官也做不大，大官必须正途出身，洋博士那时还未发明），做大官才能发大财，发了财才能买田置地，做地主（那时存银行和做交易所生意，也还未发明），盖大屋（并非洋房），欺压乡农，荣宗耀祖；那时人家生了儿子，恭维他将来做刚白度（即买办）的，还只有上海十里洋场这一块小地方，其余普遍的吉利话，一概是进学，中举，会进士，点状元；婆婆看待媳妇之厚薄，全以儿子有无功名和功名大小为标准，丈夫有功名的，公婆便捧在头上，没有功名的连用人的气都得受；贫苦农民的儿子，举人、进士、状元不用说，连秀才的好梦都不敢做，用尽九牛二虎之力，供给儿子读几年书，好歹能写出百而八十字，已经算是才子，如果能够跟着先生进城过一次考，胡乱写几百字交了卷，那怕第一场就榜上无名，回家去也算得出人头地。穷凶极恶的地主们，对这一家佃户，便另眼看待，所以当时乡间有这样两句流行的谚语："去到考场放个屁，也替祖宗争口气"；农民的儿子如果考取了秀才，便是一步登天，也就是立了将来做土豪劣绅的基础，一生吃着不尽；所以无论城乡，屡考不中的人们，往往埋怨祖坟的风水不好，掘出尸骨来改葬，这便是那班圣人之徒扬名显亲的孝道；在这样的社会空气中，在人们尤其是妇女的头脑里面，科举当然是一件神圣事业了。

我的母亲虽然没有受过任何教育，当时传统的"忠孝节义"之通俗教育标语，她是知道的，我很感谢她从来不曾拿这些标语教育我们，她对于我们之教育，是考科举，起码也要中个举人，替父亲争气。当大哥考取了秀才时，母亲很高兴，而我却一则以喜，一则以惧，喜的是母亲高兴，惧的是学八股文章和应考的灾难，要临到我身上来了！

自从祖父死后，经过好几个塾师，我都大不满意，到了十二三岁时，由大哥教我读书，大哥知道我不喜欢八股文章，除温习经书外，新教我读《昭明文选》。初读时，我也有点头痛，后来渐渐读出味道来了，从此更加看不起八股文，这件事使我阿弥陀佛的大哥夹在中间很为难，一面受了母亲的严命，教我习八股，预备应考，一面他知道我不喜欢这一套。一直到光绪二十二年（一八九六），我已经十七岁了，在县考前一两个月，大哥实在再挨不过去了，才硬着头皮对我说："考期已近了，你也得看看八股文章罢！"我当时一声不响。他知道我的脾气，不做声并非反对，而是承认。他高高兴兴的拿出合于小考格式的路德的文章为我讲解，我表面上是在听他的讲解，心里还是想着我的《昭明文选》，不久大哥也看出路德的文章太不合我的口味，于是再拿出金黄和袁枚的制艺给我看，我对于这几个人的文章虽然有点兴趣，而终于格格不入，他对于这位难说话的弟弟，实在无法可想，只好听其自然了。大哥虽然十分忠厚老实，我猜想他此时急则智生，必然向母亲做了一个虚伪的报告，说我如何如何用心学八股文，那是在这期间母亲喜悦的面容中可以看出的。像我那样的八股文程度，县考、府考自然名次都考得很低，到了院试，宗师（安徽语称学院为宗师）出的题目是什么"鱼鳖不可胜食也材木"的截搭题，我对于这样不通的题目，也就用不通的文章来对付，把"文选"上所有鸟兽草木的难字和《康熙字典》上荒谬的古文，不管三七二十一，牛头不对马嘴上文不接下文的填满了一篇皇皇大文，正在收拾考具要交卷，那位山东大个儿的李宗师亲自走过来收取我的卷子（那时我和别的几个人，因为是幼童和县、府试录取第一名，或是经古考取了提堂，在宗师案前面试，所以他很便当的亲自收取卷子，我并不是考幼童，县、府试也非第一名，一入场看见卷面上印了提堂字样，知道经古已经考取了，不用说这也是昭明太子帮的忙），他翻开我的卷子大约看了两三行，便说："站住，别慌走！"我听了着实一吓，不知闯下了什么大祸。他略略看完了通篇，睁开大眼睛对我从头到脚看了一遍，问我十几岁，为啥不考幼童？我说童生今年十七岁了。他点点头说道："年纪还轻，回家好好用功，好好用功。"

我回家把文章稿子交给大哥看，大哥看完文稿，皱着眉头足足有个把钟头一声不响，在我，应考本来是敷衍母亲，算不得什么正经事，这时看见大哥那种失望的情形，却有点令我难受。谁也想不到我那篇不通的文章，竟蒙住了不通的大宗师，把我取了第一名，这件事使我更加一层鄙薄科举。捷报传来，母亲乐得几乎掉下眼泪。"眼皮子浅"这句批评，怀宁人自己也承认，人家倒了霉，亲友邻舍们，照例总是编排得比实际倒霉要超过几十倍；人家有点兴旺，他们也要附会得比实际超过几十倍。我们这一门姓陈的，在怀宁本是一个小户人家，绅士们向来是瞧不起的，全族中到我的父亲时才有一个秀才，叔父还中了举，现在看见我们弟兄又都是青年秀才，不但另眼相看，而且造出许多神话，说我们家的祖坟是如何如何好风水，说城外迎江寺的宝塔是陈家祖坟前一管笔，说我出世的前夜，我母亲做过什么什么梦，诸如此类，不一而足，他们真想不到我后来接二连三做了使他们吓破了胆的康党、乱党、共产党，而不是他们所想象的举人、进士、状元郎。最有趣的是几家富户，竟看中了我这没有父亲的穷孩子，争先恐后的托人向我母亲问我可曾定亲。这就是我母亲大乐而特乐的社会原因。母亲快乐，我自然很高兴；所害怕的，来年江南乡试的灾难，又要临到我身上来了！

第二章　江南乡试

江南乡试是当时社会上一件大事，虽然经过了甲午战败，大家仍旧在梦中。我那时所想象的灾难，还远不及后来在考场中所经验的那样厉害；并且我觉得这场灾难是免不了的，不如积极的用点功，考个举人以了母亲的心愿，以后好让我专心做点正经学问。所以在那一年中，虽然多病，也还着实准备了考试的工夫，好在经义和策问，我是觉得有点兴趣的，就是八股文也勉强研究了一番。至于写字，我喜欢临碑帖，大哥总劝我学馆阁体，我心里实在好笑，我已打定主意，只想考个举人了事，决不愿意再上进，习那讨厌的馆阁字做什么！我们弟兄感情极好，虽然意见上没有一件事不冲突，没有一件事依他的话做，而始终总保持着温和态度，不肯在口头上反驳他，免得伤了手足的感情。

大概是光绪二十三年七月罢，我不得不初次离开母亲，初次出门到南京乡试了。同行的人们是大哥，大哥的先生，大哥的同学和先生的几位弟兄，大家都决计坐轮船去，因为轮船比民船快得多。那时到南京乡试的人，很多愿意坐民船，这并非保存国粹，而是因为坐民船可以发一笔财，船头上扯起一条写着“奉旨江南乡试”几个大字的黄布旗，一路上的关卡，虽然明明知道船上装满着私货，也不敢前来查问，比现在日本人走私或者还威风凛凛。我们一批人，居然不想发这笔横财，可算得是正人君子了！

我们这一批正人君子，除我以外，都到过南京乡试的，只有我初次出门，一到南京，看见仪凤门那样高大的城门，真是乡下佬上街，大开眼界，往日以为可以骄傲的省城——周围九里十三步的安庆城，此时在我的脑中陡然变成一个山城小市了。我坐在驴子背上，一路幻想着，南京城内的房屋街市不知如何繁华美丽，又幻想着上海的城门更不知如何的高大，因为曾听人说上海比南京还要热闹多少倍。进城一看，使我失望了，城北几条大街道之平阔，诚然比起安庆来在天上，然而房屋却和安庆一样的矮小破烂，城北一带的荒凉，也和安庆是弟兄，南京所有的特色，只是一个"大"。可是房屋虽然破烂，好像人血堆起来的洋房还没有；城厢〔乡〕内外唯一的交通工具，只有小驴子，跑起路来，驴子头间一串铃铛的丁令当郎声，和四个小蹄子的得得声相应和着，坐在驴背上的人，似乎都有点诗意，那时南京用人拖的东洋车，马车还没有，现在广州人所讥讽的"市虎"，南京人所诅咒的"棺材"和公共汽车，更不用说；城南的街道和安庆一样窄小，在万人哭声中开辟的马路也还没有；因为甲午战后付了巨额的赔款，物价已日见高涨，乡试时南京的人口，临时又增加了一万多，米卖到七八十钱一升，猪肉卖到一百钱一斤，人们已经叫苦，现在回想起来，那时南京人的面容，还算是自由的，快活的，至少，人见着人，还不会相互疑心对方是扒手，或是暗探；这难道是物质文明和革命的罪恶吗？不是，绝对不是，这是别有原因的。

我们这一批正人君子，到南京的头一夜，是睡在一家熟人屋里的楼板上，第二天一早起来，留下三个人看守行李，其余都出去分途找寓处。留下的三个人，第一个是大哥的先生，他是我们这一批正人君子的最高领袖，当然不便御驾亲征，失了尊严；第二个是我大哥，因为他不善言辞；我这小小人自然更不胜任；就是留下看守行李的第三个。午后寓处找着了，立刻搬过去，一进屋，找房子的几个正人君子，全大睁着眼睛，你看看我，我看看你，异口同声的说："这屋子又贵又坏，真上当！"我听了真莫明其妙，他们刚才亲自看好的房子，怎么忽然觉得上了当呢？过了三四天，在他们和同寓中别的考生谈话中间，才发见了上当的缘故。原来在我们之先搬来的几位正人君子，来找房子的时候，大家也明明看见房东家里有一位花枝招展的大姐儿，坐在窗口做针线，等到一搬进来，那位仙女便化做一阵清风不知何处去了。后来听说这种美人计，乃是南京房东招揽考先生的惯技，上当的并不止我们这几位正人君子，那些临时请来的仙女，有的是亲眷，有的是土娼。考先生上当的固然很多，房东上当也不是没有，如果他们家中真有年轻的妇女；如果他们不小心把咸鱼、腊肉挂在厨房里或屋檐下，此时也会不翼而飞；好在考先生都有"读书人"这张体面的护符，奸淫窃盗的罪名，房东那敢加在他们身上！他们到商店里买东西，有机会也要顺带一点藏在袖子里，店家就是看见了也不敢声张，因为他们开口便说："我们是奉着皇帝圣旨来乡试的，你们诬〔侮〕辱我们做贼，便是诬〔侮〕辱了皇帝！"天高皇帝远，他们这几句大话，未必真能吓倒商人，商人所最怕的还是他们人多，一句话得罪了他们，他们便要动野蛮，他们一和人打架，路过的考先生，无论认识不认识，都会上前动手帮助，商人知道他们上前帮着打架还不是真正目的，在人多手多的混乱中，商人的损失可就更大了，就是闹到官，对于人多势大的考先生，官也没有办法。南京每逢乡试，临时增加一万多人，平均一人用五十元，市面上有五十万元的进帐，临时商店遍城南到处都有，特别是状元境一带，商人们只要能够赚钱，受点气也就算不了什么。这班文武双全的考先生，唯有到钓鱼巷嫖妓时，却不动野蛮，只口口声声自称寒士，商请妓家减价而已，他们此时或者以为必须这样，才不失读书人的斯文气派！

　　我们寓处的房子，诚然又坏又贵，我跟着他们上当，这还是小事，使我最难受的要算是解大手的问题，现在回想起来还有点头痛。屋里没有茅厕，男人们又没有用惯马桶，大门外路旁空地，便是解大小手的处所，我记得那时南京稍微偏僻一点的地方，差不多每个人家大门外两旁空地上，都有一堆一堆的小小金字塔，不仅我们的寓处是如此。不但我的大哥，就是我们那位老夫子，本来是个道学先生，开口孔、孟，闭口程、朱，这位博学的老夫子，不但读过几本宋儒的语录，并且还知道什么"男女有别"、"男女授受不亲"的礼教，他也是天天那样在路旁空地上解大手，有时妇女在路上走过，只好当做没看见。同寓的有几个荒唐鬼，在高声朗诵那礼义、廉耻、正心、修身的八股文章之余暇，时到门前探望，远远发见有年轻的妇女姗姗而来，他便扯下裤子登下去解大手，好像急于献宝似的，虽然他并无大手可解。我总是挨到天黑才敢出去解大手，因此有时踏了一脚屎回来，已经气闷，还要受别人的笑骂，骂我假正经，为什么白天不去解手，如今踏了一脚屎回来，弄得一屋子的臭气！"假正经"这句话，骂得我也许对，也许不对，我那时不但已解人事，而且自己戕贼得很厉害，如果有机会和女人睡觉，大约不会推辞，可是像那样冒冒失失的对一个陌生的女子当街献宝，我总认为是太无聊了。

到了八月初七日，我们要进场考试了。我背了考篮、书籍、文具、食粮、烧饭的锅炉和油布，已竭尽了生平的气力，若不是大哥代我领试卷，我便会在人丛中挤死。一进考棚，三魂吓掉了二魂半，每条十多丈长的号筒，都有几十或上百个号舍，号舍的大小仿佛现时警察的岗棚，然而要低得多，长个子站在里面是要低头弯腰的，这就是那时科举出身的大老以尝过"矮屋"滋味自豪的"矮屋"。矮屋的三面七齐八不齐的砖墙，当然里外都不曾用石灰泥过，里面蜘蛛网和灰尘是满满的，好容易打扫干净，坐进去拿一块板安放在面前，就算是写字台，睡起觉来，不用说就得坐在那里睡。一条号筒内，总有一两间空号，便是这一号筒的公共厕所，考场的特别名词叫做"屎号"；考过头场，如果没有冤鬼缠身，不曾在考卷上写出自己缺德的事，或用墨盒泼污了试卷，被贴出来，二场进去，如果不幸坐位编在"屎号"，三天饱尝异味，还要被人家议论是干了亏心事的果报。那一年南京的天气，到了八月中旬还是奇热，大家都把带来的油布挂起遮住太阳光，号门都紧对着高墙，中间是只能容一个半人来往的一条长巷，上面露着一线天，大家挂上油布之后，连这一线天也一线不露了，空气简直不通，每人都在对面墙上挂起烧饭的锅炉，大家烧起饭来，再加上赤日当空，那条长巷便成了火巷，煮饭做菜，我一窍不通，三场九天，总是吃那半生不熟或者烂熟或煨成的挂面。有一件事给我的印象最深。考头场时，看见一位徐州的大胖子，一条大辫子盘在头顶上，全身一丝不挂，脚踏一双破鞋，手里捧着试卷，在如火的长巷中走来走去，走着走着，上下大小脑袋左右摇晃着，拖长着怪声念他那得意的文章，念到最得意处，用力把大腿一拍，翘起大拇指叫道："好！今科必中！"

这位"今科必中"的先生，使我看呆了一两个钟头。在这一两个钟头当中，我并非尽看他，乃是由他联想到所有考生的怪现状；由那些怪现状联想到这班动物得了志，国家和人民要如何遭殃；因此又联想到所谓抢才大典，简直是隔几年把这班猴子、狗熊搬出来开一次动物展览会；因此又联想到国家一切制度，恐怕都有如此这般的毛病；因此最后感觉到梁启超那班人们在

《时务报》上说的话是有些道理呀！这便是我由选学妖孽转变到康、梁派之最大动机。一两个钟头的冥想，决定了我个人往后十几年的行动。我此次乡试，本来很勉强，不料其结果却对于我意外有益！

署名：陈独秀

《宇宙风》第五十一、五十二、五十三期

1937 年 11 月 11 日、11 月 21 日、12 月 1 日

怎样使有钱者出钱有力者出力

（一九三七年十一月十二日）

我们的军事力量，我们的一切物质力量，是打不过敌人的，我们可以打胜敌人的，是我们的民族精神，全民族一致起来，不做奴隶的伟大精神。

这种伟大的民族精神，不是空口说大话，而要有具体的事实表现，这种具体的事实表现，就是除了汉奸以外的全中国人民"有钱者出钱，有力者出力"，在坚决抗战到底的政府领导之下，对敌人作战，这是我们胜利之最大的保障。

假如我们有钱者能拿出十万万现金，有力者能拿出千万壮丁，不待战事结束，已足够使敌人气馁，无法继续对我们作战了。

大家万万不要笑我说大话，十万万现金，一千万壮丁，实实在在能够拿得出的。

或者有人说：自抗战开始以来，"有钱者出钱，有力者出力"这两句话，在街头巷尾都看见了，听见了，可是谁出过多少钱，谁出过多少力，何以至今还不大看见听见呢？我以为这是因为大家还没有指出"怎样使有钱者出钱，有力者出力"之实行条件。

要使有钱者出钱，首先要问：谁是有钱者？顶有钱的是在外国银行有大批存款的人们。我归纳起好几个银行界朋友的谈话，中国阔人存在汇丰、麦加利等等银行的款项，至少有一百万万元。如果政府下一个决心，最客气最少也可以请他们拿出十分之一即十万万元来，购买救国公债；万一不及此数，再加以农村富户的窖藏，妇女首饰，及一般国民的献金，十万万元是可以办得到的。这个数目已经比政府现在发行的救国公债额加了一倍，而且都是现金。政府有十万万现金做准备金，便可以加印二十万万法币，决没有通货膨涨后物价高涨和外汇跌落的危险。政府拿这二十万万元，一半加购军火，一半补助后方的纱厂、大小规模的织布业和运输业，这样一来，抗战的胜利可以说有了一半把握。如果把"有钱者出钱"变成"无钱者出钱"，把救国公债的负担，加在仅能养家活口的小职员小商人身上，甚至加在身负各种捐税已经困苦不堪的农民身上，此不独政府所得有限，且会因此造成后方可怕的危机，若再加以不肖的官吏土劣借此从中敲诈渔利，前天《武汉日报》《扩大献金救国运动》一文中所说："尤望显宦巨富……出其所有，以身作则，为国民倡。""勉力济助政府者，多为生计困难，节衣缩食之平民，而拥资巨万之人，反不数数觏。"这几句话真是切中时弊之名言。

　　谁是有力者？当然是农村和城市的壮丁，要使壮丁出力，必注意两个条件：第一，必须使他们有自动参加抗战的情绪，不可依靠拉夫形式，拿绳子牵着来强迫服役。这种强拉来的壮丁，数目必不能多，不够用，而且无论在前方或后方，均不能收到预期的效果，送往前方补充兵额，比募兵更要坏得多，在后方强迫征兵和强派公债合起来，更会造成农村中可怕的危机。前天有一位黄埔出身的青年军人，和我谈到这一问题，他也承认强拉壮丁的危险，他也承认经过广大的群众宣传而招募的兵，比有名无实的征兵要好得多。第二，壮丁必须使之成为有政治教育有自动活力的群众组织，有了这种组织，补充前方，保卫后方，都根本不成问题，尤其重要的是以游击队的形式，扰乱敌人后方，即令敌人利用近代武器占领了我们的大都市，而不能够统治我们的全部领土，这种效果，当然不是简单的强拉少数壮丁所可得到的。据好几个从河北来的朋友说："政府这几年在河北各县的壮丁训练，是有了成绩，可是缺少政治教育，未能成为有自动活力的群众组织，我们的军队从平汉津浦一撤退，各县县知事和警察一挟款逃跑，壮丁们便无人统率召集，一时群龙无首。又没有自行集合工作的习惯，敌人委派的县知事和维持会一到来，已训练好的壮丁，大多数都变成了敌人的力量。"他们说到这里，都几乎声泪俱下，像这样有力者为敌人出力的可悲现象，是绝对不应该再使之出现的了。现在南方十几省，每省以百万壮丁计，能够有一千多万人，再多多少少的武装起来，政府手中若有一千多万武装的有政治教育的有自动活力的壮丁，前方后方的问题，那一样不能解决呢？

如果在现在的民族危急中，有钱者不出钱，有力者不出力，将来亡了国，大家都一样要做奴隶，要受敌人的残酷蹂躏和东北四省及冀、察、绥人民所受的一样！

如果政府得到人民二十万万元和一千万壮丁的援助，不但能够打退站在眼面前的敌人，即全世界各大强国，也永远不敢小视我们中国人了！

署名：独秀

《宇宙风》第五十二期

1937 年 11 月 21 日

我对于鲁迅之认识

（一九三七年十一月二十一日）

世之毁誉过当者，莫如对于鲁迅先生。鲁迅先生和他的弟弟启明先生，都是《新青年》作者之一人，虽然不是最主要的作者，发表的文字也很不少，尤其是启明先生；然而他们两位，都有他们自己独立的思想，不是因为附和《新青年》作者中那一个人而参加的，所以他们的作品在《新青年》中特别有价值，这是我个人的私见。

鲁迅先生的短篇幽默文章，在中国有空前的天才，思想也是前进的。在民国十六七年，他还没有接近政党以前，党中一班无知妄人，把他骂得一文不值，那时我曾为他大抱不平。后来他接近了政党，同是那一班无知妄人，忽然把他抬到三十三层天以上，仿佛鲁迅先生从前是个狗，后来是个神。我却以为真实的鲁迅并不是神，也不是狗，而是个人，有文学天才的人。

最后，有几个诚实的人，告诉我一点关于鲁迅先生大约可信的消息：鲁迅对于他所接近的政党之联合战线政策，并不根本反对，他所反对的乃是对于土豪、劣绅、政客、奸商都一概联合，以此怀恨而终。在现时全国军人血战中，竟有了上海的商人接济敌人以食粮和秘密推销大批日货来认购救国公债的怪现象，由此看来，鲁迅先生的意见，未必全无理由吧！在这一点，这位老文学家终于还保持着一点独立思想的精神，不肯轻于随声附和，是值得我们钦佩的。

署名：陈独秀

《宇宙风》第五十二期

1937 年 11 月 21 日

怎样才能够发动民众

——十一月在武大讲演

（一九三七年十一月二十一日）

动员全国的财力人力需要民众，军队前进作战固需要民众之援助，即军队后退亦需要民众之援助，救济伤兵，肃清汉奸，巩固后方，无一不需要民众的力量，如果我们还不曾忘记阿比西利〔尼〕亚皇帝曾因单靠军队不发动民众而失败的教训，我们在抗日战争中，急需发动广大的真正民众—主要的是参加生产的工农民众—这是无可怀疑的事。即在敌人也懂得这个。在芦沟桥事变发生时，上海的日本报纸曾警告他们的政府说："日本军队战胜中国军队，是不成问题的；但如果全中国的民众真的起来作民族解放的革命斗争，这便不是武力可以解决的了，政府应于此点深加注意"云云。

开战以来，无论政府党或在野党，都异口同声的说要发动民众，公开说不需要民众的人，只是极少数。并且"全民抗战"这句话，成了一切刊物上的套语；实际上如果允许我说句老实话，完全没有这回事。所以空喊发动民众，喊破了喉咙，民众也不会有多大的回声，要民众起来，必须考虑到怎样才能够发动民众。

　　我们须知：民众是有高度意识和意志的人类，不像牛马可以随着鞭子的声影，叫他们行就行，叫他们止就止的；更不是无意识的木石或粉团，人们要把他们做成什么东西就成为什么东西；所以无论政府的命令或政党的空口宣传，都同样没有发动民众的万能。要发动民众，参加抗战：

　　第一，必须解除民众自身的痛苦。学生因为每日上课七八小时，尚且无法参加抗日工作，工人每日做工十二小时或十三小时，连星期日都不得休息，无论做日工或夜工，下了工疲乏得成了半死人，更没有担任抗日工作的可能了。农民耕地不足，衣食已很艰难，又加之以高租高利苛捐杂税以及种种征发、敲诈，压迫得他们不能活命，他们眼前的敌人是贪官污吏、地主、土劣、保甲长，而不是日本军队，终年过这样痛苦生活的农民，怎样会有抗日的情绪。参加生产的工人农民，是最可靠最有力的民众，绝非无业游民可比，而且他们占全国人民之最大多数，他们不能起来抗日，还能发动什么广大的民众呢？此外苛捐杂税，向下层人民强派公债和裁员减薪，也足以减杀小商人小职员的抗日情绪；学生功课太繁忙，也没有做抗日工作的时间。所以坐在沙发椅上，责备民众不爱国，不起来抗日的人们，简直和说"百姓无饭吃何不食肉糜"的昏皇帝是一样的货色！

　　第二，必须让人民有经常的组织。组织是一种力量，一切生物皆由无数细胞组织而成，细胞无力量，由无数细胞组织成各种器官，组织成各种生物，才发生各种力量；一盘散沙的民众也自然没有力量，民众有了组织，而且是经常的组织，不是乌合之众，便会发生伟大的力量。民众自身的痛苦解除了，然后才谈得上组织，也只有为解决自身的痛苦，民众才会迫切需要组织，并且解决痛苦之真的实现，还是要靠民众自己的组织力量。所以要发动民众参加抗战，必须立即恢复并充实由各业民众自己选举的自己的工会、学生会、商民协会、农民协会等。官办的招牌的没有民众的民众团体，在抗战中，除了禀承上官命令发几个通电以外，是不会有任何力量的。

第三，必须让人民有政治的自由。如果人民有了组织而没有政治的自由，集会、结社、言论、出版的自由，他们的组织力量，只会用于解决他们自身的痛苦上面，而不能用之于政治，抗日乃是一种政治斗争。人类是政治动物，人民必须有政治的自由才算得是自由民，是国民，而不是被征服的奴隶，奴隶是不会爱国的，奴隶是不会自动的为国家民族利益而舍命斗争的。在数千年专制政治之下，过着没有组织没有政治自由的痛苦生活，对于统治者，老是抱定"抚我者后，虐我者仇"的见解，国家与民族观念，在我们的头脑中，仿佛是一种奢侈品。所以现在要叫人民爱国，要叫人民起来为国家民族利益积极的对日抗战，不但要解决人民自身的痛苦，不但要让人民有自己的组织，尤其要让人民有政治的自由，使人民自己真能感觉得自己是国家的主人，自身的利益与国家休戚相关，这件事决不是政府的命令和宣传教育所能够代替的。

如果我们切切实实做到上述这三件事，发动民众当然不成问题。或者有人认为这样未免太发动了，我则以为没有这样的"太〔大〕发动"，是不能够抵抗站在我们眼前凶恶而有力的敌人，挽救国家民族之危亡的！

此外还有一件事，也和发动民众有关，就是政党领导的问题。我们当然不能否认在发动民众运动中政党领导的作用，一国中有几个政党存在着，便必然发生政党间争取领导民众的问题。这一问题，在欧美各国及日本，从来并不感觉有什么严重，无论在平时或战时；因为他们的政府党及在野党，都用发表政纲和公开的讲演，争取民众到自己党的方面来；各党在民众团体中亦各有分野，各自争取群众，争取在团体中的领导权，无论党争如何剧烈，从未想像到根本不容许他党争取群众，争取领导权。至于近年以来，有几个国家发生了一党专政的怪现状，根本不容许他党存在，这便根本没有什么政党间争取民众争取领导权的问题。在中国，谁都不能说现行的政制是法西斯主义专政或共产主义专政，当然应该容许有党派间争取民众的问题，并且可用先进的民治国家的所通行的办法来解决，问题并不特别严重。尤其是在民族危急存亡的今天，各党各派合作救亡的呼声，遍于全国，只要能够发动民众起来抗战，谁愈多尽点力愈好，在野党固义不容辞，政府党亦无所用其疑忌，在野党仅仅有了若干民众拥护，并不就能够夺取政权。并且政府党如果毅然决然采用上述三种办法发动民众，别的党派能够采用更激进的纲领，争取得更多的民众，这简直是不可想像的事。即令抗日的纲领不同，政党间遵循各国通行的办法，各据自己的纲领及政策，努力宣传，一任民众之从违，以争取民众，这正能够推动政治进步和提高民众之政治水平；倘然以为这样太过民主了，而采取不正当的甚至极卑劣的手段抢夺民众，如用武装打手和金钱来威迫利诱民众，复拿民众做自己的打手；造谣诬蔑对方，企图一党垄断；利用政治势力，利用民众落后意识，甚至以党员冒充民众压迫对方；政党间，甚至一党中各小派别间，如此这般非政治的无原则的强拉硬夺，不仅不能发动民众，还会使已起来的民众失望灰心而消极。大家如果不赶快觉悟，如果一直采用这样的手段争取民众，我包管各党各派将得不着一个民众；其结果不是各政党领导民众抵抗敌人，而是敌人领导着汉奸灭亡中国！

讲演日期 1937 年 11 月 21 日

陈独秀：《我对于抗战的意见》

亚东图书馆 1938 年 2 月印行

准备战败后的对日抗战

（一九三八年一月）

我们不但现在要援助政府对日战争获得胜利，即令将来政府军一败涂地，我们还是要继续抗战，不应该因战败而灰心丧气。

我半生所做的事业，似乎大半失败了，然而我并不承认失败，只有自己承认失败而屈服，这才是真正的最后失败，我对于此次抗日战争，也作如是观。

在芦沟桥事件发生之时，有一位朋友对我说：这回政府真要对日抗战了。我说：这是应该的。他说：开战后胜败如何呢？我说：军事上会一败涂地。他说：你既然明知会败，又何以主张抗战呢？我说：明知必败而战，才能够战胜，若认为必胜而战，结果只有战败。

单靠政府手中所有的一点飞机、大炮、坦克车，不但非日本帝国主义全部力量之敌，即比它在整个国防计划上所能够加于中国作战的一部分即其三分之一，也还相差很远，以此抗战，不啻以卵投石，不待开火，胜败已可逆睹。我们必须预先见到这一胜败之必然性，然后才不至妄自夸大，才会诚心诚意的结合与国（特别是苏联），获得必要的军器，才会坚决的发动民众运动，形成全国民众的抗日洪流，以补足我们致败的缺点，以达到持久战、消耗战之目的，使敌人知难而退。

我们必须从与国获得大批的军器（特别是飞机与大炮），才能够作三个月以上的正式战争；我们必须从全国广大的民众获得大批的游击抗日的力量，与正式军队合作，才能够持久战，否则敌人还只消耗一小部分，我们早已消耗得精光了，还谈得上什么持久战、消耗战呢？

即令我们的正式军队节节失败，即令敌人能够占领中国的几个大城市，只要全国广大民众无束缚的自由组织起来，活跃起来，武装起来，敌人便无法摧毁这到处蜂起的几千万武装民众，这几千万武装民众之游击战的洪流，不但能够使政府的正式军队有反攻之可能，并且使敌人已经占领的地方，一夕数惊，不能统治，如此，敌人越深入，占领的地方越扩大，它们危险便越厉害，德国国社党机关报驻远东记者说得对：

> 中国境内战事演进情形，颇不利于日军，苏联若自外蒙援助华军，既足以妨碍日军之推进，且可在"满洲国"边境有所举动，而予日以极大牵掣。苏联此项计划若果见诸事实，则外蒙即当由苏联予以援助，而成为对日作战区域，似此，日军之成败利钝端在该国能否迅速结束军事，俾克防止战事范围勿任扩大也明矣。

依日本人口十分之一计，可得六七百万壮丁，然而曾经入伍能够正式作战者，不过一百廿万人，其余的壮丁都不能作用，因为它为了侵略别人出国战争，当然不必要也不可能武装民众来作游击战。在它整个的国防计划，至多只能动员三分之一即四十万兵，来中国作战，其余八十万兵要留着防俄。它现在调来中国的兵，虽然还不及四十万，倘若它的胜利要超过华北及上海以外，调到中国的兵额必要达到四十万甚至五十万，这已经使它的参谋本部头痛（假令它占领的地方，没有中国民众的游击队在它的后方扰乱，而且有大批的汉奸帮着它巩固后方，它是可以节省兵力十万二十万的）；如果再加上外蒙参加战争，至少又要增兵十万，这更要使它的参谋本部束手无策。况且在中国民众蜂起持久抗战中，日本工业品在中国的市场莫由恢复，它在经济上所受到很大的打击，便影响到军费。

所以日本对中国作战，利在用飞机大炮，速战速决，尽可能的不使战争范围扩大；中国对日战争，利在发动全国民众蜂起参加，持久抗战，尽可能的使战争范围扩大，以消耗敌人的军力和财力。怎样才能够发动民众呢？香港英文《晨邮报》说得对：

中国目前最危险的现象，就是在被占领地方的人民，处之安然，任敌人把他们的手给束缚起来。日本人现在是尽其可能的以博得他所占有的人民的欢心，如日本人在这方面能成功的话，那的确是中国抗战前途的一个隐忧。

如果我们不愿意将来任敌人把我们人民的手束缚起来，我们现在便应该赶快开放民众运动，使人民的手不容易为敌人所束缚，更不应该由我们自己把人民的手束缚起来，免得将来敌人费事。我们如果不愿意让敌人博得他所征服的中国人民之欢心，使他们甘愿做亡国奴，我们便应该解除人民的痛苦，博得人民之欢心，使人民能够自愿的与政府合作抗战到底。

如果我们不愿意让全国民众蜂涌〔拥〕起来，对日持久抗战，一旦政府军失败，精锐丧失，武器耗竭，国际调解论压迫于外，妥协动摇分子簧鼓于内，不妥协、屈服、投降，还有别的什么出路呢？即上海局部停战言和，便不能继续抗战，无论在形式上实质上放弃华北，更是公开的屈服投降。至于接受日本限制军备，聘请军事顾问，加入反共协定，取缔抗日运动等条件，那更不用说了。

此次抗战只有两个前途：中途妥协，对日投降；或者发动民众，抗战到底。每一个自命为拥护民族利益的人，都必须采取后一前途。如果真心主张抗战到底，就必须真心主张发动民众，对于发动民众，不加以任何怀疑与阻碍。

如果民众蜂涌〔拥〕的起来了，不但能够援助政府对日抗战获得胜利，即令政府军一败涂地，日本军占领了全中国的大城市，即亡了国，也还能够继续抗战，使敌人不能够顺顺当当，安安稳稳的统治全中国。

每一个真心拥护民族利益的人，总不至感觉到民众蜂起抗日比日本兵打进中国来更为可怕吧！

陈独秀：《准备战败后的对日抗战》
亚东图书馆 1938 年 1 月印行

抗 战 到 底

（一九三八年一月）

　　"抗战到底"这句话，在许多人当中，已成为一种有力的呼声，但什么是"底"，却从来不曾明白清楚的指示出来。我以为真正彻底之"底"，应该是我在《抗日战争之意义》一文中所说的"完成国家独立与统一"，即是说日本及他国损害中国主权的一切特权利益都要收回，仅仅日本撤兵和收复失地，还不算是"底"。

　　要抗战到这样的底，第一必须从改进政治来推动民众能够自动的参加抗日战争。"战争是政治之延续"，我们此次军事之失败，实际是政治之失败，不改进政治，民众是不会自动参加抗战的。如此，漫说抗战到底，连战到一年半载都很困难。

　　要抗战到这样的底，第二不可幻想能够速成，必须放大眼光，必须把抗战延长到三年、五年、十年，甚至二十年，这期间也许某一时惨败不堪，甚至某一时政府议和，我们也不可因之气馁。在强大的敌人之前，要想一战成功，这是不可能的。任何革命运动，中途挫折和一时停顿，是不可避免的事，最要紧的是打定主意，终于非达到国家独立之目的不已。

　　要抗战到这样的底，第三不可一面对日本帝国主义抗战，一面对英、美帝国主义摇尾乞怜。这并不是说在对日抗战中拒绝别国现实的帮助，而是说不应该害单思病，把热脸就人家的冷屁股。况且依靠甲帝国主义来赶走乙帝国主义，这是一种何等滑稽的国家独立运动?! 英美帝国主义者统治殖民地的制度，诚然比日本恩惠些，然而这是奴隶选择主人的态度，不是国民独立运动的态度。

这便是我对于"抗战到底"这句话的了解。

陈独秀：《准备战败后的对日抗战》

亚东图书馆 1938 年 1 月印行

为自由而战

——在武昌艺专讲演

（一九三八年一月）

我今天讲这个题目，首先要说明"自由"的意义。"自由"是政治上法律上有严重意义的术语，不是如通俗的说法，自由自便，即自己爱做什么就做什么，所以通俗说法自由自便的"自由"，和政治上法律上的"自由"必须要分别清楚。人类也是一种动物，别的动物如虎、豹、狮、象，其体力高过人类，人类之所以能够征服别的一切动物，只因为人类的心灵即智慧比一切动物高，故有"人为万物之灵"之说。人类的智慧必须不受束缚，才能自由发展，换言之，人类智慧之发展，和所获得的自由程度成为正比例。欧洲人在中世纪，受了宗教和王权的束缚，学术政治的思想一切都没有自由。自文艺复兴前后，科学、艺术、宗教、政治，各方面都有过为自由而战的流血的剧烈斗争，因此才有光华灿烂的今日。欧洲近代五六百年的历史，乃是为自由而战的历史，东方比西方落后，正因为一切学术思想，都为古来传统的政教所束缚，不能自由发展。例如艺术家必须有自由创造的精神，不受外来的束缚，而后天才始能发展，其他一切科学政治天才，也必须不受束缚，才能够自由发展，这是因为人类心灵不受外来的束缚，才有自由发展的可能。我们都知道近代科学之发生与发达，都得力于思想自由，有些其初还是由于胡思乱想，而得到偶然的发明与发见。

思想是人类心灵即智慧之内在的活动，一受束缚便阻碍了它的发展，其发展无论至何程度，都无碍于他人，所以应该是绝无限制的；至于涉及行动，在公法上，自由仍不应限制，因为它的对象，是公共利益，而非个人，在私法上，在国际法上，便不然了。个人的自由，应以他人的自由为限，一国的自由，应以别国的自由为限，过了此限，在个人为强暴，在国家为侵略，强暴与侵略，都对于人类整个的自由，加了伤害，这是应该制止的。譬如日本，在明治维新以前，因受了别国的压迫，他们为自由而战，是正当的，现在他们为侵略中国而战，为侵犯中国自由而战，便不正当；中国对日抗战，是为了自己的自由而战，则是正当的了。所以中国对日抗战，并不止是要收复失地，而是要争取整个的民族自由。日本从前曾提过中日亲善的说法，我们并不反对中日亲善，可是他所谓亲善，乃是要他坐着，中国人对他跪着的亲善，我们便不得不为自由而战了。中国对日抗战，并非侵犯别人的自由，乃是为自己的自由而战。那么，如果中国一天不得自由，就要抗战一天，必须获得整个的民族自由，才能罢休，决不能中途妥协。故所谓抗战到底，不是空空洞洞的无目的而战，乃是要脱离奴隶的地位，得到真正自由独立的地位。抗战是为自由而战，抗战到底，即是为自由而战到底。这次战争如果失败，无论男女老幼都要做不自由的奴隶，永远的做奴隶，所以什么人都应该参加。

陈独秀：《准备战败后的对日抗战》

亚东图书馆 1938 年 1 月印行

民族解放与妇女解放

——在汉口市立女中讲演

（一九三八年一月）

根本说起来，妇女问题是社会问题之一，它和别的社会问题有连带关系，很少很难单独的解决，它是必须跟着大的运动来解决的，例如贞操问题，缠足问题，教育问题，职业问题，财产问题，法律地位问题和社会地位问题，婚姻问题。在以前封建的道德习惯还保持着传统的势力之时，妇女处在不利地位和受着残酷的虐待；经过了辛亥革命，五四运动和北伐战争，封建的道德习惯，受了几次民主运动的致命打击，妇女才得到了相当的解放；贞操问题虽然还不曾彻底解决，而稍受过教育的男子，却不敢公然以此苛责女子了；缠足问题解决了大部分；教育和职业问题之解决，我们虽然最不满意，而已有一点萌芽；财产问题和法律问题，虽然在实际上还没有多大效果，而法律条文上总算有了进步，如遗产继承及犯奸罪。妇女在社会上的地位，还是很低，虽然在欧化的绅士之交际社会妇女地位提高了，而一般妇女仍然拘囚在"家主婆"的生活中，"家主婆"遇着了怕老婆的"家主公"，固然是家庭之王，而在社会地位上终于隶属于男子；婚姻自由问题，曾经小小的震动了社会一下，而问题之解决还甚辽远，此问题之顺利的真正的解决，当在教育问题和经济问题解决之后，否则像现在不自由之自由，会造成许多女子之不幸和耻辱。没有劳动自由，便没有婚姻自由；妇女脱离了不自由的家庭，便走进不自由的社会，仍旧在天罗地网中呻吟着。

　　妇女现在所得到的一点解放，是以前几次社会大的运动之后果，不是从单独的妇女运动所能够得来的。将来也是如此。所以妇女即为了本身问题，也应该努力参加此次抗日战争的工作，努力使战争胜利，努力在抗战运动中，双手完成民族的解放和自身的解放！

陈独秀：《准备战败后的对日抗战》

亚东图书馆 1938 年 1 月印行

抗战中的党派问题

（一九三八年二月十九日）

在民族危急存亡的今日，全中国不分在朝在野的各党各派，如果认为民族利益高于党派利益，无可犹疑的应该避免无关于抗战胜负之根本政策的争论，而以全力用在民族解放的战争上面。

国共两党为了民族危机，停止多年的内战，在军事上合力抗日，这是无可非难的事。这一联合，在数月抗战中也收到了相当的效果。可是同时两党磨擦的暗潮，日渐浮于表面，这是众人皆知，无可讳言的事。因此国人颇为惴惴，深恐此种磨擦如果继续发展下去，或至影响抗战前途，并且这一问题日渐成为私人谈论时局的中心，这一忧虑，不是毫无理由的。

其实这种磨擦，除了根本原则不计外，其种子已包藏于联合之最初时期，即两党对于联合之方式，都未免鲁莽：一方面国民党未能抛弃招降的态度；一方面共产党在政治上事事迁就允诺，未能坦白的坚持自己抗日的政治主张，因此事后在政治态度及宣传上，引起了国民党对共产党有言行不符的疑虑。一切磨擦便自然的日渐发生了。

此种磨擦如果双方都感觉有停止的必要，下列办法或者可以收相当的效果：

一、国民党承认共产党及其他在野的党派，都公开的合法存在，要求他们合力抗日，而不取招降的态度；并且不妨碍在野党对政府党政治的批评。

二、共产党及其他党派，都以在野党的资格绝对拥护抗日战争；一致承认国民党一党政权及其对于抗日战争之军事最高统率权这一事实，不要把开放党权和开放政权混作一谈。

在原则上，政治上的争论，有可能推动政治进步，直接间接有利于抗战。非政府党党员在政府附属机关担任工作，这本与政权无关。政府对于所属机关之用人，应采人材〔才〕主义，不必一党包办，在野党亦应避免政府附属机关中地位之竞争；非政治的斗争即地位斗争，有百害而无一利。各党各派如果把民族利益放在党派利益之上，这种斗争是应该停止的。党派间以至一党中小派别之非政治的无原则的地位斗争，只有为敌人开辟道路！

署名：陈独秀

《血路》第六期

1938 年 2 月 19 日

抗战中应有的纲领

（一九三八年二月）

政治纲领是国内革命战争决定胜负一因素。此次中国民族对日本帝国主义的侵略而抗战，也是一种革命战争，在抗战中，要唤起全国广大民众拥护这一战争，动员全国的财力人力以求得最后的胜利，必须有鲜明的抗战纲领，具体的昭告全国人民为谁的利益而战；抽象的笼统的民族利益，不一定能够动员全国人民，尤其是比较落后的人民。如果我们不赞成拿主观的愿望来代替客观的实际效果，下列的十条纲领，在抗战中断然是不可缺少的东西：

（一）以推翻帝国主义者所加于中国民族工业发展的障碍为此次抗日战争之最终目的。

（二）在野各党派及一般人民都应有政治的自由，集会结社言论出版之自由。不自由的奴隶，很少有为国家民族利益而奋斗的自动性。

（三）联合苏联及全世界的工农民众（日本的工农民众也在内），共同反对日本帝国主义。

（四）没收日本帝国主义者在中国的财产，没收汉奸及贪官污吏的财产，充作救济伤兵及难民之费用。

（五）强迫富人购认救国公债，征收财产累进税和加重因战事营业所得税，不把战费加在工人贫农及小商人小职员身上。

（六）解除人民痛苦，如：减少工人工作时间，解决贫农耕地问题，限制高租高利，废除苛捐杂税和保甲制度，停止征工拉夫等，以提高民众抗战的热情和力量。

（七）恢复由各业群众选举自己的工会，学生会，商民协会，农民协会。

（八）改组全国军队，直隶中央政府，加强军队中的政治教育，改良兵士待遇，实行军队和驻在地民众之亲密合作。

（九）武装人民，尤其要武装工农民众，以肃清汉奸，巩固后方。组织训练前线失业工人的特殊军队，加入作战。

（十）迅速召集国民大会，集中全国抗战力量，主持和战大局。

陈独秀：《我对于抗战的意见》

亚东图书馆 1938 年 2 月印行

从国际形势观察中国抗战前途

（一九三八年三月五日）

一切幻想碰到实际，便如霜雪见了太阳。战争，尤其是对帝国主义的战争，是一件最实际最严肃的事，如果把它寄托在幻想上面，这是多么危险呀！

自对日抗战以来，我们全国上下，拿各种各样幻想的宣传，特别对于国际的幻想，代替了实际的努力。这不独减少了实际战斗力，而且撒下了幻想落空时使一般人失望消沉的种子。所谓苏俄出兵，英、日战争，英、美舰队联合，国联制裁，《九国公约》制裁等等幻想，事实上已经随着第一期战争失败，而杳无踪影的过去了。倘吾人若不平心静气毫无成见的洞察国际形势，难免不从旧幻想的根蒂上，再生长出新的幻想来，以造成第二期作战之不幸，这是我们万万不容忽视的事。

在避免战争的条件下，维护大英帝国在全世界各处的利益，这是英国的国策；在避免战争的条件下，尽可能的联合任何国家尤其是英，以防御德国复仇，这是法国的国策；自己极力避免陷入战争的漩涡，而利用他人的战争销售军火，这是美国的国策；不恤牺牲各国的革命，不恤忍受不名誉的和平，以谋一个国家建设社会主义的国家之安全，这是苏联的国策；统一日耳曼民族，对法复仇，以收复德、奥在上次大战中的失地，这是德国的国策；向北非、中欧、近东发展，以成为地中海的主人，这是意大利的国策；吞灭中国及南洋，独霸远东，这是日本的国策。

以上便是目前国际形势之骨干。

在这样各国各自利害不同的现状之下，简单化的两个对立的战争的集团，自然不易形成，虽然他们都在各自寻找与国；这便是第二次世界大战一时决不会到来的最大原因，各国预想的军备尚未完成，还是其次又其次的原因。他们之间都相互知道彼此的军备同样不充分，只要两个对立的集团形成，是不妨一战的。在此环境中，中国对日抗战，除了向各〔个〕别国家购得军火外，不能有别的幻想，不能幻想国际有某一集团，或某一国家和我们共同对日作战。

人们所谓德、意、日侵略阵线，或法西斯特阵线，乃是似是而非的说法。因为德、意、日侵略阵线这一个名词，在外延上不合逻辑。德、意、日固然是侵略的国家，如果说英、法、美不是侵略的国家，便等于说他们不是帝国主义者；德、意、日三国有了《反共协定》，虽然是一个国际政治集团，而还未成为决定对于另一集团的军事同盟，特别是意大利之眼光四射，动摇不定，最近她因为奥国问题和德国暗斗，开始了和英国的谈判。德国虽然承认了"满洲国"，这并非等于宣布今后对于中日战争取消中立。军阀政治的日本还不是法西斯特国家，这乃铁一般的事实。前年法西斯特派政变失败后，受到广田内阁严重的打击，眼前以政友会和民政党为主力的议会，正在金融托拉斯资助之下，进行反法西斯的斗争。右派各团体，还在向政府要求释放二月十七日防共护国团包围政、民两党总部之法西斯特派领袖；世界上有这样的法西斯特国家吗？哪一个法西斯特掌握政权的国家能容许别的政党盘踞议会，公开的进行反法西斯特斗争呢？哪一个法西斯特掌握政权的国家，法西斯党会因侵犯别党总部而被捕，而向他们自己的政府要求释放他们自己的领袖呢？如果以为凡是有了法西斯特运动的国家，便是法西斯特国家，那么全世界能找得几个非法西斯特国家呢？在法国法西斯特的运动和力量都强大过日本，难道法国也是法西斯特国家吗！所以德、意、日法西斯特阵线这一说法，也不能成立。

至英、法、美、苏民主阵线，或和平阵线，更是子虚乌有之谈。苏联的政制，是独裁而非民主，她和英国始终是貌合神离，英国始终站在自由主义的立场，表示对苏俄与德、意的斗争两面都不参加；英、法、美虽然同是民主国家，而美国固守着孤立政策以免陷入欧洲的纷纠漩涡，更谈不上和欧洲任何国家的联合阵线。和平吗？在帝国主义制度未倾覆以前，和平是不可想像的事，尤其是克里姆〔林〕宫的人们，应该懂得这个，因为他们现在还自称为列宁的门徒。不错，英、法、美、苏是一致避免战争希望和平的；然而他们所希望的和平，是跟在侵略者的后面承认侵略者侵略弱小民族的既成事实，以避免战争，这是对于侵略者的和平，她们对于国内人民的反对派（如苏联）或殖民地的民族解放运动（如英、法）却是不很和平的。自九一八以来，我们已经饱受她们这种和平政策的苦教训了；现在中日关系，我们若企图避免战争，而希望和平，我们能得到什么呢？所能得到的只有屈膝后暂时的和平而已！希特勒说："如果某些强国不援助日本的对方，远东的和平当已成立了。"如此则和平便是侵略者胜利，被侵略者屈服之另一说法。在呼吁和平避免战争的各国，或者将来也会认为这是合理的解决，它们或者更会进一步压迫中国，牺牲中国，跟在日本后面承认既成的事实，以维持他们之间的和平。如此则中国便在全世界一片和平声中断送了！呜呼！和平！和平！天下许多罪恶，假汝之名以行！

国联派所号召的集体安全制度，在伦敦政府心目中的飞鸿，与其说是英、法、美、苏的什么阵线，不如说是英、法、德、意四强协定。这样模糊不定的集体安全制度，经过阿比西尼亚和西班牙事变，又以"不决战不妥协"的态度处之，所谓集体安全制度遂至搁浅。于是包尔温不得不继霍尔而下台，继霍尔的艾登仍旧继续"不决战不妥协"的政策。张伯伦内阁依然走头〔投〕无路，直到最近中日战争出乎意料之外的发展，日见英国在远东的特权与利益朝不保夕，迫得张伯伦不得不于决战或妥协二途选择一个：依避免战争的国策，张伯伦只有选择后者，于是艾登不得不辞职，集体安全制度遂由张伯伦宣告破产。所谓民主阵线，和平阵线，更是由海市蜃楼而幻灭了。照现时国际紧张的局面，"不决战不妥协"的政策，本来是最无出路的如意算盘，依英国帝国主义的立场，霍尔及张伯伦的政策，比包尔温及艾登自较为合理，所以张伯伦一宣称"国联不能为任何国家保持集体安全，吾人不应再作国联仍能保护弱小国家抵抗侵略之想"，和平梦想家所召集的国际反侵略大会，昨日还轰动伦敦，今日便如泥牛入海，踪影全无了！这班梦想家，受过一九一四年的大教训还不够，现在又受到一个小教训，如果还不觉悟，将终于是一个教不醒的蠢材！艾登辞职的消息初传到中国时，我们的梦想家，还认为张伯伦的外交转变政策不会为内阁及国会所通过，会因此引起政潮；不料事实上，反对派工党在国会提出的谴责政府案，已为张伯伦的长篇激昂演说所驳倒，结果下院卒以三三〇票对一六八票而否决了。这是因为张伯伦在演说中所提出的"汝究欲汝祖国卷入战争漩涡内乎"一问题，不独阿特里、格林伍德、艾登等只能回答一个"否"字，即在我们的梦想家所谓"要求和平，反对战争，热烈反对侵略运动的英国劳苦人民"，也只能回答一个"否"字；因为他们要求和平反对战争，是与张伯伦同调的；剩下的所谓"热烈反侵略运动"只是一句空话而已。除了战争，空话是不能损伤侵略者毫发的。英国的劳工运动，本来是在和平空气中生长起来的，又加以第三国际近几年来和平主义的强调宣传，更是为张伯伦现行的政策铺平了道路。

张伯伦的现行政策，不但要拿和德、意妥协来避免欧洲战争，并且还会和日本妥协来停止远东战争。张伯伦这一政策是应该受人谴责的，然而克里姆〔林〕宫的人们却不配谴责他。张伯伦虽然是一个没有理想的人物，而却是一个实际政治家，至少不象〔像〕克里姆〔林〕宫的蠢材，会幻想呼吁和平反对战争能够制止战争，会幻想喊喊反侵略口号，开开反侵略大会，宣传宣传，就能够不动干戈吓退德、意、日本。希特勒说："日本的胜利是比布尔什维克胜利的危险要少些。"希特勒可以这样说，英、法、美也还可以这样说，苏联也可以拿这一理由来呼吁和平避免对日战争吗？照英、法、美、苏所力行的维持和平避免战争的政策，只有让德、意、日本日益坐大，会造成全世界一个更黑暗时期！在这一点，中国放弃和平，对日抗战，不但有民族的意义，而且有世界的意义；如果世界上还有一个革命的国家，如果它专门计较自国的利害，在要求和平反对战争口号掩护之下，眼见中国失败而袖手旁观，这便是革命之背叛者！

英意、英德的谈判，如果在牺牲弱小的条件之下顺利的成功，英、法、德、意联合干涉远东停战局面，便会到来。我们万万不可因这一局面又引起新的幻想，认为他们会武装制裁日本，这不独非德、意所愿，亦非英、法所愿；它们干涉的压力，三分用在日本，七分还用在中国，使中国向日本屈服，日本向欧洲让步，以阻止日本势力一直南下，完全独占了中国，完全扫荡了英国在中国南方的特权与利益。

如果我们不愿被迫而接受屈服甚至亡国的条件，只有努力支持长期抗战之一途，也只有我们有力量能够支持抗战，不再败退，才能够多少转变张伯伦的政策。此时中日两方面都发出了长期战争的呼声，其实日本财政虽然比我们优裕，也支持不了二年以上的战争。她的赤字公债，战前已超过一百万万元，二年战争又需用一百万万，如果不能从中国攫取大量金钱，到了明年夏秋间，甚至明年春天，日元一先令二便士的汇兑率便难以维持了。财政一露破绽，无论日本军阀如何横蛮，也不能不认真考虑战争应否继续的问题。所以她们已经事先准备拿集会出版之自由向国民让步，来建立国民总动员的计划，以应付杉山所谓"较目前形势更劣之局面"。我们中国怎样呢？

我们的财政，我们的国民经济，自然更脆弱于日本。我们不能寄托幻想于国际，我们只有依靠自己，我们更应该拿改良政治向国民让步，来动员全国的财力和人力，再困苦撑持一年以上的战争，以期待敌人的财政先我而崩溃。尤其要建立对各级政府的人民监督制度，才能够肃清贪官污吏、土豪劣绅、苛捐苛税，以扫荡这些破坏国民经济基础（农业、手工业、商业）的最大因素。国民经济之崩溃，对于战争的影响，比吃败战更加是致命伤。并且改良政治的实惠，如果真能广及于人民，风声所播，还能以挽回敌人占领地已失将失之人心，使之内向，使之自动的拒绝日货日钞，以加速敌人财政之崩溃。这不都是目前迫不容缓的事吗？

在怀疑民主政治的人们，或者会反驳我这一提议也是幻想；那么，外来的力量既不可靠，求之于自己的政治改良又是幻想，我们还有什么希望呢？如果不能拿改良政治来动员财力人力，和安定国民经济，不独战无可战，即忍痛言和，而战后经济上的政治上的百孔千疮，又用什么方法来补救呢？乐观夸大自慰的宣传，经不得事实的打击；"人民愈穷苦愈革命"更是道地的胡说！

署名：陈独秀

《政论》半月刊第一卷第五期

1938 年 3 月 5 日

致《新华日报》

（一九三八年三月二十日）

我在去年九月出狱之后，曾和剑英博古谈过一次话，又单独和剑英谈过一次。到武昌后，必武也来看过我一次。从未议及我是否汉奸的问题。并且据罗汉说，他们还有希望我回党的意思。近阅贵报及汉口出版之《群众周刊》及延安出版之《解放周报》，忽然说我接受日本津贴，充当间谍的事，我百思不得其故。顷见本月贵报短评，乃恍然大悟。由此短评可以看出，你们所关心的，并非陈独秀是否汉奸问题，而是陈独秀能否参加反对托派运动的问题。你们造谣诬蔑的苦心，我及别人都可以明白了。你们对我的要求是："他如果不甘与汉奸匪徒为伍，他应该公开坦白地宣言他脱离托派汉奸组织，并在实际上反对托派汉奸行动"。我坦白地告诉你们：我如果发见了托派有做汉奸的真凭实据，我头一个要出来反对，否则含沙射影血口喷人地跟着你们做拉拉队，我一生不会干这样昧良心的勾当。受敌人的金钱充当间谍，如果是事实，乃是一件刑事上的严重问题，决不能够因为声明脱离汉奸组织和反对汉奸行动，而事实便会消灭。是否汉奸应该以有无证据为断，决不应该如你们所说："陈独秀是否汉奸，要由陈独秀是否公开声明脱离托派汉奸组织和反对托派汉奸行动为断"。除开真实的证据而外，声明不声明，并不能消灭或成立事实呵！况且现在并非无政府时代，任何人发现汉奸，只应该向政府提出证据，由政府依法办理。在政府机关未判定是否汉奸以前，任何私人无权决定他们为汉奸，更不容许人人相互妄指他人为汉奸，以为政治斗争的宣传手段。

我经过长期入狱和战争中的交通梗塞，中国是否还有托派组织存在，我不甚知道。我在南京和剑英谈话时，曾声明：我的意见，除陈独秀外，不代表任何人。我要为中国大多数人说话，不愿意为任何党派所拘束。来武汉后，一直到今天，还是这样的态度。为避免增加抗战中纠纷计，一直未参加任何党派，未自办刊物。我所有的言论，各党各派的刊物，我都送去发表。我的政治态度，武汉人士大都知道，事实胜于雄辩，我以为任何声明都是画蛇添足。

从前我因为反对盲动政策，被中国共产党以取消主义而开除，此全世界周知的事。所以有人要求我公开声明脱离"赤匪"，我曾以为这是画蛇添足而拒绝之。我现在对于托派，同样也不愿做此画蛇添足之事。你们企图捏造汉奸的罪名，来压迫我做这样画蛇添足的事，好跟着你们做拉拉队，真是想入非非。你们向来不择手段，不顾一切事实是非，只要跟着你们牵着鼻子走的便是战士，反对你们的便是汉奸，做人的道德应该这样吗？〔一九三八〕三月十七日。

未署名

《扫荡报》

1938 年 3 月 20 日

各党派应如何巩固团结？

——答《抗战行动旬报》征集抗战
集体意见问题之一

（一九三八年四月）

一国中为什么有党同伐异的各党派存在，这不是根据人们愿意不愿意，而是根据社会各阶层客观利害不同形成思想不同所结合的共同意志，不能够由人们在主观上任意令它发生，令它消灭。

为什么利害不同、思想不同、意志不同的各党派能够合力抗日，这是由于为民族生存而奋斗的共同意志；也只是因为有形成这一共同意志之可能性，我们才有理由提出各党派合作抗日的问题，过此以上的合作、团结，只是人们的幻想而已，没有共同的利害，便没有共同的意志，便谈不上合作、团结。

不幸得很，竟有人在各党派合作抗战中，提出思想信仰之统一为党派合作抗战的条件问题，这未免太过幻想了，而且对于各党派合作抗日是一种有毒害的幻想！思想信仰统一了，则只有一党存在，根本无所谓各党派，便根本无所谓合作、团结了。诚然，人们提出思想信仰统一的问题，正因为企图实现一国一党消灭其余别的党派之理想。其实党派是相对的名词，如果别党消灭了，科学的说来，任何一党也就不能存在，因为那时各党派所代表的各部分人民不同的利害都消灭了，一切党派也自然消灭。这样的社会还很遥远，现在俄、德、意所谓一国一党的办法，即令政权的阶级性不同，都不过是一种人为的外表形式；正因为这种人为的外表形式，招来国内不断的纷争，将来还会成为崩溃之一因素。

现在的中国，无论政府党或在野党，都更不应该利用抗战的机会，效法这种人为的外表形式来消灭异己！能够使各党派合作团结的口号，只有一个，即"抗日救亡"，这就是说，无论各党各派在思想信仰上如何不同，而对于抗日救亡的行动，必须一致，这便是所谓"对立的统一"；"对立的统一"，本是全宇宙普遍的规律，政治也不能例外。若企图统一思想信仰来抗日救亡，那便不知道要等待到何年何月了。譬如宗教上有儒、释、道、耶、回之分，哲学上有唯物唯心之别，政治上有集权分权之争，如此等等，何时才能够统一呢？我们能够要求他们为抗日救亡而放弃他们的思想信仰吗？如果定要拿思想信仰之统一为各党派合作抗日的条件，那只有先从事内战，肃清了异己，然后才来抗日；这对于党派的问题，只是分散而不是团结，对于抗日救亡的力量，不是增加而是削弱，都在客观上帮助了敌人！如果顾虑到战后之经济的政治的制度纷争问题，这乃最后决定于国际和国内经济政治之发展，而非决定于思想信仰。

统一思想信仰，根本是一个荒唐无稽的幻想。在欧洲中世纪，全欧洲的文化几乎都在公教会手中，宗教法庭用过无数次烧杀酷刑，也消灭不了异教徒，也没有把思想信仰统一起来，反而公教会本身倒分了无数的派别；凡是一个集团，对外走向统一，同时对内即走向分裂，倒是对外竞争，往往加紧了内部的团结，这是一个公例。在中国古时，汉武帝和董仲舒，他们君臣曾热心拿尊孔来统一思想信仰，然而汉朝的宫廷中，始终完不了儒、法、黄、老的斗争，即董仲舒本人的思想信仰，就是一个儒、道两宗的混血儿；后汉诸帝也曾严厉的拿谶纬来统一思想信仰，然而终于降服〔伏〕不了桓谭、王充的党徒。

历史的教训是很严酷的，我奉劝主张统一思想信仰的人们，多做点抗日救亡工作，少发点幻想罢！幻想一旦碰到实际，便如霜雪见了太阳！

陈独秀：《从国际形势观察中国抗战前途》
广州亚东图书馆 1938 年 4 月印行

抗战与建国

（一九三八年四月二十五日）

近来新发现"抗战建国"这一名词，可以说是有深思远虑的了。惟解释各有不同，有人说抗战胜利后再来建国；有人说一面抗战，一面建国；我认为这两说都是完全对。抗战就是建国事业之一，并且中国已建国数千年，即以民国而论，二十七年前的辛亥革命，就已经是建立一个近代国家之开端。倘以建国作建设工业解，那便诚然非抗战胜利后谈不到，无论是内战或对外战争，都是破坏经济的，尤其是对外战争，海口被封锁，交通被破坏，机器原料之输入都很困难。原有的工业基础都很难维持，民族工业之大规模的发展，更是梦话了。

为了要明白建国即建立近代国家之整个概念，以及战后会出现一个什么形态的国家，我们首先必须明白我们现今处在全世界历史发展的什么时代。自从十五六世纪一直到今天，本是资产阶级性的民主革命时代，法西斯特运动，乃是这一整时代的大流将转变为另一时代之暂时的逆流。这一逆流象征着前一时代行将完结，另一新时代快要到来，在前此五六百年整个民主革命时代，各国所完成之主要的民主任务是：

　　民族的国家独立与统一，

　　立宪政治之确立，

　　民族工业之发展，

　　农民解放。

　　在这一时代的各民族，必须完成这些民主任务，才能够摧毁旧的封建经济与政治，开展新的较高的生产力和新的政治制度，以成功所谓近代国家，即多多少少民主制的国家。

　　为什么要国家独立与统一？因为非脱离国外非民主的压迫和国内的分裂，一切经济政治都不能自由发展。为什么要确立宪法政治？因为非如此不能确定政府的权限，保障人民的权利，使全国人民的智力和道德能够普遍的发展，以增加整个国家的力量。为什么要发展工业？因为非如此不能增高国家物质的力量和提高人民生活与文化，以减杀整个民族文化方面的落后性。为什么要解放农民？因为非如此不能根本摧毁封建的社会势力，繁荣本国工业的国内市场，这便是我们建国的整个概念。

　　在历史上各民族完成这些民主任务的动力，并非先天的限定是那一阶级，英国是资产阶级完成的，法国是小资产阶级联合工人完成的，德国和意大利是资产阶级联合地主贵族完成的，俄国是无产阶级联合农民完成的。各国所完成的民主任务虽有程度上的不同，而无根本上的差别，即在落后的东方如日本明治维新以来，也完成了某些民主任务，所以她也勉强算是一个近代国家。

　　中国辛亥革命，也是企图步武欧美，建立一个近代国家；虽然成立了民国，产生了宪法与国会，民族工业也开始萌芽，然以国外及国内巨大的阻力，所谓民主革命任务，并未真实的完成，因此乃有一九二五——一九二七的第二次革命和此次抗日战争。辛亥革命、北伐战争，都是建国运动，并且是建立近代国家之主要的基本的运动，即民族的国家独立与统一。

处在全世界历史发展之民主革命时代行将完结而东方犹未完结的中国，民主任务不完成，即建立近代国家的根本问题不曾解决，在国内外任何事变中，这些国家根本问题都会很自然的提到全国人民的面前，成为革命的酵母。

目前的抗日战争，是建国事业中之主要的基本的事业，除开国际因素外，单就国内社会势力而言，谁能够有实力有决心来领导这一战争，完成国家独立（即收回以前所有丧失的主权）与统一，并且能够解决农民问题，谁便能够安然掌握政权，建设他素所主张的政治形态和工业制度：资本主义或社会主义。资本主义和社会主义的生产制度及财产关系，都截然不能混合并行，社会政策并不是社会主义，国家资本主义仍然是资本主义，因此在这一建设时期，政权党只能自行其是，除非在野党断然言行一致的放弃其阶级立场，是不能像在对外战争中和阶级性不同的党派合作的，这时阶级性不同的政党，只有站在在野的反对派地位。

如果国内各种社会势力都不能够完成民主任务，来建立一个近代国家，那末中国受外力牵制和国内纷乱的局面，只有延长至国际巨大变动法西斯特崩溃新时代到来之时。

署名：陈独秀

《政论》第一卷第九期

1938 年 4 月 25 日

"五四"运动时代过去了吗？

（一九三八年五月十五日）

有人以为"五四"运动时代已经过去了，时代已经走到前面，人们的思想如果停留在"五四"运动时代，那就未免太落后了。

这种意见是正确的吗？要研究"五四"运动时代已否过去，必须要明白"五四"运动时代是什么一个时代，且必须具体的指出"五四"运动时代要求的是什么，现在是否还有这些要求，如此则"五四"运动所代表的时代性，和这一时代现在是否已经过去，便不许闭眼胡说的了。

"五四"运动时代所要求的是：

反对日本帝国主义的侵略及卖国贼。

反对旧礼教的束缚，提倡思想解放，妇女解放，以扫荡封建的残余。

提倡科学，破除迷信，建设工业。

反对古典文，提倡语体文，以为普及教育和文化的工具。

提倡民权，反对官僚政治。

这些要求现在已经过去了，或完全过去了吗？"五四"运动时代不是孤立的，由辛亥革命而"五四"运动，而"五卅"运动、北伐战争，而抗日战争，是整个的民主革命运动时代之各个事变。在各个事变中，虽有参加社会势力广度之不同，运动要求的深度之不同，而民主革命的时代性，并没有根本的差别。所以"五四"运动的缺点，乃参加运动的主力仅仅是些青年知识分子，而没有生产大众，并不能够说这一运动的时代性已经过去。这一时代性不但现在不曾过去，即在近的将来，离开了民主革命的要求（民族独立也是民主革命的要求之一），不会推动什么革命，并且连规模较大的运动也不会有。政治经济之发展，会因革命的动力不同而异其形态，而推动革命的历史任务，必然是民主民族的要求，这是中国历史发展的条件所决定的，人们头脑中的幻想不能够改变它。

正因为有些人们虽然口中也曾说说中国革命是资产阶级性的民主革命，实际上并没有认真的了解和正确的把握住这一历史条件所决定的时代性，所以才会有"五四"运动时代已经过去这样的见解，所以才有拿农村苏维埃抵制国民会议运动的荒谬政策，所以才有超资本主义的小资产阶级社会主义的幻想，所以才闹出"山上的马克思主义"的笑话，所以才有依靠农村攻取城市的错误路线，以及由打倒富农到"请土豪劣绅帮忙"，由苏维埃政府到国防政府，由普罗文学到国防文学，由一省或数省首先胜利到民族统一战线，这一大串头脚颠倒乱杂无章的政策，都由于未能了解并把握这一时代性，遂至忽左忽右的乱跳，而进退失据。

现在或者已经过去的是这班头脑昏乱的人们，而不是"五四"运动时代，现在一代的青年，不可再重复这样的错误了。所以我在大家回忆"五四"运动的今天，不得不指出"五四"运动之具体要求所代表的时代性，这不仅仅为了说明"五四"运动的意义，重要的还是为了指出青年们参加政治运动的据点，即是：无保留的以百分之百的力量参加一切民主民族的斗争。要坚守住这一据点，必须把所谓"山上的马克思主义"的混乱思想从根铲除，因为近代的一切大运动都必然是城市领导农村。

署名：陈独秀

《政论》第一卷第十一期

1938 年 5 月 15 日

我们断然有救

（一九三八年六月五日）

去年九月，我在南京出狱未久，在中英协会和适之、孟真晤谈时，孟真向适之说："我真佩服仲甫先生，我们比他年纪轻，还没他精神旺，他现在还是乐观。"他这样说的缘故，是因为在那几天以前，我们谈论世界大势时，孟真很颓丧的说："我对于人类前途很悲观，十月革命本是人类运命一大转机，可是现在法西斯的黑暗势力将要布满全世界，而所谓红色势力变成了比黑色势力还要黑，造谣中伤，倾陷，惨杀，阴贼险狠，专横武断，一切不择手段的阴谋暴行，都肆无忌惮的做了出来，我们人类恐怕到了最后的运命！"我说："不然，从历史上看来，人类究竟是有理性的高等动物，到了绝望时，每每自己会找到自救的道路，'山重水复疑无路，柳暗花明又一村'，此时各色黑暗的现象，只是人类进化大流中一个短时间的逆流，光明就在我们的前面，丝毫用不着悲观。"他很严肃的向我说："全人类已临到了窒息的时候，还能够自救吗？"我说："不然，即使全世界都陷入了黑暗，只要我们几个人不向黑暗附和，屈服，投降，便能够自信有拨云雾而见青天的力量。譬如日本的黑暗势力，横行中国，压迫蹂躏得我们几乎窒息了，只要我们几个人有自信力，不但可救中国人，日本人将来也要靠我们得救，不要震惊于他们那种有强权无公理的武装力量！"当时孟真也颇以我的见解为然。

我现在还是想着。

请看！鹿地亘先生夫妇的言行，堀田少尉的觉悟，他们不是贪生怕死，而是一种信公理不信强权的表示，而是黑暗中放出一线曙光，这小小的一线曙光，在我们人类还能够自救的保证上，比中国军队打败日本军队，还要有价值。有些中国报上，很错误的竟有"堀田少尉向我军投诚"这样说法，简直是把曙光变成了黑暗，恕我不能附和！

我们不要害怕各色黑暗势力笼罩着全世界，在黑暗营垒中，迟早都会放出一线曙光，终于照耀大地，只要我们几个人有自信力，不肯附和，屈服，投降于黑暗，不把光明当做黑暗，不把黑暗对付黑暗，全世界各色黑暗营垒中，都会有曙光放出来，我根据这些观点，所以敢说"我们断然有救"！

署名：陈独秀

《政论》第一卷第十三期

1938 年 6 月 5 日

国民党究竟决心采用
哪一种政治经济制度？

（一九三八年六月十日）

领导全国抗战建国的中国国民党，究竟决心采用哪一种政治经济制度，在国民党的本质及其最近临大宣言和纲领中，政治水平较高的人们，自然早已懂得，其余或因政治的头脑不甚清晰，或系别有用心的人们，无论在党内或党外，似乎或还是意见纷歧，因此国民党的领袖及其中坚干部，应该清楚明白的昭告国人，以免曲解和误会，这是为要的，尤其是在高呼一面抗战一面建国的今天。大公报曾经主张国民党的总裁应当对三民主义加以确定的解释，或者也是这个意思。

最近读到《政论旬刊》第十三期罗敦伟先生"党派统一问题"一文，其主旨是反对多党论，其主要理由是如下一段所说：

> 在资本主义的统治形态之下，经济机构上的力量是寡头的。有的是比较复杂的寡头，例如法国他们是多党制，英美是比较简单的寡头，他们是两党制，最近也有多党的倾向。代表多数集团的资本政党，当然并不在想像党外无党，也不

在禁止党内无派。一旦资本的统制高度发挥，经济机构单一
化，独占化，即立刻复为统一的政党。德国的纳粹党，意大
利的法西斯党，都有他们历史发展的必然轨迹，只有最庸俗
的政党论者，才以为是人为的。苏联共产党的统一，也有他
的必然性，完全是因为无产阶级专政时期，独占主义基础
上，应有的上层筑物。

罗先生这篇文章，不用说是对我们《各党派合作问题》那
篇文章而发（曾载《时事新报》），在这一段中及全文他处我
所不能同意之点，本文中均不能详及，我认为现在应该急于提
出讨论的是：罗先生当然不是无产阶级专政论者，而罗先生是
否认为中国的经济已达到"资本的统制高度发挥，经济机构单
一化，独占化"，而需要采用"德国的纳粹党，意大利的法西
斯党"，的政制呢？如果两者（无产阶级专政和德意法西斯制）
都不好，英美法式的资本主义经济形态也不好，那么中国国民
党打算采用什么一种政治经济制度呢？虽然各国建国都有他
的特点，国民党将领导国民向那一大方向走去呢？如果领导
国民抗战建国的党，自己还没有决定大的方向，自己还没有
统一的政治意识和意志，则国民的努力真无所适从了，党内
党外的纷歧意见更莫由统一了。罗先生所高唱的"现阶段的
中国，固然需要统一的领导，要强化国民全体一致的团结，
尤其需要统一的政治组织，统一的命令与行动"，更是无从
说起了。

因罗先生这一段话，使我们更感觉得国民党自己明确决定
采用那一种政治经济制度，有十分迫切的需要，万不能再含糊

下去了!

六月十日

署名:陈独秀

《政论》第一卷第十四期

1938 年 6 月 15 日

抗战中川军之责任

——七月十四日在中央广播电台讲演

（一九三八年七月十四日）

在对外战争中，地大人多，自然是一大优点。俄国第一次被拿破仑之侵入，第二次十月革命后被欧、美、日本各国联合进攻，都仍能保全者，正因地大之故。此次中国对日本抗战，若非中国地大人多，已被日本灭掉了。中国单是四川一省，土地、人口都与日本相等，论理只四川一省，都有对日本抗战的资格；不幸中国的工业与教育都不及日本发达，所以在抗战一年中虽有各国的援助，仍然丧失了不少的土地、不少的城市，人民的生命财产更是蹂躏不堪。我们自从开战以至今日，并不是想在军事上战胜日本，只是因为日本逼迫我们到了民族不能生存的最后关头，不得不出于孤注一掷，为保存国家民族的人格而出于一战。敌人利在速战速决，我们利在延长战争；战争愈延长，我们固然愈加破产，敌人也愈加困难；我们的破产是愈加贫弱，敌人的困难是不能维持富强，这是由于他对华长期战争减弱了对英、美、俄国防的力量，尤其是对英、美造舰的竞争，形成了她将来的破产；这一点在敌人明白的政治家已看得透明，所以他们当中或者希望速战速决，或者希望停止战争，骨子里同样是认为战争不应该延长下去。所以只要我们再困苦支持半年以上，守住武汉不失，敌人便会知难而退，即是撤回使我们不能忍受的媾和条件，我们便能够在战败破产的废墟上，加倍努力，复兴我们的国家民族。我们现在不要气馁，也不要大言自豪，只要看清敌我两方的真实状况，脚踏实地的再困苦支持半年以上，我们便有希望了。

我们将怎样支持呢？最重要的自然是军事力量。过去参加战争的军队，都有各种程度的疲劳与残破，最后的长城，乃是我们四川的大批生力军。因为大水灾的缘故，敌人用主力军由河南南下的战略，改变为由长江西进。此时在长江南北两岸和敌人血战和防守的，川军颇居重要地位；我们希望四川第三次出兵，并且迅速派出大批的精锐部队，保住武汉，即是保住中国，所以我们敢说：川军是我们国家民族的最后长城。这便是抗战中川军的责任，也就是川军在历史上不朽的荣誉。

即万一不幸，武汉失守，在经济上、文化上，也只有四川能够领导云、贵做复兴中国的安哥拉。

四川的同胞们为了要加强劳动力和战斗力，以尽目前和将来的责任，禁绝鸦片烟，乃是第一件大事！

陈独秀：《民族野心》

广州亚东图书馆 1938 年 8 月印行

民 族 野 心

（一九三八年七月十六日）

通常说到野心二字，人们便有点厌恶，其实无论个人或民族，野心用在占有欲固然不免令人厌恶，倘用在创造欲上，便是伟大、向上、有志气等同意义的名词。

我们民族现在种种不长进，受人侮辱，正因为缺少野心。为什么缺少野心？有人说，因为民族衰老了，罗马之后今有意大利，为什么我们却衰老了？有人说，因为孔、孟、老、庄、佛教、宋儒等礼让退婴的学说，衰老了中国民族精神上的血液。为什么中国历史上会产生和培养这些败坏民族精神上血液的学说？剥肤以求，便是不得不归根于社会经济的原因了。

封建社会有封建社会的生产力、武力、道德、文化，资本主义社会有它的而且是更高的生产力、武力、道德、文化；这两个社会过渡时期，即前资本主义时期，这一时期的农业造成社会的蒙昧无知和散漫，商业造成社会的奸诈和苟偷，于是它的生产力、武力、道德、文化，都一般的衰落。

欧洲罗马衰亡后数百年，便踏进了资本主义社会。日本德川幕府一倾覆，紧接着便是明治维新，两个社会的过渡时期为时不久或几等于无。中国自晚周封建崩溃以至清代鸦片战争，前资本主义社会，差不多延长了二千年，第一是因为四邻都是些生产力和文化较低的民族，没有外来的刺激；第二因为海岸线实际的短，不容易形成沿海岸对外贸易的都市；第三因为缺少纵线的河道，形成大陆内部交通之困难，不容易发展国内市场，迅速的集累原始资本；第四因为最大的四次蛮族侵入（五胡、金、元、满清），破坏了中国经济之继续进展，以此种种，遂至延长了中国前资本主义时期，未能进入资本主义的工业社会。这就是中国和欧洲、日本强弱盛衰之历史原因。

在前资本主义的社会，既然没有资本主义的工业，自然也没有集中的前进的产业工人。这时代的原始农业，各家族占有或使用一块土地，"凿井而饮，耕田而食，不识不知，顺帝之则"，是他们的最高理想。只要风调雨顺，便可靠天吃饭；只要家畜和子孙繁殖，使家道兴隆，便是无上幸运；薄税轻刑，是最好的政治，此外用不着人民的组织，用不着国家的保护，用不着政治革命，用不着对外战争。前资本主义社会的商业，是商业支配工业，而不是工业支配商业，国内市场已足供其回旋，商人将本求利，固无择于本国制品或外国制品，即令是仇货走私，也一样发财，用不着民族斗争，便谈不上爱国，更厌恶革命战争；他们也和农民一样，根本不会有民族野心。农民的特性是守旧、散漫和无知（手工业工人不占重要地位，其特性亦近于农民，乡村的手工业，有许多就是农民的副业）；商人的特性是奸诈和无耻；这两种落后的特性合并起来，便形成了双料落后的士大夫群，无知而又无耻，中国二千年来长期停滞在前资本主义的社会，虽然多次治乱循环，多次更换王朝，而统治权终于建立在落后的农业和商业上面，在朝在野扮演重要角色的，也终于是一班代表农民和商人的无知而又无耻的士大夫群，能产生孔、孟、老、庄、宋儒，发挥佛教等礼让退婴学说的，还算是其中优秀分子，这正是前资本主义社会落后的农业与商业之反映；在这样落后的社会生产力之基础上，也只能产生我们固有的武器，固有的道德与文化，即所谓东方文化与精神文明。

一到资本主义的工业社会，那便万象一新了。它使社会生产力有了惊人的发展，它需要从全世界取得原料，它需要从全世界取得市场，它需要国家保护，它需要扫荡封建旧势力的国内战争，它需要对外竞争的民族战争，于是它的民族野心自然日渐高昂。资本主义的工业虽然要造成滔天罪恶，同时却创造了较高的生产力，较高的武力，较高的道德与文化，扫荡了整个旧社会各方面的落后性，奠定了将来新的社会主义社会之物质的基础，是人类进化途中一次大飞跃。

经济长久停滞的中国，也因为鸦片战争之后，又经过欧洲大战，资本主义的工业有了初步的生长，民族野心已开始萌芽，于是才会有了戊戌维新、辛亥革命、"五四"、"五卅"运动、北伐战争和此次抗日战争发生。然而正因为经济长久停滞在前资本主义的缘故，旧社会的抵抗力过于强大，资本主义的工业与文化不易侵入，民族资产阶级昏懦的可怜，双料落后的士大夫群仍然充塞了朝野，这便是历次革新运动中途夭折和此次抗日不易成功的根本原因。

抗战一年了，农民仍旧是在隔岸观火，商人大做其经济的汉奸；买办和银行家（中国现在的银行，仍旧是商业的，而非工业的）出身的官僚，利用国家机关，来投机外汇，或垄断国产，阻碍出口贸易，以大饱私囊；士大夫、土豪劣绅纷纷充当汉奸；

为抗战而尽力而牺牲的，只是一部分有民族意识的工业家、工人、军人和受过资本主义或社会主义洗礼的青年；所谓"全民抗战"，不过是一句宣传口号。因工业不发展而民族野心不高昂，影响到抗战如此之大，至于军器、军事技术和交通工具之贫乏，更是铁一般的事实摆在我们的眼前。这都是吃了我们崇拜东方文化、精神文明而轻视西方物质文明的大亏！

如果经过了鸦片战争、甲午战争、庚子战争，以至今日敌人的飞机、大炮、坦克车，还不能唤醒我们的痴人迷梦，还死守着前资本主义社会固有的生产制、武器、道德和文化，跟着以最前进政党自命的蠢材，大反其"唯武器论"，和大唱其"大刀向鬼子们头上砍去"的歌，大吹其"大刀旋舞起来，'皇军'便要发抖"的法螺；或者承袭着张之洞"中学为体、西学为用"这种半吊子的见解，反对全部欧化，一方面主张采用现代生产制与军器，一方面主张保存固有的道德与文化，高唱东方的精神文化胜过西欧的物质文明；如此则中国永远不会欧化，即是近代资本主义的生产制、武器、道德和文化，永远不会走进中国来；永远死守着固有的生产制、武器、道德和文化，中国永远还是农民无知、商人无耻、士大夫无知而又无耻的中国，永远没有什么民族野心。如果这样永远糊涂下去，我们对得起子孙吗?!

七月十六日

陈独秀:《民族野心》
广州亚东图书馆 1938 年 8 月印行

论 游 击 队

（一九三八年七月二十一日）

时论对于游击队或者都有点毁誉过分罢。我所得的材料，却是可以毁的多过可以誉的，然而现在还不能下一个最终的结论。可是我们对于游击队有两点必须充分认识，方不至为时论所迷。

第一，正当的游击队有两种：一是属于正规军队指挥供给的别动队，一是民众自携武器、粮食的武装队，这两种游击队，也都必与正规军配合起来，才能起较大的作用。第三种便是在民众之外在民众之上向民众征发军器、粮食的游击队，辛亥革命以来有所谓"民军"，即属此类，在战争中，在战后，往往为社会国家之累；在此次抗战中，被人骂为"游而不击"、"抗日不足扰民有余"、"亡国的游击队"的，正指此辈。

第二，即正当的游击队，虽有它的特殊作用，即战争中扰乱和牵制敌人，战争失败后使敌人不容易安全统治；然一离开正规军，而幻想专靠游击队来保国家，便是天大的错误。就是正规军的游击战术即运动战，亦不可滥用。近代国家已经是工业支配了农业，城市支配了乡村，大城市支配了小城市。敌人首先要占据的是我们沿海沿江沿铁路的大城市，他们占据这些城市，便可支配全中国，别的比较不重要的地方，即令我们的军队或游击队闹得天翻地覆，他们都可以暂时不管；因为他们懂得大城市在近代国家之重要。如果我们不懂得这个，妄想拿农村来支配城市，妄想拿农村来做抗日根据地，这正是敌人所求之不得的事。过去的所谓"红军"及山上的"苏维埃政府"为什么到处失败，也正因为在军器上，在经济上，在文化上，农村和小城市都不能够独立存在。在此次抗日战争中，如果我们执迷不悟，过分的估计游击队和游击战术，无意识的帮助敌人更容易的占据了我们全国的大城市和交通要道，即使游击队布满了全国的农村和小城市，甚至避开敌人的势力在偏僻地方建立一些可怜的边区政府，仍然算是亡了国！没有大城市，便没有国家。阿比西利亚的农村中，至今尚有不少的游击队，不断的袭击意大利军队，我们能说阿比西利亚还不曾亡国吗？印度西北至今还有一些所谓"王国"，我们能说印度不是英国的殖民地吗？

我们必须充分在原则上认识这两点，游击队运动在抗战中始有利而无害！

七月二十一日

署名：陈独秀
《青年向导》第三期
1938 年 7 月 23 日

说 老 实 话

（一九三八年七月二十七日）

"负责任，说老实话"，汪精卫先生这两句话，特别对于现在的中国人（精卫先生自己和我当然都在内），真是逆耳的良言！

我以为这两句话实在是一句话，不说老实话的人，决不会负责任，话既然不老实，根本便无责任可负。说老实话，可以说是负责任的基本条件。

说老实话的意义，在表面上好像就是不说谎；然而更进一步解释起来，似乎前者比后者还有积极的意义，不说谎，只是消极的不说谎话欺骗人；说老实话，更是积极的举世非之而不顾的把真理说出来，在欧洲许多国的语言中，"老实话"和"真理"可以同用一个字，例如英语之 Truth，俄语之 Pravda。

说谎话说出最高的价值，也不过是宗教；宗教是要靠说谎才能存在的，说老实话乃是科学的。科学家有时也有错误，然错误不过若干假定之不成立，真正科学家都不曾有心说谎。科学正是严肃的制止人们说谎，欢喜说谎的人们所以也厌恶科学。

欧美学术界，自从科学战胜了宗教，能够说老实话的人，日多一日。政治界便逊色多了；然而比起我们的士大夫群，还老实得多，譬如：他们的右派便自称是右派，资本主义者便自认是资本主义者；我们的右派和资本主义者，如果被人称为右派和资本主义者，心中便感觉得不愉快，甚至勃然大怒。

在抗战八股大流行的今天，把宗教般的感情代替了科学，说老实话更是不合时宜了。后方的英勇战士实在太多了，尤其在开会宣言和通电的时候。全民抗战，各党合作，全国精诚团结，民众奋起，歼灭敌人，最后胜利，如此等等，似乎都已经不成问题，事事结果圆满，处处印象极佳，即有一二忧时之士，心所谓危，亦不敢出诸口，此种状况究竟能够支持几久呢？个人不说老实话，其事还小；政府使人不敢说老实话，事情已经够严重了；社会不容许人说老实话，则更糟。至于纯洁的有志青年，也不愿听老实话，而乐于接受浮夸欺骗的宣传，尤其是盲目信从在野党不负责任的胡吹乱道，那便是无药可救了！

现在的环境并不容许我说我所应说的老实话，即偶然吐出万分之一不忍附和时论的话，已经使有些人大大的不快了。我不敢自吹我是敢于说老实话，我只自誓：宁可让人们此时不相信我的说话，而不愿利用社会的弱点和迎合青年的心理，使他们到了醒觉之时，怨我说谎话欺骗了他们！

说老实话的人一天多似一天，说老实话的风气一天盛似一天，科学才会发达，政治才会清明，社会才会有生气，如此国家，自然不会灭亡，即一时因战败而亡，其复兴也可坐而待；否则只会有相反的结果！

七月二十七日

署名：陈独秀
《青年向导》第四期
1938 年 7 月 30 日

敬 告 侨 胞

——为暹逻《华侨日报》作

（一九三八年八月一日）

此次抗日战争，是中国民族需要发展自己的民族工业，不愿受日本帝国主义工业的统治，所以这一战争，除了少数汉奸外，凡是中国人，无论国内国外，都应该尽他所能尽的力量，援助这一战争。国民对战争愈尽力，胜利愈有希望，即使不能胜利，甚至因战败而亡了国，全世界也不至把我们看成永远亡国而不能复兴的民族。我们须自信：我们在全世界历史上，是伟大民族之一，只要多数国民能为国家尽力，是不会日久被人战败或征服的。

在此次战争中，海外各地侨胞，对于祖国之热望与援助，使我们住在国内的人，不但兴奋，而且惭愧。

关于侨胞的状况，我不大知道，本来不能有所贡献，只感觉有两件事要和诸位谈谈。

第一，我们的民族运动，是站在各民族平等的原则上面，和帝国主义者以夸大自己的民族为口实来侵略兼并别人的民族主义（如以前俄国沙皇的大斯拉夫主义及现在希特勒的大日耳曼主义，日本的大亚细亚主义等等）根本不同；因此我们侨胞所在的地方，如果是一个民族的独立国家，如果她不公开的直接加害于我们，我们便不应该站在自己民族利益的立场，或站在什么"阵线外交"的立场，来妨碍别人以民族利益为本位的外交政策。这样的妨碍，不但违反了民族自决的精神，而且只有迫着他们对我们益加疏远，甚至仇恨。至于对于所在地的人民（无论是独立国或外国的殖民地），更应该公公正正的平等看待，断不可有伤害本地人民经济生活的侵略行为；我们自己正在为反抗日本的侵略而战争，便没有理由侵略别人。

第二，我们国里的贪官污吏对于人民欺压敲诈，是世界各国中最可怕的地方，回国侨胞吃过他们苦的事实，大概十本书也写不尽；然而侨胞断不应该因此对于祖国失望灰心！人民是国家的主人，官吏是国家的公仆，公仆不良，主人有权利起来赶走他们！不起来赶走他们，是人民自暴自弃；失望灰心，更是自杀！他们虽然是些公仆，而有了累代传袭的权威，"奴欺主"的局面已非一日了，赶走一批，又来一批，根本解决，只有主人渐渐起来亲理家政；主人能分神亲理家政一分，公仆的权威便自然减少一分。我奔走社会运动，奔走革命运动，三十余年，竟未能给贪官污吏的政治以致命的打击，说起来实在惭愧而又忿怒；然而我讨去不曾自暴自弃和自杀，将来也不会自暴自弃和自杀，但愿与海内外志同道合的人们携着手共同奋斗到底！

我所欲言者，暂止于此。

民国廿七年八月一日于重庆

陈独秀：《告日本社会主义者》

广州亚东图书馆 1938 年 11 月印行

告反对资本主义的人们

（一九三八年八月二日）

现代的经济制度只有两个：一是资本主义制度，一是社会主义制度，没有第三个。私人资本制度是资本主义的范畴；国家资本制度也是资本主义的范畴；节制私人资本，只有使资本主义之发展停滞缩小，仍然属于资本主义范畴；希特勒和莫索里尼所号称的统制经济更是大规模的大资产阶级的资本主义经济；只要不废除财产私有，都不能走出资本主义的范畴。因为私有财产制是资本主义之骨干，它之存在与否是资本主义制度和社会主义制度的分水岭。

如果有人新发明一种制度，既非资本主义，又非社会主义，那么我便要请问他：在这一种新的经济制度，财产私有制是否存在？这一种新经济制度的生产和分配方法，究竟和资本主义或社会主义有什么根本的不同？

此外还有许多根本的理论，我另有专篇论列，兹不赘及，现在只提出两个无关宏旨的枝叶问题，唤起反对资本主义的人们注意一下：

第一，小资产阶级的中国共产党，既不懂得无产阶级的社会主义是什么，又厌恶害怕资产阶级的资本主义，于是乃提出

"力争非资本主义前途"的说法，这正合你们的口胃；并且你们所谓中国社会生产力是封建的，这一怪论也从中共抄来；你们为什么要反对共产党呢？

第二，欧美的知识分子，毕竟比中国的知识分子有点知识，不会象中国的知识分子有许多新发明，他们如果认为你们反对资本主义是不诚实的，他们便知道你们将和希特勒一样，以反对资本主义始以充当大资产阶级的豪奴终；如果认为你们反对资本主义是认真的，他们便知道你们必然要走共产的道路（德意的法西斯道路，仍然是资本主义；如果他们不是资本主义，不是为商品交换而生产，便不需要殖民地和市场了），无论你们愿意或不愿意。并且像你们"一反近代资本主义的商品生产，为交换而生产"的主张，这正是全世界至少是几个最主要的国家社会革命成功后，实行共产主义的生产和分配方法，所谓"一个国家社会主义"的苏俄，还不敢也不能如此主张，你们居然想把它运用到国民党及政府的抗战建国纲领，几个党员这样随便谈谈，还不关紧要，倘若抗战建国纲领真采用了这样幻想的主张，则敌人将如何宣传，国际形势将发生如何变化，这是可以预见的。

这虽然是两个小小的枝叶问题，也值得反对资本主义的人们认真考虑一下罢！

八月二日

署名：陈独秀

《政论》第一卷第十九期

1938 年 8 月 5 日

我们为什么而战？

（一九三八年八月八日）

要问日本兵士为什么而战，他们多数的答复是为执行上官的命令而战，稍稍进一步的答复是为国威而战，此外便没有了，只有他们的政府知道真正是为什么而战。

我们为什么而战呢？我们多数的兵士知道为了日本鬼子欺压我们，我们是为民族生存而战，在这一点，我们的兵士比他们要进步得多。可是我们的政府和知识分子，对于此次抗战，应当更有进一步的了解。"为民族生存而战"，这句话当然没有说错，并且比"为正义"、"为世界和平"等空话大话，要高明得多；但还未免抽象一点，笼统一点，并未表明为怎样的生存而战。

各个人以至全民族是不能靠空气生存的，要靠衣、食、住、行上物质的条件，而且要有很好的丰富条件，才是光荣的生存，而不是贫苦的屈辱的生存。日本广田曾对王正廷大使说："中国是农业国，日本是工业国，两国间各以所有易其所无，携手合作，共存共荣，岂不甚好？中国何必要反日呢？"他这几句话，正是不要中国有民族工业，要中国民族永远为日本民族生产工业原料，做他们的农奴；日本民族永远过工业的光荣生活，中国民族永远过农业的屈辱生活，如此，中国民族并不是不能生存，而乃是屈辱的生存，不是光荣的生存。如果真照梁漱溟先生的办法，以乡村建设为主要事业，而无视城市工业，则正合日本的口胃，日本固不必加兵于我，而我之抗战也是多余的事。可是事实上，日本不惜消耗大量的飞机大炮，炸毁我们的大城市，炸毁我们的工厂，正是因为要消灭我们的城市工业；我们不惜牺牲一切与之抗战，也正是不甘心做他们的农奴，而力争民族工业的发展不受她的束缚。所以，此次我们对日战争，固然可以说为民族生存而战，然而明了正确的说，应该是"为民族工业而战"。

"战争与革命都是生产力发展的后果"，这句话可以说是颠扑不破的真理。例如此次战争，不但中日两国都因为发展工业而战争，而且两方面都因为工业有了发展才至于推动战争。先就日本说，轻工业的日本，在经济上本非什么了不得的强国；欧战以后，工业突飞的发展起来，原料和市场都不能与之相应，于是不得不急于在中国取得煤铁羊毛棉花与市场，在库页岛及南洋取得煤油，非此则日本帝国主义只有停止发展；因此，她对英、荷对苏俄尤其是对中国之冲突，遂日益加剧。在中国呢？中国有广大的市场，有丰富的煤铁羊毛与棉花，我们如果以乡村建设自足，无意发展民族工业，广大的市场听〔任〕日货倾销，工业的原料让日本尽量取用，这正是日本政府心目中的中日亲善的真实意义，她便没有对中国作战之必要了；如果中国的社会真如共产党所说，还是封建或半封建，则对于日本资本主义之发展，还没有势不两立的致命冲突，对日抗战匪独不必要，而且不可能。以封建半封建的农业国之生产力与武力，绝对没有能力对工业国战争，尤其不堪比较的长期战争。可是自欧战以来，中国的资本主义工业，毕竟缓慢的一直发展着；国民政府对于工商业，对于币制，对于交通，对于军事，都沿着资本主义发展的路线，着手建设，虽然因政府政策的错误建设得很缓慢；这便是告诉日本以及全世界：中国已经不是一个封建残余的旧国家，而企图建立一个资本主义的新兴国。这一新兴国的企图，使大部分靠着中国的资源和市场才能够继续发展的日本帝国主义者，不得不大吃一惊，于是在全世界人士心目中，发生了究竟将来谁是中国主人的问题；解决此问题，最后只有战争。日本帝国主义者，企图以工业的日本统治农业的中国，只有用战争来打破中国建立资本主义新国家之野心；中国不甘心受日本的统治，要发展民族工业，自做主人，也只有努力抗战以打破敌人的企图。

中日战争在客观上是无可避免的。有些人以为中国对日抗战太晚了，又有些人以为开战太早，这是战争的时期是否于我有利的问题，而不是战争本身的中心问题。

无论战争的时期是否利于我们，而既已战争，我们只有把握住此次战〔争〕本身的中心意义，即是为发展民族工业自做主人而战，而不为一切空话大话所眩惑，大多数人才能够脚踏实地的始终为抗战而奋斗。大众只能为切身利害的问题而奋斗，不能为虚无飘渺的空话大话而奋斗。

只要大家靠定为发展民族工业自做主人而战这一具体要求，即令此次战争完全失败，我们的民族运动决不会瓦解冰消；可是我们的民族运动，决不会在空洞的"民族利益"口号或什么"为正义"、"为世界和平"等空话大话之下再起的。

至于中国共产党一听到有人主张发展民族工业，便认为是做了资产阶级的俘虏；这种狂吠正是日本帝国主义所乐闻的，我们不应该起来严肃的加以纠正吗？

八月八日

陈独秀：《告日本社会主义者》
广州亚东图书馆 1938 年 11 月印行

资本主义在中国

——在重庆民生公司讲演

（一九三八年八月）

人类进化有两种形式：一是循序的进化，一是跳跃的进化。循序的进化是依一般进化的阶段，循序渐进；跳跃的进化是跳过中间阶段，突然进化到较高的阶段。循序的进化之真实性，除了进化论的反对者，已为众人所周知，现在无庸多讲了，至于跳跃的进化，则往往为人们所忽视。

每个民族客观上和主观上的力量，固然能够使循序的进化比较的加速，而跳跃的进化则大半由于外界之影响。例如：在古代社会史上，北朝鲜及日本有些地方，跳过绳纹陶器时代，由无绳纹陶器直接走到铜器时代，甚至走到铁器时代，这是因为受了中国输入铜铁器之影响。又如近代史上，俄国因为西欧的影响，由封建的农业国，很快的经过了甚至于可以说跳过了西欧手工工厂时代，一跃而为近代工业并且踏进了产业托拉斯边沿的国家；在中国，一面继续前资本主义的生产状况，一面采用了本世纪三十年代最新的纺织机器，跳过了英国数世纪的循序进化，所以在上海马路上往往可以看见独轮车和无轨电车及最新式的汽车并行，马拖的公共街车时代则未曾经过。一部分资本主义的工业之所以在中国有些跳跃的进化，也和俄国及其他落后国家一样，是受了资本主义先进国的外来影响，而不是由于内部力量以循序进化的。

说到资本主义在中国发展的问题，又会引起过去许多不必要的争论。过去的争论：有人认为中国还是封建或半封建的社会，有人则认为中国已经是资本主义的社会。其实呢，一个社会的经济，各种不同的新旧成分，都往往继续并存着，尤其是在落后国家；因此，我们观察各国的经济，要估计是那一种经济成分居领导地位，来确认它是那一种社会，没有什么一半一半，更不能因为它有各种经济成分，遂认为它是各种社会。中国的中外银行直接支配了大城市经济，间接支配了小城市经济，中外的工业商品和中央货币普及了穷乡僻壤，农村生产品如棉花、丝、茶、烟草、桐油等，其扩张或缩小，不但听命于本国市场，且听命于国际市场；这当然是资本主义经济居领导地位，而不是划地自足的封建经济居领导地位；因此，我们便可以说中国已经是资本主义的社会。只是资本主义在中国，一方面由先进国的资本主义之影响而发生而跳跃，一方面也由它（资本帝国主义）的阻碍而未有高度的发展，因此庞大的商业资本，还未完全工业化，农业之工业化则更加谈不上，统一的国内市场还未形成，产生工业生产工具的工业，几乎还没有，比起资本主义先进国来，中国此时还是一个"初期资本主义的国家"，这就是说资本主义在中国，还有大有发展之余地。

由资本主义制度自身的缺点，其发展也，可怕的罪恶，亦随之而来；然而它毕竟是一种进步的制度，能够增加社会的生产力，带来它所需要的民主政制，以清除旧的封建生产制的缺点与罪恶；在目前过渡时期，我们宁可忍受资本主义的罪恶，来代替封建军阀的罪恶。

人们或者以为资本主义制度既然含有缺点与罪恶，我们何不取法乎上，再大大的跳跃一下，采用生产力更高的社会主义呢？诚然，社会主义生产制，比资本主义生产制有更高度的发展，也能以清除资本主义的罪恶，已经是初期资本主义的中国，便不能够说没有跳跃进化之可能；可是，我们所相信的社会主义，乃是无产阶级的社会主义，它的特质是废除私有及生产集中，和固执私有及均产的小资产阶级的社会主义，大不相同；无产阶级的社会主义，若走循序进化的路，必须以内部经济的政治的成熟为条件，若走跳跃进化的路，则必须以外部的影响（刺激与援助）及内部政治的成熟为条件，不像小资产阶级的社会主义，在政治上是革命的而却是幻想的，在经济上则是反动的；资本主义比起小资产阶级的社会主义还是革命的，因为前者使生产力增高，后者使生产力停滞甚至萎缩。社会主义在中国之经济的成熟，自然是无稽之谈；有相当力量的工业无产阶级及其政党，只有在工业发达的资本主义社会才能够生长起来，没有相当力量的工业无产阶级及其政党，自然谈不上政治的成熟；外部的影响，目前还在等待时期，而我们的经济建设却不能等待。

列宁说过："俄国工人吃了资本主义不发达的苦，而不是吃了资本主义发达的苦。"在中国更是如此！

因此，我们可以得到一个结论：中国目前的问题，不是什么"社会主义，或资本主义？"而是"本国的资本主义，或外国资本主义的殖民地？"

陈独秀：《民族野心》

广州亚东图书馆 1938 年 8 月印行

"八 一 三"

（一九三八年八月十五日）

此次抗日战争，自历史上的意义言之，自当溯之"七七"芦沟桥事变，然由地方事件发展到中央出兵，形成两国正式战争之开始，则为"八一三"上海之战。

自"八一三"上海开战之前夕以至今天，对于在南方开战之当否，始终有两种意见之不同。一种认为战争宜限于北方，在南方开衅，则于金融工商业牺牲太大；一种认为北方地形不利于我，而且惟有战地扩大，才能够达到消耗敌人之目的。我以为后一种意见是对的。

既然开战，只有采用全面战持久消耗战的战略。敌人不但在军事上强过我们，在经济上亦富过我们，我们本消耗不过他们，我们之所以欲于采用消耗战的战略，一是因为我们有可能得到外国的援助远过于敌人所能够得到的；二是因为我们是以全力作战，敌人须分力以备别的国家，如陆空军之对俄，海军之对英、美；三是因为敌人能战而不能拼，我不能战而能拼。第三点尤为重要。

自开战以至今日，我们始终不曾幻想在军事上能够得到若何显赫的胜利，我们所有的把握，只是一个"拼"。我们地大人众，我们是农业国而非工业国，我们拼着失地，拼着丧师，拼着牺牲工厂，拼着伤亡满地，甚至拼着一片焦土，敌人是暴发户，我们是破落世家；破落户本一无所有，性命更不值钱，暴发户的绅士，慢说大门前的旗杆被人打毁，就是绸长衫被人撕破，也够大失体面，我们并不奢望能够打死这暴发户，只要拼得他无可奈何，不得不对我们稍微客气的说和，我们便算是胜利了。

我们若始终忍受暴发户横霸无己的欺凌，而不与之较，今天丢一屋角，明天丢一块田地，后天又丢一处祖坟，现在变成脓包，将来更要讨饭无路走，只有死里求生的与之一拼。这一拼的损失，虽然不如敌人所说非五十年不能恢复，而牺牲与痛苦却是太大了，尤其是南方各省。

我们的出路，只有忍受这不堪忍受的牺牲与痛苦，给敌人一点小小教训，使他知道我们也不甚容易欺负，或者会知难而退，尤其是到了国际形势稍稍于我有利之时。我们只要恢复一个像样的国家，只要我们在痛苦牺牲中，真正得到教训，真正懂得科学与工业之重要，真正懂得建立民主政治使人民与国家融合之重要，真正懂得绝对停止内战与军队统一、国家统一之重要，真正懂得教育制度根本改革之重要，经过两三个五年计划，我们便可以由破落世家变成新兴世家。

始终不抵抗，始终做脓包，固然毫无出路，即抗战限于北方，也正中敌人逐步南侵节省兵力财力之毒计；所以为扩大战地消耗敌人兵力财力计，由"八一三"上海之战开始全面战争，在战略上我认为是没有错的。

署名：陈独秀

《政论》第一卷第二十期

1938 年 8 月 15 日

告日本社会主义者

（一九三八年八月二十一日）

日本如果还有社会主义者，我这篇文章便是献给他们的。

把压迫国的资产阶级和被压迫国的资产阶级分别看待，把殖民地半殖民地反抗帝国主义的战争和帝国主义间的战争分别开来，对于殖民地半殖民地反抗帝国主义的战争，即令是资产阶级领导的，全世界的工人阶级及社会主义者（战时两方的工人及社会主义者，自然都包含在内），也应该援助这一反抗战争；这本是我们科学的社会主义者前辈自己所曾经实践的遗教，而为今天我们的日本同志所背弃了。

据我所知，首先背弃的便是山川均先生，我很奇怪巴金先生还会和他说道理，他还有什么希望呢？第二个背弃者便是我们的老友忠厚的佐野学，我们曾称他是日本的李大钊，他现在变得太不忠厚了！第三个乃是最近铃木茂三郎先生的所谓转向，他们都由社会主义转向爱国之战了。

我们责备他们转向爱国主义，他们会愤愤不平的责问我们在中日战争中，只许中国的社会主义者赞助爱国运动，而我们日本的社会主义者转向爱国主义就应该被斥责吗？我以为这是站在形式逻辑的观点上，玩弄名词，而不曾考察其实际内容，被压迫民族的爱国运动是进步的，因为这一运动是给帝国主义者以打击；压迫国的民族主义和爱国运动是反动的，因为它是帮助自己的帝国主义政府，压迫侵略被压迫被侵略的民族；这是对于爱国运动之辩证的见解。山川、佐野、铃木诸人不至于不懂得这个，如果他们真来责问我们，这只是证明他们是自觉的背弃了前辈社会主义大师的遗教！

还有班厚颜的先生们，居然狡猾的藉口无产阶级利益来说谎话，以欺骗人们；他们认为资源贫乏的日本，从中国夺取得资源，于日本无产阶级现在的生活和将来社会主义的建设，都是有益的，所以日本的无产阶级应该赞助对华战争。这种发源于背叛国际主义者"一个国家社会主义"的观点，应用到帝国主义的日本，更是错上加错。不把建设社会主义立足在革命的国家间分工互助上，而立足在预先占取资源以争胜，这是中国旧时大家庭各房媳妇抢着"积私"的丑态，还配谈什么社会主义的建设！现在已经不能实现一个幻想自给自足的法西斯国家，将来还会有一个幻想自给自足的社会主义国家？再就现在的生活说，日本除了供给财阀军阀填不满的欲壑而疯狂的扩张军备疯狂的侵略战争所需要外，究竟影响到平民生活的资源贫乏到什么程度呢？日本帝国主义来到世界上太晚了，要想学资本主义先进国，把从殖民地半殖民地掠夺来的一小小部分，喂养劳工贵族，已属不可能，无产大众更不待言，她的商品和别国竞争，贱价劳动力始终是她的特长，那是骗人的改良运动，是如何可怜，所以日本对外侵略战胜一次，即紧跟着军备扩张一次，工农平民生活亦即紧跟着降低一次。如果说获得了丰富的资源，日本的资产阶级才有施行改良政策的物质条件；那末夺取了中国东北四省丰富的资源以后数年中，何以日本工人的实际工资还是下降，而不是上升，农村更加破产而不是恢复呢？"九一八"前，日本输入满洲的商品价值七千万元，芦沟桥事变前已达到三万万元，同时物价总指数却比"九一八"前高涨到百分之百，这是表示工农平民的生活改善了吗？况且拿分润掠夺品的余沥来鼓动工人阶级赞助对殖民地半殖民地的侵路战争，这本是欧洲资产阶级御用的所谓"社会主义者"的背叛行为，日本的社会主义者也学会了！

又有一般人（自称社会主义者的高畠素之）责难胡适之为什么反对日本帝国主义而亲近英、美帝国主义。这一责难，表面上好像很公平，司惜他是日本人，就天然不免有点为日本帝国主义做说客的嫌疑！我现在没有必要代胡适之先生答辩，我只得正告他们：中国的真正的社会主义者，从来不曾企图在帝国主义者当中选择主人，我们认为中国的解放，必须脱离一切帝国主义的宰制，并不只是日本；可是事实上，近十年来日本帝国主义者对于中国公开的压迫之尖锐化，超过任何帝国主义者加于中国的横暴，因此只好集中我们可怜的力量，来和日本帝国主义者作殊死战，在抗日战争中，如果有人教导我们同时反对一切帝国主义者，我们只有认为他是日本帝国主义的间谍。中国国民党从前的政策，本来是不反日而反英的，后来为什么走到相反的方面，日本帝国主义的政府何以不自反省，反而责难中国国民党和蒋介石呢？

我还要告诉一切日本的平民，我们的所谓"抗日"只在对日本帝国主义的财阀和军阀，而不是反对日本的平民，我们知道侵略中国，本是日本帝国主义者的要求，而不是日本平民的要求。任何派社会主义者，都不能附和极少数人所谓"纵断的民族运动"的说法，不但理论上说不通而且实际上也没有这回事，中国人中有大批汉奸，日本人中有不少同情于中国抗战的人，鹿地亘夫妇就是代表，请问这将如何纵断法？我们的纲领是，结合中国朝鲜日本三国的平民，共同打倒日本的帝国主义者，不独中韩人民，即日本人民，也只有到这时才能够得到解放。

如果许我做一个荒唐的假定，中国战胜日本后，成为一个帝国主义的国家，侵略日本时，则中国的社会主义者，便应该首先反对本国政府赞助日本政府及人民对华抗战！

我这些话决不是对山川，佐野，铃木这等人说的，我希望日本的工人和倾向社会主义的青年，能够听到我的说话，而且得到合理的回声！

最后，我还要说到我们的周作人先生，敬爱日本人民的诚实和勇敢，洁静和富于同情心，甚至承认日本政治也比中国清明，并且痛恨中国社会之堕落和政治之不良，我都和周作人先生没有两样；然而这一切决不能减少我反抗日本帝国主义的心情，在日本帝国主义的枪尖指挥之下，在日本帝国主义走狗中国的汉奸卖国贼领导之下高谈中国文化再生，这不能不是人类文化之奇耻大辱！因此我不能不为周作人先生惋惜，严格的说，应该是斥责而不是惋惜，虽然他是我多年尊敬的老朋友！

八月二十一日

署名：陈独秀

《政论》第一卷第二十二期

1938 年 9 月 5 日

我们不要害怕资本主义

（一九三八年八月二十四日）

不但是亡了国只要丧失了煤铁棉花等重要原料的区域而不能恢复，工业也很难发展。在抗战中，工厂被破坏，海口被封锁，更谈不上工业，因此也谈不上什么主义。如果我们一面高唱抗战建国，一面却因为回避意见纠纷，主张不谈主义，即不谈究竟采用何种主义的经济制来建设工业，那便有点莫名其妙了！

因为铁的事实之教训，即便向来迷信东方精神文化的人们，现在也很少公然反对发展工业，这是中国的幸事。然而采用何种经济制度来发展工业呢？资本主义制还是社会主义制，都成了问题；尤其是在进步的青年心中，成了火热的希望着解答的问题。对于一般本来头脑不清又怀着成见的半老人，我们值不得跟着他们缠夹，而对于纯洁的青年，却不能放弃指导的责任，不抹杀他们前进的心理，也不因为顾忌他们的幻想，而造出莫名其妙的理论，来迎合他们，欺骗他们，以图拉拢。

直到今天，除了古代社会，我们所知道的逐渐进步的经济制度主要的只有三个：封建的，资本主义的和社会主义的。封建经济制的特质是土地附着于封主，农民附着于土地，工人附着于行会；世界各国所行过的封建制度，虽不尽同，而这三个根本特质是相同的。有些人把中国一切前资本主义的落后现象，都称为封建，这不是科学的说法。聪明的人类，能够修改自己的缺点，为适应生活的需要，不得不打破封建制对于生产力之束缚，使土地有买卖自由，农民有迁移自由，工人有劳动自由。经过长期奋斗，由前资本主义时代以至工业资本主义时代，资本主义经济制代替了封建经济制，人类社会生产力乃得到进一步的发展。资本主义经济制的特质是"财产私有，自由竞争和生产集中"，这本是打破束缚和补救前资本主义时代的落后性，自然发展的结果。在资本主义制之下，生产力是大大的发展了，生产也集中了，惟以财产私有之故，财产集中在少数人手中，为制造贩卖的商品增加少数私人资本而生产，不是直接为大众消费而生产。生产物之分配，以财产大小有无为标准，不以大众需要为标准。因此发生了生产力与购买力不平衡即伪生产过剩的问题。于是限制生产，毁坏生产物，为争夺市场与原料争夺殖民地的战争，都缘此而生。为战争而不得不扩张军备，于是人类一大部分力量，不用在生产养人的生活品而用在杀人的工具上面。这便是资本主义制自身的缺点。聪明的人类，乃企图设法再修改自己的缺点，即是废除束缚生产力的财产私有制，以国家计划的生产代替私人自由竞争，使社会的生产力有更进一步的发展，这便是社会主义制的根本意义，至于生产集中和技术增高，社会主义的这些要求，和资本主义相同的。

如此说来，社会主义对于生产力之增高和人类幸福，都好过资本主义制，为取法乎上计，我们为什么不应该采用社会主义制来发展工业？

诚然，社会主义制好过资本主义制；并且社会主义运动几乎和资本主义制同时发生。世界各国只要哪里有资本主义发生，也几乎紧接着都有社会主义运动。它们的成败，都由于社会发展的条件使然，并非人类主观上故意要先采用较坏的资本主义制，后采用较好的社会主义制。远在十六世纪尼德兰革命中，南方各省的大层居民，要求在革命期间没收的土地及财产无报酬的分给贫民，而为三级会议所拒绝。在十七世纪英国革命中，由国会多数党（独立派）分出了约翰李尔波恩所领导的"平均派"，他们的理论家乌伊可吞利主张共同耕种土地，共同消费，废止买卖，废止货币，废止雇佣，政府指他们为共产主义者。在十八、十九世纪间法国革命中，有巴黎公社代表者苏美时派、许伯派及被人称为"疯人"的甲格龙、华来等，要求向富人征收所得税及财产税，组织公共作场，把国家一部分财产出租给无产人民，严惩高利贷者，由城市政府廉价售粮食给人民，并且企图掀起反抗富人的新革命。有巴比夫、达尔脱等组织的"平等社"准备以暴动的手段，来实现平等者的共和国以代替资产阶级的共和国，那是建立劳动者革命专政的政权，主张共和国国民财富之分配，必须用在保证共产主义公社每个社员（即六十岁以下的劳动人民）的生活。在里昂工人暴动中，有布南克巴尔比士领导于一八三六年成立的"四季社"反对人剥削人，反对社会上的一切不平等，主张用革命建立独裁政府，实现平等的原则。这些激进的小资产阶级的社会主义运动和暴动，都相继失败了，只是为资产阶级政权和资本主义发展开辟了路。这并非证明资本主义在本质上好过社会主义，而是在社会之历史发展上，资产者、小有产者以及工农平民为生活的需要，一致急迫的要求生产力增高。同时在旧社会的母胎内，已经由高利资本、商业资本和手工业资本，造成了资产阶级的优势。当时还没有集中的大产业，因此也没有能够领导一般平民执行社会主义任务的产业无产阶级及其政党，领导革命的小资产阶级的激进分子，沉醉在阻碍生产集中和生产力增高的"均产"、"平等"之幻梦。他们的失败命运，本是历史的必然。而且他们的失败，正是社会之进步，虽然他们的英勇斗争，至今还值得令人钦佩，十九世纪上半期，欧洲各国资产阶级的统治日渐巩固，资本主义的罪恶日渐暴露出来。小资产阶级空想的社会主义各派别，乃如雨后春笋普遍的发达起来，特别在法国，主要的，如圣西门派、傅利耶派、路昌伯朗派、浦鲁东派、卡白派、勃兰克派，一时风靡了欧洲。这些派别，痛恨资本主义是一致的，他们当中，除了勃兰克派和以前的巴比夫一样主张由少数革命家的秘密组织武装组暴动，夺取政权外，其余都是和平宣传者，希望统治者或慈善的资本家，接受他们的主义主张，和平的走到社会主义，反对革命斗争，甚至反对工人运动。他们除了做了十九世纪后半期科学的社会主义先驱外，自然不能有所成就。

现在的中国，也有许多青年人模模糊糊的反对资本主义，爱好社会主义，这可以说是一种进步。但我们必须向他们指出不根据经济发展，不根据政治斗争，只满怀着厌恶资本主义感情的小资产阶级空想的社会主义，和无产阶级科学的社会主义之区别。在科学的社会主义者看来，资本主义无论为功为罪，而毕竟是人类社会进化所必经的过程。没有它，小有产者的社会便没有发展生产力和生产集中之可能。因此只有无产者，而不会有工业无产阶级，资本主义决不能因为人们厌恶它而不来，社会主义也不能因为人们爱好它而来。这是由于社会经济发展的条件而决定的，人们的努力，只能使可来者快点来而已。在十九世纪的末期，俄国小资产阶级的民粹派，根据俄国的特别国情，来否认科学的社会主义的理论，认为俄国可以由农村公社制，直接走到社会主义，跳到〔过〕资本主义阶段免得受它的毒害。其时俄国科学的社会主义者，认为这是一种反动思想，加以严厉的抨击，因为这种思想没有一点现实性，只有阻碍俄国社会跳跃的进化。列宁曾劝俄国的民粹派学习中国的孙中山先生，他认为孙中山先生发展中国资本主义的工业计划是革命的。我希望历史不至重演，希望中山先生的信徒，不至于倒过来学习俄国的民粹派！

　　此时有些反对资本主义的缠夹意见，我们不需要加以讨论。因为他们并非真心反对资本主义，更非因为爱好社会主义而反对资本主义。他们口中所说和手中所做的是两件东西。我只提出老经济学者马寅初先生的意见讨论一下就够了。马先生的大意是：中国不能走俄国的路，走美国的路，又流弊很大，很危险；于是马先生感觉得没有出路，仍旧只有提出发展国家工业，同时容认私营工业而加以节制的主张，这正是罗斯福经济复兴计划的骨干；然而却没有人认为罗斯福的计划已经走出了资本主义的范畴，马先生也不曾否认资本主义。不过马先生要注意，今日的中国，并非美国可比，且以世界大势而论，来得太晚的中国资本主义，即将来也不会有他的十九世纪的末期一个饥寒交迫的人，而日夕彷徨为预防将来发财时子孙滥用是谋，这和马先生同样是杞人忧天。并且这一杞忧，便会和张之洞"中学为体"的意见一样，又要阻碍中国工业发展数十年，岂非中国民族活该倒霉！由国家来发展工业中国过去是如此，将来也必须局部的采用。可是由中国过去的经验，由日本明治初年，国营工业的经验，由中国眼前招商局和民生公司成绩对比的经验，都同样警告我们不要对国家经营工业的办法渲染得乐观过分。即使国营普遍的成功，也不一定就是走出了资本主义范畴，就人们所歆羡的苏俄国家工业说罢，十月革命本是政治的成熟，而非经济的成熟。如果列宁有理由说苏俄是没有资产阶级的资产阶级国家，我们也可以说，苏俄的国家工业是没有资产阶级的资本主义。苏俄虽然经过了社会革命，变更了财产关系，变更了国家的阶级性，剩余劳动在名义上归了工人自己的国家，而实际上远远优裕过一般工人工资和生活的高级职员及寄生官僚这一阶层，还存在着，如此便不能够说已经走出了人剥削人的资本主义制。在别的国家，如果有人一提到国家工业便以为这是国家资本主义，已经又属于资本主义的范畴，那更是轻浮之见。

我们不要学唯名主义者，一听到社会主义便肃然起敬，一听资本主义便畏之如蛇蝎，厌之如粪蛆，如果人们不敢断言中国此时可以采用社会主义制发展工业，这必须毅然决然采用资本主义制来发展工业，只有工业发展，才能够清除旧社会的落后性，才能开辟新社会的道路。

我们不像一班迂腐的先生们，认为中国的资本主义仍要走欧美循序进化的旧路，发展到尽头，我们只认为资本主义是中国经济发展必经的过程，要来的东西让它快点来，不要害怕它，老成谋国者，要"负责任，说老实话"，不好有丝毫虚矫之气！

八月二十四日

署名：陈独秀

《政论》第一卷第二十三期

1938 年 9 月 15 日

抗 战 一 年

（一九三八年八月）

此次对日全面抗战，虽然开始于去年八一三上海之战，而历史上的意义，当以七月七日卢沟桥事变始，至今恰好一周年了。

这一年是中国历史上最光荣最有价值的一年，一年战争中所给予我们的经验与教训，胜过一百年。过去对外战争，对方都是些文化较低的民族，此次对日战争，对方乃是文化较高的民族，可以说虽败犹荣。

此时战争还未停止，最后胜利究竟属谁，姑且不论，根据这一年的事实，我们算得是胜利了。敌人的军器、军事技术、人才和经济力都强过我们，这是全世界周知的事实。他们军事上的胜利，本有科学的必然性，这是不必讳言的；然而经过一年的战争，以一个大力士竟然不能够击倒一个病夫，使他不敢还手，全世界人士都眼见这位大力士的本领不过如此，这位病夫也不是人们以前所想象那样容易驯服的民族，这是敌人失败之第一点。敌人虽然占领了我们许多重要的工商业城市，而政治上仍然毫无办法，不但未得着一个张弘范、洪承畴，在民族意识压迫之下，并没有一个稍负时望的人肯认真为他效劳，因此敌人对于一般汉奸，很少敢于信任，一年以来，未曾出现一个有力的汉奸，这是敌人失败之第二点。敌人对我民族污蔑的宣传，曾经普遍了深入了全世界，然而在此次战争中，我民族抵抗强者的人格提高了不少，同时敌人野蛮无赖的面目，在全世界文明人士面前无隐藏的暴露出来，这是敌人失败之第三点。敌人对我之侵略战争，尤其是长期战，并非真是全国一致的。最热衷战争的，只有少壮派军人和军事工业家；工农劳苦大众甚至小商人，根本反对战争，轻工业家和元老重臣甚至老成持重的军人，对于长期战争，也都有各种程度的怀疑，尤其是有头脑的政治家和经济学者，都眼见对华长期战争减弱了对英、美、俄国防的力量，感觉得是他们国家致命的危机。这各种程度的反战情绪，将随对华战争延长而加强，如果进攻武汉战旷日持久，得不着效果，受军事压迫的各种反战分子，会日渐抬头，这是敌人失败之第四点。

敌人的失败就是我们的胜利。

我们自己怎样呢？我们的政治、军事、工业、经济、文化，事事不如人，吃败战是当然的；所幸在这一年抗战中，我们的一切缺点都暴露出来了，只要不是痴子和骗子，都应该勇敢的承认，不应该自欺欺人。勇敢的承认缺点，认真的改去缺点，比轻浮的高喊"最后胜利必属于我们"要有益万倍。最后胜利并非必然的，要努力改去缺点，才能接近胜利之路；倘若轻浮的狂妄的高喊"最后胜利必属于我们"，把我们的眼睛蒙住了，看不见自己的缺点，此乃失败的道路。

说到改去缺点，真是千头万绪，现在已经有点缓不济急。在战争第一的今天，只好从治标方面，择其有利战争而不妨碍战争的几点着手，因为战败亡了国，一切改革都无从谈起。

第一，外交上坚决的择用以本国现实利益为本位的政策，不但要从各与国获得大量的物质援助，特别是军器，即令是魔鬼的国家，只要它有利于我国或者不利于敌人，我们都应该尽量的利用；假如意大利能有助于我，我们便不惜承认它兼并阿比西尼亚。什么阵线，什么军事同盟，什么某国出兵，诸如此类的幻想，都应该断然抛弃。打吗啡针虽然能够暂时兴奋，结果是有害的。在野党倚外援以自重及利用外交来压迫政府，更是万分卑劣！

第二，民族垂危的今日，在野的党派应该口心如一的援助政府抗战，获得胜利。不应该有保存实力趁火打劫的企图。我们不能相信在新式兵器的现代，在今天的中国，现政府如果失败，别的党能够支持一省或数省政权继续抗战，即使有某一国家军器的援助，也不能成为西班牙的局面，因为日本帝国主义直接出兵作战，和德、意援助佛兰哥的形势不同，并且那时的国际形势会有利于日本。

第三，政府应该迅速决心解除人民的痛苦，扶助各业人民的群众组织，改去过去一盘散沙的状态，使之有力量援助政府继续抗战；人民有了庞大的组织，募债和征兵的问题，便易于解决了。

第四，政府应该下大决心，严惩从高级官吏一直到保甲长的贪污分子，代之以奋发有为的青年，以利抗战而挽人心；任何达官贵人，凡生活豪华，狂嫖滥赌，人民侧目者，此种毫无心肝的亡国大夫，应一律发往前线，参加开挖战壕工作，或编入运输队，以示薄惩。

以上四事，虽然卑之无甚高论，都是目前迫切应该力行的事。

如果力行此四事，使抗战得到最后胜利，则今后七七纪念，比双十节还有价值，如此方不负抗战中军民的痛苦与牺牲！

陈独秀：《民族野心》

广州亚东图书馆 1938 年 8 月印行

我们为什么反对法西斯特

（一九三八年十月十二日）

张伯伦说："任何国家，欲以武力统治全世界，余则认为非抵抗不可，因在此种之统治下，酷爱自由之人民统不能一日生存也。"罗斯福也屡次显明的以摧毁民主与自由斥责希特勒之统治。东西两半球这两大民主国的政治领袖，对于法西斯制之批判，可谓切中要害。

全世界近几百年国内战争和对外战争，大部分是为了自由。

自由为什么是如此重要呢？

人类之所以能够战胜群兽，而为之灵长，正因为主思想之大脑特别发达，生物学家，人体生理学家，同样告诉我们：人体及一切生物器官，愈用愈发达，愈不用则愈退化以至消灭。法西斯的统制，是要停止人们思想之自由，全德国人非希特勒之言不能言，全意大利人非墨索里尼之言不敢言，企图把全国人变成无知的牛马，随着希特勒、墨索里尼的鞭子转动，人们失了思想自由，大脑自然废而不用，日久不用的器官，自然只有退化消灭。人类因为能够自由思想，才由猴子变成人类；法西斯统治停止自由思想，会把人类变成猴子。这是法西斯统治发展的自然逻辑。即短时期不至变为猴子，而失去公法上自由的人民，除了绝对服从奴隶道德外，不能课以任何道德的及政治的责任。

希特勒为德国自由而撕破凡尔赛和约，我们是应该举起双手赞成的；然而事实上得着自由的，只是希特勒及其党徒。其余的德国人成了希特勒的牛马奴隶，这又何能够得到全世界酷爱自由的人士之同情！

号称民主共和国的捷克，直到国家垂亡的今天，最近改组的薛拉维内阁，以与捷克民族合作著称的斯拉伐克民族尚无一人参加；斯拉伐克自治政府和立法机关，斯拉伐克省以斯拉伐克语文为正式文字，今天才被容许（斯拉伐克民族或者会感谢希特勒！）；其对待他民族可知。任锡曼说："捷克苏台区内之人民，素在毫无生趣之情状中度其时日，直至三四年以前，德国始予彼等一线希望。"捷克民族所独霸之政权，其对待异民族之专横，我们不必为之讳，希特勒高呼为捷克境内的日耳曼民族自由而奋斗，也未尝不动人听闻；然而我们要问：日耳曼人在捷克无自由，归并到法西斯特统治下的德国，自由又在哪里？如果希特勒、任锡曼认为捷克境内的日耳曼人处在十八层地狱，我们则认为德国境内的日耳曼人是处在十九层地狱！

希特勒大声攻击别的国家，"自称为独裁制之政府，其存在全赖屠杀冤狱者，反被誉之为民主政体。"我们固然没有一点理由为这一独裁政府辩护，我们却可以劝希特勒拿镜子照照自己，免得只看见别人，看不见自己，也不能以别人吃海洛因作为自己抽鸦片烟的理由。希特勒夸耀自己并夸耀墨索里尼都为"举国人民百分之九十九所拥护之政府"，其实一切独裁政府，都会要这套把戏，独有民主政府办不到，这正是它的优点，因为它不敢像独裁政府那样无法无天的干。

本年三月七日中国共产党的机关报——《新华日报》有一段攻击法西斯特的文章道：

> 全世界优秀的艺术家、科学家、思想家都很清楚的认识了法西斯主义在展开进攻正义和真理的暴行。在这些法西斯主义横行的国家中，所有优秀的国民都被钳制了行动，封锁了耳目。日本的进步作家鹿地亘先生说：在日本文化已经失掉了，民众的呼声已经听不到了。"文化"在牢狱里面。法西斯的流氓们，要把世界拖回黑暗中古的时代，要把历史向后转，他们疯狂的杀人放火，"焚书坑儒"，颠倒是非，淆乱黑白。他们明目张胆的在进行破坏人类幸福的浩劫，这是我们有目共睹的。

这一段话真说的痛快淋漓！可是我们也要劝他们拿镜子照照自己！凡是攻击法西斯特的人们，便应该自己反省一下，有没有和法西斯特同样的行为，不要在别人是"暴行"、"横行"、"钳制"、"封锁"、"颠倒是非"、"淆乱黑白"，在自己便是政治斗争的正当手段，说什么"只问目的，不择手段"！

我们之反对法西斯特，不唯其名唯其实，无论他挂的是何等金字招牌，无论他为了何种目的，只要他在事实上采用和法西斯特同样的手段，我们都一律反对。

全世界有良心的人们，拿出毅力来救救人类的大脑吧！不要跟着法西斯特"把历史向后转"，不要领导人类退后到猴子的道路上去！

十月十二日

署名：陈独秀

《政论》第一卷第二十九期

1938 年 11 月 15 日

致托洛斯基

（一九三八年十一月三日）

以农业国的中国对工业国的日本之战争，开战前国民党政府没有作战的意志，仓卒应战，最不可少的准备太不够，甚至某些部分简直没有，开战后复以反革命的方法来执行民族革命的任务，所以军事失败并非意外的事。

最近广州、汉口相继失陷后，全国工商业的大城市完全落到日军手中，国民党政府的军事防御线已宣布在平汉路粤汉路以西，长沙和西安恐怕都不能守住。日本军得了长沙，便可将粤汉路完全占领；他得了西安，便可断绝中国和苏俄的交通。所以这二处是他所必争的。中国的军事力量虽未因汉口失陷而完全崩溃，而至多也只能退守四川、贵州、云南、广西这几省。这几省的经济和文化都比长江流域落后，开发这几省来反攻不是一件容易而迅速的事。如果蒋介石政府不能从云南获得英法物资的接济，连守住川、云、贵都没有把握。

中国目前局势有三个前途：（一）经过英法等国的调停，蒋介石承认日本之要求而屈服；（二）蒋介石政府退守四川、贵州、云南，事实上停止战争；（三）日本攻入云南，蒋介石逃往外国。如果是第一个前途，那便要看屈服的程度和国民党政府对内的政策，而决定中国将来之局势。如果是第二第三个前途，日本在中国庞大的占领地，统治上必然发生困难，然亦只是困难，日本的经济虽日陷窘境，无力开发中国，而新从中国获得大量的现存资源及物力和广大的新市场，未必不能勉强支持其驻中国的必要军队，加以新式武器和工事占住了中国几处重要据点和交通线，日本国内和国际如果没有发生巨大的事变，中国是没有力量赶他出去的。

中国初生的无产阶级，经过上次革命之失败和中共盲动政策所招致的屠杀，已大大削弱了，再加以此次战争中全国工厂及运输机关大部被毁灭，中国工人在数量上，在物质上，在精神上，都退到三四十年以前的状况。

中共人数远远超过我们，然亦只是些知识分子和没有一点工人基础的武装队。我们在上海、香港二处有组织的人共计不满五十；其余全国各地游离分子大约在百人以上。

我们当然未曾幻想在此次战争中有很大的发展。然如果政策比较的正确些，也不致像现在这样衰萎。我们的集团自始即有极左派倾向。例如，有些人认为民主革命在中国已经完结；有些人认为下一次革命性质是单纯社会主义的没有民主成分；有些人认为中国下次革命一开始便是社会主义的；有些人怀疑国民会议的口号，认为它没有阶级的意义；有些人认为国民会议是反动时代和平运动的口号，不能用为夺取政权的口号，无产阶级只有在苏维埃口号之下夺取政权；有些人认为民族民主斗争是资产阶级的任务，无产阶级虽然可以参加运动，而不是自己的任务，攻击同志中主张中国无产阶级应该把解决民族民主任务放在自己双肩上的人是左派资产阶级的意识；有些人认为任何时期任何事件任何条件下，和其他阶级的党派协议对外国帝国主义或对国内独裁者的共同的行动，都是机会主义。这些极左派的倾向在组织内部的宣传教育起了很大的作用，遂决定了对中日战争的整个态度，没有人能够纠正，谁出来纠正，谁就是机会主义者。在战争中，这般极左派的人们口里也说参加抗战，同时却反对把抗日战争的意义解释得过高。他们的意思或者认为只有反抗国民党统治的战争才是革命的，反抗日本帝国主义的战争不能算是革命的。又有人讥笑"爱国"这一名词。甚至有人认为此次战争是蒋介石对日本天皇的战争。有人认为工人参加战争是替资产阶级当炮灰。他们认为谁要企图同共产党、国民党谈判共同抗日的工作，谁便是堕落投降。群众眼中所看见的"托派"，不是抗日行动，而是在每期机关报上满纸攻击痛骂中国共产党和国民党的文章，因此使史大林派的"托派汉奸"的宣传在各阶层中都得了回声，即同情我们的人也不明白"托派"目前所反对的究竟是谁。从开战一直到今天，这样状况仍旧继续着，不但无法获得群众，简直无法和群众见面，因此使他们的意识更加窄狭，竟至有人造出一种理论说：一个革命党员，社会关系越简单越好。

这样一个关门主义的极左派的小集团（其中不同意的分子很少例外）当然没有发展的希望；假使能够发展，反而是中国革命运动的障碍。

史大林不了解上次革命失败后中国新的局势，因此做出许多错误；此次失败后中国局势的变动更要大过多少倍，更加不能乐观。在今天，我们若不能深刻了解未来可能的政治环境，及明白认识中国无产阶级现实的力量及其政党的状况而依次决定实际可能开步走的工作方针，则惟有睡在亭子间里自夸自慰而已。

汉口陷落后，大规模的战争是不会有的了。共产党和国民党在各农村各小城市所领导的零碎的反日斗争在相当时间还会普遍的存在着。在近代战争中，这只是一种余波，不能构成集中的力量，击退敌人。如果国民党政府走捷克的道路，向日本屈服，割让一大部分土地给日本，靠英美的力量保留下长江流域某些省份，在这一统治之下回到反共的旧路是很可能的。这时不但我们，即共产党，不改组及变更党名，连半公开的存在都会成为不可能。

我们不应该幻想着把工作推迟到收复失地以后再做；应该立即准备在日本继续占领的环境中开始在当地狭小范围内从头做起。我们的发展须等待一个时期。战后工业开始恢复（无论在外国的或本国的统治之下）才是我们工作较顺利之时。我们的工作较顺利之时，号称马克思主义的秘密的或半公开的小团体必然在好些地方发生。没有大运动，没有中心势力，这些小团体是很难统一的。只有组织上获得相当数量的工人群众，政治宣传行动上无保留的以百分之百的力量用之于民主民族斗争的小集团，才能够得上做重新创造无产阶级政党的中心势力。在组织上努力接近工人，加上民主民族斗争的宣传，这种初步而基本的工作，在日本占领区域或国民党统治区域，都同样是应该采取的方针；所不同者，在日本占领区域更加秘密而已。现时远离群众，远离现实斗争的极左派，如果不能深刻的觉悟过去轻视民族民主斗争的错误，大大的改变态度，如果不是每个人都低下头来在上述工作方针之下刻苦工作，如果仍旧说大话，摆领导者的大架子，组织空洞的领导机关，妄想依靠第四国际支部的名义闭起门来自立为王，那么除了使第四国际的威望在中国丧失外，别的将无所成就。

一九三八年十一月三日

一九三九年×月

未署名

双山译：《托洛茨基档案中致中国同志的信》，1981 年版

转自《陈独秀著作选编》第五卷，

上海人民出版社 2010 年版

给西流等的信

（一九四〇年三月二日、四月二十四日）

　　第三国际过去反法西斯的口号并没有错，他错在以不通的"人民阵线""反侵略阵线"等口号，凭空做联合布尔政府的梦，而不是组织国际普罗反法西斯的联合阵线，等到英、法布尔政府和法西斯的希特勒政权开了火，它们却一面实际站到希特勒方面，一面宣布反对帝国主义大战，促使英、法工人反对战争，法国共产党四十余人，因赞成对希特勒战争而被开除，这实际也是援助希特勒让他对英、法得到胜利。在渝出版的《新华日报》，大大译载其列宁反对一九一四〔年〕大战的论文，天天高喊此次战争是上次大战的重演，即双方的帝国主义者都是为了维护其奴役本国人民和掠夺殖民地而战争。《动向月刊》竟做了他们的应声虫，在这一理论上，我竟看不出中国托派与史派之区别。列宁对一九一四〔年〕大战理论之正确，是由于他不肯抄袭马恩对普法战争之现成的理论，而是自己脑子观察分析当时帝国主义大战的环境与特质；其口号之收效，是由于帝俄实际是战败国，而且俄国地大，德国对它不能加以布列斯特和约以上的迫害，十月革命才得以保全。现在呢，我们也不应该抄袭列宁对一九一四〔年〕大战之现成的理论，也应该用自己的脑子观察分析此次战争的环境与特质，一切理论与口号都有其时间性与空间性，是不能随便抄袭的。对于像欧洲大战这样大的事变，不能观察其活的环境与特质，而视为历史重演，以背诵一大篇过去大战的经验与理论了事，这样的马克思主义理论家乃是抄袭陈文的八股家啊！历史不会重演，错误是会重演的，有人曾把列宁一九一四〔年〕大战的理论与口号应用于中日战争，而忘记了被压迫民族反帝的特质，无论他唱如何"左"的高调，只能有助于日本；现在又有人把列宁当年的理论与口号应用于此次战争，而忽略了反法西斯的特质，无论他如何左的高调，只能有助于希特勒，英、法虽不是被压迫的普鲁士，但希特勒却是横行欧洲的拿破仑第三，而不是威廉第二；因此，不但在德国，即英、法普罗政党固不应采用"保卫祖国"的口号，却应该采用"共同攻打法西斯的希特勒"的口号。今天的武器和交通都和以前大大地不同了，英、法的国内战争即令能够成功，倘在希特勒倾覆以前，革命新政权的命运决不能像签订布列斯特和约那样幸免了！吾兄来信也说："如果是法西斯胜利，人类将沦于浩劫，因此应尽力阻止法西斯的胜利。"这话对极了。但怎样阻止法西斯胜利呢？我认为只有希特勒对英、法战争失利，和以前拿破仑第三战败一样，引起国内革命，才能阻止法西斯的胜利；若在英、法取失败主义，只有促成人类的浩劫，胜利的自然是希特勒，固然不是英、法政府，也不是英、法和德国的无产阶级。若谓交战的双方都是帝国主义者，工人都应该反对，这完全犯了以前把希特勒和白朗宁同样看待，把国社党与社民党同样看待一样的错误，这样不分轻重皂白的错误，以前因此帮助了希特勒在国内成功，现在又会因此帮助希特勒在国际成功，普罗固然要准备明天，可是今天应做什么？

今天已经在战争啊！赞助希特勒或反对希特勒，事实上、理论上都不能含糊两可；反对希特勒，便不应同时打倒希特勒的敌人，否则所谓反对希特勒和阻止法西斯胜利，都是一句空话。尊意如何？尚望详示。

一九四〇年三月二日

……前函意有未尽者，兹再陈之如下。弟有二信念：（一）在此次大战结果之前，甚至战后短时期中，大众的民主革命无实现之可能。（二）现在德、俄两国的国社主义及格柏乌政治，意大利和日本是附从地位，是现代的宗教法庭，此时人类若要前进，必须首先打倒这个比中世纪的宗教法庭还要黑暗的国社主义与格柏乌政治。因此，一切斗争（反帝斗争也包含在内）比起这个斗争都属于次要又次要地位，若是有害于这个斗争的斗争，更是反动的。我根据以上的见解，认为不但在英、法、美国内反对战争是反动的，即令印度独立运动也是反动的。民族斗争一脱离了世界斗争的利益，便不能不是反动的；而且在事实上，印度一旦脱离了英国，必然转入日本或俄国的统治，使希特勒对英取得决定的胜利，这不是反动是甚么？我这一意见，不但连根兄见之骇然，即兄等亦必认为宜慎重考虑，因为和我们脑中以前所学习的公式太冲突了。此信亦望转寄连根兄一阅，并前函一并抄给×兄，那便更好……

一九四〇年四月二十四日

反国社主义及格柏乌政治的大斗争，不是由于民众，而是由英、法对德战争这一较好的形式，这是全世界革命者的耻辱，若再空谈高调，使国社主义者获得胜利，那更是耻辱罪恶！又及。

……关于你对于欧战的意见，答复于下：你对于欧战所持的意见，是根本把平日所持对于民主和苏联的意见推翻了，还免不了为现成的理论和公式所拘囚，即是为列宁对于上次大战的理论和公式所拘囚，未能用自己的脑子思索问题，即犯了上次写给兄的两点之第一点。列宁时代的帝国主义，马恩未曾见着，所以列不能袭用马恩对于普法战争之现成的理论；我们时代之法西斯主义与格柏乌政治，列宁也未曾见着，我们也不能袭用他对于上次大战的理论。上次大战的结果，无论英败或德败，人类的命运无甚变化，此次若是德俄胜利了，人类将更加黑暗至少半个世纪，若胜利属于英法美，保持了资产阶级民主，然后才有道路走向大众的民主。我们能认清法西斯的胜利，能加速大众民主的实现吗？如果这样想，便是"死狗"在德国希特勒登台前之荒谬见解之重复，我们能假定此时能在英法号召国内革命来答复法西斯吗？我看客观上的条件没有一点使我们能够做这样轻率的假定，这样的假定除了帮助希特勒和"死狗"以外，没有别的效果。以前有许多人不要国民会议，只要苏维埃，我曾问他们：苏维埃诚然好过国民会议，但将怎样走向苏维埃？兄现在说："我们不能忘记大众的民主"，我也要问你："你只是不要忘记没有用，将怎样走向大众的民主"？形式的局限的民主，于大众的民主斗争是有利的；法西斯主义和格柏乌政治，是大众的民主运动的制动机。即以中国问题而论，英法若是败了，中国不外日俄两国的统治，若英法胜利了，全世界法西斯运动破产，当然会恢复东西旧秩序，其影响于中国的国内政治，也可想象而知，我们能做比此更好更美丽的梦吗？以前，第三国际在国内的口号是"人民阵线"在国际的口号是"和平阵线"；"民主阵线"这一口号很少用；即各国党曾经用过，我不能承认，那是不对的，因为根本苏联便不民主，各民主国又并未曾有和希特勒决战的表现，那时拿民主阵线这一礼物，从事联欢英美政策，以为各民主国内民众斗争的制动机，这和现在各民主国向希特勒开炮时他们却不采用民主阵线政策，前后都是错误的。至于此次拥护民主，不能和上次大战中拥护民主相比，因为上次大战时尚没有法西斯的问题，上文已经详释过了，余详前此为此问题写的信，可以参看，此信和前写老×的信，均望寄××一阅，免弟重写，兄和我在数年前都已认为死狗是全世界罪恶之魁首（这次不是○×兄所谓感情用事），谁来推翻它，我们都赞成，兄已忘了吗？我现在说，老实说，谁打倒死狗和希特勒，我都向他叩头，我情愿做他的奴隶……

《陈独秀最后论文和书信》

未署名

转自《陈独秀著作选编》第五卷，

上海人民出版社 2010 年版

蔡孑民先生逝世后感言

——作于四川江津

（一九四〇年三月二十四日）

"人生自古谁无死"，原来算不了什么，然而我对于蔡孑民先生之死，于公义，于私情，都禁不住有很深的感触！四十年来社会政治之感触！

我初次和蔡先生共事，是在清朝光绪末年，那时杨度生、何海樵、章行严等，在上海发起一个学习炸药以图暗杀的组织，行严写信招我，我由安徽一到上海便加入了这个组织，住上海月余，天天从杨度生、钟宪鬯试验炸药，这时孑民先生也常常来试验室练习、聚谈。我第二次和蔡先生共事，乃是民国五、六、七年间在北京大学，在北大和蔡先生共事较久，我知道他为人也较深了。

一般的说来，蔡先生乃是一位无可无不可的老好人；然有时有关大节的事或是他已下决心的事，都很倔强的坚持着，不肯通融，虽然态度还很温和；这是他老先生可令人佩服的第一点。自戊戌政变以来，蔡先生自己常常倾向于新的进步的运动，然而他在任北大校长时，对于守旧的陈汉章、黄侃，甚至主张清帝复辟的辜鸿铭，参与洪宪运动的刘师培，都因为他们学问可为人师而和胡适、钱玄同、陈独秀容纳在一校；这样容纳异己的雅量，尊重学术思想自由的卓见，在习于专制好同恶异的东方人中实所罕有；这是他老先生更可令人佩服的第二点。

蔡先生没有了，他的朋友，先生的学生，凡是追念蔡先生的人，都应该服膺他这两点美德呀！

蔡先生逝世后，有一位北大旧同学写信嘱我撰一文备登公祭时特刊之类，并且说："自五四起，时人间有废弃国粹与道德之议，先生能否于此文辟正之"，关于此问题，我的意见是这样：

凡是一个像样的民族，都有他的文化，或者说他的国粹；在全世界文化的洪炉中，各民族有价值的文化，即是可称为国"粹"而不是国"渣"的，都不容易被熔毁，甚至那一民族灭亡了，他的文化生命比民族生命还要长，问题是在一民族的文化，是否保存在自己民族手中，若一民族灭亡了，甚至还未灭亡，他的文化即国粹乃由别的民族来保存，那便糟透了，"保存国粹"之说，在这点是有意义的，如果有人把民族文化离开全世界文化孤独的来看待，把国粹离开全世界学术孤独的来看待，在保抱残守缺的旗帜之下，闭着眼睛自大排外，拒绝域外学术之输入，甚至拒绝用外国科学方法来做整理本国学问的工具，一切学术失了比较研究的机会，便不会择精语详，只有抱着国"渣"当做国"粹"，甚至于高喊读经的人，自己于经书的训诂义理毫无所知，这样的国粹家实在太糟了！

人与人相处的社会，法律之外，道德也是一种不可少的维系物，根本否认道德的人，无论他属哪一阶级，哪一党派，都必然是一个邪僻无耻的小人；但道德与真理不同，他是为了适应社会的需要而产生的，他有空间性和时间性，此方所视为道德的，别方则未必然；古时所视为不道德的，现代则未必然，譬如：活焚寡妇，在古代印度视为道德，即重视守节的中国人也未必以为然；寡妇再嫁，在中国视为不道德的事，在西洋即现时的中国，也不算得什么大不好的事；杀人是最不道德的事，然而在战场上能多杀伤人才算是勇士，殉葬和割股更是古代的忠孝美谈；男女平权之说，由西洋传到中国，当然和中国固有的道德即礼教，太不相容了，然而现代的中国绅士们，在这方面已不公然死守固有的道德了，其实男子如果实行男女平权，是需要强毅的自制力之道德的，总之，道德是应该随时代及社会制度变迁，而不是一成不变的；道德是用以自律，而不是拿来责人的；道德是要躬行实践，而不是放在口里乱喊的，道德喊声愈高的社会，那社会必然落后，愈堕落；反之，西洋诸大科学家的行为，不比道貌尊严的神父牧师坏；清代的仆学大师们，比同时汤斌、李光地等一班道学家的心术要善良的多，就以蔡先生而论，他是主张以美育代替宗教的，他是反对祀孔的，他从来不拿道德向人说教，可是他的品行要好过许多高唱道德的人。

这不仅是我个人的意见，我敢说蔡先生和适之先生在这两个问题上和我的意见大致是相同的；适之还活着，人们不相信可以去问他，凡是熟知蔡先生言行的人，也不至于认为我这话是死无对证信口开河。

五四运动，是中国现代社会发展之必然的产物，无论是功是罪，都不应该专归到哪几个人；可是蔡先生、适之和我，乃是当时在思想言论上负主要责任的人，关于重大问题，时论既有疑义，适之不在国内，后死的我，不得不在此短文中顺便申说一下，以告天下后世，以为蔡先生纪念!

署名：陈独秀

《中央日报》

1940 年 3 月 24 日

给连根的信

（一九四〇年七月三十一日）

……你们的意见一致，我都见着了，不得不力疾简单的复你数语：你们错误的根由，第一，是不懂得资产阶级民主政治之真实价值（自列托以下均如此），把民主政治当着是资产阶级的统治方式，是伪善，是欺骗，而不懂得民主政治的真实内容是：法院以外机关无捕人权，无参政权不纳税，非议会通过政府无征税权，政府之反对党有组织言论出版自由，工人有罢工权，农民有耕种土地权，思想宗教自由，等等，这都是大众所需要，也是十三世纪以来大众以鲜血斗争七百余年，才得到今天的所谓"资产阶级的民主政治"，这正是俄、意、德所要推翻的；所谓"无产阶级的民主政治"和资产阶级的民主只是实施的范围广狭不同，并不是在内容上另有一套无〔产阶〕级的民主。十月以来，拿"无产阶级的民主"这一空洞的抽象名词做武器，来打毁资产阶级的实际民主，才至有今天的史大林统治的苏联，意、德还是跟着学话。现在你们又拿这一空洞的名词做武器，来为希特勒攻打资产阶级民主的英美。第二，是不懂得法西斯和英法美帝国主义者阶级作用不同（帝国主义是金融寡头结合中产阶级，只能容忍无产阶级的组织宣传至某种限度；法西斯则是金融寡头结合流氓无产阶级及右派急进小资产阶级，根本铲除无产阶级组织与宣传），不懂得法西斯的经济制度比起英美帝国主义来，是由日渐国际化的局面，回转到国家化，自给自足的封建化，而认为只是简单的政制不同。政制是由它阶级的经济的推动，不是凭空产生的。即以政制的表面而论，德意俄的格柏乌政治和英美法的议会政制，是小小的不同吗？第三，是不懂得"中间斗争"的重要性，我们若一眼只望最后斗争，以为只有最后斗争才能够消灭法西斯及其复活，才能够解决问题，则中间斗争若反法西斯运动，罢工运动。国民议会运动，等等，都是无益之举，只好静候着最后斗争从天下降了。再加上第四，英法失败后革命起来推翻整个资产阶级统治之假定，这完全是幻想奇迹（参看与××的信）。以上四种根由之总根由，还是："对于实际的历史事变发展闭起眼睛，一味玩弄抽象的公式。"自然科学的公式有时还可推翻，社会科学公式更脆弱得多，历史是不会重演的，拿旧的公式当做万应丸，永久演绎的用在现时日益变动复杂的事件上，自然牛头不对马嘴。

大战开始以来，重庆的《新华日报》，大声疾呼根据列宁在上次大战的理论，指斥英法等资产阶级的民主国家之虚伪，反对帝国主义间的战争，声称两边都是侵略的强盗；实际上词句之间却暗暗左袒希特勒。我细读你们的信，不但在思想上与死狗无二，即词句亦多相同，近读《破晓》一小册（《破晓》当然是根据托洛斯基的意见），竟放过法西斯，专向英美攻击，且为苏联征伐芬兰辩护，像这样为史大林、希特勒做义务宣传，态度还不明白吗？还说什么对两边都不左袒呢？"反对民主国的英、美"，"不攻击法西斯"，"拥护苏联"这三个政纲合起来，第三第四国际理应该合并了。如此你们以后再反对史大林，便是无政治原则的私人权位之争了。除了史大林手中所掌握的军警法庭等国家统治机关，谁能寻着一个悬在空中的苏联来拥护呢？你们的意见若无望改变，和死狗妥协，只是时间问题。而且如果依照你们的希望（至少《破晓》的作者是如此），各民主国连美国也失败了，托洛斯基便不能在墨西哥居住，那时不与死狗妥协，还有何出路！

　　……

一九四〇年七月三十一日

　　我现在提出两个问题请兄答复：

　　（一）在纳粹威胁之下英法革命党，是用反纳粹口号能够集合力量，还是用反本国政府口号能够集合力量呢？

　　（二）假使现在德国内部有一种民主势力对纳粹掀起国内战争，你们主张同时一齐打倒，还是联合纳粹打倒民主派呢？或是如意因的主张同时冷淡呢？

又　白

未署名
转自《陈独秀著作选编》第五卷，
上海人民出版社 2010 年版

给西流的信

（一九四〇年九月）

西流兄左右：日前寄上一函，内附超麟兄来信，想已达览，七月廿一日手示并守一兄的信已读悉，因病不能早复兄信，今犹如此（此函陆续写了廿余日才写好，精神不佳可想）。望勿多疑！

来函谓："他对民主的了解，和对于世界的局势过于乐观，我觉得还不免一些稚气"，我们所争论的中心点，正是这两种问题：（一）大战失败国有无革命。（二）应当保护民主。你既然认为他稚气（其实是反动），又说他没有错，即你自己也感觉得有点自相矛盾罢！

关于第一个问题，我只能答复一个否字，尤其在英、法，在此点，资深和希之比我尤坚决的否定英、法会有革命的局势，其理由是：（一）各国的革命力量，已为史大林派摧除干净；（二）各国的资产阶级有了一八七一和一九一七〔年〕的经验，战败后宁肯把武装全交给国外的敌人，免为国内的敌人所利用；（三）此时德国的武器和战术及统治征服地的方法，均非一八七一和一九一七〔年〕可比，英、法政府军失败后，民间一时决不能苍头特起；（四）德国尚未获得世界霸权，一败战事即可了结，纳粹失败后，继之者不会仍为法西斯政权（此情势恰与英、法相反），届时社民党及其他自由派会抬头，然此只能说有利于革命运动之开始，很难说希特勒失败德国马上便会起革命，以无革命政党故，基于上述原因，以前我们相信的"帝国主义大战后失败国将引起革命"这一公式，完全被推翻了，只有迷信公式对历史事变发展闭起眼睛的人们，才会做一九一七〔年〕的梦，才会说此次大战是上次大战的重演。英、法革命既无望，在英法取失败主义，除了帮助希特勒胜利之外，还有甚么？历史不会重演，人为的错误是会重演的，以前认为白朗宁内阁和希特勒是一样的，因此帮助纳粹得了政权；现在又认为纳粹的德国和民主的英、法是一样的，又帮助希特勒征服了有民主传统的法兰西，我还可进一步推论，如果人们仍旧轻视民主崇拜独裁像守一所说："人类不管好坏，总只得抉择于法西斯与社会主义这两种独裁之间。"换句话说只能抉择于德、俄两种政制之间；那么，即使英、法失败引起了革命，也只有使世界更加黑暗堕落和希特勒胜利一样，一个格柏乌的苏俄已足够使人们窒息了，再加上几个格柏乌的苏法、苏英，你老兄能受得了么？如此，则必须详细讨论第二个问题，即诚如守一所说："我们中间主要的不同意见，还是在于民主问题。"

关于第二个问题，我根据苏俄二十年来的经验，沉思熟虑了六七年，始决定了今天的意见。（一）我认为：非大众政权固然不能实现大众民主；如果不实现大众民主，则所谓大众政权或无级独裁，必然流为史大林式的极少数人的格柏乌政制，这是事势所必然，并非史大林个人的心术特别坏些。（二）我认为：以大众民主代替资产阶级的民主是进步的；以德、俄的独裁代替英、法、美的民主，是退步的，直接或间接有意或无意的助成这一退步的人们，都是反动的，不管他口中说得如何左。（三）我认为：民主不仅仅是一个抽象名词，有它的具体内容，资产阶级的民主和无产阶级的民主，其内容大致相同，只是实施的范围有广狭而已（见前函及后表）。（四）我认为：民主之内容固然包含议会制度，而议会制度并不等于民主之全内容，许多年来，许多人，把民主和议会制度当做一件东西，排斥议会制度，同时便排斥民主，这正是苏俄堕落之最大原因；议会制度会成为过去，会成为历史残影，民主则不然也，苏维埃制若没有民主内容，仍旧是一种形式民主的代议制，甚至像俄国的苏维埃，比资产阶级的形式民主议会还不如。（五）民主是自从古代希腊、罗马以至今天、明天、后天，每个时代被压迫的大众反抗少数特权阶层的旗帜，并非仅仅是某一特殊时代历史现象，并非仅仅是过了时的一定时代中资产阶级统治形式，如果说民主主义已经过了时，一去不复回了，同时便可以说政治及国家也已过了时即已经死亡了。如果说民主只是资产阶级的统治形式，无产阶级的政权形式只有独裁，不应该民主，则史大林所做一切罪恶都是应该的了，列宁所谓"民主是对于官僚制的抗毒素"，乃成了一句废话，LT 主张为恢复苏维埃、工会及党的民主而斗争，也是等于叫昨天回来，等于叫老百姓为历史的残影流血。如果说无级民主与资级民主不同，那便是完全不了解民主之基本内容（法院外无捕人杀人权，政府反对党派公开存在，思想、出版、罢工、选举之自由权利等），无级和资级是一样的。如果说史大林的罪恶与无产阶级独裁制无关，即是说史大林的罪恶非由于十月以来苏联制度之违反了民主制之基本内容（这些违反民主的制度，都非创自史大林），而是由于史大林的个人心术特别坏，这完全是唯心派的见解。史大林的一切罪恶，乃是无〔产阶〕级独裁制〔度〕之逻辑的发达，试问史大林一切罪恶，哪一样不是凭藉着苏联自十月以来秘密的政治警察大权，党外无党，党内无派，不容许思想、出版、罢工、选举之自由，这一大串反民主的独裁制而发生的呢？若不恢复这些民主制，继史大林而起的，谁也不免是一个"专制魔王"，所以把苏联的一切坏事，都归罪于史大林，而不推源于苏联独裁制之不良，仿佛只要去掉史大林，苏联样样都是好的，这种迷信个人轻视制度的偏见，公平的政治家是不应该有的。苏联二十年的经验，尤其是后十年的苦经验，应该使我们反省。我们若不从制度上寻出缺点，得到教训，只是闭起眼睛反对史大林，将永远没有觉悟，一个史大林倒了，会有无数史大林在俄国及别国产生出来。在十月后的苏俄，明明是独裁制产生了史大林，而不是有了史大林才产生独裁制，如果认为资产阶级民主制已至其社会动力已经耗竭之时，不必为民主斗争，即等于说无产阶级政权不需要民主，这一观点将误尽天下后世！（六）近代民主制的内容，比希腊、罗马要丰富得多，实施的范围也广大得多，因为近代是资产阶级当权时代，我们便称之为资产阶级的民主制，其实此制不尽为资产阶级所欢迎，而是几千万民众流血斗争了五六百年才实现的。科学，近代民主制，社会主义，乃是近代人类社会三大天才的发明，至可宝贵；不幸十月以来轻率的把民主制和资产阶级统治一同推翻，以独裁代替了民主，民主的基本内容被推翻，所谓"无产阶级民主"、"大众民主"只是一些无实际内容的空洞名词，一种抵制资产阶级民主的门面语而已。无产阶级取得政权后，有国有大工业、军队、警察、法院、苏维埃选举法，这些利器在手，足够镇压资产阶级的反革命，用不着拿独裁来代替民主，独裁制如一把利刃，今天用之杀别人，明天便会用之杀自己。列宁当时也曾经警觉到"民主是对于官僚制的抗毒素"，而亦未曾认真采用民主制，如取消秘密政治警察，容许反对党派公开存在，思想、出版、罢工、选举自由等，LT直至独裁这把利刃伤害到他自己，才想到党、工会，和各级苏维埃要民主，要选举自由，然而太晚了！其余一班无知的布尔什维克党人，更加把独裁制抬到天上，把民主骂得比狗屎不如，这种荒谬的观点，随着十月革命的权威，征服了全世界，第一个采用这个观点的便是墨索里尼，第二个便是希特勒，首倡独裁制本土——苏联，更是变本加厉，无恶不为，从此崇拜独〔裁〕的徒子徒孙普遍了全世界，特别是欧洲，五大强国就有三个是独裁（所以东方需要民主，西方不需要民主，这种说法是不对的）。第一个是莫斯科，第二个是柏林，第三个是罗马，这三个反动堡垒，把现代变成了新的中世纪，他们企图把有思想的人类变成无思想的机器牛马，随着独裁者的鞭子转动，人类若无力推翻这三大反动堡垒，只有变成机器牛马的命运。所以目前全世界的一切斗争，必须与推翻这三大反动堡垒连系起来，才有意义，否则任何好听的名词，如无产阶级革命，民族革命，都会无意的在客观上帮助这三大反动堡垒巩固及扩大势力。如果我们认为目前推翻这三大反动堡垒为首要斗争，第一必须承认即英、法、美不彻底的民主制也有保护的价值；第二必须取消刘仁静破产的理论，即：任何时期，任何事件，无产阶级都不能与别的阶级共同行动；这一理论，显然在北伐战争中，在抗日战争中，都不能采用，在目前国际战争中也同样不能采用，若采用这一理论，都只有反动作用。昌兄说："在战争进行中之现在，民主与法西斯之显然限界已归消失，或将归消失。"这句话真莫名其妙！（一）在政制〔治〕本身上，民主与法西斯绝对不同的限界永远不会消失；（二）若说其限界消失是指英、法、美等民主国日渐法西斯化，即令真是如此，也绝对不能据此以为我们应该欢迎独裁反对民主的理由；（三）英、法、美将来法西斯化，是要靠第三国际第四国际帮助希特勒完全胜利，希特勒军队打到甚么地方，当然法西斯化到什么地方，否则英、法、美的民主传统不是轻易可以推翻的，如果把战时的内阁权力加强当做是法西斯化，这便不懂得法西斯究竟是甚么；（四）若认为现在的民主国和法西斯之显然限界已归消失，请睁开眼睛看看下列对照表：

（甲）英、美及战败前法国的民主制	（乙）俄、德、意的法西斯制（苏俄的政制是德、意的老师，故可为一类）
（一）议会选举由各党（政府反对党也在内）垄断其选举区，而各党仍须发布竞选的政纲及演说，以迎合选民要求，因选民毕竟最后还有投票权。开会时有相当的讨论争辩。	（一）苏维埃或国会选举均由政府党指定。开会时只有举手，没有争辩。
（二）无法院命令不能捕人杀人。	（二）秘密政治警察可以任意捕人杀人。
（三）政府的反对党派甚至共产党公开存在。	（三）一国一党不容许别党存在。
（四）思想、言论、出版相当自由。	（四）思想、言论、出版绝对不自由。
（五）罢工本身非犯罪行为。	（五）绝对不许罢工，罢工即是犯罪。

据这张表，二者的限界，在英、美是几时消失的呢？在法国是因何消失的呢？每个康民尼斯特看了这张表，还有脸咒骂资产阶级的民主吗？宗教式的迷信时代应当早点过去，大家醒醒罢！

今后的革命若仍旧认为"民主已经过时，无级政权只有独裁，没有民主"，那只有听任格柏乌蹂躏全人类；并且即这种革命（？）亦无可能在英、法失败后发生，你们主张在英、法取失败主义的口号，到底是为了谁呢？史大林派很巧妙的第一步以反帝国主义战争的口号，代替了反法西斯的口号；第二步便对英、法、美放冷箭以掩护法西斯；你们和他们取了同样的步骤，你们的第二步骤，在破晓及守一与我函中充分表现出来了！守一等对大战的见解，是由于估计苏联性质及对民主态度出发的，我皆与之相反，而彼此却都是一贯的，惟有你老兄对大战态度同意于守一等，对苏联与民主似乎还是和我接近，此真不可解。此函请抄给老赵及守一等。原函及前各函，均望寄还我，因为打算将来印出来。昌兄信附上，此祝健康！

弟

仲白 〔一九四〇年九月〕

《陈独秀最后论文和书信》

转自《陈独秀著作选编》第五卷，

上海人民出版社 2010 年版

我的根本意见

（一九四一年十一月二十八日）

（一）不会在任何时间，任何空间，都有革命局势。最荒谬的是把反动的局势，说成革命局势：即把统治阶级战胜后，开始走向稳定，说成是走向崩溃，把中间阶级离开革命阶级而徘徊动摇，说成开始离开统治阶级而徘徊动摇，把革命阶级打败后的愤闷情绪，说成革命情绪之高涨。我们必须驳斥"人民愈穷愈革命"的胡说。"压力愈大反动力也愈大"这一物理现象，虽然也可以应用于社会，而必以被压迫者有足够奋起的动力为条件。

（二）无产阶级的群众，不会在任何时间都倾向革命，尤其是大斗争遭到严重的失败之后，或社会经济大恐慌之时。

（三）无产阶级没有适合于其社会条件的充分数量，没有经济的政治的组织，和别的居民没有甚么大的不同。特别是十余年来苏俄官僚统治的经验，中日战争及此次帝国主义大战的经验，使我们不能把现时各国无产阶级力量估计过高，使我们不能轻率宣布"资本主义已到末日"，没有震动全世界的力量之干涉，此次大战自然不是资本帝国主义之终结，而是它发展到第二阶段之开始，即是由多数帝国主义的国家，兼并成简单的两个对垒的帝国主义的集团之开始。

（四）应该严格区别小资产阶级"集中"、"统一"的武断性，和无产阶级"集中"、"统一"的自然性之间的不同。

（五）应该严格区别急进而虚矫的小资产阶级分子和坚决而坦率的无产阶级分子之间的不同。

（六）现在并不是最后斗争时代，不但在落后国家，即在欧美先进国家，如果有人武断说：资产阶级、小资产阶级已经没有一点进步作用，已经完全走到反动的营垒，这只是种下了将来资产阶级表现进步作用时向之仓惶投降的后果。

（七）应该毫无成见的领悟苏俄廿余年来的教训，科学的而非宗教的重新估计布尔雪维克的理论及其领袖之价值，不能一切归罪于史大林，例如无产阶级政权之下民主制的问题。

（八）民主主义是自从人类发生政治组织，以至政治消灭之间，各时代（希腊、罗马，近代以至将来）多数阶级的人民，反抗少数特权之旗帜。"无产阶级民主"不是一个空洞名词，其具体内容也和资产阶级民主同样要求一切公民都有集会、结社、言论、出版、罢工之自由。特别重要的是反对党派之自由，没有这些，议会或苏维埃同样一文不值。

（九）政治上民主主义和经济上的社会主义，是相成而非相反的东西。民主主义并非和资本主义及资产阶级是不可分离的。无产政党若因反对资产阶级及资本主义，遂并民主主义而亦反对之，即令各国所谓"无产阶级革命"出现了，而没有民主制做官僚制之消毒素，也只是世界上出现了一些史大林式的官僚政权，残暴、贪污、虚伪、欺骗、腐化、堕落，决不能创造甚么社会主义，所谓"无产阶级独裁"，根本没有这样东西，即党的独裁，结果也只能是领袖独裁。任何独裁都和残暴、蒙蔽、欺骗、贪污、腐化的官僚政治是不能分离的。

（十）此次国际大战，自然是两帝国主义的集团互争全世界霸权的战争。所谓"为民主自由而战"自然是一种外衣；然不能因此便否认英、美民主国尚有若干民主自由之存在。在那里，在野党，工会，罢工之存在，是现货而非支票，除了纳粹第五纵队的爪牙，是不能用任何诡辩来否认的。我们更未曾听到美国用纳粹对待犹太人的办法来对待孤立派。希特勒的纳粹党徒，则企图以其统治德国的野蛮黑暗的办法统治全世界，即是以比中世纪宗教法庭更野蛮黑暗的办法统治全世界，使全世界只许有它的一个主义，一个党，一个领袖，不容任何异己之存在，并不容被它征服的国家中土著纳粹及各种各色的土著法西斯之存在。希特勒党徒之胜利，将使全人类窒息，将使全人类由有思想脑神经有自由意志的人，变为无思想脑神经无自由意志的牛马器械；所以全世界各国中（德国也当然在内）有良心的进步分子，在此次大战一开始以及现在与将来，都应该以"消灭希特勒的纳粹党徒"为各民族共同进攻之总目标，其他一切斗争，只有对于这一总目标有正的作用而非负的作用，才有进步意义。因为希特勒的纳粹一胜利，甚么社会主义，甚么民主主义，甚么民族解放，一切都无从谈起。

（十一）在此次帝国主义大战中，对民主国方面采取失败主义，采取以国内的革命战争代替国际的帝国主义战争的方略，无论口里说得如何"左"，事实上只有帮助纳粹胜利，例如英国人自己的帝国主义政府，若被革命推翻，其时的英国海陆空军势必分裂削弱，革命的新政权，又决不能在短时期内生长成强大力量，来抵抗纳粹军队侵入英伦（若说"自己的帝国主义政府之失败，无疑是较少祸害的"，那么现在被纳粹征服的捷克人、法国人真是幸运！)，忽略了时间问题，真理会变成荒谬。人们有理由认为中日战争已因帝国主义大战而变质，然不能因此便主张在中国采取失败主义。重庆政府之毁灭，在今天，除了帮助德、意、日加速胜利外，不能有别的幻想。我们也以同样理由，不主张在苏联采取失败主义，虽然没有事实使我们相信在人类自由之命运上史大林党徒好过希特勒党徒。

（十二）没有任何理由可以说：革命之基础准备，即群众结合，在有若干民主成分的政权之下，比在纳粹极权统治之下，更为艰难；也没有任何理由可以说：纳粹胜利比其失败于德国革命运动更为有利。纳粹霸权在欧洲能支持好久，无人能够为它算命，如果拿纳粹胜利后必然崩溃，来做帮它胜利的口实，这样大的牺牲，这样滑稽的战略，和以前在德国国内政变时，史大林宣布"让希特勒上台"、"他上台不久，就要失败"等说法，没有两样。并且现在的欧洲，也和中国的战国时代及欧洲近代初期一样，在经济发展上要求统一，因为没有革命的统一，纳粹党反动的统一，也有客观条件使其能够实现之可能。不过这种反动的统一，在经济上不能够动摇资本制度对于生产力之束缚（私有财产制〔度〕），像欧洲王权时期动摇封建制度对于生产力发展之束缚（农奴与行会），那样的进步作用。在政治上毁灭民主制，回复到中世纪的黑暗，即使不很长久，也是人类可怕的灾难和不可计算的损失。

（十三）战争与革命，只有在趋向进步的国家，是生产力发达的结果，又转而造成生产力发展的原因；若在衰退的国家，则反而使生产力更加削弱，使国民品格更加堕落——夸诞、贪污、奢侈、苟且，使政治更加黑暗——军事独裁化。

（十四）国际战争，只有在两方武器和军事技术相等的国家，才能把人数、民气和作战精神，看做决定胜负的因素；即在国内战争，十九世纪新武器之发明，使恩格斯不得不重新估计巷战之价值；二十世纪新武器新战术之发明，将不得不更加减少民众暴动与巷战之可能性，如果统治营垒内部不崩裂。

（十五）帝国主义以殖民地半殖民地为存在条件，犹之资本主义制度以私有财产为存在条件。我们不能幻想资本统治不崩溃可以取消私有财产，同时也不能幻想殖民地半殖民地的民族独立战争，不和帝国主义国家（宗主国及宗主国的敌对国家）中的社会革命结合起来，会得到胜利。在今天——英美和德国两大帝国主义互争全世界奴隶统治权的今天，孤立的民族战争，无论由何阶级领导，不是完全失败，便是更换主人，或者还是更换一个更凶恶的主人，即使更换一个较开明的奴役主人，较有利于自己的政治经济之发展，而根本不能改变原来的殖民地或半殖民地奴役地位。

一九四一年十一月二十八日

未署名

转自《陈独秀著作选编》第五卷，
上海人民出版社 2010 年版

致 S 和 H 的信

（一九四一年一月十九日）

H S 二先生：

与 H 先生别三年矣，与 S 先生更廿余年不见了。回忆北京之游，真不胜慨叹！

顷见二位与 Y 兄书，于弟近作有所示教，感谢之至。弟自来立论，喜根据历史及现时之事变发展，而不喜空谈主义，更不喜引用前人之言以为立论之前提，此种"圣言量"的办法，乃宗教之武器，非科学之武器也。

近作根本意见，亦未涉及何种主义，第七条主张重新估计布尔什维克的理论及其领袖（列宁托洛斯基都包含在内）之价值，乃根据苏俄二十余年的教训，非拟以马克思主义为尺度也。倘苏俄立国的道理不差（成败不必计），即不合乎马克思主义又谁得而非之。"圈子"即是"教派"。"正统"等于中国宋儒所谓"道统"，此等素与弟口胃不合，故而见得孔教道理有不对处，便反对孔教，见得第三国际道理有不对处，便反对它，对第四国际，第五国际，第……国际亦然。适之兄说弟是一个"终身的反对派"，实是如此，然非弟故意如此，乃事实迫我不得不如此也。譬喻吃肉，只要味道好，不问其售自何家，倘若味道不好，因其为陆稿荐出品而嗜之，是迷信也，倘若味道好，因其陆稿荐出品弃之，而此亦成见也；迷信与成见，均经不起事变之试验及时间之淘汰，弟两不取之。纸短话长，不尽万一，惟弟探讨真理之总态度，当以此得为二先生所了解也。

　　倘有新作，自当奉上乞教，弟所欲言甚多，惟病体不能多写作，即写出，虽油印亦不易办到也。此祝
健康

　　　　　　弟独秀　〔一九四一年〕一月十九日

　　　　　　　　转自《陈独秀著作选编》第五卷，
　　　　　　　　上海人民出版社 2010 年版

战后世界大势之轮廓

（一九四二年二月十日）

历史决不会重演，此次大战已使世界各方面发生巨大变化，或已发生巨大变化之萌芽，拿过去理论公式的表格来填写将来的事变之发展，简直不中用了。

此次大战不外三种结果：一是英、美和德、日不分胜负而议和；二是胜利属于英、美；三是胜利属于德、日。第一种结果之可能最少，我们似不必加以推测，第二种和第三种以何者最大呢？以现状观之，自然是德、日占优势。开战已两年多了，又因得到苏联出来撑持，英国全然休息了半年，此时以全力仍不能敌住德国在北非的少数部队，若说它能够于最近的将来战胜德国的大军，这是很难想象的事。若认为英国在各战场之失败，都由于陆空军之寡不敌众，再过一年或至一年半，英、美军器生产大扩充之后，战局便会转变；惟现时虽有人发出"全面改厂"的呼声，而鉴于过去直至现在，政府官吏之因循误国及上厂主只顾私人的利益，将来军器生产之竞赛，英、美能否胜过德国本土及其可能利用之邻邦，确实大成问题。即假定将来可以胜过，又有何神秘能够使希特勒及其伙伴，在此一年甚至一年半以内，按兵不动，静候英、美扩充军备呢？德国的内部危机，诚然大过英、美，然在对外战疲或溃败前未必爆发。德国唯一的弱点是缺乏煤油，这也只是她在始终无力夺取高加索或伊朗的条件下不能够支持长期战争的因素。基于各种情势，德国利于速战速决，英、美则利于持久战，双方都以争取时间为第一要着；所以迫在目前之德国的春季攻势，无论发生在地中海或欧俄大陆、马尔他、直布罗陀、苏伊士以至新加坡，这一战线之胜败，或莫斯科、高加索、伊朗、伊拉克、叙利亚以至新加坡，这一战线之胜败，都可以说是决定此次大战全局胜败之最大关键。这一战线之胜利若属于德、意、日，英、美是不能够长久支持下去的，自古至今，单是地大人众物博，并不是决定胜利的重要条件。

倘胜利属于英、美，德、意、日都完了，英、美在和会中，或国际善后会议中，便开始形成对立的局面，战后英国收拾欧洲、北非洲、近东以至中东，已非易事，一时决无力量及于远东，远东以至南洋、澳洲，自然会属于美国的势力范围，那时苏俄将是两方面拉拢的奇货，英、美的命运乃决定于下次大战。

胜利倘属于希特勒，英国便完了，美国也只得暂时划两洋以自保。希特勒虽胜利，他的枪口仍然要向着西方，自乌拉山、伊朗、印度以东，则非他的军事力量直接所能及，那时无论美、日是否成立和议，日本将是美、德两方面拉拢的奇货。美国固然未必继续对日战争，希特勒在未征服美国以前，他也不会为了远东问题开罪日本，逼迫他所倚重的同盟者转向美国，自断其两洋夹攻美国之右臂，希特勒知道英国在远东的势力消灭后，他若威胁日本，日本有获得美国退出远东的条件而和美国妥协之可能。美、德的命运乃决定于下次大战。

世界还会有几次大战，我们还不能知道，所能知道的只是在战争的因未除去以前，战争的果是不能免的，并且胜利若属于德国，下次战争必然来得更快。美、德间固然虽无所谓和议，而实际战斗亦必告一段落，德国固然需要一停战时期，建立她的新秩序以收胜利之果，更需要补充足够渡美的战舰及运输舰之时间，然一过此时期，德国对美战争便会从南美洲开始。本来每次国际大战都不过是前次大战之继续延长，我们切不可为"永保和平"、"民族自决"、"民族平等"、"资本制度消灭"，如此等等好听的宣传所眩惑，梦想战后这些都会实现。

欧美人想就资本制度加以改良的企图，不自今日始；然而其结果乃是在股份公司、合作社的旁边，巍然起来了脱拉斯；在劳动立法普遍了半个世界之后，所谓"社会主义国家"还得恢复计件工资。改良制度既非易事，消灭资本制度更不能够如人们所想象的那样轻松。此次大战后，不但英、美，就是在德、意、日的世界里，也必然企图改良资本制度，以适应他们的统治，希特勒一向非难资本主义，这并不能够欺骗任何人，只是他和他自己开玩笑。他们改良的企图，不外拿关税协定甚至经济同盟，来减轻各集团圈内的关税壁垒；拿物物交易来减轻各集团圈内的货币作用；拿产业国有化，来代替某些私人的企业。各集团圈内关税壁垒即能减轻，对于另一集团圈的关税壁垒势必还要加强；物物交易的办法，不但不能全部施行，即其所能够交易的，仍旧以货币计算，仍旧是商品交易，而非分工互助，某种产业国有，已经是前世纪所有的事，全部国有化，即实行所谓国家资本主义，理论上好似说得通，而事实上必不可能。占有生产工具的大集团，不经过革命的没收，而自愿的把私有财产贡献给国家，这是不可想象的事。如果有人幻想能有一个超然政府来和平的没收。这一所谓"超然政府"，上午企图没收别人的企业，他的政府下午即被别人没收了。所以以上三种改良企图，决不能动摇资本制度的基础。资本制度这种东西，一旦开始发生，利与弊都势必顺着她自身发展的逻辑逐日增长，一切改良方法既不能动摇其基础，节制之，更只有使整个的社会经济趋于衰落，欲只得其利而免其弊的如意算盘，是不会成功的。私有财产制和商品生产制，是资本制度之基础，亦即其弊害之根源。这一生产制，其目的是为拥有生产工具者出卖商品，增加其私有财富而生产，不是为直接供给一切人民食用品而生产；其生产力愈益发展，依供求律愈益失去生产力与购买力之均衡，因之，而生产过剩，而物价低落，而工厂倒闭，而工人失业，而形成经济恐慌；经过一时期，生产力削弱而恢复原状，后又因生产力比以前更加强而走向更大的恐慌，如此循环而构成恐慌之周期律。自来救济生产过剩之策有二：一是自动的减少生产量甚至毁坏生产品这一愚蠢可笑的办法；一是争夺殖民地及国外市场走向战争这一疯狂可怖的办法。为了必须把国内生产过剩的商品向国外市场推销，还必须阻止国外商品侵入国内市场，就不得不加高关税壁垒，扩张军备，准备战争，以至实行战争。这一串因果相联的现象，都是现代国家当局所必须采用的步骤。因为他们既不能消灭资本制度，便只得让资本制度牵着鼻子走，否则只有失败，这本是事实之必然，决不是什么思想，什么良心所能使之改变的。在全世界几个强大国家必须争夺市场，必须准备战争，必须实行战争的时代，大家尽力扩大其势力范围，他们彼此挤得水泄不通，怎样谈得上民族自决、民族解放呢？上次大战之终了，威尔逊的十四条，未尝不轰动全球，而随即销声匿迹者，并非路易乔治和克利蒙梭欺骗了威尔逊，乃是威尔逊欺骗了他自己，并且这一欺骗，亡了法国，害了英国和美国，对日本丧失了强国的体面。此次大战后，谁还要在资本制度世界标榜和平主义的幻想，在下次大战中，谁就是失败者。

此次大战后，无论胜利属于何方，帝国主义的统治都仍旧不变吗？资本制度存在一天，由它所自然产生的帝国主义，当然不能自动的根本放弃，但统治的形式必然有所改变，即是：由民族化到国际集团化这一形式的改变；这一改变并非帝国主义制度之终结，而它反走向扩大与加强。今后不但十九世纪以前的民族国家运动已随着帝国主义发生而没落，即二十世纪初期的七八个帝国主义列强之对立也要完结。德、意、日都是由民族国家进而为帝国主义国家之较幼者，日本是最后一个，全世界殖民地及落后国的市场都已为他人捷足先得，这就是他们不得不冒着危险，疯狂的以战争来改变帝国主义世界旧秩序之唯一的原因。战争的结果，真正完全独立不受他人支配者，只能有两个领导国之对立，美、德之对立，或英、美之对立，其他国家民族，都不得不在同盟或全面合作等名义之下，分别隶属于这两个领导国所领导的集团圈之内。日本和苏俄，当然都有各自领导其集团圈之野心，然而生产力终于要决定他们的命运。其他殖民地及落后国，若企图由民族斗争而产生新的独立国家，这样的时代已经过去了。在各集团圈内，依国力之强弱，其地位略分四等，第一等是较有面子的所谓"同盟者"，例如日本之于德国，苏俄之于英、美；第二等是半殖民地，例如意大利之于德国，荷兰、法、比之于英、美，虽然有一个自己的政府，政治尤其是经济，都多少要受领导国支配；第三等国是被保护国，例如法、比之于德国，丹麦、意大利之于英国，菲律宾之于美国，虽然有一个自己的政府，而不能有独立之外交；第四等是殖民地，连自治政府也没有，统治权操诸领导国总督之手。比殖民地更次一等，自来是没有的，有之便是种族日渐消灭之美洲、澳洲之土人。各集团圈内的国家民族地位虽高低不同，而有一共同点，即是他们的政治及经济制度都必得或多或少的按着领导国的模样改造，根本相反的制度是不能够存在的；德国所领导的集团圈内，多少都要按纳粹制度改造；英、美所领导的集团圈内，多少也要按着民主制度进行；社会主义制度呢？这要靠着领导国的革命成功才能实现，才能够影响整个集团圈，依俄国革命的经验，帝国主义世界中最弱的一环之破碎，终于不能够使它全部瓦解。至于现在的苏俄，不但她的生产力不能胜任领导国，它自身早已离开社会主义了。

有些欢喜做梦的人，当此次大战一开始，便梦想弱小民族独立的机会到了；其实亚洲的殖民地，一脱离英、美便入了日本的掌握；非洲的殖民地一脱离英国便入了德、意的掌握。有人甚至梦想战争会引起的社会主义革命就快到来，不幸事实幻灭了他们的美梦，已经不胜悲哀，如果再觉着今后连民族斗争都会受到限制，并且纳粹党会支配半个地球，他们将感觉着由欢喜的天国坠落到悲哀的深渊，将感觉着命定的要走下坡路了，其实人类进化史，它始终很冷静的走着它前进的道路，此时它并未意图走向天国，也不是走向毁灭坠落深渊，对于人们自己由虚幻的希望欢喜而来之失望悲哀，它不负任何责任。此次大战，即使不幸得很，胜利果然属于纳粹，它竟至支配了半个地球，这占人类半数的人民，在政治上将受到整个时期窒息的大灾难，而在经济上和英、美胜利一样，固然不能动摇资本制度对于生产力之束缚，而资本制度的范畴以内会有一大进步，例如由币制统一、减轻关税壁垒、物资集中等等，渐次减少世界上许多小的经济单位，除去一部分经济发展之障碍，将比战前的社会生产力要突飞猛进，这是在客观上为将来的社会主义世界开辟宽广的道路，加强物质的基础，这本是资本主义在血的罪恶中产生进步的惯例，只有眼光狭隘的教派之人，才见不出这一远景。人类历史和地球一样，无论在光明的白昼或黑暗的深夜都是进行不息的。

正经的说来，认真的民族解放，只能和帝国主义国家的社会主义革命同时实现：在资本帝国主义世界里，落后国家及弱小民族之"民族自决"、"民族解放"，本是一种幻想，何况在两派帝国主义的主脑，争着以战争状况裹胁全世界落后国家及弱小民族的今天，民族斗争会受到限制。这句话，只有欢喜幻想的人听着才感觉得惊异，如果从全世界经济由统一而进步的观点看来，民族斗争受到限制，不一定完全是很坏的事。无论是全世界或一个国家以内，没有革命的统一，反革命的统一也有进步的意义。例如吴佩孚的统一比军阀割据好，刘湘的统一比防区时代好。并且民族斗争会受到限制这句话，并不是说被人领导的民族将驯羊似的一无所作为，只是今后的民族斗争会受到一定的限制，并且有此警觉才能够开始实行有效的步骤：（一）努力于自己的政治民主化和民族工业之进展，以增高在集团圈内之地位，现在已经不是李鸿章时代，不应仍做富国强兵一跃而为十八、十九世纪式民族独立国家及二十世纪式世界头等国的好梦；（二）创造自己的实力（工业及民族的组织），以准备与领导国国内革命相应和的斗争，以达到自己的民族的真正解放与进步，不应幻想关起门来，在一个国家内以一个民族的力量，能够排除帝国主义的势力，以实现民族资本主义的国家之独立；（三）对于国外斗争，无论是对于轴心国或非轴心国之斗争均应从民主主义出发，不应从民族主义出发，因为专制的德、意、日三国之携手横行，已冲破了各个民族之最后铁丝网，这已经不是某一民族的问题，而是全人类的民主自由存亡问题，若仍旧由民族立场出发而斗争，印度眼前的敌人便是英国，中国将来也要再来一次抗美战争；（四）我们应该尽力反抗帝国主义危及我们民族生存的侵略，而不应该拒绝它的文化。拒绝外来文化的保守倾向，每每使自己民族的文化由停滞而走向衰落。中国文化诚然有它的优点，惟如果渲染过当，便会使之高踞在形式上的地位，俯视一切，形成偏畸的发展，竟把民生国防所依赖而应该特别重视的物质文明，排除在文化以外，还有人竟把中国历史上民族的光荣，印刷与火药之发明，也排除在文化以外，把文化缩小在文艺圈子里，这样误解文化的结果，遂在此次抗日战争中，发生了万分不应该发生的两件事：一是把口里哼哼诗词手里耍耍笔杆，应该称为"文人"的，无端改称为"文化人"，这和日本称中国为"文字国"同样是对于中国文化之讽刺；一是继续义和拳符咒能够抵挡枪炮的思想，企图用标语、口号、歌咏来抵挡飞机、大炮、坦克车，这便是中国文化畸形发展之末路；张之洞"中学为体西学为用"之说，已经害了我们半个世纪没有长进，我们不要高唱"本位文化"、"东方文化"再来害后人吧！

或者有人认为此次大战是轴心和非轴心两派帝国主义各自扩大其势力圈之斗争，非民族解放之斗争，弱小民族之参加毫无意义。这一见解是由于他们不明白民族解放自然不能够依赖帝国主义帮助而成功，也不是弱小民族自己力量可以解决的问题；而且"中立"这一名词，现在战争史上将不会再见了。缅甸人如果

说：宁可和认识的魔鬼结交，而不能和不认识的天使来往；我们
应该告诉他们，我们并不知道现世界有甚么天使，只知道你们所
谓认识的魔鬼，比你们不认识的魔鬼，还要凶恶十倍！中国如果
有人说：帮美国打日本，是前门拒虎，后门进狼，我们应该告诉
他：美国胜利了，我们如果能努力自新，不再包庇贪污，有可能
恢复以前半殖民地的地位，倘若胜利属于德、意、日，我们必然
沦陷为殖民地，连南京的傀儡政府不久都会滚蛋！

　　以上的说话，或者有人认为是低调，那只好让将来的事实教
训他。

〔一九四二年〕三十一年二月十日

未署名

转自《陈独秀著作选编》第五卷，

上海人民出版社 2010 年版

再论世界大势

（一九四二年四月十九日）

有人说我在"战后世界大势之轮廓"一文中所估计的国际形势，将来只有帝国主义的天下，这未免太悲观了。我以为评量客观上的估计只应问其现实性如何，不必论其是否悲观。现世界自前世纪之末以来，金融资本即已冲破了民族界限，帝国主义的天下已经成为事实，不如此便不成其为帝国主义。这并不是将来的问题，将来不过是七八个帝国主义国家再火并为两个帝国主义集团而已。一天没有振〔震〕动全世界的大革命之干涉，这种状况仍要继续下去，而且会发展到比我们所估计的或者还要坏些，即是：此时大战如果胜利属于希特勒，英国固然完了，罗斯福或也至倒台，美洲的希特勒将起而代之，下次的世界大战亦即德、美战争，将不是民主与纳粹之斗争，而是两派法西斯蒂集团之火并；如此则会真是如罗斯福所说，民主自由将丧失数百年才能恢复；如此则人类进化史将走入如下表的道路。

未　来　世　界
无产阶级民主制以至全民民主制
法西斯蒂专制
近　代　世　界
资产阶级民主制
封建诸侯及其末期的君主专制
古　代　世　界 （希腊罗马）
城市市民的民主制
大地主大巫军事首领的专制
上　古　世　界
氏族社会民主制

照此表，则将来法西斯蒂专制会和以前的专制一样，普遍的发展，而且形成历史上一整个时期，亦即每个时代民主制向前发展之先，都经过一专制黑暗时期；如果人们躺在幻想和乐观的安乐椅上，听任纳粹存在发展，我们没有理由否认这一黑暗的时期到来之可能。

客观上的估计和主观上的努力虽然不能相差很远，而也不一定都走同一方向，譬如：我们估计此次战争德、日胜利的可能较大，这不阻止我们主张在胜负尚未决定之前，力助英、美获得最后胜利；同时也不能因为应该力争民主同盟方面之胜利，遂盲目认为轴心国家只有失败。我们可以追求理想，而不可追求远离事实的幻想；只可认清非绝对不可能的理想，艰苦的前进，哪怕较为辽远，却不可拿乐观的幻想以自慰。与其以乐观的估计构成海市蜃楼来自己安慰自己以至松懈了事前的戒备；不如拿可能的悲观的估计，以警策自己，以唤起别人，加紧事前之努力。如其闭着眼睛否认将来会只有帝国主义的天下；不如睁开眼睛，看清可悲的趋势，承认将来还有法西斯蒂的帝国主义专制会普遍发展而形成历史上一整个时期之危险，因此加紧主观上之努力，在此次大战中，彻底击溃希特勒及其伙伴的势力，而加以严厉的惩戒，以民主自由的巨大潮流，淹没法西斯蒂的思想，使之不能在战后胜利的国家内，以别种形式而复苏，而蔓延，使人类近代的进化史，走向另一道路，即不经过整个黑暗时期的法西斯蒂专制，而由资产阶级民主制，直接走到未来世界更扩大的民主制；即令不可能，也要用"知其不可而为之"的精神，影响下一代的青年，继续努力缩短将来的法西斯蒂黑暗时期，至可能的极限。我们可能追求的理想如此而已；若希望在此次大战中，转帝国主义战争为推翻一切帝国主义的战争，那便是全然不靠近事实的幻想了。这即是我所以不顾旧日同路人的讥评，而始终赞成联合英、美向纳粹进攻之理由。最坏的是以客观上乐观的估计，来代替主观上的努力；假使在此次大战之前，张伯伦、伏罗西诺夫和诺斯克，不取轻浮的乐观态度，把敌人看得不值一击，而很慎重的以充分的军事准备，替代大言壮语，此时战局形势当然要好的多；因为现时的敌人，不像清朝的总理衙门可为外国人的大言壮语所吓倒，也不会为口头宣布的军备扩充案或军火生产激增的数字所欺骗，由恐吓欺骗而得到胜利的时代已经过去了！

三月十六日李维诺夫在纽约经济俱乐部聚餐会演说中，有几句话说得很对："余信时间之因素，为作战双方均不可恃之诡诈盟友，吾人一方面从事持久之战争，另一方面准备军需品与后备力至于超过敌人之程度，固为得计；但此种计划，必须敌方保证在该期间内无所事事，方克有济。但君等均悉吾人之敌方必不如是，彼等必将利用其现有之成功，继续推进，继续占领土地，囊括原料之新来源地，奴化百千万人民，甚至获取新与国，敌方所获之此项利益，其结果势必较之我方在此种单方面停战状态下所获得之军备上优势，超过我方之成就而有余。""吾人苟竟以吾人无战败可能一类泛泛之论，互相告慰，则吾人之距离胜利之实际途径，亦必愈远，此为吾人所常引以为惧者也。"这即是对于美国人以及所有同盟国的人"最后胜利天然必属于我"，"德、意、日只有失败"。这等轻浮的乐观，加以痛切的砭针。既往不咎了，时机不容我们一再放过，今后要想获得最后胜利，必须痛戒轻浮的乐观，我们试将哈里法克斯（此人是敦刻尔克战役后英国舆论所指谪的张伯伦内阁中误国罪人之一）在纽约经济俱乐部乐观的演说，和同时李维诺夫的说话（见上）对照一下，我们更应该根绝乐观态度，把他看作敌人，而严肃的注意下列几件事以代替乐观：

（一）英、美两国必须对俄国不怀疑忌之心，而以大部分力量协同俄国军队保住莫斯科，不可再像李维诺夫所指谪"把配备很好的军队放在没有战争的地方"；也不可相信某些人的胡吹，俄国在战争中已证明他的实力超过了英、美，她可以击溃希特勒；更不可认为保住莫斯科只有利于俄国。军器生产之增加，是同盟国最后胜利之保证，而军器生产需要时间，哈里法克斯很乐观的说："美国尚具有军事上与工业上之潜在力量。"他忘记了我们不能用魔术使那些潜在力量很快的变成军器，希特勒把春季攻势推延到夏季，大约他的进攻目标还是莫斯科，只有保住莫斯科至一年，或是一年半，使希特勒无法抽调大军南下，美国和英国才能有够用的时间，增加军器生产至超过敌人的程度；否则一旦莫斯科陷落，俄国军队精锐溃丧，这正中了希特勒各个击破的计划，乘战胜之威，移军南下高加索、伊朗、伊拉克，和日本会师苏伊士，以封锁地中海，此时英、美军器生产之增加尚未成就，而大势已去矣！

（二）增加军器生产，不是空喊所能收效的，求与敌人的军器不但相等，还要超过，现有的军器制造厂当然不够用，建设新厂时间来不及，唯一的办法只有"强迫改厂"，即是尽可能的将别种工厂改造军器。没有超过敌人的军器，即没有最后胜利。说到这里，恐怕又有人反对，说这是"唯武器论"。其实人类自发明石矢以来，战争的胜利即日渐依赖武器，到了现代，几乎可以说战争是武器的竞赛，法军在绥〔苏〕丹，英军在敦刻尔克以及马来、新加坡之英勇的惨败，都证明了这一真理；反对唯武器论者，他们自己向美国要求坦克车和飞机的呼声，也并不弱于别人，其自身也证实了这一真理。

（三）以过去国际联盟的经验，要得到战争的胜利，要得到战后的集团安全，都须要组织有领导有相当强制力的经济及军事之国际集团，由民族化趋向国际集团化，这不独是今后势之所不免，而且是人类进步的要求，要求——我们应力争以民主集团代替法西斯蒂——走向世界联邦之过渡。至如尼赫鲁所主张之除开英、美的亚洲集团，说起来很漂亮，其实这样只有使亚洲落后延长，而且这和缅甸人"宁可和认识的魔鬼结交"的说法，同样是一种人种的偏见，同样会替日本所谓"大东亚共荣圈"张目，我们必须排斥这一有害的幻想！在唯力的现世界，离开英、美和德、意、日这两大帝国主义集团而苍头特起，这不是幻想，便是欺骗。尼赫鲁亚洲独立的主张，和苏巴斯鲍斯印度民族独立的呼号，虽然动机不同，而结果都只会帮助德国和日本。

（四）我们既然参加了民主国家兵工厂的美国所领导之反纳粹战争，我们既然参加了为保护世界民主自由而战的同盟国集团，自然应该以民主自由为国人之中心思想，使全国人同其视线，同其标的，以集中战斗意志；即令认为中国经济发展落后，又加以历史传统，而且在战争中，民主自由制一时不易达到理想程度；这自然是事实，然而起码也必须表示趋向民主自由这条道路的决心，不应该像有些人根本反对民主自由，痛骂民主自由是陈词腐调，指谪主张民主自由的人是时代错误；或者客气一点，拿中国特殊的所谓"民主自由"，来抵制世界各民主国通行的民主制之基本原则；他们的共同意见，是民主自由已不适用于现代国家，他们所谓现代国家，无可争辩的是德、意、日，或者还包含着俄国，而当然不是英、美。这样，是否会使全国进步分子不明白我们抗日战争扩大为反德、意、日战争到底为了甚么？是否会使全国战斗意志分散；是否会帮助敌人讥笑美国"拿民主物资援助非民主国"这一毒辣的宣传；又或是否会使友邦怀疑到我们参加民主同盟之忠实性；这都是值得我们考虑的问题。或者有人认为今后永远只有法西斯蒂的天下，并不只是一个时期；民主自由将永死不能复生；这种没有多少事实或历史依据的估计，只能说是一种思想，这也无所谓悲观或乐观。

一九四二年四月十九日

未署名

转自《陈独秀著作选编》第五卷，
上海人民出版社 2010 年版

被压迫民族之前途

（一九四二年五月十三日）

被压迫民族是资本帝国主义之产物，被压迫的劳动者为他生产商品，被压迫的落后民族为他推销商品和生产原料，这是资本帝国主义的两个支柱。

被压迫民族反抗资本帝国主义的压迫，以至走到战争，那是天经地义，无可非难，这样为民族自由而战的大斗争，无论为何人所领导，民族中一切进步分子都应该拥护；因为不但为资产阶级所领导，即令是封建王公所领导的民族解放斗争，也有打击资本帝国主义的进步意义。

但是这一斗争若限制在民族斗争的范围以内，其前途如何呢？

第一，自国内言之，活的实际经验告诉我们：战争对于民族落后性，不但不能减少，而且是增加，政治思想学术思想因此向后转且不论，单就经济而言，在持久战争中，不可避免的封锁及通货膨胀，因为没有社会制裁，政治上的组织又薄弱，很容易为贪官、奸商和地主造成囤积居奇大发其国难财之千载一时的机会，因此陷前方浴血抗战的将士和后方刻苦力作的平民以饥寒困苦，你若主张用不很和平的手段去掉这种现象，便有人大喊：这是超出了民族斗争的范围，破坏了一致对外的民族阵线；并且实际也真是超出了民族斗争的范围，然而这种现象不去掉，正是民族解放战争的致命伤，而又不是宣传劝告或政府一纸禁令所能去掉的，这便怎样办？

第二，自国际言之，各派帝国主义相互争夺殖民地及落后国市场极端尖锐化的今天，甘地认为一民族不能依赖强国的帮助而得到自由，这是百分之百的真理，可是没有别的强国帮助，也不能脱离眼前的强国之压迫；并且有些强国不管你依赖不依赖它会强来帮助；这也是百分之百的真理。于是尼赫鲁没有出路了，他和甘地或者微有不同，即不主张拒绝美国之帮助，美国势力如进了印度，我们知道它对于殖民地的态度，不但好过德意日，并且好过英国，菲律宾便是榜样；然而菲律宾并不算是一个独立的民族国家。如果印度人以民族独立的理由（这理由当然十分正当）排去英国势力，另换一个新主人日本，那便更糟了，甘地和尼赫鲁无论如何强调宣言印度受外人压迫时代已经过去；然而他们内心也未必认为他们自己的力量真能够赶走英国，同时又击退日本和德国；结果不过是照旧屈服在新主人的统治之下，继续执行不合作运动而已。这又怎样办？

所以我认为在资本帝国主义的现世界，任何较弱小的民族，若企图关起门来，靠自己一个民族的力量，排除一切帝国主义之侵入，以实现这种孤立的民族政策，是没有前途的，它的唯一前途，只是和全世界被压迫的劳动者，被压迫的落后民族结合在一起，推翻一切帝国主义，以分工互助的国际社会主义世界，代替商品买卖的国际资本主义旧世界，民族问题便自然解决了。

对于我这一见解，或者有人提出两种驳论：一是说，落后民族如何谈得上社会主义，又如何能够和别国的劳动者及别的弱小民族结合在一起？一是说，社会主义是否包含民族解放问题？

提出第一种驳论的人，是被旧的民族观点蒙住了眼睛，看不出将来国际化的新趋势，落后民族自己的经济条件，当然谈不上社会主义，即资本主义如何发展也谈不上。在今天，落后民族无论要发展资本主义或社会主义，都非依赖先进国家不行，只要不是民族夸大狂的人，便能够认识这种命运；近百年来，资本帝国主义的殖民政策，已经打破了各落后民族的万里长城；此次大战后，各派帝国主义的统治形式，将由殖民政策，转化为更集中的更有机性的国际集团，所谓大西洋宪章，所谓太平洋宪章，如此等等，便是这一集团运动之开始。如果有一个领导国际集团的社会主义国家出现于纳粹失败后的德国，先进国和落后国不久便会融成一个社会主义的联邦；即在资本帝国主义领导的国际集团内，落后国将被吸引着被强迫着和领导国全面合作，即此不平等的合作，也能给集团圈内的各落后民族和领导国的劳动人民相互结合的机会，这便是帝国主义强盗自己造成推翻自己的被强压迫者之大结集，没有任何民族主义的英雄能够阻止这一国际集团化的新趋势；而且被压迫的民族，也只有善于适应这一国际新趋势，将来才有前途。

提出第二种驳论的人，是被第二国际的理论弄迷惑了，第二国际只企图在资本统制之下，从事改良运动，所以不曾计及被压迫民族解放问题，因为它是资本帝国主义支柱之一，真正社会主义运动，是要根本推翻国际资本帝国主义的统制，所以自第一国际以来，"解放被压迫的劳动人民"和"解放被压迫的民旅"是这一运动的两面大旗。社会主义革命一成功，只要不中途变质，他是不能日久和商品货币制度及国家制度并立的，到此时还有什么被压迫民族存在呢？这不仅是一种理论，而且是俄国十月革命的实际经验，十月革命是全俄绝大多数人民集合在共产党"解放劳动者"、"解放农民"、"解放小民族"三大旗帜之下成功的；革命胜利后，三样都一一实现了，并非是俄国共产党的空头支票，并且对国外把帝俄时代对被压迫国的不平等条约自动的宣告废除了。把它在被压迫国家的特殊权利如租界，领事裁判权等，一一宣告放弃了。所以当时全世界劳动人民，全世界的被压迫民族，都看着莫斯科是全世界被压迫者的灯塔，是全世界革命运动的总参谋部。如果有人根据近来苏联对于中日战争及此次大战之初对于波兰及希特勒之政策，而怀疑到社会主义国家对于被压迫民族解放斗争的态度，这乃是他自己不明了！有班人所诋毁我们所拥护的前期苏联，和有班人所吹拍我们所痛惜的后期苏联，大大不同，前期苏联是站在世界革命的立场，后期苏联则站在俄国民族利益的立场。自苏俄领导者，因为西欧革命之顿挫，乃中途变节，放弃了以世界革命为中心的政策，代之以俄国民族利益为中心的政策；各国头脑清醒的人，乃日渐由怀疑而失望，直到现在，人们对于苏联虽然内心还怀着若干希望，而在实际上只得认为它是世界列强之一而已，若要硬说她是社会主义国家，便未免糟蹋社会主义了！假使俄国仍旧坚苦的守着当年国际社会主义的立场，中日战争一开始，她便应该以全力援助中国，这就是说，不应该和英美同样站在事外援助中国，而应该以领导中国对日抗战为她自己的责任，并且应该出兵参加战争，拼着苏联和中华民族共存亡，这才是国际社会主义者的态度，这才是领导国的态度！如果是这样，日本便没有那么容易占领上海和南京；至迟在张鼓峰事变发生时她不再和日本妥协，武汉也决不会陷落；中俄一直共同抗战到今天，日本便无力横行南洋，蹂躏菲律宾、马来、爪哇、缅甸，这一大群弱小民族了！当纳粹军队进攻波兰时，苏联若仍旧站在国际社会主义的立场，便不会和希特勒妥协，便不会把代表民主主义，领导被压迫被侵略民族向法西斯蒂进攻这一伟大事业，说成为他人在火中取栗，更不会伙同法西斯蒂瓜分波兰！这时英法比联军还未崩溃，希特勒并未曾认为能够在东西两战场同时得到胜利，孤立的波兰失败后，东战场没有问题了，希特勒才有力量击溃英法比联军，才有力量征服挪威、荷兰、丹麦、南斯拉夫、希腊这一大群小国！

单就俄国前后立场不同其结果也不同这一串历史故事，已足够说明国际社会主义和被压迫民族的关系了。

俄国在欧洲，毕竟也是一个比较落后的民族，她的全民族政策之后果如何呢？她为俄国安全计，以向法西斯蒂妥协代替了向法西斯蒂进攻；其结果俄德战争不开始于希特勒在欧洲孤立之时，而开始于希特勒击败了欧洲各国之后，俄国不但向法西斯蒂妥协的代价之半个波兰和波罗的海三小国仍为希特勒所有，连欧俄的大部分土地人民也都沦陷于法西斯蒂军队之手；若没有英美的援助，莫斯科也未必守到今天。她为俄国安全计，始终避免和日本开战，连中国共产党都因此被人加以"游而不击"的恶名；其结果，明天日本仍会协同希特勒夹攻俄国，陷俄国民族于不很安全的地位，那时将不能得到中国有力的声援，因为她已坐视中国被日本削弱了。所以任何落后民族，若以民族政策自限，必至陷于孤立（民族政策实际上就是孤立政策）而没有前途，就是苏俄也不能例外。

〔一九四二〕三十一年五月十三日

未署名

转自《陈独秀著作选编》第五卷，

上海人民出版社 2010 年版

责任编辑:王怡石　王世勇
封面设计:肖　辉
版式设计:汪　莹

图书在版编目(CIP)数据

陈独秀文集/陈独秀 著. －北京:人民出版社,2013.9(2022.1 重印)
(中国共产党先驱领袖文库/辛广伟主编)
ISBN 978－7－01－012485－8

Ⅰ. ①陈⋯　Ⅱ. ①陈⋯　Ⅲ. ①陈独秀(1879~1942)-文集
　Ⅳ. ①D2-0

中国版本图书馆 CIP 数据核字(2013)第 197040 号

陈独秀文集
CHEN DUXIU WENJI

陈独秀　著

人民出版社 出版发行
(100706　北京市东城区隆福寺街 99 号)

北京新华印刷有限公司印刷　新华书店经销

2013 年 9 月第 1 版　2022 年 1 月北京第 2 次印刷
开本:700 毫米×1000 毫米 1/16　印张:160
字数:1860 千字

ISBN 978－7－01－012485－8　定价:800.00 元

邮购地址 100706　北京市东城区隆福寺街 99 号
人民东方图书销售中心　电话 (010)65250042　65289539